Le procès de la liberté

Du même auteur

De la liberté des femmes. Lettres de dames au Globe (1831), Côté femmes, Paris, 1992.

Femmes, pouvoirs (direction d'ouvrage), Kimé, Paris, 1993 (actes du colloque « Femmes, pouvoirs », Centre culturel de l'Albigeois, 19-20 mars 1992).

Féminismes au présent (avec Eleni Varikas et Christine Planté), L'Harmattan, Paris, 1993.

La Démocratie à l'épreuve des femmes. Trois figures critiques du pouvoir, 1830-1848 (Désirée Véret, Jeanne Deroin, Eugénie Niboyet), Albin Michel, Paris, 1994.

Démocratie et représentation (direction d'ouvrage), Kimé, Paris, 1995 (actes du colloque d'Albi, Centre culturel de l'Albigeois, 19 et 20 novembre 1994).

Femmes dans la cité, 1815-1871 (direction d'ouvrage, avec Alain Corbin et Jacqueline Lalouette), Créaphis, Grâne, 1997.

Le Réel de l'utopie, Albin Michel, Paris, 1998.

L'Utopie en questions (direction d'ouvrage), Presses universitaires de Vincennes, Saint-Denis, 2001.

Histoire du féminisme, La Découverte, coll. « Repères », Paris, 2002 ; 3e édition, 2015.

Dictionnaire des utopies (avec Thomas Bouchet et Antoine Picon), Larousse, Paris, 2002 ; 2e édition, 2006.

George Sand, littérature et politique (avec Martine Reid), Pleins feux, Nantes, 2007.

1848, la révolution oubliée (avec Maurizio Gribaudi), La Découverte, 2008 ; édition de poche, 2010.

La République dans tous ses états (direction d'ouvrage, avec Claudia Moatti), Payot, Paris, 2009.

Révolution : les impensés d'un héritage (avec Denis Berger, Roger Martelli, Francis Sitel et Pierre Zarka), La Dispute, Paris, 2009.

De la différence des sexes. Le genre en histoire (direction d'ouvrage), Larousse, Paris, 2010.

Michèle Riot-Sarcey

Le procès de la liberté

Une histoire souterraine du XIXe siècle en France

La Découverte
9 *bis*, rue Abel-Hovelacque
75013 Paris

L'édition de cet ouvrage a été assurée par François Gèze.

Nombre des documents (ouvrages, articles, textes divers...) du XIXe siècle sur lesquels je me suis appuyée et que je cite en notes ont été numérisés (notamment sur le site <gallica.bnf.fr> de la Bibliothèque nationale de France) et sont librement accessibles en ligne : outre les références bibliographiques habituelles des documents imprimés, j'ai donc indiqué chaque fois que possible l'adresse url correspondante (dans la version raccourcie produite grâce au précieux site non marchand <url1.ca>).

ISBN 978-2-7071-7585-4

À Denis Berger et Juliane Riot-Sarcey.

Introduction

Pour une histoire discontinue

« Décrire le passé tel qu'il a été est une option toute chimérique », écrivait en substance Walter Benjamin en 1940[1]. Chacun le sait et néanmoins les historiens n'ont pas renoncé à informer des situations, des trajectoires des hommes et des femmes d'autrefois afin d'éclairer un présent difficilement déchiffrable à celui qui ignore ou délaisse le devenir du passé. Il est encore difficile aujourd'hui de se départir du récit linéaire et de l'enchaînement des faits d'où émergent ce qu'il faut bien appeler les dominants. Et, malgré la multiplication des sujets d'histoire, la fragmentation des objets, l'ouverture des frontières de la recherche, malgré l'interpénétration des espaces et des continents, l'histoire des dominés n'est entrée qu'en incise dans l'écriture de l'histoire qui fait sens. L'évidence de cette histoire s'impose par la prérogative accordée à l'événement advenu, celui qui, au cours du temps, reste visible aux yeux des contemporains. Inlassablement, le lien tissé entre passé, présent et avenir donne une primauté à ce qui subsiste du chaos événementiel, à ce qui dure et se prolonge, en dépit des discontinuités, des inflexions et des enjeux dont l'histoire est le théâtre. C'est ainsi, par exemple, que la république a progressivement acquis en France une reconnaissance univoque, par-delà les acceptions diverses qu'en ont forgées les citoyens et en dépit des espoirs dont, au cours de l'histoire, elle a été investie.

Penser l'histoire autrement

L'histoire s'est toujours écrite au présent, avec les outils et les interrogations du moment. Si la mondialisation a permis de renouveler les objets d'études, si l'émergence de consciences critiques est parvenue

---

1 Citation complète : « "Décrire le passé tel qu'il a été" : voilà, d'après Ranke, la tâche de l'historien. C'est une définition toute chimérique. La connaissance du passé ressemblerait plutôt à l'acte par lequel à l'homme au moment d'un danger soudain se présentera un souvenir qui le sauve » (Walter Benjamin, « Thèses sur le concept d'histoire » (rédigé en 1940), *Écrits français*, Gallimard, Paris, 1991).

à retrouver les fragments de vie oubliés des catégories « subalternes », la relation du passé a gardé sa forme canonique dans laquelle les sujets de l'histoire sont la prérogative de ceux qui l'interprètent et l'écrivent à chaque étape de sa fabrique. En d'autres termes, hors des recherches parcellaires dont ils ont été l'objet, les esclaves, les colonisés, les femmes, les travailleurs n'ont jamais pu accéder au statut de sujets de l'histoire qui se pense et se déploie depuis le siècle des Lumières, au temps où le devenir de la liberté semblait irréversible.

Trois siècles plus tard, le lien entre passé, présent et avenir est aujourd'hui défait. Dans la France – comme dans le monde – du XXIe siècle débutant, l'absence de projection vers le futur est devenue si manifeste que la connaissance du passé semble totalement suspendue aux attentes de l'immédiat, aux modes comme aux usages pragmatiques des concepts en vogue. L'absence de perspectives collectives – à court et à long terme – soumet la plupart de nos contemporains à la déficience politique et assujettit la recherche, y compris historique, à la demande des agences nationales dont les objectifs visent à l'application directe et à la rentabilité sociale. Ce constat de l'impuissance dans laquelle sont plongés aujourd'hui les individus comme les collectifs a guidé ma démarche dans l'élaboration de ce livre. Si l'écriture de l'histoire dépend d'un certain point de vue de la capacité à se projeter vers l'avenir, l'absence de visibilité de celui-ci, particulièrement le manque d'alternative politique au libéralisme économique, m'a convaincue de la nécessité de penser l'histoire autrement.

Il ne s'agit plus d'effectuer un pas de côté ou d'examiner des pans du passé oublié, mais de sortir de la continuité historique qui estompe, efface, écarte l'essentiel des événements non advenus ou encore inaccomplis. Des actions et des idées de toutes sortes, foisonnantes, ont surgi au cours de l'histoire puis ont disparu, non seulement de la connaissance du passé mais également des mémoires. Il serait certes totalement présomptueux d'imaginer pouvoir, un jour, les récupérer toutes dans leur diversité. Mais quelques pistes peuvent être ouvertes.

Parmi les événements promus par l'historiographie militante à un avenir glorieux, mais dont l'ascension fut stoppée au cours du XXe siècle, figure l'émergence des mouvements ouvriers européens. Leur connaissance à travers le récit des luttes – de la Révolution de 1789 à la Révolution russe – a longtemps pris une forme téléologique où la finalité du devenir apparaissait certaine. Puis, placés sous le regard distancié des historiens, leur histoire s'est morcelée. Sont apparues des réalités complexes, des formations spécifiques qui se dérobaient à l'irréversibilité de la force des choses. En ce sens, le fameux livre d'Edward

Thompson sur la formation de la classe ouvrière anglaise, paru en 1963, a marqué une rupture dans l'historiographie[1]. Aujourd'hui, l'intérêt d'une histoire à vocation édifiante n'a plus cours, tant elle semble avoir été emportée avec la chute du mur de Berlin en 1989, quand furent proclamés la mort des utopies, le triomphe du libéralisme et, paradoxalement, la « fin de l'histoire ».

Et pourtant, si le mouvement ouvrier « mythique » a été défait, les utopies renaissent partout, dans les recoins les plus inattendus des sociétés mondialisées du XXIe siècle. Différemment de celles du XIXe siècle, bien vivantes, dispersées à travers le monde, elles se manifestent en marge du flot envahissant des marchés financiers et du fétichisme de la marchandise. L'idéal démocratique n'a jamais été si vivant et sa quête est désormais beaucoup plus exigeante qu'elle ne le fut. On cherche un peu partout à trouver les leviers d'une pratique démocratique authentique, susceptible de déjouer les rapports de domination. Ainsi, la liberté, au sens où l'entendaient les insurgés du XIXe siècle, retrouve sa signification d'origine.

J'ai souhaité, dans cet ouvrage, suivre les traces des pratiques éphémères de la liberté dans l'histoire du XIXe siècle français, en découvrant les échos dont elles étaient porteuses dans le reste du monde – autant d'histoires souvent oubliées, dans tous les continents, et qui restent aussi largement à écrire. Traces d'expériences et de pensées perdues ou tout simplement négligées pour cause d'incompréhension et d'inactualité à l'époque de leur avènement. Minoritaires, fugitives, utopiques, ces idées en actes n'ont pas été prises en considération par l'histoire, pas plus qu'elles ne le furent par la majorité des générations successives, qui ne se pensaient pas héritières d'une histoire dont elles ignoraient même l'existence – ou, comme l'aurait écrit Benjamin, qui ne se sentaient pas visées par elle. Or, paradoxalement, en découvrant leurs traces, il me semble entendre résonner leur actualité dans l'espace critique qui s'ouvre aujourd'hui. Leur modernité est patente, si on veut bien les recevoir par-delà la continuité historique qui, jusqu'alors, a suivi logiquement la marche ascendante de l'individualisme en méconnaissant l'idée de liberté à laquelle aspirait la majorité de la population. La liberté individuelle, inséparable de la liberté collective, a tellement perdu sa pertinence première qu'on croit trop souvent, en ce début du XXIe siècle, en inventer le sens, ignorant qu'au début du XIXe siècle,

---

1 Edward P. THOMPSON, *The Making of the English Working Class*, Victor Gollancz, Londres, 1963 (traduction française : *La Fabrication de la classe ouvrière anglaise*, Seuil, Paris, 1988).

à l'époque du penseur utopiste Pierre Leroux, elle désignait déjà et précisément le « pouvoir d'agir »[1].

Les chemins de la liberté

Au centre de cette histoire : la révolution française oubliée de 1848. La liberté donc, celle retrouvée dans la vie des individus et des associations ouvrières, au temps où le gouvernement direct des travailleurs était pensé possible. Afin de comprendre comment s'est faite l'histoire de cette période, je suis partie en quête de la mémoire des insurgés à l'origine de la révolution. En écartant d'emblée l'idée, banalisée de longue date par nombre d'historiens, qu'ils ne participaient qu'au parcours ascendant de l'avènement d'une république dont les ressorts essentiels leur échappaient. Avec les acteurs de l'époque, j'ai tenté de parcourir la même rétrospective, en remontant le temps de 1848 à 1789. Car, si l'on en croit les manifestes écrits des insurgés de 1830 et de 1848, le passé fut en quelque sorte le moteur de l'insurrection. Un passé inaccompli. Afin de mieux appréhender l'actualité des événements de 1848, suivant les propos des insurgés, j'ai cherché ici à accompagner les événements dont ils se réclamaient. Cheminant ensuite dans le souterrain des mémoires, comme à travers des pratiques ponctuelles, j'accède à une autre forme de continuité sous-jacente jusqu'à la veille de la guerre de 1914 ; et j'emprunte alors le chemin de la liberté qui résiste à la liberté contrôlée, aux interdits, à celle dévoyée par le Second Empire. Renaissante dans sa plénitude sous la Commune de Paris, la liberté sera bientôt dirigée par l'avant-garde ouvrière et syndicale à partir des années 1880, jusqu'au sursaut des années 1905-1907.

Pour la pertinence de mon propos et afin de rompre avec la lecture de l'enchaînement des faits qui dominent les mille et un détails négligés, j'ai estimé nécessaire de développer parallèlement une réflexion sur la façon dont l'histoire se fabrique, afin de ressaisir l'événement, objet de conflits, au moment même de son avènement. En amont du travail des historiens, en effet, à l'instant du surgissement des faits, les interprétations se succèdent et bien vite s'impose la plus conforme au rapport de forces du moment, lequel lui donne un sens qui fera date dans l'histoire. L'analyse de l'histoire qui se fabrique parallèlement à l'histoire qui se fait est d'autant plus nécessaire qu'on mesure mal les

1 Heureusement, des historiens commencent à redécouvrir cette période : voir Thomas Bouchet, Vincent Bourdeau, Edward Castleton, Ludovic Frobert et François Jarrige (dir.), *Quand les socialistes inventaient l'avenir. Presse, théories et expériences, 1825-1860*, La Découverte, Paris, 2015 ; et Marie-Hélène Bacqué et Carole Biewener, *L'Empowerment, une pratique émancipatrice ?*, La Découverte, Paris, 2015.

conséquences de l'effacement de cette multiplicité de possibles sur le devenir historique. Outre les interprètes classiques, d'Adolphe Thiers à Jules Guesde, j'ai donc privilégié quelques « grandes figures », femmes ou hommes, qui ont contribué à donner un sens à l'histoire en influençant leurs contemporains. Henri de Saint-Simon, par exemple, anticipe l'histoire à venir, celle du Second Empire[1]. Et Victor Hugo relit le passé de l'époque romantique à travers *Les Misérables* : il en repense les enjeux et, peu à peu, en dégage une interprétation qui s'érige en discours de vérité.

En suivant le mouvement de l'histoire, je me suis attardée sur les significations en usage, celles qui ont disparu et qui, restituées dans leur historicité, me permettent de retrouver les véritables enjeux du temps d'aujourd'hui en lisant autrement le XIXe siècle pour y découvrir une certaine forme de contemporanéité.

1 Vu l'influence majeure de ses idées chez nombre d'acteurs politiques majeurs de la période, je consacre ici un chapitre à Saint-Simon (voir *infra*, chapitre 9).

Remerciements

Ce livre est le fruit d'une lente maturation, faite de réflexions personnelles, de débats et d'échanges avec les amis, les collègues et les étudiants, au sein des différents groupes de travail, dans le cadre des séminaires, de la Bibliothèque de l'Arsenal à l'Ehess, en France et ailleurs. Impossible d'exprimer ma dette à toutes celles et ceux qui ont bien voulu m'écouter, avec qui j'ai dialogué, débattu et douté.

Je tiens cependant à remercier tout particulièrement Jacques Rougerie, relecteur critique et rigoureux avec l'aide duquel j'ai pu affiner mon argumentation, et Anne-Marie Bercier, ma relectrice finale. Mais aussi tous ceux, amis et inconnus, que j'ai pu solliciter afin de relire le ou les chapitres dont ils/elles connaissaient la source : Raphaëlle Pia, Anne Saussois, Annick Doideau, réunis autour des peintures de Courbet ; le petit collectif, particulièrement attentif au bon usage de la pensée de Benjamin : Philippe Ivernel, Nathalie Raoux, Irving Wohlfarth et Maurizio Gribaudi, avec lequel nous partageons une même volonté de restituer l'expérience ouvrière de 1848. Mais aussi Francis Sitel et Nicolas Béniès, dont la connaissance de l'œuvre de Marx m'a été très utile, Claude Duchet à qui je dois le titre de cet ouvrage, Isabelle Tournier, Pierre Laforgue mobilisés pour leur expertise littéraire et Étienne Dubslaff pour sa lecture de l'allemand, Philippe Régnier et ses compères éditeurs des textes de Saint-Simon qui ont bien voulu me communiquer leur manuscrit avant sa publication.

Tous ceux, étudiants, amis et familiers, avec qui je travaille et débats depuis plusieurs années et qui m'ont apporté une aide précieuse, d'écoute, de conseils et de soutien : Nicole Edelman, Christine Planté, Eleni Varikas, Michael Löwy, Gisèle Berkman, qui m'a permis de présenter une première version de mon approche théorique (postface) au Collège de philosophie, Claudia Moatti, Kamel Chabane, Igor Mineo, Laurent Colantonio, Jean-Patrice Courtois, Olivier Le Trocquer, Caroline Fayolle, Estelle Berthereau, Louis Hincker, Éric Aunoble, Timothée Ney, Richard Figuier, Émilie Quinton, Chloé Riot-Sarcey, Guillaume Garel, Roger Martelli, Catherine Tricaud, Pierre Zarka, Éric Mesnard, Geneviève Renaud, Marcel Rodriguez, Marie-Claude Deshayes, Jean Riot-Sarcey et André Riot-Sarcey, Lucienne Mouchiroud, Denis Valière et Patrick Bouvard. Un remerciement tout particulier à mon libraire trop souvent sollicité à la hâte, Patrick Bobulesco, et sa compagne Catherine Grupper.

Première partie

L'esprit révolutionnaire de 1848, ou le temps des possibles

Chapitre 1

L'événement de 1848

Il n'est guère aisé de se plonger dans l'esprit d'une époque, de retrouver la complexité du mouvement propre de l'histoire dans un temps apparemment très éloigné de notre actualité. Et pourtant, l'extraordinaire modernité de 1848 peut être retrouvée, à condition de l'arracher au contexte qui fut le sien. En effet, si la brève IIe République (février 1848-décembre 1852) est souvent retenue comme moment fondateur de la démocratie représentative française, l'expérience de liberté concrète dont firent alors preuve les insurgés participe de ces instants « utopiques » oubliés de l'histoire. Il faut donc relire le passé autrement, en contournant la priorité généralement accordée à l'émergence du suffrage « universel », pour s'arrêter sur les devenirs possibles dont des pratiques éphémères inventaient les contours en se tournant paradoxalement vers le passé. De ce fait, celles-ci n'ont pu être considérées comme expériences constitutives du politique.

De récit, il ne sera question ici que pour aider à l'intelligibilité du propos[1]. Avant tout, il nous faut opérer une sorte de détachement des

---

1 Pour un récit détaillé, voir Maurizio Gribaudi et Michèle Riot-Sarcey, *1848, la révolution oubliée*, La Découverte, Paris, 2008. Rappelons toutefois succinctement les dates essentielles :

– 25 février 1848 : abdication du roi Louis-Philippe face aux émeutes populaires pour la liberté ; la IIe République est proclamée.

– 22-26 juin 1848 : suite à l'élection en avril d'une Chambre majoritairement conservatrice et à ses décisions, la révolte des ouvriers parisiens est brisée par une terrible répression.

– 10 décembre 1848 : le « conservateur moderniste » Louis Napoléon Bonaparte, neveu de Napoléon Ier, est élu président de la République pour un mandat de quatre ans.

– 13-14 juin 1849 : les élections législatives, réservées à un collège électoral réduit, consacrent la victoire des monarchistes.

– 2 décembre 1851 : coup d'État de Louis Napoléon Bonaparte (et de ses soutiens conservateurs), en réaction au refus de l'Assemblée nationale de lui permettre de se représenter à la fin de son mandat.

– 2 décembre 1852 : Louis Napoléon Bonaparte se fait proclamer « empereur des Français » sous le nom de « Napoléon III » ; c'est la fin de la IIe République et l'avènement du « Second Empire », régime politique conservateur qui restera en vigueur jusqu'à sa chute en 1870.

éléments du passé trop longtemps occultés par la force des représentations collectives. En d'autres termes, il s'agit de saisir l'actualité d'hier dont l'écho se fait entendre aujourd'hui auprès de ceux que la religion de la marchandise, fût-elle immatérielle, plonge dans un malaise d'impuissance politique.

Raviver la mémoire des hommes « libres »

Nos contemporains le savent, le prolétariat, loin de s'être émancipé, s'est transformé au cours de l'évolution sociale et économique dont il n'a jamais pu maîtriser les règles des différents dispositifs auxquels il reste assujetti. Largement dominé par les activités « immatérielles », aujourd'hui il survit. Et la question de son émancipation, avec celle du plus grand nombre, est toujours d'actualité. C'est pourquoi il nous appartient de raviver la mémoire de ceux qui, avec leurs arguments, leur mode de pensée, leurs pratiques, ont cru, un temps il est vrai très court, qu'ils pouvaient être libres sans imaginer le moins du monde qu'ils participaient « dans le secret du XIXe siècle » à l'œuvre d'émancipation à venir.

Parmi les plus lucides des contemporains de 1848, Baudelaire avait perçu le caractère fécond de la révolution face à la marche du progrès et sa pénétration dans les esprits sous les différents aspects de la mode et de son imitation. Suivant son intuition, nous nous arrêterons sur quelques expériences singulières, jugées sans lendemain en 1848, sous prétexte d'immaturité des acteurs ou d'absence de représentativité d'une volonté populaire qui, en dernière instance, n'a pas été entendue et donc, en toute logique, fut négligée par l'histoire qui fait sens. Nous procéderons ainsi par arrêt ponctuel sur des ruptures et des discontinuités qui ont scandé en France le XIXe siècle.

1848 a été le témoin d'espoirs extraordinaires dont on a oublié le potentiel d'expériences qu'ils recelaient, enfoui par deux fois par l'historiographie. D'une part, sous ce que nous pourrions nommer l'arc de triomphe de la république consensuelle et, d'autre part, sous les décombres d'un mouvement ouvrier convaincu de la force irrésistible des choses. Karl Marx, observateur critique de cette période, avait perçu à sa manière le devenir paradoxal d'un mouvement qui déjà lui échappait : « L'humanité acquiert la maîtrise de la nature, mais en même temps, l'homme devient l'esclave des hommes, et de sa propre infamie. La pure lumière de la science elle-même semble avoir besoin, pour resplendir, du contraste de l'ignorance. Toutes nos découvertes et tout notre progrès ont pour résultat, semble-t-il, de doter les forces matérielles d'une vie intelligente et de ravaler l'homme au niveau d'une simple force matérielle. Cet antagonisme entre la science et l'industrie modernes, d'une part, la misère et la décadence modernes, de l'autre, cette contradiction entre les forces productives et les conditions sociales de notre époque est un fait, un fait patent, indéniable, écrasant[1]. »

Quelques rappels nous suffiront à comprendre l'extraordinaire insurrection de février 1848, qui s'est achevée par la sanglante répression de juin – où des milliers d'insurgés sont tombés à Paris sous les balles des forces de l'ordre. Et qui, étonnamment, s'est prolongée dans un mouvement associatif sans précédent au sein d'un mouvement ouvrier embryonnaire. Sous sa forme autonome, celui-ci restera sans lendemain. Dans ce parcours à contresens vers le passé, de 1848 à 1789, nous tenterons, dans la mesure du possible, de saisir en actes comment l'histoire se fait, mais aussi comment elle s'écrit pendant et immédiatement après les événements. Et donc comment elle se fabrique.

Une singulière révolution

En guise d'introduction, évoquons une interrogation survenue après lecture d'une proposition critique d'un élève de l'École normale de la rue d'Ulm, le jeune C. Payard, rédigée au printemps 1848, intitulée « Du socialisme, projet relatif à l'organisation du travail ». Retrouvée aux Archives nationales, elle mérite d'être longuement citée[2].

« La révolution de 1789 a été purement politique, écrit-il alors, celle de 1848 est bien plus grande et bien plus hardie ; car elle est à la fois politique et sociale ; et c'est à ce second point de vue qu'elle doit surtout nous préoccuper. Changer la forme du gouvernement, abattre la fiction constitutionnelle pour y substituer la vérité démocratique, c'est toucher seulement au sommet de l'édifice. Mais la réforme sociale s'attaque aux fondements mêmes sur lesquels tout repose : c'est une œuvre aussi périlleuse qu'elle est sublime et d'où peut sortir l'ordre ou l'anarchie. » Il poursuit en saluant la générosité des sentiments qui animent l'école socialiste : « Je les honore tous, qu'ils s'appellent Saint-Simon, Fourier ou Louis Blanc, mais leurs doctrines m'effraient. [...] Sans mesure, l'excès de bien est quelquefois bien pire que le mal. Mais si la subversion et la reconstruction sociales, telles que l'entendent les chefs exaltés du fouriérisme et du communisme, sont une déplorable

1 Karl MARX, « Discours à une fête de *The People's Paper* », *Journal des chartistes de Londres*, 14 avril 1856, <url.ca/nibvu> (repris dans : David RIAZANOV, *La Confession de Karl Marx*, Spartacus, Paris, 1969).

2 « Lettre aux "citoyens représentants" », signée sans autre précision par C. Payard, élève de l'École normale supérieure, rue d'Ulm, sans date (sans doute mai 1848) (Archives nationales – ci-après noté AN –, série CC 2232).

utopie, l'idée de ce progrès lent, paisible, qui corrige plutôt qu'il ne transforme, n'est-elle pas aussi un rêve d'un autre genre ? N'est-elle pas un lointain espoir dont les classes heureuses ont de tout temps bercé celles qui souffrent, pour étouffer leurs cris, pour les tenir docilement courbés sous la servitude ?

« Il importe de prouver au peuple que nos promesses sont sincères et, pour cela, il faut qu'immédiatement le principe devienne acte. La grande plaie du siècle, c'est le paupérisme. Efforçons-nous de le guérir radicalement quoi qu'il en coûte. Dès que le travail sera organisé, le paupérisme devra s'éteindre. [...] Car, je le crois, c'est une loi providentielle que chacun soit rétribué selon sa capacité et selon son zèle. »

Suit une série de propositions concrètes. Sur la nécessité de l'école élémentaire, de l'apprentissage entre quatorze et dix-huit ans, avec une limitation du travail journalier à huit heures pour les apprentis, tandis que le salaire serait débattu de gré à gré entre les ouvriers et les patrons avec un minimum fixe, afin d'éviter l'exploitation du travail humain. Payard préconise également l'ouverture ou le maintien des Ateliers nationaux sous la responsabilité de l'État, qui ainsi pourrait faire face au chômage. Enfin l'auteur prévoit, chiffres à l'appui, des cotisations salariales et patronales afin d'assurer la retraite au travailleur à soixante ans, après une durée du service actif de trente-cinq ans, en précisant qu'en cas de maladie l'État se substituerait au travailleur, en payant sa cotisation.

« Ce n'est pas par les armes, conclut-il, que nous voulons être conquérants, c'est par les idées. Il faut que notre patrie soit à la tête de l'Europe dans cette lutte pacifique de la régénération sociale comme dans les sanglantes batailles aujourd'hui comme toujours. Espérons que l'égoïsme et la routine ont disparu avec la royauté. Espérons que nos représentants se rallieront unanimement au parti le plus généreux qui est aussi le plus politique. Espérons que nous ne verrons jamais plus cette désolante devise, ce cri de la faim que les ouvriers de Lyon, en 1834, avaient inscrit sur leurs drapeaux : "Vivre en travaillant ou mourir en combattant". »

La pétition émane d'un jeune homme lettré qui parle en son nom : celui d'une autorité qu'il s'accorde, sans doute en fonction des capacités qu'il s'attribue, en toute simplicité, un petit bourgeois selon la classification devenue commune au fil des siècles. Et pourtant sa lucidité et sa compréhension des nécessités du moment dépassent les antagonismes de classes tels qu'on les envisage dans l'historiographie traditionnelle. Dans cette lettre, l'observateur découvre un concentré des enjeux de la révolution de 1848. La misère d'abord, dont tous les hommes sensés déplorent depuis des décennies les effets pernicieux ; le souvenir amer de la révolte des canuts en 1834, ensuite ; la référence à 1789, dont la prégnante présence réveille les promesses inaccomplies ; et, toujours, la grandeur de la France, dont le souvenir de la « Grande Armée » napoléonienne ravive la gloire passée. Enfin, l'unique raison de l'insurrection : la nécessité d'améliorer le sort des travailleurs par des réformes immédiates et profondes, au risque de déstabiliser durablement l'équilibre social.

Payard, qui raisonnait « à chaud », avait raison : à ses contemporains, 1848 se présente effectivement comme une singulière révolution. Avant d'aborder ses principaux enjeux, soulignés par tous les acteurs de l'époque quelle que soit leur appartenance partisane, il faut donc revenir sur une idée communément admise : la IIe République, issue de la révolution de Février, aurait triomphé politiquement et échoué socialement face aux exigences irréalistes ou prématurées des classes ouvrières, lesquelles étaient jugées immatures par Engels, ou placées sous l'influence redoutable des utopies socialistes selon Alexis de Tocqueville.

La souveraineté populaire en actes

Dans l'extraordinaire foisonnement d'idées répandues, de paroles échangées et d'actions déployées en 1848, le lecteur pressé ne retient des livres d'histoire que le triomphe de la République, avec son corollaire, la conquête du suffrage universel. Tout juste remarque-t-il, dans les ouvrages contemporains, la note moderne qui consiste à encadrer de guillemets le dit suffrage pour désigner la singularité de cet « universel masculin » obtenu en 1848. Si la révolution proprement dite figure en bonne place dans les annales, la signification politique du mouvement social est restée, pour l'essentiel, dans l'ombre de l'histoire de la République. Celle-ci, légitimée par le « suffrage universel », a effacé les traces du conflit dont elle est issue après avoir sommé les pauvres de se taire[1]. En d'autres termes, l'insurrection inouïe de février 1848 portait en germe la catastrophe de juin. Elle aurait ainsi bercé d'illusions les classes ouvrières, qui rêvèrent pendant quelques semaines de souveraineté populaire, contre laquelle François Guizot, grand ministre libéral de la monarchie de Juillet, les avait pourtant mises en garde, à sa façon critique de penser l'impossible démocratie. C'est pourquoi

1 « Il faut aujourd'hui de l'or, beaucoup d'or, pour jouir du droit de parler : nous ne sommes pas assez riches. Silence au pauvre ! » (dernier numéro du journal de Félicité de Lamennais, *Le Peuple constituant*, juillet 1848, <url.ca/nic1e> ; cité par Sylvie Aprile, *1815-1870, la révolution inachevée*, Belin, Paris, 2010, p. 322).

théories socialistes et expériences populaires ont été aisément classées parmi les utopies qui, dans le temps historique de l'ordre reconstitué, ne disposaient d'aucune place.

Et pourtant, pendant quelques semaines, l'utopie a semblé devenir vraie. En déstabilisant le cours ordinaire de la continuité historique, des insurgés ont cru pouvoir mettre en œuvre l'idée de souveraineté du peuple auquel ils s'identifiaient. Un temps, dans les rangs des propriétaires, la peur l'a emporté, mais très vite l'opinion dominante, sous l'influence des penseurs modérés, est parvenue à faire taire les voix excessives autant que les impatiences populaires. Soumise au regard interprétatif des vainqueurs de la Révolution de 1789 – convaincus d'avoir accompli leur destin historique –, la majorité s'est ralliée, et pour longtemps, à la perception d'une évolution lente et mesurée du progrès social. L'histoire politique et institutionnelle ne pouvait s'encombrer d'actions ponctuelles, en situation ; lesquelles, dans la perspective de la philosophie hégélienne, seront écartées du récit, comme il convenait aux idées chimériques. Tout événement en rupture avec la lecture dominante apparaissait alors profondément incongru.

En ce sens, le point de vue d'Alexis de Tocqueville, énoncé quelques mois seulement après le choc de l'insurrection de juin 1848, s'est imposé, jusqu'à rendre superflue l'investigation minutieuse et systématique des multiples manifestations de souveraineté qui s'étaient exprimées pendant ces quelques semaines d'agitation aussi inattendues qu'insolites. Ni mouvement d'avant-garde ni inscription dans le processus linéaire du progrès, cher aux théoriciens de l'histoire du XIXe siècle, la révolution de 1848, circonscrite aux centres urbains, particulièrement à Paris – avant que l'épidémie insurrectionnelle ne se répande dans toute l'Europe –, a vu se développer des formes d'organisations dont l'à-propos démocratique n'est perceptible qu'aujourd'hui. Précisément, au présent de nos sociétés en quête d'alternative politique.

Les causes de la révolution ont été maintes fois débattues : elles sont multiples et il serait vain de sélectionner les crises et les heurts successifs pendant la période des monarchies constitutionnelles qui, à des degrés divers, ont contribué à l'explosion de février. Les différentes insurrections, et les répressions qui s'ensuivirent, toujours plus dures de 1831, 1832 et 1834, ont laissé des stigmates profonds, beaucoup plus que n'en a laissé le coup de force tardif de la Société des saisons en 1839, entrepris par Auguste Blanqui dont la réputation de révolutionnaire infatigable lui a permis de devenir une des icônes du mouvement ouvrier français. En ces temps de difficultés industrielles, de chômage endémique, de très bas salaires, les sociétés secrètes avaient perdu de leurs charmes et Blanqui avait déjà trop usé de ses forces. En 1846, dans le monde rural, les mauvaises récoltes, avec leurs poches de disette, réveillent les paniques de 1789. Or, tandis que les autorités croient à la solidité du régime parlementaire, malgré les pétitions nombreuses en faveur de l'élargissement du système censitaire, ce sont les grandes grèves de 1840 qui impressionnent la population, davantage que l'état de corruption dans lequel le pays semble s'enfoncer.

À partir de 1847, la campagne des banquets[1] réussit cependant à mobiliser la population, à l'aide de la presse, particulièrement du journal *La Réforme* et du quotidien *Le National*. L'abaissement du cens[2], afin d'élargir le nombre des électeurs, apparaissait comme une réforme de bon sens aux yeux de tous les artisans, boutiquiers et commerçants exclus du suffrage, sans compter les classes populaires peu habituées à être prises en compte par les représentants politiques. « Pendant plus de six mois, la campagne touche les principaux centres urbains. [...] Des toasts sont portés à la "réforme électorale" mais aussi à la "fin de la corruption", à l'"abolition de la misère par le travail" ou à l'"amélioration du sort des classes laborieuses"[3]. » Mais c'est l'interdiction du banquet du 30 décembre 1847, organisé par les officiers de la Garde nationale du XIIe arrondissement de Paris, qui incite les rebelles à contourner la loi – laquelle interdisait tout rassemblement –, puis, de fait, provoque l'insurrection du 22 février.

En quelques jours, le régime s'effondre et le roi Louis-Philippe Ier, duc d'Orléans (1773-1850), abdique le 24 février. Un gouvernement provisoire est rapidement mis en place sous la pression du mouvement populaire, relayé par la presse dont la vigilance ne se dément pas. À l'Hôtel de Ville, symbole de l'exercice du pouvoir populaire, expression de la souveraineté en acte, les délégations ne cessent d'affluer auprès du gouvernement provisoire. Les uns réclament la vraie république, les autres une diminution du temps de travail, un meilleur tarif ou l'amélioration du sort des plus démunis. Les réformes ne se font pas attendre. Très vite, l'idée de république s'impose et, au grand étonnement des républicains de la première heure, tous semblent s'y rallier ; les « républicains de la veille », peu nombreux jusqu'en février, voient en quelques jours grossir leurs rangs d'un nombre inattendu de

1 Afin de contourner l'interdiction de se réunir pour des motifs politiques, l'opposition avait trouvé le moyen de rassembler ses « convives » autour d'un banquet.

2 Le cens électoral correspondait à l'impôt payé donnant le droit de vote, d'où l'appellation de suffrage censitaire. Celui fixé à 500 francs correspondait à 260 000 électeurs seulement.

3 Voir Maurizio Gribaudi et Michèle Riot-Sarcey, *1848, la révolution oubliée*, *op. cit.*

« républicains du lendemain ». Les décrets se succèdent à un rythme inaccoutumé. Le 25 février, le droit au travail est proclamé ; le 26, l'abolition de la peine de mort pour raisons politiques donne, en quelque sorte, le ton à cette République qui tient à se distinguer de la Terreur de 1793 ; le 26 encore, la création de la Garde nationale mobile est promptement suivie, le 8 mars, de l'ouverture de la Garde nationale à tous les citoyens – première expression du suffrage, puisque chaque garde participera à l'élection des officiers. La liberté de la presse, de réunion, d'association est accompagnée, dès le 2 mars, de décrets qui répondent aux revendications des ouvriers en grève en 1840 : l'abolition du marchandage et la limitation de la journée de travail (10 heures à Paris, 11 heures en province), après le vote de l'ouverture des Ateliers nationaux, destinés à fournir du travail aux chômeurs parisiens. Enfin, parmi les décisions rapidement décrétées, retenons l'abolition de l'esclavage, le 4 mars, laquelle répondait à l'impatience des esclaves de Martinique, de la Guadeloupe, de la Guyane et de la Réunion.

Outre ses aspects symboliques, comme la bataille du drapeau dont la manifestation se déroule elle aussi place de Grève, au pied de l'Hôtel de Ville, la spécificité de la révolution de 1848 est incontestablement dans l'indéfectible liaison entre social et politique. Bon nombre d'acteurs, loin de figurer dans les rangs des insurgés des premiers jours, le perçoivent ainsi : davantage que 1789, 1848 serait d'abord – qu'ils la souhaitent ou l'appréhendent – une révolution sociale aux conséquences politiques inespérées pour les uns, redoutées par les autres. Plus précisément encore, une révolution qui devait concrétiser les principes de 1789. En ce sens, le slogan de « république démocratique et sociale » apparaît, dès février, sur les bannières ; celui-là suppose, selon la minorité active, la mise en œuvre concrète des promesses de la Révolution de 1789.

Deux courants antagoniques se regardent puis s'affrontent. Deux forces inconciliables. Tocqueville et ses amis attribuent aux théories socialistes la responsabilité du chaos social. Ils feront tout pour en dénoncer les excès. Pendant ce temps, de mars à juin, voire juillet 1848, en quelques semaines d'agitation exceptionnelle – inouïe, aux yeux des observateurs les plus avertis –, les acteurs du mouvement révolutionnaire – et, avec eux, tous ceux qui aspirent à la réforme de la société –, en des lieux inaccoutumés et à des moments insolites, tous, hommes et femmes, s'évertuent à préciser concrètement ce que la souveraineté populaire en acte devrait changer dans la réalité. C'était comme si 1848 devenait le temps d'expérimentation des pensées de Jean-Jacques Rousseau, celui du *Contrat social* et du *Traité des inégalités*.

L'exercice de la souveraineté populaire prend forme dans les centres urbains, au sein des collectifs mis en place par le gouvernement provisoire : pendant l'élection de la Garde nationale ; dans l'organisation du travail des Ateliers nationaux ; dans la rue au cœur des petits groupes désignant leurs représentants à la Commission du Luxembourg[1] ; dans les clubs, devenus aussitôt des espaces publics où la parole populaire se fait entendre sans retenue. Et, bien sûr, au cours des manifestations symboliques, comme à Paris ou à Lyon, lorsque la foule marque sa préférence pour le drapeau rouge.

La fièvre sociale, dont la dimension politique est profondément ressentie par tous les conservateurs de l'ordre, se tourne alors du côté du Luxembourg. Les ouvriers, enfin libres de s'associer, croient aux réalisations de la République nouvelle, malgré le rejet d'un ministère du Travail. Les délégations de travailleurs, toutes catégories confondues, ne cesseront de se déplacer avec leurs bannières afin de saluer la République tout en présentant leurs doléances. Jusqu'au 16 avril, « c'est un flot incessant d'ouvriers[2] » qui se présente auprès des représentants. Le décret du 28 février, instituant la Commission du gouvernement pour les travailleurs, ne s'y trompe pas ; en son sein, l'expression souveraine est à l'ordre du jour : « Considérant que la révolution faite par le peuple doit être faite pour lui ; qu'il est temps de mettre un terme aux longues et iniques souffrances des travailleurs ; que la question du travail est d'une importance suprême ; qu'il n'en est pas de plus haute, de plus digne des préoccupations d'un gouvernement républicain ; qu'il appartient surtout à la France d'étudier ardemment et de résoudre un problème posé aujourd'hui chez toutes les nations industrielles de l'Europe ; qu'il faut aviser, sans le moindre retard, à garantir au peuple les fruits légitimes de son travail ; le gouvernement provisoire de la République arrête une commission permanente [...] avec mission expresse et spéciale de s'occuper de leur sort[3]. » La population ouvrière

1 Refusant d'accorder un ministère du Travail à Louis Blanc, jugé trop radical, le gouvernement provisoire s'était résigné à lui confier la direction d'une Commission du gouvernement pour les travailleurs, reléguée au Palais du Luxembourg, en lieu et place de la Chambre des pairs (d'où son appellation de « Commission du Luxembourg »). Les ouvriers ont très vite été appelés à y désigner leurs représentants, qui siégeront jusqu'au 15 mai à la place des pairs de France. Concernant la vie démocratique dans les clubs « autres collectifs », voir Samuel HAYAT, *1848. Quand la République était révolutionnaire. Citoyenneté et représentation*, Le Seuil, Paris, 2014.

2 Rémi GOSSEZ, *Les Ouvriers de Paris. Livre premier : l'organisation, 1848-1851*, Société d'histoire de la révolution de 1848, « Bibliothèque de la révolution de 1848 », tome 24, 1967, p. 39.

3 *Bulletin de la République*, Journal officiel du gouvernement provisoire, décret du 28 février 1848, publié le 1er mars 1848.

adhère ou voudrait croire pleinement à ce programme et fait confiance, dans un premier temps, à Louis Blanc dont elle connaît l'intérêt en faveur de l'organisation du travail. Et la présence de l'ouvrier Albert, en tant que représentant d'une catégorie sociale si longtemps délaissée, leur permet d'espérer l'amélioration du sort de la classe la plus nombreuse et la plus pauvre. Les propositions se multiplient, y compris après les élections, quand la menace à l'encontre des Ateliers nationaux commence à se manifester.

Chapitre 2

Une expression citoyenne pleinement responsable

> « Les révolutions de 1848 furent des épisodes, de tout petits craquements, de toutes petites déchirures dans l'écorce solide de la société bourgeoise. Mais elles dévoilèrent l'abîme que recouvrait cette écorce, sous laquelle bouillonnait un océan sans fin, capable une fois déchaîné d'emporter des continents entiers, l'émancipation du prolétariat, secret du XIXe siècle et de sa révolution. »
>
> Karl MARX, 1856[1].

À aucun autre moment de l'histoire, en France en particulier, le peuple insurgé n'a ainsi cru tenir, en pleine responsabilité, son destin entre ses mains. Jusqu'à convaincre les plus sceptiques de ses alliés, particulièrement les publicistes en vue. Comme Émile de Girardin (1802-1981), directeur de *La Presse*, journal libéral et populaire de l'époque, qui se rallie sans état d'âme à l'esprit de réforme du moment.

En effet, au cours de ces journées de fièvre sociale, comme les qualifient alors les observateurs, deux thèmes semblent recueillir l'assentiment unanime des commentateurs : la République et l'organisation du travail. La République est proclamée très tôt, tandis que l'organisation du travail reste à mettre en œuvre. Chacun veut contribuer à son organisation, convaincu qu'il est de devoir résoudre, de toute urgence, la « question des travailleurs[2] », ne serait-ce que pour réduire les inégalités les plus criantes. Étonnamment, les républicains du lendemain, conservateurs éclairés ou propriétaires sceptiques, membres du gouvernement provisoire ou candidats députés aux prochaines élections d'avril, bien qu'ils prétendent que la révolution ne fut l'œuvre que d'une poignée de révolutionnaires ouvriers parisiens parmi les plus résolus, se rallient sans hésiter à l'idée de République. À les en croire, chacun à sa

---

1 Karl MARX, « Discours à une fête de *The People's Paper* », *loc. cit.*

2 Selon les mots de Michel CHEVALIER, « Question des travailleurs », *Revue des Deux Mondes*, vol. 21, mars 1848, p. 1057-1086, <url.ca/ncrg9>.

manière prend très au sérieux les revendications qui s'affichent, se font entendre ou s'écrivent tout au long des premières semaines de la révolution. Michel Chevalier (1806-1879), saint-simonien de la première heure, rédacteur en chef du journal *Le Globe* en 1831, lecteur assidu des textes du maître, alertait dès 1832 les autorités sur le sort de la classe la plus nombreuse et la plus pauvre. En tant que représentant averti des enjeux du moment, il cherche à convaincre ses pairs de la nécessité de multiplier les capitaux – condition suffisante, à ses yeux, du sauvetage économique de la France –, dans un long article publié en mars 1848 par la *Revue des Deux Mondes* (j'y reviendrai, voir *infra*, chapitre 3).

Son objectif est clair : enrayer le mouvement de liberté engagé par les ouvriers auxquels il s'adresse. Il les enjoint de calmer la trop grande impatience qui les anime, tout en considérant que l'organisation du travail est une nécessité : « Un coup de tonnerre est tombé sur la France le 24 février ; nous en avons tous été étourdis. Les pouvoirs publics d'alors, qu'on pouvait supposer fermes sur leurs bases, dont l'Europe entière admirait la force et qui se complaisaient dans la contemplation d'eux-mêmes, en ont été anéantis. Du même instant, il n'en est plus demeuré que quelques poignées de cendres sur nos places publiques. La France tout entière avec ses 35 millions d'hommes industrieux et intelligents, avec son organisation puissante, ses richesses, sa renommée, a été au premier occupant comme une masure abandonnée au milieu des bois. Un parti, une petite minorité, qui se tenait à l'écart de ces stériles joutes parlementaires où le talent d'une foule d'hommes distingués se consumait pour la plus grande gloire de quelques chefs, a eu soudainement l'inspiration hardie de se porter en avant et il s'est ensuite rendu le maître absolu de cette noble France. Voilà comment nous sommes changés en république[1]. »

Le retour à la tradition pétitionnaire

Le moindre citoyen s'estime alors en droit de s'exprimer, en réunion, dans la rue, au sein des clubs. Et nombreux sont ceux qui, de toute la France, écrivent au gouvernement provisoire, jusqu'en avril, puis aux représentants élus après les élections des députés, organisées le 23 de ce mois.

Depuis la Révolution de 1789, la tradition des pétitions s'est imposée dans les rangs d'une population exclue du suffrage et qui use à son gré de ce mode d'intervention auprès des représentants du peuple. Des lettrés, bien sûr, se manifestent, mais les ouvriers malhabiles avec

1 *Ibid.*

l'écriture n'hésitent pas à faire appel à l'écrivain public, à qui l'on dicte ses doléances et à l'aide duquel on formule des projets de réformes, pondérées ou radicales. L'adresse envoyée aux représentants est un des moyens d'exprimer son point de vue. La révolution de février 1848 a su transformer cette coutume en expression de la volonté et donc de la souveraineté du peuple. Entreprendre une démarche auprès des représentants semble aller de soi. Mais, depuis février, la plainte publique, ordinaire sous les monarchies constitutionnelles, s'est transformée en pouvoir de s'exprimer librement. Comme si les pétitionnaires s'emparaient d'un droit naturel, à la fois politique et social, qui consiste, au lieu de la déléguer, à exprimer pleinement sa souveraineté en donnant son avis sur l'organisation de la société. Toute l'actualité est objet de discussion : l'organisation du travail, bien sûr, l'amélioration du fonctionnement du tribunal des prud'hommes, la répartition des rémunérations, la protection de la vieillesse avec des propositions de caisses de retraite ; mais aussi la réorganisation de la production industrielle et agricole ; des projets d'assèchement des marais de Sologne ; des propositions plus ponctuelles liées aux projets du gouvernement.

Entre mai et juin, les épistoliers s'accrochent à l'espoir de février : chacun veut apporter sa pierre au débat d'idées qui agite les consciences depuis les derniers mois. C'est pourquoi la lucidité du pensionnaire de l'École normale me semble correspondre au « principe espérance » – selon le terme d'Ernst Bloch –, qui émane d'un regard critique posé sur les dysfonctionnements sociaux les plus criants. Du point de vue du pétitionnaire, la cause première de l'insurrection de 1848 est la misère. La majorité des lettres/pétitions adressées aux « citoyens représentants », y compris après la fermeture de la Commission du Luxembourg, le 15 mai, insistent sur l'urgence de la réforme, afin de mettre un terme à ce « scandale du siècle ». En témoigne, parmi tant d'autres, cette adresse du 22 juin « aux citoyens représentants », pour « éradiquer la misère des travailleurs » : « Citoyens, l'amélioration du sort des travailleurs est l'écueil où viendront se briser bien des esprits supérieurs ; leur sphère n'est pas celle où vit l'ouvrier, ils n'en peuvent pas connaître tous leurs besoins, tous leurs rapports avec les entrepreneurs ; toutes les exigences des uns, tout l'égoïsme des autres ; toutes les vérités impossibles et seulement le bien qu'on peut faire sans augmenter la dose du mal[1]. »

Les philanthropes, amis des réformateurs, ont alerté les autorités depuis près de dix ans déjà. Eugène Buret fut de ceux-là : « Il est arrivé un moment dans l'histoire où l'esclavage est devenu un crime

1 Commission des travailleurs, reçu le 22 juin, n° 508 (AN CC 2233, signature illisible).

personnel, justement imputable à la classe qui en profitait ; c'est lorsque le progrès de l'intelligence et de la morale, provoqué et réalisé par le christianisme, eut forcé tous les esprits à reconnaître que l'esclavage était un abus effroyable que le moment de la réparation était venu. De même, le fait de la misère nous sera sévèrement imputé, du moment où, les véritables causes étant connues, nous ne travaillerons pas à les combattre : il nous le serait dès aujourd'hui si, conduits comme nous le sommes par la marche naturelle du savoir à étudier cette question, nous en détournions volontairement notre intelligence. Si un jour – ce qu'à Dieu ne plaise ! – il était demandé compte à notre société de la trop longue durée et de l'augmentation de la misère, elle aurait à redouter la condamnation la plus terrible que l'histoire ait jamais prononcée contre une société coupable[1] ! » En conclusion de son ouvrage de 1840, le philanthrope préconisait la protection du travail avec des arguments sur la nécessité de mettre fin aux privilèges, arguments repris par les insurgés de 1848. Les pétitionnaires se tournent en effet vers la grande Révolution de 1789, à la fois pour s'en défaire, la compléter, la dépasser ou tout simplement en achever les promesses. « Non seulement les empreintes féodales doivent disparaître, mais la loi et la constitution sociales de la France seront forcées de faire en faveur du travail ce qu'elles ont fait autrefois contre lui. Le travail, principe de la société nouvelle, devra être protégé et favorisé par les institutions autant que le droit d'occupation et d'hérédité l'a été autrefois[2]. »

Huit ans après la publication de l'ouvrage d'Eugène Buret, nous trouvons la même préoccupation, énoncée sous forme d'évidence par les membres du gouvernement provisoire et dont la presse relaie les propos : « Ceux qui se montrent inquiets pour la propriété et la famille sont peu sincères ou fort ignorants. Dépouillée de son caractère de personnalité égoïste, garantie et limitée par l'intérêt et le droit de tous, la propriété devient le fruit exclusif du travail. Qui oserait, dès lors, contester son inviolabilité ? De même, régénérée par une éducation commune à tous les jeunes citoyens, chaque famille est un foyer ardent d'où s'échappent autant de rayons de patriotisme. Sa destinée est liée à celle de la société, dont elle est à la fois l'image et le modèle[3]. »

Les manifestations en faveur de l'amélioration immédiate du sort des travailleurs font l'objet de comptes rendus détaillés de la part des

1 Eugène Buret, *De la misère des classes laborieuses en Angleterre et en France*, tome 1, Paulin Libraire, Paris, 1840, p. 85-86.
2 *Ibid.*, tome 2, p. 472.
3 « Circulaire du ministre de l'Intérieur aux commissaires des départements », *La Presse*, 9 mars 1848.

journaux. Paris, bien sûr, est au centre des observations. Début mars, le moindre mouvement de travailleurs réunis pour débattre ou réclamer l'amélioration de leur sort auprès des nouvelles autorités républicaines y est donné à voir au public en termes souvent bienveillants, comme en atteste par exemple cet article de *La Presse* du 9 mars : « Les assemblées et les députations d'ouvriers augmentent en nombre, mais non en turbulence. C'est un fait qu'il faut se plaire à signaler. Deux mille travailleurs se sont portés aujourd'hui au Luxembourg, et ont demandé à voir M. Louis Blanc. À 3 heures, un autre meeting s'est tenu sur la place du Carrousel, et ce soir une réunion considérable doit avoir lieu rue Madame.

« Au reste, toutes les places publiques offrent depuis quelques jours le spectacle paisible mais sérieux d'ouvriers réunis dans cette commune pensée : l'amélioration immédiate du sort des travailleurs. Nous appuyons sur ce mot – immédiat –, parce qu'à notre sens c'est là que gît la grande difficulté, c'est là le point qui d'une question soluble peut faire une complication sans issue. Mais n'anticipons pas sur les embarras dont nous menace l'avenir, et que peut-être ce même avenir fécond en patriotisme et en énergie saura conjurer ou aplanir.

« Les travailleurs qui s'agitent en ce moment paraissent tous guidés par une même idée, la fixation du salaire au moyen de tarifs dressés par le gouvernement et convertis en loi par la prochaine législature. Aujourd'hui, cinq à six cents ouvriers tailleurs, réunis dans les jardins du Palais-Royal, discutaient les divers points de ce tarif en ce qui concerne leur profession. Un marchand tailleur parcourait les groupes et semblait fort inquiet des résolutions qui allaient être prises. Il demandait en grâce qu'on fasse des catégories et qu'on fixât plusieurs prix à la main-d'œuvre selon le degré de talent des ouvriers. Il faisait observer qu'un minimum trop élevé ruinerait les petits marchands tailleurs qui, ayant affaire à des clients de second ordre et devant établir leurs produits à des prix modestes, ne pourraient employer que des ouvriers d'une habileté inférieure et d'une exigence bornée. "Comprenez bien, Messieurs, disait-il, que je ne puis pas faire payer mes habits 130 francs, comme Staub et Rodolph !" "Citoyen !, lui a répondu l'un des ouvriers délibérants, quand la société sera réformée, il n'y aura pas un homme en France qui ne puisse mettre 130 francs à son habit"[1]. »

Propos d'un temps en plein bouleversement, au cours duquel les insurgés agissent « comme s'ils avaient le droit pour eux ». Cependant,

1 « Questions relatives au travail », *La Presse*, 9 mars 1848.

aux yeux de la plupart des acteurs, leur révolution est largement distincte de la Révolution de 1789, voire « supérieure » en qualité d'exigence sociale. L'insurrection de 1848 n'a pas simplement pour objet la proclamation de la république, elle est aussi l'expression d'une volonté d'atténuer les effets des rapports d'exploitation, voire de supprimer ces derniers.

Le renouveau de 1789

Quelques semaines après les élections d'avril, alors que la Chambre des représentants s'apprête à dissoudre les Ateliers nationaux, tandis que la presse s'inquiète des mouvements hostiles aux députés nouvellement élus au suffrage dit universel, l'association des patrons et ouvriers tailleurs de Bordeaux s'adresse aux représentants et tente de leur faire comprendre combien 1848 est éloignée de 1789 : « La révolution qui vient de s'accomplir, nous le voyons tous, a un caractère essentiellement distinct de celles qui se sont opérées depuis 1789. C'est que les hommes qui ont fait la Révolution de 1789, et celles qui lui ont succédé, n'ont jamais voulu sortir de ce déplorable état d'individualité, de la division du capital, division d'intérêts, croissance d'ambition, croissance de cupidité et, au bout de toutes, anarchie complète, vices et calamités publiques[1]. »

La Révolution de 1789, associée à celle de 1830, hante les esprits de ceux qui semblent particulièrement attachés à la dépasser. Comme si les mânes de la Révolution de leurs pères activaient le mouvement de 1848. Au contraire des affirmations des théoriciens de l'époque, l'« âge d'or » n'est pas devant les insurgés censés se laisser conduire par les doctrines socialistes, rendues responsables de tous les désordres, il est derrière eux, au-delà du temps historique. Un temps infini. Un temps d'accumulation de frustrations, de désirs, d'espoirs rarement satisfaits. Et pourtant, l'origine mémorielle d'un idéal « sans lieu » se situe dans un temps repérable dont l'une des sources est proche : 1789 semble avoir concentré l'ensemble des espoirs enfouis dans la nuit des temps. En fonction d'un héritage « sans testament[2] » et d'un sentiment de manque qui est inscrit dans le quotidien, il importe alors aux épistoliers et pétitionnaires d'identifier tout ce qui reste à faire. C'est pourquoi ceux-ci saluent l'« immortelle révolution de

---

1 « Exposé général de l'association des patrons et ouvriers tailleurs de la ville de Bordeaux », s. d. [mai-juin 1848] ; suivent deux cent six signatures, toutes nominatives (AN CC 2232).

2 Expression empruntée à René Char : « Notre héritage n'est précédé d'aucun testament » (*Feuillets d'Hypnos*, 1946). (Je remercie Francis Sitel de m'avoir soufflé cette citation.)

Février[1] », comme s'il s'agissait d'un accomplissement assuré par les « glorieuses journées de Février[2] ».

Les enjeux de 1848 sont mesurés à l'aune de ce moment fondateur par le citoyen Aubrée, cultivateur breton, fils d'un républicain de 1789, engagé volontaire au 3e bataillon d'Ille-et-Vilaine et par suite capitaine du 52e régiment d'infanterie de ligne, qui écrit en juin aux « citoyens représentants du peuple » : « La révolution qui vient de s'opérer [est] politique, puisqu'elle va placer la France dans une situation toute nouvelle pour ses relations avec les puissances étrangères ; sociale, puisque le vieil édifice des institutions sur lesquelles reposaient l'ordre et l'existence de la grande famille française va être réédifié par vous sur d'autres bases. Dans une circonstance aussi grave, où s'agitent et vont être discutées les questions les plus profondes d'économie politique et sociale, il est du devoir de tout citoyen, ami sincère de son pays, qu'il soit républicain de la veille ou du lendemain, d'apporter loyalement sa part des matériaux qu'il croit propres à la reconstruction du nouvel édifice[3]. » À l'instar de la plupart des pétitionnaires, l'organisation du travail – équivalent du socialisme à ses yeux – est, de son point de vue, une priorité.

En bon connaisseur des réalités de la campagne, il commente, sans en décrier les principes, les essais « utopiques » des « philanthropes », socialistes en particulier. Informé, il prétend que toutes les expériences de « phalanstère » ont jusqu'alors échoué, au Brésil, « dans un pays le plus favorisé de Dieu », comme en France pour une raison simple, selon ses vues : « Les illustres philanthropes, dont on ne peut trop admirer les généreuses inspirations, qui, les premiers, dans notre société actuelle, ont cherché à mettre en pratique les divins préceptes écrits dans les Évangiles, n'ont pas, je crois, suffisamment approfondi la situation respective des deux classes les plus nombreuses et les plus intéressantes dans l'état social présent, celles des laboureurs proprement dits et des ouvriers des villes. [...] Le laboureur dès son enfance est habitué aux plus pénibles privations et à la plus sévère économie ; le but essentiel de son ménagement excessif est la propriété à laquelle il sacrifiera toute sa vie. Il a peu de confiance dans l'habitant des villes, qu'il suppose toujours avoir l'intention de le tromper[4]. »

---

1 Club démocratique de Saint-Maur, mai 1848 (AN CC 2231, carton qui rassemble les pétitions en faveur de la « Pologne libre »).

2 Adresse au gouvernement provisoire, 16 avril 1848, plusieurs centaines de signatures de citoyens de Strasbourg (AN CC 2231).

3 AN CC 2232, juin 1848 (n° 90).

4 *Ibid.*

Les ouvriers et les ouvrières retrouvent les accents de 1789, comme ces « ovalistes » de la Croix-Rousse, à Lyon : « Des femmes en grand nombre se sont promenées hier dans nos rues, le drapeau rouge en tête et chantant la *Marseillaise*. Ces femmes appartiennent à une catégorie d'ouvrières en soie qu'on nomme ovalistes ; elles demandent une augmentation de salaire ; soit 50 centimes de plus par jour ; elles réclament, en outre, une réduction dans la durée de leur travail. Elles désirent que leur journée soit réduite à 10 heures et que le prix soit fixé à 1,50 franc. Du reste, cette promenade n'a occasionné aucun désordre et s'est effectuée fort tranquillement.

« Les ouvriers menuisiers se sont réunis hier et avant-hier au soir pour demander également qu'un minimum de prix de leur journée de travail fût déterminé pour l'avenir. Ces réunions qui ont lieu au Colisée ont été fort calmes. Des commissaires nommés par les ouvriers de ce corps d'État sont chargés de s'entendre avec les maîtres et de présenter à l'autorité un plan de nature à recevoir la sanction législative.

« Les questions industrielles, toutes celles qui se rattachent à l'organisation du travail sont en ce moment à l'ordre du jour parmi nos classes ouvrières. Des assemblées ont lieu tous les jours, et presque tous les corps d'État ont la leur. Ces discussions se sont maintenues jusqu'à présent dans des limites raisonnables et n'ont point dégénéré en récriminations amères ou en voies de fait. C'est en apportant dans l'examen que soulèvent ces grands intérêts tout le calme qu'il nécessite, que nos classes ouvrières se rendront de plus en plus dignes des profondes réformes économiques qu'elles sollicitent[1]. »

La fraternité « vraie »

Un délégué à la Commission du Luxembourg tient, un an après l'échec sanglant de l'insurrection de juin, à rappeler l'extraordinaire lucidité de la conscience populaire qui, à la faveur de la révolution de Février, chercha à dépasser l'individualisme héritier de la Révolution française : « De 1789 à 1794, le principe de liberté a été développé d'une manière éclatante par la Révolution française. De ce moment, les classes laborieuses ont cherché l'indépendance dans la propriété et dans l'individualisme. De ce moment, tout travailleur chercha les moyens de s'établir à son compte, d'être son maître et d'avoir un magasin, une boutique, un atelier, un champ, un cheval, une propriété quelconque. Pour réaliser cet ardent désir d'indépendance, rien ne rebuta la petite bourgeoisie : patience à toute épreuve, humiliations temporaires, lutte

1 *Journal des débats*, 5 mars 1848, <ur1.ca/nic3h>.

acharnée par la concurrence avec ses confrères. Il faut le dire aussi, à la honte de nos institutions, les hommes ne reculèrent pas devant la honte de vendre leurs croyances politiques et, à force d'abaissement, de corruption, ils amenèrent le dégoût et la colère du peuple qui, deux fois, en 1830 et en 1848, crut balayer les systèmes d'abaissement et de corruption. Tant il est vrai qu'un principe bon, en lui, doit être complété pour porter ses fruits, tant il est vrai que l'esprit d'indépendance sans l'esprit de dignité et de fraternité ne conduit qu'à l'individualisme et par suite à la décomposition sociale[1]. »

Aux yeux des observateurs, il s'agit bien de reconnaître l'expérience spécifique de 1848, celle de la fraternité républicaine, laquelle supposait l'organisation collective, garante de l'« affranchissement complet du prolétaire[2] ». Fraternité ne désignait pas alors la générosité philanthropique, mais la solidarité entre les travailleurs. Et, de fait, la fraternité à l'œuvre pouvait s'apparenter à l'idée communiste, telle qu'elle était envisagée par tous ceux qui identifiaient, en positif ou en négatif, la République au socialisme.

Le moment 1848 était perçu comme un renouveau de 1789, renforcé par l'expérience de 1830, avec un supplément d'une extrême importance : l'assurance d'une victoire ouvrière par l'abolition des inégalités les plus criantes. La nouveauté observée de près provoque tout d'abord un malaise chez tous ceux qui pensaient bientôt perdre le peu qu'ils possédaient, puis, les rumeurs aidant, l'éventualité d'une victoire ouvrière est associée aux fantasmes et aux peurs de ceux qui craignent le bouleversement radical des rapports sociaux. Le malaise se mue alors en panique. Cette peur est incarnée dans un mot : *communisme*. Le mot est ancien, mais la doctrine moderne est apparue une petite dizaine d'années auparavant, en particulier avec le journal *La Fraternité*, au sein duquel République et communisme se confondaient. Ce communisme fraternel est davantage craint que le communisme hiérarchique de Cabet[3].

L'article du *Journal des débats* relatant la manifestation des « ovalistes » lyonnaises, début mars, est ainsi précédé d'une représentation de ce sentiment de trouble qui, au fur et à mesure des semaines écoulées,

---

1 *Manuel des associations ouvrières* par un délégué au Luxembourg (anonyme), Chez Michel éditeur, Paris, 1850, p. 4 et 5.

2 *Ibid.*, p. 3.

3 Étienne Cabet (1788-1856), fondateur du communisme icarien, était l'auteur du *Voyage en Icarie* (1840), dont le succès fut tel qu'après 1848 plusieurs centaines de travailleurs partirent fonder une communauté « utopique » au Texas. Autoritaire et aimant l'ordre, Cabet était cependant très écouté en 1848.

va constituer la « peur du siècle » : « Il y avait hier un peu d'agitation dans notre ville, par suite du bruit répandu qu'une partie des ouvriers de la Croix-Rousse, qu'on dit appartenir à la secte communiste, ne voulaient pas rendre la caserne des Bernardines dont elle est maîtresse. On disait qu'une expédition devait se porter contre les récalcitrants, mais nous avons lieu de croire ces bruits mal fondés. Ce qui paraît certain cependant, c'est que M. Arago s'est rendu au milieu d'eux sans pouvoir leur faire entendre raison. Ils mettent, dit-on, à leur désarmement des conditions auxquelles il serait imprudent de souscrire, puisqu'elles sont inexécutables[1]. »

Pour l'heure, et jusqu'en avril, la priorité pour tous est ailleurs. Tous sont persuadés que le mouvement est irréversible : même les plus sceptiques observent l'organisation autonome des ouvriers et certains vont jusqu'à admirer leurs capacités de réflexion, leur sagesse politique et la lucidité sociale autant que leur détermination. Trois ans plus tard, en 1851, le fouriériste Victor Hennequin (1816-1854) rappellera dans un ouvrage l'engouement dont avait bénéficié cette forme de république fraternelle : « La grandeur et la puissance de cette révolution se révèlent par les acclamations longtemps unanimes dont ses adversaires la saluèrent. Ceux qui, depuis, l'ont insultée, bâillonnée, chargée de liens, ne purent retenir un cri d'admiration lorsqu'ils obtinrent l'honneur, avidement sollicité, d'être admis dans son berceau[2]. » L'auteur cite alors tous les extraits de presse, de quelque bord que ce soit, qui « tous furent convertis pour quelques jours, par le grandiose des événements, par la puissance généreuse et calme que le peuple venait de déployer[3] ». M. Chambolle, qui depuis a fondé *L'Ordre*, un des organes de la réaction, s'écriait dans *Le Siècle* du 27 février : « Nous le disons avec orgueil : il n'y aura pas dans l'histoire de gloire qui effacera celle des vainqueurs de Février. »

Quelques semaines après l'insurrection de juin, Victor Considerant, rédacteur de *La Démocratie pacifique*, rallié à la République en partisan résolu de la démocratie, mais également en tant que représentant du peuple qui ne peut admettre les principes égalitaires, aussi généreux soient-ils, sans qu'ils soient accompagnés du pouvoir de les exercer, écrit une réponse à tous les détracteurs du socialisme, en rappelant les origines sociales d'un processus qui remonte à la nuit des temps : « La campagne révolutionnaire de 1789 à 1830 n'a réalisé que l'émancipation

1 *Journal des débats*, 5 mars 1848, <url.ca/nic3h>.

2 Victor Hennequin, *Programme démocratique*, Librairie phalanstérienne, Paris, 1851, p. 4, <url.ca/nic4o>.

3 *Ibid.*, p. 5.

des fils aînés du Tiers, de la bourgeoisie aisée à qui elle a donné ce qui lui manquait : les droits politiques. Cette campagne de l'émancipation incomplète qu'elle a produite, bien loin d'être l'œuvre intégrale de la Révolution, consiste dans l'application sociale complète des principes de liberté, d'égalité et de fraternité proclamés par nos pères, dans l'incarnation intégrale, vraie pour chacun et pour tous, de ces trois conditions supérieures, tout à la fois philosophiques et chrétiennes, de la sociabilité humaine[1]. » Non seulement pour la France insurgée, mais pour toute l'Europe civilisée.

Embrasements européens

En 1848, les revendications se déclinent dans chacun des pays européens tour à tour pris dans la masse révolutionnaire, en fonction des rapports sociaux, de l'évolution des droits humains et des institutions en place ; chaque portion du continent se mobilise à tour de rôle, avec pour revendication centrale l'accès à la liberté. Palerme la première s'est insurgée en janvier 1848. Et l'enchaînement des insurrections se poursuit au rythme des nouvelles, comme le note Karl Marx, observateur ou plutôt scrutateur particulièrement attentif des événements dont il est le témoin : « La victoire des libéraux suisses, dans ce semblant de guerre, redonna de la confiance à l'opposition bourgeoise en France et le soulèvement sanglant du peuple à Palerme agit comme une déchirure électrique sur la masse populaire paralysée et réveilla ses grands souvenirs et ses passions révolutionnaires[2]. »

En effet, chaque jour la presse apporte son lot de nouvelles de l'étranger. À titre d'exemple, *Le Constitutionnel* du 6 mars rend compte de la révolution de Neuchâtel (du 2 mars), de Bruxelles (nouvelle datée du 4 mars), puis s'attarde sur l'influence de l'insurrection parisienne sur les peuples allemands. Les autorités de Berlin manifestent leurs craintes : « La nouvelle de notre révolution a produit en Allemagne une impression profonde. En Prusse, surtout à Berlin. » Partout les peuples se révoltent en réclamant leurs droits : en Italie, en Allemagne, aux confins du sud-est de l'Europe. Les informations, égrenées quotidiennement, entretenaient alors, selon Karl Marx, l'« ivresse générale du peuple en lui donnant des témoignages continuels d'une victoire qu'il avait déjà consommée[3] ».

---

1 Victor Considerant, *Le Socialisme devant le vieux monde, ou les vivants devant les morts*, Librairie phalanstérienne, 1848, p. 2 et 4, <url.ca/nic5k>.

2 Karl Marx, *Les Luttes de classes en France (1848-1850)*, Éditions sociales, Paris, 1970, p. 43.

3 *Ibid.*, p. 61.

Mais c'est la misère du peuple polonais qui mobilise les pétitionnaires, nombreux en faveur de la Pologne libre. À cette occasion, l'« immortelle révolution de Février » est à nouveau affirmée. L'histoire est à cette occasion requise, pour rappeler les luttes de 1830 contre les iniquités du Congrès de Vienne (1815). Selon les épistoliers de mai 1848, le partage de la Pologne par les puissances étrangères doit être combattu par les représentants du peuple français, désormais pleinement libre. Le Club républicain de Langeac (Haute-Loire) est formel et réclame ainsi « des armes pour les Polonais » : « Quand la France est libre, n'est-ce pas un crime pour elle de laisser sa sœur, la Pologne, sous le joug d'un autocrate ? Quand le Français peut respirer l'air de la liberté, le Polonais doit-il courber la tête, sous le fer d'un bourreau ? [...] La France entière qui vous a élus pour le représenter, veut que la Pologne soit libre comme elle[1]. »

Le souvenir des guerres napoléoniennes aux côtés des Polonais réveille la fierté française et rappelle la solidarité par les armes, tout en retrouvant la communauté religieuse. Le 12 mai, le Club des ouvriers de la fraternité salue l'héroïque Pologne : « Vingt fois son sang s'est mêlé au nôtre. Les Polonais sont les Français du Nord, ils sont la garde avancée de la foi et de la civilisation. Les laisserons-nous périr ? [...] Comme nous, vous voulez la liberté et sa résurrection[2]. » Le messianisme retrouve l'histoire, à travers l'épopée des armées de l'Empire. Celui-ci est considéré comme le garant de la liberté des peuples. Nombre de pétitionnaires en appellent au renouveau des « prodiges de l'Empire en faveur de la liberté de tous ». La France est devenue « tutrice naturelle des États faibles », selon le Club des républicains socialistes. Et le Club des Antonins, toujours en mai, s'adresse aux représentants nouvellement élus en ces termes : « En 1830, quand le peuple, fatigué d'un joug imposé par l'étranger, [...] va comme un seul homme au cri de liberté, les traités de la Sainte Alliance furent brisés sur les barricades ; à ce cri, les Polonais, ces Français du Nord, opprimés et proscrits, comptant sur la France dont ils avaient suivi les drapeaux des pyramides au Kremlin, imitèrent notre glorieux exemple. [...] Vous n'ignorez pas, citoyens représentants, qu'une nationalité polonaise, pareille au phœnix, vous la voyez à chaque pas que fait la liberté, vous la voyez renaître de ses cendres, plus belle et plus pure[3]. » Les souvenirs glorieux de l'épopée napoléonienne réveillent les patriotes. Leur histoire

1 Pétitions en faveur de la Pologne, mai 1848 (AN CC 2231, n° 159).
2 *Ibid.*
3 *Ibid.*

commence en quelque sorte par le voyage en Égypte, pour reprendre le titre du livre de Volney. En même temps, ils se souviennent de l'entrée du peuple dans l'histoire avec les armées de l'Empereur. Le mythe est là, toujours présent.

Les grands thèmes des pétitionnaires, comme le rappelle notre normalien, sont alors utilisés pour redonner vie à la forme d'expression citoyenne qui avait été inaugurée par la Révolution française et qui, malgré les interdits de toutes sortes, a réussi à se maintenir sous le règne des monarchies constitutionnelles. Mais c'est avant tout le sort des travailleurs qui préoccupe les hommes et les femmes de 48.

De l'organisation des travailleurs

Ainsi ceux d'Arras se prononcent-ils pour l'embauche des « travailleurs sans fortune » de l'arrondissement, lorsque l'État sera parvenu à racheter les chemins de fer : « Nous soussignés, délégués des travailleurs de l'arrondissement d'Arras, Pas-de-Calais, déclarons sur la manifestation des six cents travailleurs sans fortune pour l'obtention de la question du rachat des chemins de fer par le gouvernement républicain et dont nous donnons notre assentiment à ce sujet[1]. » La lettre manuscrite se termine par un plaidoyer en faveur de l'embauche des plus démunis. Des plans de réorganisation du travail sont élaborés. Envoyés en plusieurs exemplaires parfois, imprimés ou manuscrits, ils sont signés le plus souvent nominativement et toutes les catégories professionnelles sont représentées, des ouvriers en papiers peints du faubourg Saint-Antoine aux ouvriers maçons et charpentiers de la ville d'Albi. Les travailleurs en particulier s'expriment, mais aussi nombre de fabricants artisans ou industriels, qui se font l'écho des doléances de leurs concitoyens tout en exposant leurs intérêts propres. À titre d'exemple, un « plan d'association du capital, du travail et des capacités intellectuelles » est proposé par les faïenceries de Longwy, signé du fabricant et de quatre délégués ouvriers ; sous l'influence lisible des théories saint-simoniennes, son rédacteur écrit : « Ce système d'association fera entrer l'ouvrier dans la voie de l'économie où il a tant de peine à faire le premier pas ; il mettra un terme à la concurrence déloyale, à la guerre des maîtres, de laquelle l'ouvrier, instrument aveugle, est toujours victime ou bourreau[2]. »

Le tarif, fixé par contrat, est une des préoccupations centrales de ceux qui prévoient une réforme immédiate de l'organisation du salariat,

1 *Ibid.*, s. d., n° 118.
2 AN CC 2233, 11 juin 1848.

comme l'a très bien analysé Rémi Gossez[1]. Les projets se veulent précis et concrets. Ainsi l'Association fraternelle des ouvriers maçons et tailleurs de pierre fixe-t-elle le salaire des différents métiers, par journée de travail, comme suit : « Directeur, 6,50 francs ; tailleur de pierre, 4,50 francs ; maçon, 4,25 francs ; limousin, 3,25 francs ; terrassier, 3,25 francs ; garçon, 2,50 francs[2]. » D'autres précisent qu'ils se mettront en grève si le patron ne respecte pas le tarif obtenu par contrat signé des deux parties. La Société générale de la corporation des cordonniers libelle ainsi sa décision, article 21 : « Les patrons qui occuperont des ouvriers au-dessous du tarif de la société seront mis en grève jusqu'à ce qu'ils rentrent dans le bon chemin ; et les ouvriers seront privés de secours pendant trois mois[3]. »

D'autres enfin envisagent une réforme globale de la société à partir d'une analyse de la situation sociale et politique du moment. Plusieurs pétitionnaires cherchent à identifier, de manière insistante, le caractère particulier de la révolution de 1848 : pour tous, la révolution est globale et chacun, on l'a vu, veut contribuer à la « reconstruction du nouvel édifice ». À cet égard, l'interpellation des citoyens représentants du peuple n'est pas neutre : quel que soit le résultat des élections, les républicains de 1848, engagés dans le mouvement révolutionnaire, ont une conscience pratique de la représentation démocratique. La république démocratique et sociale à laquelle ils aspirent n'est pas une simple formule, pas plus qu'une devise : parfaitement définie par les pétitions adressées aux représentants, elle est une idée aux multiples facettes, dont les effets devraient se faire sentir dans la vie de tous ; elle est, en quelque sorte, la préfiguration de ce que chaque travailleur souhaite au quotidien.

Vivre libre signifie garder la maîtrise de son propre travail, ne dépendre d'aucune tutelle et, surtout, d'aucun arbitraire. De l'obtention d'un tarif garanti à l'organisation rationnelle de la production agricole et industrielle, de la liberté de la presse à la liberté de la Pologne, c'est bien de la liberté souveraine qu'il s'agit. La question des élections est certes au centre des préoccupations des autorités républicaines comme de tous les républicains, socialistes ou communistes, mais leur organisation démocratique, à l'écart de l'influence des notabilités, est un souci aussi important aux yeux des insurgés que leur résultat. D'un point de vue révolutionnaire, l'élection au suffrage dit universel, essentiel

1 Rémi Gossez, *Les Ouvriers de Paris*, *op. cit.*

2 AN CC 2233, s. d., n° 603.

3 AN CC 2232, brochure imprimée, réception non datée, 1848.

certes, n'est qu'un complément aux autres formes d'expression de la souveraineté ; et le dispositif représentatif qui en découle qu'un moment dans l'exercice du pouvoir souverain. Les clubs, la presse, les manifestations diverses au cours des journées révolutionnaires, tout concourt à la mise en œuvre d'une souveraineté pleine et entière, en quête d'une représentation conforme aux aspirations de tous ceux que 1789 avait oubliés, comme Charles Fourier l'avait relevé dès 1808.

Comme si Jean-Jacques Rousseau voyait les premiers pas de son programme franchir la barrière du réalisme républicain : « À l'instant que le peuple est légitimement assemblé en corps souverain, toute juridiction du gouvernement cesse, la puissance exécutive est suspendue et la personne du dernier citoyen est aussi sacrée et inviolable que celle du dernier magistrat, parce qu'où se retrouve le représenté, il n'y a plus de représentant[1]. » En ce sens, le rôle des clubs et de la presse prend tout son sens. Les titres des journaux sont éminemment explicites : *La Vraie République, Le Peuple constituant, La Démocratie pacifique, Le Peuple, La Liberté*... Convaincus d'assister à l'achèvement de 1789, mais soucieux de s'écarter de la voie arbitraire et destructrice de la Terreur, les différents mouvements populaires sont entendus comme l'expression d'une souveraineté que redoutait Guizot. C'est pourquoi aucune catégorie de la population ne peut être exceptée de sa mise en œuvre : c'est dans une telle démarche qu'il faut comprendre l'engagement des « femmes de 1848 ».

Plus modestes que leurs congénères masculins, elles ne cherchent qu'à faire entendre la *Voix des femmes*[2], selon une logique commune qui consiste à réclamer l'application des principes républicains : afin de rendre justice à toutes les femmes, elles demandent, au nom de la fraternité, la réalité de l'égalité et souhaitent prendre part à la grande œuvre de régénération sociale qui se prépare. Bien qu'elles ne soient pas entendues, en tant que femmes, par les partis et autres courants d'opinion, y compris par les républicains socialistes, leur activité pendant

---

1 Jean-Jacques ROUSSEAU, *Du Contrat social* (1762), Garnier-Flammarion, Paris, 1966, p. 132.

2 Publié de mars à juin 1848, *La Voix des femmes* a été le premier quotidien français féministe, fondé et dirigé par Eugénie Niboyet (1796-1883). Femme de lettres, œuvrant pour l'égalité hommes-femmes depuis 1830, saint-simonienne puis fouriériste, elle devra expier sa vie durant la responsabilité qui fut sienne en 1848 ; y compris sous la IIIe République, lorsqu'elle réclamera le rétablissement de son indemnité supprimée après 1848, ses lettres seront biffées d'un infamant « femme de 1848 ». Pour un développement exhaustif du devenir des femmes de 1848, voir Michèle RIOT-SARCEY, *La Démocratie à l'épreuve des femmes. Trois figures critiques du pouvoir, 1830-1848 (Désirée Véret, Jeanne Deroin, Eugénie Niboyet)*, Albin Michel, Paris, 1994.

la révolution n'est pas saisie comme une action d'avant-garde, mais comme un mouvement d'accompagnement de la volonté souveraine d'un peuple que mobilisent des espoirs crédibles, pendant le temps court du processus révolutionnaire. Leur démarche apparaîtra ensuite, après coup seulement, comme un engagement inconvenant et deviendra inintelligible à la plupart des contemporains. Au sein des associations, les plus engagées dans le mouvement trouvèrent leur place, à condition qu'elles mènent la même lutte que les hommes. Si elles s'opposent à leur tutelle et surtout si elles réclament les mêmes droits politiques, là rien ne va plus : elles ne sont ni entendues ni comprises. On les ignore et la plupart des hommes les combattent, y compris les ouvriers[1]. D'autant plus que, on va le voir, c'est principalement la blouse ouvrière qui est alors à l'honneur.

1 *Ibid.*

Chapitre 3

Le temps des associations

Dans la situation confuse où se trouvent les populations dans ces semaines d'agitation extrême, entre les séances de la Commission du Luxembourg, les réunions des clubs, les rencontres de rues, calmement, selon tous les témoignages, les ouvriers s'organisent spontanément partout : aux barrières, chez les marchands de vin, dans la rue... Comme l'écrira neuf ans plus tard l'historien Florent du Cellier, « la révolution de 1848 était si bien la révolution des ouvriers que personne ne contesta leur prépondérance[1] ». Après la qualité de républicain, la blouse « devint en quelque sorte la livrée des courtisans du pouvoir ». Déclarés libres, autorisés désormais à s'associer, sûrs de voir enfin, grâce à leur révolution de Février, la fin de l'exploitation de l'homme par l'homme, des associations sous des formes diverses voient le jour. Très vite, l'organisation des travailleurs prend le pas sur l'organisation du travail, avec l'assentiment et la consécration du pouvoir républicain. Le 24 février, en effet, le droit d'association est proclamé afin que les ouvriers « puissent jouir du bénéfice de leur travail ».

Lutter contre l'exploitation, une priorité

« Cette fois, ajoute du Cellier, il n'y avait plus de compromis possible. La question, ajournée en 1830, dut recevoir une solution définitive. Le peuple ne voulut pas abdiquer, et quelles qu'eussent été les prévisions des hommes qui avaient précipité le mouvement, ils durent reconnaître qu'ils avaient provoqué une révolution sociale et qu'il fallait reprendre, pour le compléter, le travail interrompu en 1791.

« Dans l'ébranlement qui suivit la chute de la monarchie constitutionnelle, on vit se reproduire tous les incidents de l'anarchie qui, du 4 mai 1789, s'était prolongée jusqu'au 14 juin 1791. Seulement, les faits qui avaient rempli ces deux années furent resserrés en quatre

1 Florent du Cellier, « Les classes ouvrières en France depuis 1789 », *Revue d'histoire contemporaine*, 28 février 1857, p. 83.

mois. Les Ateliers nationaux n'étaient qu'une copie, mais agrandie dans des proportions formidables, des ateliers de charité. Et, pendant que les prédications du Luxembourg s'efforçaient de convertir les ouvriers au système des associations commanditées par l'État, la très grande majorité d'entre eux se réorganisait par professions comme en 1791. Et les réclamations que leurs délégués portaient processionnellement à l'Hôtel de Ville reproduisaient, non pas les théories qu'on voulait leur imposer, mais les programmes particuliers que toutes les coalitions mettaient en avant depuis soixante-dix ans et où les prétentions d'un égoïsme naïf, comme l'expulsion des ouvriers étrangers, se trouvaient confondues avec quelques idées saines et pratiques, et des déclamations sans portée[1]. »

Il est clair que le peuple ne s'est pas insurgé pour que soit mise en œuvre la seule réforme électorale. Celle-ci ne prend sens qu'avec la réforme sociale. C'est pourquoi les associations se constituent dans l'espoir de consolider les acquis de la révolution : la diminution du temps de travail comme l'abolition du marchandage sont autant de bornes placées pour saper les fondements de l'exploitation de l'homme par l'homme. Fiers de l'expérience acquise depuis 1789, les ouvriers, par le truchement de leurs associations, imposent des négociations par contrats, si possible à parité entre patrons et ouvriers, à l'instar de la réforme des tribunaux des prud'hommes qui stipule que désormais un nombre égal d'ouvriers siégera aux côtés des représentants des patrons. Depuis la loi Le Chapelier de 1791 interdisant les corporations, la majorité des ouvriers s'est réorganisée à travers les sociétés mutuelles, dont le rôle fut essentiel au cours des conflits précédents, des révoltes des canuts lyonnais de 1831 et 1834[2] aux grèves parisiennes de 1840[3]. Cette longue tradition des ouvriers associés est lisible dans les comptes rendus d'assemblées générales envoyés aux députés représentants du gouvernement provisoire comme à la Chambre des représentants, après les élections d'avril. Elle est également manifeste dans les négociations quotidiennes arbitrées par l'éphémère préfet de police de Paris (de mars à mai 1848) Marc Caussidière qui, du mieux qu'il peut, favorise l'équité. Afin de garder la maîtrise du travail accompli, tous réclament des contrats tarifés.

---

1 *Ibid.*

2 Voir Fernand Rude, *Les Révoltes des canuts (1831-1834)*, Maspero, Paris, 1982 (rééd. La Découverte, Paris, 2001-2007).

3 Voir Maurizio Gribaudi, *Paris, ville ouvrière. Une histoire occultée, 1789-1848*, La Découverte, Paris, 2014 ; et Michèle Riot-Sarcey, *Le Réel de l'utopie. Essai d'histoire politique du XIXe siècle*, Albin Michel, Paris, 1998, chapitre 2.

Peu à peu, l'organisation des associations se précise. Mais plusieurs réalités se découvrent sous cette appellation : si quelques nostalgiques ont espéré le retour à la tradition d'Ancien Régime, il n'est guère question pour la plupart des ouvriers de revenir aux anciennes hiérarchies des corps de métiers. Les ouvriers désormais libres font entendre leur voix, sans intermédiaires, sur des sujets qui les regardent directement. Quelques-uns vont jusqu'à mettre à profit la crise économique et la désertion de certains patrons pour imaginer une maîtrise complète de la production. Plus que jamais, le travail devient la préoccupation des travailleurs eux-mêmes. Jusqu'en juin 1848, le terme d'association désigne une grande diversité de collectifs : les anciens compagnonnages sont devenus sociétés de secours mutuel ou sociétés de résistance, de solidarité, de crédit mutuel ou simplement des sociétés fraternelles dont l'objectif immédiat est de combattre les inégalités les plus criantes et les formes d'exploitation les plus honnies, tout particulièrement le « marchandage[1] ».

Rémi Gossez a étudié de très près l'organisation des ouvriers de Paris entre 1848 et 1851 : « À la réduction de la durée du travail, le décret [du 2 mars adopté par le gouvernement provisoire] associait, non sans motif, l'abolition du marchandage – terme sans cesse employé par les cinquante-neuf pétitions, pour trente-trois industries, qui insistaient afin que cette abolition soit suivie d'effets. Le marchandage met en cause aussi bien la structure de l'entreprise que le mode de rémunération. Par là, les revendications relatives au travail à la tâche, au travail à façon, au travail à la pièce, au travail en chambre s'apparentent étroitement à la question du marchandage, occasion des abus les plus graves[2]. »

La manifestation concrète de l'exploitation se révélait aux yeux des ouvriers dans cette pratique insupportable qui fut dénoncée massivement lors des grèves de 1840, lesquelles avaient étonné les observateurs, surpris de la maturité des masses ouvrières dont on ne soupçonnait pas les capacités d'organisation pour faire valoir leurs droits, tandis que la loi d'interdiction de tout rassemblement de plus de vingt personnes était toujours en vigueur. En 1848, l'organisation en association a pour principal objectif de réguler les relations de travail, jusqu'au contrôle de la production. La lutte contre les excès de l'exploitation – contre lesquels fulminent la plupart des critiques, de la presse aux clubs,

1 Pratique qui consistait à proposer au plus offrant la réalisation d'un chantier, à charge pour le « maître » ouvrier d'embaucher, au plus bas prix, la main-d'œuvre dont il aurait besoin.

2 Rémi Gossez, *Les Ouvriers de Paris*, *op. cit.*, p. 66-67.

des républicains de la veille à ceux du lendemain – permet de croire possible son abolition et mobilise l'essentiel des énergies ouvrières.

Ainsi les ouvriers fileurs de Lille, en juin 1848, tout en réclamant « des salaires inégaux, suivant l'aptitude et le courage des travailleurs, un tarif qui soit clair, certain et donnant le prix du travail au kilogramme et au demi-kilogramme », réclament le droit de « contrôler, concurremment avec le maître, le travail qui aura été livré ; c'est-à-dire de pouvoir peser le fil fourni au maître et d'en avoir l'inscription faite aussitôt sur un livre particulier »[1]. En mai 1848, l'ouvrier Reydemorande, qui se nomme « prolétaire-travailleur » dans sa pétition adressée aux représentants, résume en quelque sorte les espoirs de chacun dans l'association : « Liberté, plus d'exploités, égalité, fraternité, plus de paupérisme, remède infaillible contre la cessation de travail : organisation immédiate du travail et amélioration générale et réelle du sort des travailleurs, au profit de la gloire de la République[2]. »

Des brochures reproduisent les comptes rendus d'assemblées ouvrières. Elles sont envoyées aux représentants légaux afin de les inciter à voter des lois pour renforcer et élargir les pouvoirs des commissions des prud'hommes en matière de fixation des prix ou d'organisation des bureaux de placement[3] ; elles cherchent ainsi à faciliter la prise de décrets, jugés indispensables au fonctionnement apaisé et équitable entre les différents contractants. Ou encore, elles aident à entériner les décisions prises en collaboration, ou non, avec les instances de la Commission du Luxembourg. En ce sens, la Société générale des ouvriers en papiers peints de la rue du Faubourg-Saint-Antoine adresse une brochure imprimée aux représentants, intitulée « Acte d'association » : « Paris, aujourd'hui 19 mars 1848, 10 heures du matin, les ouvriers en papiers peints, réunis en assemblée générale sous la présidence du citoyen Thomas (Jean), assisté des citoyens Huguet (Edme) et Aubrun (Nicolas), tous trois délégués de la Commission des travailleurs, siégeant au Luxembourg, après avoir entendu lecture de l'acte suivant fait par le citoyen H. de la Collonge, ont adopté les articles qui suivent, sans réserves ni restrictions : "Imprimeur, fonceur, satineur, roulleteur, tisseur est de droit membre de la société"[4]. » Parmi tous ces articles, retenons l'article 83 qui stipule que « tout fabricant qui rejette les décisions de la commission des tarifs est mis

1 AN CC 2232, juin 1848.
2 *Ibid.*, mai 1848.
3 *Ibid.*, 30 mai 1848.
4 AN CC 2232.

en interdit ». En d'autres termes, les ouvriers refuseront de travailler pour lui en cas de rejet ou de non-respect du contrat.

Les associations, creuset de l'autonomie ouvrière

En période de chômage aigu et de profonde misère, les travailleurs font alors l'expérience d'une véritable autonomie ouvrière, affirmant leur désir d'émancipation, de déposer les chaînes de l'enrôlement au service des seuls intérêts des patrons. Et malgré la situation déplorable des finances publiques, malgré les dysfonctionnements économiques, sachant que l'expérience risque d'être éphémère, la plupart des observateurs ouvriers ou proches des intérêts des travailleurs soutiennent résolument les associations : l'idée gagne de proche en proche. Le plus surprenant, pour l'analyste tardif qu'est l'historien, c'est que cette idée se consolide particulièrement après la fermeture de la Commission du Luxembourg, le 16 mai 1848, et que les expériences perdurent bien au-delà du massacre de juin.

Les propositions de réformes de grande ampleur ne cessent en effet d'être présentées à la Chambre des députés. Comme celle des citoyens Mathieu et Guérite de Blois le 25 mai 1848, ou celle de l'ouvrier ébéniste Dudin, chef d'escouade aux Ateliers nationaux qui, le 5 juin, dépose un projet d'amélioration du sort des travailleurs. Lui aussi insiste sur une expression dont on a oublié le sens collectif, la fraternité : « Vous direz que la fraternité c'est la devise de la république, alors que dans l'intérêt même et pour la conservation de la république, il faut que cette devise cesse d'être un mot mais soit une réalité, c'est selon moi le seul remède de tous nos maux[1]. » Les projets d'associations ont si bien convaincu les représentants qu'aucune instance, même la plus attachée à l'ordre et à la hiérarchie au sein des corps de métiers, n'ose en bloquer le processus. En juillet 1848, l'administration du général Eugène Cavaignac (1802-1857), nommé président du Conseil des ministres par l'Assemblée nationale suite à la terrible répression qu'il a conduite contre les insurgés parisiens, a admis les associations à soumissionner certains travaux relatifs à des entreprises d'utilité publique ; et « l'Assemblée crédite de 3 millions le Conseil d'encouragement qu'elle instituait pour contrôler les associations de travail[2] ».

C'était comme si les événements politiques apparaissaient seconds au regard de la réalité sociale, la seule concrète aux yeux des travailleurs mobilisés, sur laquelle ils pouvaient avoir prise. Daniel Stern le

1 *Ibid.*
2 Rémi Gossez, *Les Ouvriers de Paris*, *op. cit.*

rapporte dans son histoire de la révolution de 1848 : aucune autorité ne s'autorise à mettre en cause le processus associatif[1]. À la veille de l'insurrection de juin, *Le Tocsin des travailleurs*, dirigé par Émile Barrault (1799-1869), ancien saint-simonien, rend compte du succès rencontré par les différentes associations, tandis que la menace plane sur l'existence des Ateliers nationaux. Il insiste sur ces expériences concrètes : « Association, solidarité, tel est le cri de tout ce qu'il y a d'avancé et de vigoureux parmi les travailleurs. Puisse ce désir devenir universel et le monde sera affranchi ; il pourra se lancer enfin dans la grande voie du progrès continu. Déjà ont eu lieu quelques associations partielles ; ce sont des sons précurseurs d'une harmonie complète. Tout le monde connaît l'association des tailleurs de Clichy ; hier, nous avons publié une lettre des chapeliers : aujourd'hui, nous dirons quelques mots d'un essai de même nature qui a été fait dans un de nos grands ateliers de mécanique, l'atelier de Rosne et Cail. Cet essai a été couronné de succès ; car telle est la puissance de l'association que, même à l'état imparfait, elle porte de bons fruits.

« Les travailleurs de l'atelier de Rosne et Cail se sont lassés les premiers de porter leur croix ; les premiers ils ont nettement saisi les vices du travail à la journée, du marchandage individuel et du marchandage à l'anglaise. C'était peu de jours après février ; les travailleurs pouvaient encore parler haut ; ils se sont constitués en association générale et ont entrepris le marchandage collectif des travaux de leur atelier. Chacun des groupes, ajusteurs, tourneurs, forgerons, etc., a nommé un chef de comité chargé de maintenir l'ordre et de discuter les prix avec le patron. Ces divers groupes ont été reliés par un président général de l'association. Chaque travailleur a reçu une rétribution fixe, proportionnelle à sa capacité, avec droit égal pour tous au partage éventuel des bénéfices. Au bout de trente-cinq jours de travail réel, l'association avait déjà obtenu un bénéfice net de 9 461 francs et 95 centimes. Ce bénéfice eût été bien supérieur sans ce fait que, par suite de la crise générale, des groupes sont restés sans travaux et que trois cents travailleurs, rétribués sans produire, ont coûté à l'association une somme de 5 495 francs. Sans l'association, ces trois cents travailleurs eussent été mis sur le pavé. Ce résultat est remarquable, il a frappé tous les travailleurs mécaniciens qui, dans une réunion de leurs délégués, viennent de décider que, lors de l'enquête que va faire la Commission du travail de l'Assemblée

1 Daniel Stern était le nom de plume de Marie d'Agoult ; témoin attentif des événements, elle a écrit une histoire de la révolution de 1848 qui a largement servi aux historiens (voir *infra*, chapitre 8).

nationale, il serait unanimement demandé : premièrement, que tous les travailleurs d'un même atelier (ouvrier comptable, contremaître, ingénieur, directeur) fussent associés, rétribués selon leurs œuvres et capacité, et admis au partage égal des bénéfices ; deuxièmement, que le capital et le matériel prélevassent un intérêt et un amortissement dont les taux seraient fixés par la loi ; troisièmement, que l'État donnât sa double caution aux travailleurs et au capital[1]. »

« Petite république », ou « république dans l'atelier » selon l'expression employée par Henri Feugueray (1813-1854), auteur de *L'Association ouvrière, industrielle et agricole* (1851), l'association peut être partielle, le plus souvent fraternelle, ayant pour objectif essentiel de défendre les intérêts propres aux différentes professions, mais elle peut avoir également vocation coopérative en tant qu'association de production. Sous cette forme, elle est perçue comme une organisation « socialiste ». Ce type d'association est particulièrement redouté par les propriétaires et autres possédants. En juillet 1848, la Commission d'encouragement aux associations les a d'ailleurs exclues du bénéfice des subventions publiques. Parmi elles, il faut distinguer les initiatives qui avaient pour objectif de rendre les ouvriers propriétaires des instruments de travail, jusqu'à centraliser en une seule entreprise chaque corps d'État associé, de celles qui souhaitaient bénéficier de l'aide de l'État. Comme le remarque Rémi Gossez, à travers l'analyse de l'historien Florent du Cellier, l'« équivoque fondamentale qui régnait sur la conception de l'Association » consistait à entremêler deux pratiques, en principe inconciliables : une « organisation ouvrière contre le capital » et une « association du travail avec le capital », laquelle serait « plus ou moins contrôlée par l'État »[2].

En juin 1848, conscients des risques d'éparpillement de toutes ces associations aux statuts plus ou moins formels, les anciens délégués à la Commission du Luxembourg, notamment Pierre Vinçard (1820-1882), cherchent à coordonner, en toute indépendance, l'ensemble des associations partielles, en créant la Société des corporations réunies. Le projet n'aboutit pas, mais l'idée fait son chemin et l'association qui parvient à regrouper plus d'une centaine d'associations se constitue sous la direction, entre autres, d'une pionnière de l'égalité réelle, Jeanne Deroin (1805-1894), auteure du projet intitulé « Association fraternelle et solidaire de toutes les associations », dont la vocation est de « rassembler

1 *Le Tocsin des travailleurs*, n° 22, 22 juin 1848.
2 Rémi Gossez, *Les Ouvriers de Paris*, *op. cit.*, p. 61.

les travailleurs des deux sexes de différentes professions[1] ». L'Union des associations fraternelles voit le jour en octobre 1849. Jeanne Deroin prévoyait de fonder l'organisation sous les principes suivants : « *Droit à la consommation* : au moyen de la répartition des produits du travail de tous, selon les besoins de chacun et les nécessités de sa profession. *Droit au travail* : au moyen de la répartition des instruments de travail et matières premières nécessaires à la production, chacun, selon sa profession, en proportion des besoins de consommation. *Droit de souveraineté* : au moyen du concours égal de tous, sans distinction de sexe, à l'élection des travailleurs fonctionnaires, à la formule des règlements et au vote de répartition des instruments, et des produits du travail[2]. »

La riposte libérale

L'importance du mouvement associatif a été parfaitement comprise par l'économiste Michel Chevalier[3], dont on a déjà évoqué le point de vue (voir *supra*, chapitre 2) : il en voyait bien les dangers pour le capitalisme naissant, d'autant que nombre de ses partisans étaient comme lui d'anciens saint-simoniens rompus à la pratique collective, mais qui, eux, avaient gardé leur idéal libertaire. Tout comme Balzac (1799-1850), Chevalier pressentait le « risque » socialiste en train de s'emparer de l'esprit des « prolétaires », car ceux-ci croyaient pouvoir mettre fin à l'exploitation de l'homme par l'homme dans la perspective ouverte par l'insurrection de février. C'est pourquoi en mars il se propose, en « observateur impartial, étranger aux événements et hors du tourbillon des passions qui s'agitent », de rechercher ce que l'on « pourrait raisonnablement penser de tout ce mouvement et, disons-le, avec sincérité »[4]. Sachant que « le règne de la liberté illimitée laisse apparemment aux citoyens le droit d'exprimer leurs opinions en termes modérés », il affirme que le sauvetage de la situation économique de l'Europe en général et de la France en particulier dépendra de l'augmentation du capital : « L'amélioration du sort des populations se traduit

---

1 *L'Opinion des femmes*, n° 6, août 1849.

2 *Ibid.*

3 De 1830 à 1832, Michel Chevalier avait été directeur du journal saint-simonien *Le Globe* ; puis, après un procès intenté au groupe pour « immoralité », il avait été emprisonné avec Prosper Enfantin. Dans les années 1830, les saint-simoniens, jeunes polytechniciens pour la plupart, étaient très influents ; ils diffusaient largement leur presse et organisaient des formations auprès du public. Diffusant la doctrine saint-simonienne, ils se prononçaient pour l'émancipation du peuple et des femmes et développaient, au sein d'une nouvelle Église, un christianisme profondément renouvelé (sur Saint-Simon, voir *infra*, chapitre 9).

4 Michel CHEVALIER, « Question des travailleurs », *loc. cit.*

donc, aux yeux de celui qui analyse les faits, par cette formule simple : accroître le capital, développer tous les capitaux, y compris, remarquons-le bien, celui qui consiste dans l'habileté des hommes, dans leur activité au travail, dans leur goût pour le travail ; faire en sorte que, relativement au chiffre de la population, le capital, sous toutes les formes, soit le plus grand possible. C'est sous cette formule que l'on peut présenter la condition positive de l'amélioration non seulement matérielle, mais intellectuelle et morale du sort de la classe la plus nombreuse, car encore une fois tout se tient » (p. 1063).

Michel Chevalier, préoccupé des réalités économiques, libéral décidé, se prononce sans réserves en faveur des associations ; mais le collectif de production qu'il préconise doit s'organiser dans un cadre hiérarchique au service des capacités et des talents. La liberté, dont il comprend la force active en cette période d'organisation spontanée en sociétés fraternelles, ne doit pas être dévoyée ; à son goût, elle n'est que l'expression de la concurrence dans la phase industrielle. Tous les principes républicains sont repris, mais déclinés à la manière d'un entrepreneur moderne. L'égalité ne s'entend qu'à l'échelle de la nation : « L'égalité véritable, celle que proclamèrent nos pères en 1789, aux applaudissements de toute la Terre, n'a rien de commun avec ce fantôme que vous présentez au regard de la multitude fascinée qui se presse sous vos pas. Les Français sont égaux, cela veut dire que la nation française est une, que les distinctions publiques appartiennent aux talents et aux services quelle que soit la naissance. Cela signifie que l'État doit à tous les intérêts un égal appui, qu'il est tenu de protéger les champs de celui-ci, les rentes de celui-là, le travail de ce troisième qui n'a ni terres ni rentes » (p. 1073). Favorable au développement systématique de l'instruction, il préconise, au-delà des idées chimériques en vogue, de ralentir les réformes, notamment en mettant un terme aux augmentations de salaire qui risquent de ruiner l'industrie. Progressiste, il reconnaît le bien-fondé d'une participation des ouvriers aux bénéfices de l'entreprise, mais cette réforme, qui risque de bouleverser les mœurs de la répartition des ressources du capital, doit se faire à tout petits pas, au rythme de l'évolution des mentalités, lesquelles sont encore très loin d'en accepter le principe.

À forte distance de la république démocratique et sociale, l'ex-saint-simonien esquisse dans ce texte programmatique les grands traits de ce que serait un État-providence. L'ouvrier comme le travail seront protégés sans risquer de déséquilibrer les hiérarchies fondées sur l'autorité naturelle des capacités en matière d'économie. Selon lui, les classes ouvrières ont été jusqu'alors assimilées à une multitude sans gouvernail.

Il en appelle donc à la raison de ceux qui s'enflamment trop vite pour des idéaux « socialistes ». La patience est l'attribut des forts, écrit-il, et c'est la condition nécessaire à la poursuite du progrès (p. 1078). En bon connaisseur des États-Unis, auxquels il emprunte les nouvelles sources du libéralisme, il se réfère comme il se doit à Benjamin Franklin. Pour l'heure, de son point de vue, l'expérience ouvrière d'organisation du travail et des travailleurs est un leurre. La conscience qu'ils peuvent avoir de leurs capacités et de leur force, en tant que classe la plus nombreuse, n'est qu'illusoire. Il leur faut d'abord passer par l'apprentissage du savoir être libre, en sachant garantir par le travail une protection à leur famille, par l'épargne en particulier.

L'urgence n'est pas dans l'« affranchissement » de la classe la plus pauvre, mais dans sa protection : « L'organisation du travail, prise dans le sens le plus large, doit consister dans un ensemble d'institutions qui offrent au travailleur une assistance efficace dans toutes les positions qu'il traverse, depuis le moment où il naît jusqu'à celui où il va chercher un monde meilleur. Ce n'est plus alors seulement une institution à la faveur de laquelle son travail dans l'atelier reçoive une rémunération équitable ; c'est aussi bien tout ce qui est nécessaire à protéger son enfance, à façonner sa jeunesse, à encourager son âge mûr et à abriter sa vieillesse. Eh bien ! La société moderne qui date de 1789 et qui prit alors une devise dont elle ne doit jamais se séparer, la liberté, offre de nombreux éléments pour remplir les cases de ce vaste cadre : la crèche, [...] la salle d'asile, [...] l'école » (p. 1078). Dès mars, le futur collaborateur de Napoléon III dessine ainsi le plan de l'État moderne au service du capital, bien loin des aspirations des insurgés de 1848 et de leur conception de la liberté.

La liberté en actes, ou la fraternité à l'œuvre

Pendant ce temps, les partisans de l'association coopérative tentent de justifier leur choix au nom de la liberté précisément ; mais une liberté qui aurait quitté les habits d'Ancien Régime dont se revêtaient les privilégiés, seuls en capacité d'être ou de devenir libres. Jeanne Deroin, couturière, désormais institutrice, qui fut en son temps elle aussi saint-simonienne, veut comme tous les travailleurs combattre la misère, « seule et véritable cause des révolutions[1] ». Elle considère que le peuple ne peut se satisfaire de la « liberté politique » ; mais, s'il la demande, c'est qu'il cherche à acquérir la « vraie liberté, c'est-à-dire

1 Jeanne Deroin participe alors à *La Voix des femmes*, en compagnie de plusieurs ex-saint-simoniennes, dont Jeanne-Désirée Véret, épouse Gay.

le complet développement et le libre exercice de toutes les facultés humaines, le bien-être pour tous au moyen d'une équitable répartition du travail, des instruments et des produits du travail », écrit-elle en 1851 dans une « lettre aux associations »[1]. Simplement, elle énonce, telle une évidence, le principe juste de l'association. Profondément pacifique, elle affirme que « les révolutions sont providentiellement nécessaires [quand] les droits des déshérités sont méconnus », mais, hélas, elles « servent presque toujours de marchepied à quelques ambitieux aspirant au pouvoir » (p. 32). Il ne peut être interdit, de son point de vue, de s'associer pour échanger, créditer, se procurer des instruments de travail, venir en aide aux enfants et aux vieillards : « Ce but, si fraternel et si éminemment industriel et pacifique, n'a rien en lui-même qui soit illégal, il n'est point hostile aux individus, mais seulement aux principes d'exploitation et d'asservissement » (p. 7). Vu ainsi, l'association participe « des principes des plus élevés de la démocratie et du socialisme » (p. 10). Affranchir les travailleurs de l'exploitation et du patronage relève tout simplement de la solidarité entre tous les êtres sensés. « La solidarité fraternelle doit être la base de l'association » (p. 12).

« Fraternel », inlassablement répété, est un mot clé pour qui veut comprendre 1848. Son sens a cependant échappé aux analyses d'après coup. Associée, depuis 1789, à la liberté et l'égalité dans la trilogie républicaine, la fraternité a non seulement perdu sa signification subversive, mais avec elle l'expérience fraternelle des sociétés de secours mutuel, si actives pendant les monarchies constitutionnelles, a été pour l'essentiel oubliée. Et, de ce fait, la révolution de 1848, héritière directe de ces pratiques concrètes, ne fut alors pensée que comme l'expression utopique d'un processus idéologique assimilé, dans la continuité historique, à une parenthèse, nécessaire peut-être, mais inapte à saisir la force irrésistible de l'évolution lente et progressive de la révolution économique. C'est pourquoi l'expérience n'a pu être inscrite dans une histoire qui fait sens.

En 1848, le mot fraternité, éloigné de ce que la philanthropie moderne lui impose, soit un équivalent de la charité publique, est indissociable de la pratique coopérative qui réunit des individus égaux. Il qualifie alors une expérience inédite d'organisation de travailleurs libres. Inédite et surtout sans lendemain, puisque aujourd'hui encore

1 Jeanne Deroin, *Lettre aux associations sur l'organisation du crédit*, Gustave Sandré, Paris, 1851, p. 31 ; lettre rédigée en prison après son arrestation en tant que coresponsable de l'Association des associations (ouvrage reproduit *in 1848, la Révolution démocratique et sociale*, tome 6, EDHIS, Paris, 1984).

la perspective reste à venir. En l'absence de tutelle, sans idée même de droit qui, de fait, suppose une instance distributive ou protectrice, l'association organise la solidarité entre les travailleurs. Une solidarité qui englobe enfants et vieillards, faibles et handicapés, afin que chacun soit rémunéré selon ses besoins. Les associations fraternelles sont alors conçues pour répondre à l'imprévoyance sociale des régimes précédents tout en « améliorant immédiatement la situation des travailleurs » (p. 36). Mais, en pratique, la solidarité fraternelle n'est que l'avant-scène de la démocratie sociale et l'organisation des travailleurs devient, logiquement, la concrétisation des principes du socialisme.

De ce fait, l'idée d'association, lors de ces mois d'ébullition, ne peut être mise en cause car elle répond à une revendication dont la jeune République a légitimé les attentes. Idée à laquelle aucune autorité politique ne peut et ne s'oppose dans le temps court de la République. D'autant que celle-ci est l'émanation des travailleurs insurgés contre l'imprévoyance sociale de la monarchie de Juillet. Parallèlement, au vu de la pratique associative, avec ses hésitations, ses aspects informels, ses multiples ratés, l'idée fait craindre le pire aux possédants qui savent lire le contenu des projets. Il ne s'agit pas simplement de propositions provenant de la Commission du Luxembourg, orchestrées par Louis Blanc, mais de rassemblements, de collectifs visibles qui sont particulièrement actifs après la fermeture de la Commission, à l'instant décisif où, pour la plupart des travailleurs, la solution collective apparaît comme la seule alternative au désordre ambiant et à la misère des plus démunis. Parmi eux, certains groupes vont jusqu'à profiter de la désertion de quelques patrons fuyant la crise économique – tandis que le maintien des Ateliers nationaux est de plus en plus contesté par les adeptes du bon usage des deniers publics –, en proposant des coopératives de production et de consommation afin de pallier l'absence du capital privé.

Pauline Roland au cœur de l'association

Dans une lettre de mai 1850, Pauline Roland (1805-1852), compagne de lutte de Jeanne Deroin, ex-saint-simonienne dans le même esprit que cette dernière, dresse un bilan explicite et détaillé des associations[1]. Tout d'abord, elle ne peut distinguer la pratique associative de la république démocratique et sociale qu'elle relie, par-delà toute

1 Pauline Roland, « Associations pour la production et la consommation », lettre à Ange Guépin, 10 mai 1850, *in Philosophie du socialisme. Ou Étude sur les transformations dans le monde et l'humanité*, Gustave Sandré, Paris, 1850, p. 680. (Je remercie Jacques Rougerie d'avoir attiré mon attention sur l'importance de ce document.)

continuité historique, au passé lointain, intemporel, à la fois religieux et païen dont le moment 1848 serait l'accomplissement, dans une phase de « rédemption » d'un monde qui, depuis son origine, serait en quête d'idéal. L'une et l'autre ont pris leurs distances avec le projet proudhonien de « banque du peuple ».

Proudhon, malgré son opposition aux apprentissages collectifs en cours, était perçu par la plupart des républicains comme le leader incontesté des socialistes. Mais, comme bon nombre de philosophes réformateurs ou idéologues sur lesquels se sont focalisés les regards des commentateurs et dont l'histoire a retenu le nom, Proudhon n'a participé qu'à distance à l'expérience ouvrière, et le plus souvent de manière conflictuelle. Différemment et sans même retenir le rejet dont les « femmes de 1848 » étaient victimes de la part de celui qui fut consacré « père de l'anarchie », Pauline Roland et Jeanne Deroin, « filles du peuple » et « femmes de 1848 », militantes socialistes, anciennes ouvrières devenues institutrices, cherchent dans l'événement de 1848 à mettre en œuvre immédiatement l'association fraternelle. De leur point de vue, pour la première fois les travailleurs associés démontrent ce que pourrait être l'organisation sociale à venir ; en d'autres termes, le socialisme vu comme l'auto-organisation des travailleurs. Toute idée d'une avant-garde extérieure aux ateliers ne peut alors se concevoir.

La victoire, qu'elle nomme république, « il s'agit de l'organiser », aux dires de Pauline Roland dans sa lettre de 1850 : « Parmi les faits qui s'accomplissent simultanément ou d'une façon successive sous nos yeux, [retenons ceux qui] doivent nous mener à l'établissement de ce monde encore idéal que le peuple a clamé république démocratique et sociale. Le fait le plus en évidence aujourd'hui, c'est l'association ouvrière » (p. 2). Elle revient ainsi sur l'idée d'association, dont elle attribue l'origine aux pratiques mutuellistes antérieures et au mouvement saint-simonien qui fut, selon elle, un « immense élan vers l'association ». Identique à la république, l'association est le mode actif de tous ceux qui cherchent à résoudre la question du prolétariat. « Et, tandis que les philosophes s'efforçaient de résoudre clairement, incontestablement, comme un problème de mathématiques, le problème du prolétariat, d'autres hommes, faits pour l'action, s'organisèrent en associations de genres divers ; sociétés philanthropiques ; sociétés de résistance ; familles réunies par groupes. Sur certains points, formant des centres qui pouvaient devenir le noyau de l'organisation communale ; sociétés religieuses basées sur une théodicée ou cherchant cette théodicée ; sociétés secrètes, organisées pour la lutte politique ; autant de germes d'association. L'humanité espérait trouver sa voie, à travers tous ces tâtonnements » (p. 3). C'est ainsi qu'à la veille de février, consciemment ou inconsciemment, les « âmes républicaines » étaient prêtes et « unies dans le désir d'association » (p. 4).

Après avoir salué l'expérience extraordinaire de l'atelier des tailleurs de Clichy, « association égalitaire, fraternelle », si différent des Ateliers nationaux étrangers à l'esprit associatif dans leur conception même, elle montre comment l'initiative de l'Assemblée constituante du vote de 3 millions de francs en faveur des associations ouvrières « respectables » devait être détournée et transformée en un « véhicule d'action » par les travailleurs eux-mêmes. Elle décrit précisément la pratique associative en cours, et le mode de rétribution donna lieu à débat : « Le travail serait-il à la journée ou aux pièces ? Dans le premier cas, on établissait généralement un paiement égalitaire qui, basé sur un fait brutal et ne tenant nul compte de la belle formule de longtemps trouvée pourtant, "De chacun selon ses forces, à chacun selon ses besoins", établissait entre les travailleurs, et aux dépens de la liberté, une égalité apparente qui finissait à la porte de l'atelier. Dans le second cas, on laissait l'individu à ses propres forces ; la liberté prévalait au grand détriment de la fraternité. Un système mixte s'établit sur beaucoup de points. Celui-là conservait le travail aux pièces, rétribué d'après un tarif reconnu et accepté par les travailleurs. Quant aux bénéfices, presque dans tous les cas, ils étaient répartis non au prorata des salaires, mais égalitairement entre tous. Dans certains ateliers, les travailleurs se groupèrent par trois, un fort, un moyen, un faible, et ces trois hommes réunis perçurent et répartirent entre eux le fruit du travail fait en commun. Enfin, dans quelques corporations, dont les travaux admettent diverses sections, il arriva souvent qu'une section tout entière s'organise unitairement, formant une association plus étroite au sein de l'association. On continue de marcher simultanément, tant bien que mal, dans chacun de ces systèmes dont, à mon sens, aucun ne saurait résoudre la question » (p. 6).

Elle déplore l'inaboutissement du système d'association qui, à son goût, a trop privilégié l'association de production au détriment de l'association de consommation. Or, à ses yeux, les deux réunies auraient été en mesure de sauver la République. Elle en attribue l'échec à une trop longue tradition des institutions monarchiques qui, en France, font du « président » un roi. De son point de vue, pourtant, le succès matériel est incontestable, d'autant qu'elle peut directement en mesurer l'apport puisqu'elle fut à l'origine, avec Jeanne Deroin, de l'Union des associations fraternelles qui parvint à regrouper cent quatre des associations à l'œuvre en 1848.

Dans l'esprit de Pauline Roland, en bonne saint-simonienne, comme d'ailleurs pour la plupart des socialistes de l'époque, 1848 annonçait la transformation du monde. Un temps de catastrophe qui, grâce à l'extraordinaire esprit créatif de la « classe la plus nombreuse et la plus pauvre », retrouvait l'élan prophétique des Évangiles et était en mesure de s'emparer des promesses du Christ rédempteur : 1848 retrouverait le sens de la « palingénésie » chère au philosophe Pierre-Simon Ballanche (1776-1847)[1]. Qui, des débris de l'ancienne société, construirait l'ère nouvelle ?

« Le divin socialiste du passé, Jésus de Nazareth. Ce nom que j'écris me rappelle qu'une méchante gravure, au point de vue de l'art, a longtemps montré dans les associations la belle tête traditionnelle du fils du charpentier, avec ces mots naïfs qui suffiraient à marquer d'un caractère religieux le mouvement que [j']essaie de vous peindre. Dans ces seuls éléments que je viens d'énumérer, il y a toute une histoire, dont les plus précieux documents ne gisent point dans les journaux qui, pendant plusieurs mois, furent pleins pourtant du récit des fêtes socialistes. À qui voudra l'écrire, cette sainte histoire, il faudra interroger le souvenir encore vibrant dans les âmes émues, aller de porte en porte comme les anciens légendaires et interroger les fidèles sur les faits et gestes de ce grand confesseur des confesseurs de la foi, de ce grand martyr des martyrs : le peuple[2]. »

Ce texte est en apparence énigmatique. Mais, pour qui connaît les innombrables références au « Christ des barricades »[3], toujours interprété comme un archaïsme religieux, il parle à la manière de Walter Benjamin. Les souvenirs en question ne sont que des remémorations puisées aux temps immémoriaux d'une liberté promise ; la population engagée dans le mouvement cherche à s'en emparer, à l'immobiliser afin de l'enraciner dans le moment 1848. Une liberté qui émergerait alors de sa marche silencieuse et souterraine. Un souterrain dans les profondeurs duquel les idées ont cheminé : vaincues, mais non soumises, elles soutiennent le « principe espérance ». Mythe ou allégorie, le charpentier renaît dans une actualité retrouvée. Contrairement aux interprétations classiques relatives au retour en grâce des Églises autour des arbres de la Liberté, dans cette fusion des ordres restaurés le Christ,

1 Dans son *Essai de palingénésie sociale* (1820), Ballanche expliquait que de la catastrophe naît une reconstitution, sous la forme d'une régénération. La révolution, vue comme une catastrophe, est donc possiblement le lieu d'où renaîtra un monde nouveau.

2 Pauline Roland, « Associations pour la production et la consommation », *loc. cit.*, p. 12.

3 Franck-Paul Bowman, *Le Christ des barricades, 1789-1848*, Cerf, Paris, 1987.

dont le peuple moderne incarnait le retour, n'avait qu'une lointaine filiation avec le christianisme des philanthropes. À la manière du Saint-Simon du *Nouveau Christianisme*, son dernier ouvrage, cette forme de résurgence messianique se rattache à l'idée d'un âge d'or dans lequel est inscrit le destin de l'humanité. Une quête semblable, en quelque sorte, à la quête de l'absolu chère aux premiers romantiques allemands[1]. Un processus enfoui sous les continuités ordonnées de l'ordre triomphant mais qui, à cause de l'esprit subversif qu'il recèle, jamais ne peut être entièrement enseveli.

C'est dans cette perspective que l'on peut comprendre un des grands penseurs de 1848, Constantin Pecqueur, fouriériste, communiste, dont l'histoire ouvrière a jusqu'à effacé le nom. Constantin Pecqueur, selon lequel « le christianisme primitif est [...] jusqu'ici la plus haute expression de la science sociale et du communisme[2] », est un partisan fervent de l'association. Il avait, comme tant d'autres, déposé un projet auprès de l'Assemblée constituante (après les élections largement perdues par les représentants ouvriers et dont l'esprit était très éloigné des débats et des attentes du gouvernement provisoire, issu des barricades), espérant que l'Assemblée « favoriserait le flux alors croissant de l'association populaire, en démolissant toutes les entraves que la solidarité des intérêts rencontre dans les codes Napoléon[3] ». Même définition de la fraternité chez Pecqueur, équivalent de l'esprit solidaire, mais chez lui la révélation tirée des origines lointaines, à la fois textuelles et mythiques, s'arrête au présent de 1848, dans une projection vers le futur susceptible de bouleverser le monde : « Solidarité donc ! Solidarité entre tous les ouvriers d'un même métier, solidarité entre tous les corps de métiers ; solidarité non seulement dans la même commune, non seulement dans le même canton, dans le même arrondissement, dans le même département, mais dans tous les départements de la République. Que dis-je, non seulement entre toutes les corporations et toutes les industries d'un même pays, mais la sainte alliance des travailleurs de toutes les nations d'Europe et, s'il était possible aujourd'hui, des travailleurs du monde entier[4]. »

---

1 Notamment le groupe Athenäum vers 1800, autour de Friedrich Schlegel, en particulier (voir à ce propos Philippe Lacoue-Labarthe et Jean-Luc Nancy, *L'Absolu littéraire. Théorie de la littérature du romantisme allemand*, Seuil, Paris, 1978).

2 Constantin Pecqueur, *Le Salut du peuple. Journal de la science sociale*, n° 1, Ballard Librairie, Paris, 10 décembre 1849, <ur1.ca/nicbf> (reprints, EDHIS d'après l'exemplaire numéroté 295, imprimé le 15 septembre 1967 par Galli et Milan, p. 16).

3 Constantin Pecqueur, *Le Salut du peuple*, n° 2, 10 juillet 1850, p. 15.

4 *Ibid.*, p. 17.

Chapitre 4

Dès 1848, les conflits d'interprétation

À lire ces programmes, tous profondément ancrés dans le mouvement 1848, deux orientations radicalement opposées, à partir d'un même mot si ce n'est d'une même pratique, se dessinent. L'une, qu'incarne Michel Chevalier, pressent le devenir de l'État-providence. L'autre est partagée par ceux qui s'expriment au nom du peuple mais ne l'incarnent pas, à l'instar d'un Proudhon, d'un Cabet ou d'un Blanqui, ni leader ni prophète révolutionnaire que retiendra l'histoire : homme ou femme indistinctement, chacun en 1848 précisément entrevoit l'internationale ouvrière ; mais une internationale à la manière de Fourier qui se formerait par explosion ou par contagion, une constellation. La première orientation a déjà devant elle un bel avenir, la seconde ne verra le jour que par saccades discontinues, sans accumulation des expériences passées dans l'abîme desquelles se perd l'expérience de 1848. Un héritage, réellement, « sans testament ».

Le plaidoyer de Victor Considerant

Victor Considerant, fouriériste patenté, journaliste et rédacteur de *La Démocratie pacifique*, hésita avant de s'engager dans le camp républicain, tant il était attaché à rendre vrais les mots, insistant sur l'insuffisance du droit si celui-ci n'est pas suivi immédiatement du pouvoir de l'exercer. Admonesté, l'idéologue utopiste est rejeté comme illuminé par ses pairs à la Chambre des représentants, qui ne l'entendent ni ne le comprennent. En 1848, il rédige pourtant un texte, particulièrement lumineux, lui le partisan de l'association véritable et complète, une association capable de rassembler des hommes vraiment libres. Persuadé d'assister à la naissance d'une ère nouvelle, une palingénésie, il œuvre en faveur de « L'ÉMANCIPATION SOCIALE DES PROLÉTAIRES[1] ». Lecteur critique, il se tient à distance des Églises car, de son point de vue, le Dieu antique et féodal est largement dépassé sinon mort. Aussi

1 En majuscules dans l'original.

s'autorise-t-il à revisiter le passé, mais un passé immémorial : « La société moderne est en proie à une décomposition définitive. Le vieux monde, le monde de l'esclavage, de la féodalité, du prolétariat ; le monde païen, attaqué dans sa base, il y a dix-huit cents ans, par la grande explosion de la doctrine de la liberté que le Christ a apportée à la Terre ; le monde, de la misère, de la lutte, de l'exploitation de l'homme par l'homme, est ébranlé jusque dans ses fondements : il craque de toutes parts sous ses étais vermoulus[1]. »

À nouveau, comme la plupart de ses contemporains, il cherche dans ce texte les raisons de l'explosion sociale et se réfère comme tant d'autres à 1789. De son point de vue, les prolétaires ont été jusqu'alors retenus « en dehors de l'enceinte sacrée des droits » (p. 2-3). Et, en refusant la fraternité, en entravant l'émancipation du peuple, les tenants « du laissez-faire et du laissez passer, c'est-à-dire laissez ruiner, laissez exploiter » (p. 6) seront sans aucun doute responsables d'un 1793 démocratique et social qu'il prédit à l'Europe entière. Au-delà des rumeurs multiples relatives aux doctrines anarchistes, socialistes et autres perversités, auxquelles est imputée l'origine de la guerre civile, Considerant accuse de « provocations » l'Assemblée nationale qui a osé prononcer « ces trois mots néfastes : dissolution des Ateliers nationaux » (p. 3). Il s'en prend aux véritables responsables, les privilégiés qui jusqu'alors n'ont pas voulu ouvrir les yeux : « Ces incorrigibles ennemis de la lumière et de la liberté, les ennemis du droit nouveau, du droit de la philosophie et du christianisme, ont accusé Luther, les encyclopédistes, Rousseau, Voltaire », tous en bloc auraient ouvert la boîte de Pandore de la liberté. « Voilà ce qu'ils ont répondu pendant cinquante ans ! Et, bien que bon nombre d'entre eux trahissent aujourd'hui la révolution, l'histoire a déjà enregistré leur réponse » (p. 4).

La révolution n'est pas finie à ses yeux, elle ne fait que commencer. Et il ajoute cette vérité, que chacun ressent en ces temps, certes troublés mais porteurs d'espérances inouïes : « Et qui ose dire catégoriquement – qu'il prenne la parole celui-là ! –, qui ose dire que notre société, telle que nous la voyons, telle qu'elle est sortie en février 1848 des mains de l'oligarchie bourgeoise de 1830, qui ose dire que cette société réalise, en effet, la liberté, l'égalité, la fraternité ? *Où sont-ils les hommes libres ?* Vous faites semblant de regarder comme libres, parce qu'ils ont le droit illusoire de mettre un vote électoral dans une boîte, ces légions de meurt-de-faim des villes et des campagnes, courbés sous le double esclavage de l'ignorance et de la misère ! Libres ces masses

1 Victor CONSIDERANT, *Le Socialisme devant le vieux monde*, *op. cit.*, p. 2.

innombrables de prolétaires dépourvus de capitaux et d'instruments de travail ! » (p. 5, souligné par moi). La question de la liberté, au cœur de l'événement, participe du mouvement même des associations. Aussi, pendant les quelques mois qui précèdent les élections, entre février et avril, les ouvriers, conformément aux décisions du gouvernement provisoire, pensent avoir la légitimité pour eux. En s'organisant en toute liberté, ils ne font, croient-ils, que respecter la lettre de la législation.

Le messianisme populaire des nouveaux « barbares »

Qui est libre et qui ne l'est pas ? L'interrogation n'a cessé d'agiter ceux et celles qui ne l'étaient pas, tout au long de la première moitié du siècle, mais une interrogation le plus souvent sans mots susceptibles d'expliciter la liberté politique et sociale qui jusqu'alors leur avait fait défaut ; aussi l'idée n'a jamais paru, en ces termes, dans la presse, excepté au cours des années « folles », au temps de la « femme libre » de 1831 à 1835. Comme l'a rappelé justement Pauline Roland, ce sont des faits non remarquables, « ils ne gisent pas dans les journaux ». La question ne se pose pas aux hommes qui font l'opinion, car aux yeux des vainqueurs de la Révolution française, les seuls interprètes de l'événement « fondateur » d'une nouvelle ère de liberté dont ils ont confisqué l'usage, les prolétaires ne sont pas libres, par nature, le mot prolétaire lui-même n'a pas lieu d'être dans le monde des civilisés. C'est pourquoi la référence « mythique » à un passé dont on croit pouvoir s'approprier les promesses est une nécessité pour tous ceux qui se reconnaissent dans les exclus des bienfaits des principes libérateurs.

Les prolétaires étaient alors à l'image des « barbares » d'un tableau allégorique de Thomas Couture, le maître de Manet, peintre salué pour son talent et ses thèmes historiques particulièrement appréciés du public. *Les Romains de la décadence* (1847) représentaient ainsi les risques encourus par le pouvoir en place si, « par malheur », celui-ci intégrait dans ses rangs les populations « barbares », comme l'Empire romain l'avait fait, croyait-on, à son détriment[1] : la civilisation moderne menacerait de s'effondrer. En écho, le tableau prémonitoire de Couture, dont le succès était alors sans égal, figurait les craintes des « possédants » et répondait à l'article de Saint-Marc Girardin, critique littéraire influent[2] qui, aux lendemains de la révolte des canuts, sommait la

1 Voir à ce propos Claudia Moatti, *La Raison de Rome. Naissance de l'esprit critique à la fin de la République*, Seuil, Paris, 1997.

2 Le libéral Saint-Marc Girardin (1801-1873), membre de l'Académie française, critique littéraire à la *Revue des Deux Mondes*, collaborateur du *Journal des débats*, avait été proposé comme ministre de l'Instruction publique à la veille de la révolution de 1848.

classe moyenne de prendre garde aux dangers qui la menaçaient sans même qu'elle en ait conscience. La révolte des canuts avait créé un climat de peur irrationnelle à l'encontre d'une population nouvelle que la bourgeoisie découvrait effarée : « Les barbares qui menacent la société [...] sont dans les faubourgs de nos villes[1]. » Mais l'auteur de l'article ajoute : « Nos expressions de barbares et d'invasions paraîtront exagérées ; c'est à dessein que nous les employons. Elles disent plus qu'il n'y a, c'est vrai, mais non pas plus qu'il ne peut y avoir. Il faut que la classe moyenne sache bien quel est l'état des choses ; il faut qu'elle connaisse bien sa position. Elle a au-dessous d'elle une population de prolétaires qui s'agite et qui frémit, sans savoir ce qu'elle veut, sans savoir où elle ira ; que lui importe ? Elle est mal. Elle veut changer. C'est là où est le danger de la société moderne ; c'est de là que peuvent sortir les barbares qui la détruiront. Dans cette position, il est nécessaire que la classe moyenne comprenne bien ses intérêts et le devoir qu'elle a à remplir. Il faut qu'elle évite, avec un égal soin, d'être dupe ou d'être cruelle et tyrannique. »

Le discours de Michel Chevalier est analogue, l'un pressentant la venue d'un monde jusqu'alors écarté de la civilisation moderne, l'autre saisissant une réalité inédite et, malgré les inquiétudes si souvent exprimées, une réalité inattendue. L'analyse de l'ex-saint-simonien est plus concrète. Confronté à une actualité dont il ne pouvait soupçonner l'avènement, il voit pour la première fois les prolétaires s'emparer de l'espace public, en hommes libres. Ce qui, en l'état du rapport de forces, du poids de la paysannerie à l'impact des idées libérales, est impossible à envisager dans la durée. L'expérience des prolétaires doit être sinon condamnée, du moins réinstallée dans le processus long de l'histoire susceptible d'intégrer les classes sociales au fur et à mesure de l'acquisition des droits qui leur reviennent ; mais au rythme et selon les règles mises en place par les autorités représentatives de la nation, laquelle, sous le règne de la république, reste une et indivisible. Les pauvres, prolétaires, urbains, en particulier, minoritaires en nombre, forment une catégorie sociale en formation, non éduquée, pour l'essentiel immorale, dont on craint les excès, radicalement étrangère à la population majoritaire – les paysans notamment. Pour l'heure et au mieux, ils ne peuvent prétendre qu'à une liberté surveillée.

À contresens de l'opinion commune, à la formation de laquelle participe largement la presse, Victor Considerant s'autorise alors à réécrire l'histoire, en repensant l'idéal commun ou l'idéal du siècle : « Et cet

1 Saint-Marc GIRARDIN, *Le Journal des débats*, 8 décembre 1831.

idéal qui se dégage de l'humanité vivante s'en dégage invinciblement, parce que le temps du grand phénomène palingénésique de la rénovation est la conséquence pratique, logique, nécessaire, fatale des principes révélés au monde il y a dix-huit siècles par l'Évangile, mûris par la philosophie et par l'histoire, proclamés en 1789 par la nation française. Parce qu'il est la conséquence logique, nécessaire, fatale de ces principes pour lesquels cette grande nation, initiatrice et martyre, a versé son sang par de larges blessures, pour lesquels elle est morte à Waterloo. Elle est descendue de la tombe de la restauration et de la royauté philippiste, et a ressuscité glorieusement le 24 février 1848, en renversant la pierre du sépulcre et les soldats qui la gardaient ! [...] Cette idée, c'est le socialisme[1]. »

Sans histoire, ou plutôt hors de l'histoire qui se fabrique dans l'interprétation immédiate de l'événement par tous ceux qui s'octroient le droit de dire le mouvement qu'ils observent, les acteurs de 1848 deviennent pour la première fois sujets de leur propre histoire. C'est pourquoi ils puisent, différemment de ceux qui s'autorisent à penser en leur nom, leurs références historiques ailleurs que dans les annales banalement historiques ; celles qui furent repensées et revisitées par Augustin Thierry, Adolphe Thiers, François Guizot, Lamartine, Louis Blanc lui-même et bien d'autres encore. Leur histoire n'est pas la leur. Aussi le recours à la rédemption, à la palingénésie, aux Évangiles leur permet d'inscrire leur passé dans le temps de l'humanité dont le destin est écrit non dans l'âge d'or promis et attendu, mais en correspondance étroite entre présent et passé ; où les aspects les plus actuels du passé sont projetés, non vers un avenir mythique ou téléologique, mais sur un présent construit à leur mesure. Une forme de messianisme populaire, propre à la première moitié du XIXe siècle ; un messianisme que le mouvement ouvrier en formation, à partir des années 1860, n'a pu reconnaître comme sien. En effet, dans le combat que la classe ouvrière « organisée » menait à l'encontre des doctrines aliénantes dont les populations les plus démunies subissaient la tutelle, les assonances religieuses du discours déroutaient les plus sceptiques et introduisaient une confusion : entre ce type de messianisme et les imprécations des autorités missionnaires au service de l'Église restaurée contre laquelle le tiers état s'était insurgé, une forme d'identité s'est imposée. D'autant que les manifestations d'hostilité à l'encontre de l'Église, rétablie dans ses pouvoirs, avaient perduré au-delà de 1831,

1 Victor CONSIDERANT, *Le Socialisme devant le vieux monde, op. cit.*, p. 9.

temps du sac de Saint-Germain-l'Auxerrois ; manifestations qui, par ailleurs, avaient effrayé le reste de la population parisienne.

Or, en 1848, ces références bibliques, à la consonance mythique, n'appartiennent pas à l'histoire religieuse, pas plus qu'elles n'illustrent l'histoire réécrite par les auteurs modernes. De même ont-elles échappé aux réinventions successives des Églises. Ces références existent seulement dans l'interprétation de ceux qui s'emparèrent d'une figure intemporelle active au présent du conflit. Tout simplement. Et, de ce fait, elles se dérobent au mythe en devenant allégorie de la résistance ouvrière. Hors de toute pensée théologique, elles forment le socle fondateur d'une fraternité nouvelle dont l'avènement doit s'inscrire dans un devenir historiquement autre. En son temps et solitairement, Benjamin l'avait compris au grand dam des tenants du matérialisme historique « officiel ».

De son point de vue, l'idée de bonheur enferme celle du salut, inéluctablement : « Il en va de même pour l'idée du "passé", l'image du salut en est la clé. N'est-ce pas autour de nous-mêmes que plane un peu de l'air respiré jadis par les défunts ? [...] C'est donc à nous de nous rendre compte que le passé réclame une rédemption dont peut-être une tout infime partie se trouve être placée en notre pouvoir. Il y a un rendez-vous mystérieux entre les générations défuntes et celles dont nous faisons partie nous-mêmes. Nous avons été attendus sur Terre[1]. »

À suivre, au plus près de son historicité, cet « événement de pensée[2] » en deçà de ce qui advient beaucoup plus tardivement, retrouvant la puissance d'un sens inédit aux yeux de tous les acteurs/sujets de leurs propres discours dans le temps de leur énonciation, l'historien découvre des formes d'espérances inouïes dont on a négligé l'importance puisqu'il n'en reste rien. Et pourtant ces espoirs, à l'origine des apprentissages ouvriers de l'émancipation, de l'autonomie ouvrière, de la démocratie et donc de la liberté, ont provoqué des peurs qu'aujourd'hui on qualifierait de fantasmatiques.

L'alarme des possédants : les avertissements de Balzac et de Heine

Honoré de Balzac, comme souvent mieux que personne, a exprimé cette crainte, pas si irrationnelle qu'on a bien voulu la présenter. Car, en ce temps-là, la république « sociale », certes conçue par une

1 Walter Benjamin, « Thèses sur le concept d'histoire », *loc. cit.*, p. 433.

2 Expression empruntée à Michel Foucault (voir à ce propos la réflexion de Gisèle Berkman, *La Dépensée*, Hermann, Paris, 2013).

toute petite minorité active, avait si bien conquis les esprits qu'on a cru à son évolution irréversible vers le communisme. Elle se confondait alors avec le socialisme, lui-même identifié au communisme.

À la fin de sa vie – il est mort en 1850 –, Balzac redoute en effet cet avènement qui est, de son point de vue, la conséquence logique des effets de la révolution car, « depuis 1789, la France essaie de faire croire, contre toute évidence, aux hommes qu'ils sont égaux[1] ». Tout comme son ami Heinrich Heine, avec moins de subtilité cependant, l'écrivain en pressent l'arrivée inévitable, logique. En 1844, dans son roman inachevé *Les Paysans*, soucieux de prévenir une autre catastrophe par la haine du prolétaire et du paysan contre le maître, l'écrivain dénonce par la voix de son narrateur l'« audace avec laquelle le communisme, cette logique vivante et agissante de la démocratie, attaque la société dans l'ordre moral, annonce que dès aujourd'hui, le Samson populaire, devenu prudent, sape les colonnes sociales dans la cave, au lieu de les secouer dans la salle du festin[2] ». Le peuple, mal connu, est semblable aux paysans assimilés à des « sauvages », qui ne parlent pas : ceux-ci agissent à la manière des prolétaires, « ces nouveaux barbares » dont on n'entend que les cris.

Ce monde souterrain devient pourtant réel sous la plume de Heine, attentif à rendre compte de l'état de la France à la *Gazette d'Augsbourg*. Plus sensible, peut-être plus ambivalent à l'égard du peuple démuni que ne l'est Balzac, il oscille entre le désir et l'appréhension. Il serait presque soulagé de voir advenir la république dont le nom seul résonne comme la justice sociale. Une république bien pensée garderait des vertus anciennes, anhistoriques : « Les républicains sont brouillés avec l'argent. [...] Or, le républicain qui s'est emparé de l'argent a cessé d'être républicain[3]. » Aussi pressent-il la victoire du prolétariat dont le travail souterrain émerge de ses descriptions. Malgré l'effroi et la terreur qu'éprouve un des meilleurs observateurs de la France des années 1840, cette justice républicaine s'incarne en toute logique dans le communisme qu'il appelle de ses vœux : « Je l'avoue avec franchise, ce même communisme, si hostile à tous mes intérêts et mes penchants, exerce sur mon âme un charme dont je ne puis me défendre. [...] Que justice se fasse, qu'il soit brisé ce vieux monde,

1 Honoré DE BALZAC, *Les Paysans*, Paris, 1855 (roman inachevé écrit en 1844, publié à titre posthume) ; Gallimard, Paris, 1964, p. 148.

2 *Ibid.*, p. 151.

3 Heinrich HEINE, « Lettre du 30 avril 1840 », *Lutèce. Lettres sur la vie politique, artistique et sociale de la France* (1855), Ressources, Paris-Genève, 1979, p. 33, <url.ca/ntvb6> (rééd. avec une préface de Patricia Baudouin : La Fabrique, Paris, 2008).

où l'innocence a péri, où l'égoïsme a prospéré, où l'homme a été exploité par l'homme[1]. »

Mais, dans la « Lettre sur le travail » écrite par Balzac en 1848 – qui n'a pas été publiée de son vivant –, la IIe République n'a pas encore choisi la voie de la modération, tant celle-ci reste à ses yeux prisonnière de l'esprit révolutionnaire qui souffle depuis février[2]. Le communisme, selon les « modérés », menace d'embrasser la cause républicaine en comblant le vide d'un régime encore sans contenu. Préparée depuis les années 1840[3], la gestation de la république encore informe est une matrice où s'engouffrent à la fois les espoirs les plus « utopiques » et les craintes les plus folles. Ses partisans balancent entre le tout social et la simple résolution de la question au niveau politique. En attendant, Balzac voudrait prévenir le pire en alertant ses contemporains. Il n'a aucun doute sur l'« issue du vote universel » : la république sera, car il craint la « victoire de la gauche », composée de « ceux qui représenteront les idées de Fourier, les idées communistes et le radicalisme républicain ».

L'inquiétude n'est pas feinte et n'est pas l'expression d'un simple fantasme. Bien au contraire, la pensée est cohérente et se réfère aux promesses de février, dont l'esquisse avait été tracée dans différents ouvrages publiés dans les années 1840. Pour ne retenir que les plus importants, citons *L'Organisation du travail* de Louis Blanc (1840), *De l'humanité* de Pierre Leroux (1840), *Le Code de la communauté* de Théodore Dézamy (1842), *Le Voyage en Icarie* d'Étienne Cabet (1840). Tout ce dispositif « communautariste », sans triompher en 1848, n'en est pas moins débattu au sein de la Commission du Luxembourg, dans un lieu officiel, certes à l'écart du monde politique « réel » de la Chambre et du pouvoir exécutif, mais les journaux s'en font l'écho. Ces textes ne seraient rien s'ils n'étaient dépassés, comme nous l'avons vu, par les associations ouvrières à l'œuvre.

L'organisation du travail est particulièrement visée par Balzac dans sa « Lettre sur le travail » : « Ces mots [...] signifient *coalition des travailleurs*, et ce mot de *travailleur* a pour unique traduction le mot *ouvrier*. On a supprimé, comme par enchantement, tous les autres travaux, ceux de l'intelligence ; ceux du commandement ; ceux de l'invention, ceux des

1 *Ibid.*, préface, p. XVII-XIII.

2 Honoré de Balzac, « Lettre sur le travail », 1848 (*Œuvres diverses (1836-1848)*, vol. 3, L. Conard, Paris, 1940). (Je remercie Isabelle Tournier de m'avoir incitée à commenter ce texte qu'elle m'a permis de découvrir.) Voir également la thèse de Patricia Baudoin, *Balzac, journaliste et penseur du politique, 1830-1850*, Université Paris-8, 2007.

3 Voir Heinrich Heine, « Lettre du 13 février 1841 », *Lutèce*, *op. cit.*, p. 170.

voyageurs, ceux des savants, etc.[1]. » Véritable « attentat à la liberté individuelle » (p. 685), au privilège de l'intelligence, au savoir-faire des plus habiles, l'idée irait, dit Balzac, à l'encontre du sens commun. Au slogan saint-simonien « À chacun selon ses capacités, à chaque capacité selon ses œuvres », devenu très populaire au-delà des adeptes de la doctrine, l'observateur lucide devrait répondre, selon lui : « À chacun selon son lot, selon sa force » (p. 688).

Par l'exposé d'un véritable cours d'économie politique – qu'on pourrait croire inspiré de Ricardo ou d'Adam Smith, certainement de Malthus –, Balzac cherche à convaincre les privilégiés de la liberté dont disposent nécessairement les hommes talentueux : « L'accord de la santé, de l'intelligence et de la main est au moins aussi rare, chez les ouvriers de tous les corps d'État, que l'accord du talent et de la volonté chez les travailleurs intelligentiels » (p. 686). En parfaite harmonie avec son plaidoyer constant en faveur des intelligences, il ne prend pas la défense explicite d'une classe sociale, il craint avant tout le triomphe irrémédiable de la médiocratie, dans tous les corps de métiers. L'abolition du marchandage en serait l'expression manifeste : « En abolissant le marchandage (en haine des marchands seulement) et en réduisant les heures de travail, quel est le quotient social, quel est le quotient particulier d'une telle opération ? » (p. 686).

La diminution des heures de travail, l'abolition du marchandage, on l'a vu, figuraient parmi les revendications des grandes grèves des années 1840. Les contemporains ont alors été surpris par la détermination des ouvriers et l'organisation des coalitions qu'ils avaient constituées : la signification sociale et politique de ce conflit leur échappait. La révolution de Février a apporté la réponse, il est vrai tardive, à ce questionnement. Heine, déjà, avait pressenti le devenir possible de ce qui n'était pourtant pas une simple insurrection : « Communisme est le nom secret de cet adversaire formidable qui oppose le règne des prolétaires dans toutes ses conséquences au régime actuel de la bourgeoisie. Ce sera un épouvantable duel. [...] Pour notre part, nous savons seulement que le communisme, bien qu'il soit peu discuté et qu'il traîne son existence souffreteuse dans les mansardes cachées sur sa couche de paille misérable, est pourtant le sombre héros à qui est réservé un rôle énorme, quoique passager, dans la tragédie moderne, et qui n'attend que la réplique pour entrer en scène[2]. »

---

1 Honoré DE BALZAC, « Lettre sur le travail », *loc. cit.*, p. 684.
2 Heinrich HEINE, *Lutèce*, *op. cit.*, p. 258.

En 1848, cet espace scénique est en place avec la république démocratique et sociale que les révolutionnaires, bien que minoritaires, réclament de leurs vœux. Non par goût des bouleversements : loin des désordres de la Ire République, hostiles à la Terreur, ces républicains démocrates cherchent tout simplement à rendre vrais les principes de 1789 et à mettre en œuvre les droits naturels, c'est-à-dire les promesses de la Révolution. Balzac a bien compris que l'organisation du travail signifiait alors la liberté des prolétaires, dont la confiance reposait davantage dans le « gouvernement direct des travailleurs », selon un slogan de l'époque[1], que dans un suffrage universel sous l'influence des notabilités. Qu'est donc, en théorie, cette république sociale pour les possédants auxquels Balzac s'identifie, si ce n'est le communisme des années 1840 ? Un communisme semblable au socialisme et qui ne peut se concevoir en l'absence de la liberté individuelle, à condition, bien sûr, que chacun accepte une liberté également partagée. Balzac, au contraire, défend la liberté au nom du privilège de l'intelligence et craint par-dessus tout le nivellement par le bas, dénonçant la « chimère de l'égalité » dans la « Lettre sur le travail » : « Vous proclamez la liberté, au lieu de définir les libertés que chacun conservera – remise faite de son obéissance à la patrie –, et vous êtes en train de donner des lettres patentes à la médiocrité du travail[2]. »

Mais, au-delà de ses partis pris idéologiques, Balzac reste remarquablement lucide et clairvoyant à l'égard du capital, qui est à ses yeux « un oiseau hors des atteintes du plomb de tous les décrets possibles, de toutes les mesures révolutionnaires » (p. 689). Et qui, avec une efficacité redoutable, sait se taire tout en agissant : « Il pense tout ce que nous écrivons, mais sans le dire, car le capital est muet, comme il est sourd à toutes les violences » (p. 690). Quant à l'État, au-delà de l'esprit protecteur et philanthropique qui commence à s'installer parmi la population, « il est et sera toujours le dupe de toute intervention dans les affaires de commerce, il ne doit ni entraver ni secourir [...], il ne doit ni organiser ni réglementer » (p. 688-689). La vie est un combat. C'est ainsi que les disciples de Malthus ont envisagé le devenir de l'humanité. Dans cette vision de l'histoire, la philosophie du progrès est perçue comme une vaste entreprise de philanthropie qui irait à l'encontre d'une répartition inégale de la force de chacun. L'égalité serait donc une illusion, contraire à la nature tant négligée par les tenants de la république sociale.

---

1 Voir Michèle Riot-Sarcey, *Le Réel de l'utopie*, *op. cit.*

2 Honoré de Balzac, « Lettre sur le travail », *loc. cit.*, p. 688.

Le tragique triomphe d'une pâle république

Balzac ne se trompait pas : la république de l'ordre a finalement triomphé. Une république pâle, aux accents démocratiques si ténus qu'ils sont à peine lisibles. Attachée à la famille, à la propriété comme au travail ordonné par la hiérarchie, au point de supprimer l'idée d'égalité dans le suffrage dit universel, la IIe République, dans sa Constitution, semble avoir entendu les accents alarmistes du Balzac courroucé de 1848 : « Vous tuez donc la famille chez le peuple ! Tuer la famille, n'est-ce pas tuer la consommation ? Réglementer ainsi le travail par l'uniformité du salaire et la limitation des heures, c'est d'abord la destruction de la société » (p. 687). La république issue de la révolution est entrée par effraction dans le cours lent du progrès et l'acte révolutionnaire en déstabilise les certitudes. Une république vidée de son contenu social devait nécessairement s'achever dans les bras d'un « organisateur » digne de ce nom. L'« intelligence de la France » l'aurait ainsi emporté sur l'illusion d'un bonheur incertain que véhicule une philosophie trompeuse. Balzac ne s'était pas trompé, avant même les élections d'avril il pressentait la venue de Napoléon, non encore indigne du héros romantique : « En ce moment, ce n'est pas assez de tout le bon sens, de toute l'intelligence de la France ; pour rétablir sa prospérité fabuleuse qu'on a compromise, il faut un Bonaparte industriel, et à la république un organisateur » (p. 690).

Ce Balzac visionnaire est une aide précieuse pour l'historien. Mais au-delà de son opinion, à distance d'un combat en faveur d'une certaine forme de privilèges, le metteur en scène de la société, par son exigence critique, révèle les impasses auxquelles se heurtent ses contemporains, particulièrement ceux qui sont attentifs aux aspirations contradictoires et donc conflictuelles de la population. En insistant sur l'absence d'équivalence entre les mots et les choses, en écartant les discours trompeurs, en dénonçant les « fausses » vérités républicaines, en désignant l'égalité comme une utopie, sa vision d'un monde chaotique, dans l'expérience de l'événement, permet à l'historien de se défaire d'une compréhension univoque de l'histoire à partir de ce qui est advenu. La connaissance de l'historicité de l'événement dans la tension – et non la confusion – de ses interprétations est ainsi accessible.

Juin 1848, avec des acteurs « taiseux », en l'absence d'un sujet révolutionnaire explicite – en capacité de dire ce qu'il fait –, signifie sans conteste, mais en apparence seulement, la mort de la république démocratique et sociale. Une mort sans enterrement. À peine un deuil. Même parenthèse relative aux associations, qui s'édifient contre toute logique économique suivant la loi d'évolution du progrès industriel ; étonnamment présentes, les associations sont pourtant actives et les collectifs résistent bien après le massacre de juin. Plus encore, ce choc les renforce dans leurs certitudes. Ce massacre – absence vive dans *L'Éducation sentimentale* de Gustave Flaubert dont les traces que suit son héros Frédéric s'évanouissent dans un « silence noir » près de la rue Saint-Victor[1] – devient allégorie chez Baudelaire qui en ravive le souvenir dans un poème, par le truchement du cygne « errant » dans le Paris d'après qu'il ne reconnaît plus (voir *infra*, chapitre 10). L'événement a si cruellement meurtri les contemporains qu'on a cru longtemps que rien n'y survivrait. Et, malgré tout, les associations perdurent, ou plutôt l'idée qui les animait subsiste, latente.

Néanmoins, malgré l'extraordinaire énergie qui anime tous leurs responsables, elles ne survivent aux événements politiques que quelques mois seulement. Après des perquisitions dans leurs locaux, en mai 1850, les responsables sont arrêtés, puis emprisonnés. L'ordre règne désormais dans les centres urbains, tout est en place pour le coup d'État. La république libérale, puis le Second Empire, auront triomphé de la démocratie ouvrière. Le sens de la démocratie lui-même changera après ces expériences dont l'histoire, y compris marxiste, négligera les traces durables dans l'esprit des acteurs comme dans celui de leurs successeurs. Les analyses des libéraux ont fait loi et si le récit du mouvement ouvrier a su s'attarder sur les grandes figures de 1848, il n'a pu tenir compte de ces expériences éphémères qui sont restées sans avenir.

La fraternité, part d'ombre de la pensée de Marx

Karl Marx est certainement un excellent observateur engagé dans les événements de 1848 et sa lucidité critique semble d'une exceptionnelle acuité. Dès juin, il témoigne à sa manière, sans rien omettre, excepté cependant l'expérience de l'autonomie ouvrière. Parfaitement conscient du temps court dont avaient disposé les insurgés de février, Marx, en 1850, circonscrit la conquête du prolétariat dans des limites très précises. Celles-ci se réduisent « au terrain en vue de la lutte pour son émancipation révolutionnaire, mais [ne concernent] nullement l'émancipation elle-même[2] ». Le regard fixé sur l'horizon de la fin de l'histoire, respectueux de la loi d'évolution économique de la société moderne – dont la prise du pouvoir d'État n'est qu'une étape –, attentif

1 Gustave Flaubert, *L'Éducation sentimentale* (1869), Garnier-Flammarion, Paris, 2001, p. 445.

2 Karl Marx, *Les Luttes de classes en France*, *op. cit.*, p. 47.

au déroulement des faits et à l'effacement de l'expérience éphémère des vaincus, Marx ne peut isoler la lutte des classes de l'étude du capital dont l'extension du prolétariat ne serait que le produit. Privilégiant cette approche purement théorique, il reste de ce fait à distance de la perception qu'ont les acteurs eux-mêmes des enjeux du conflit. « Il fallait au contraire, écrit-il, que la république de Février ait parfait, tout d'abord, la domination de la bourgeoisie, en faisant entrer aux côtés de l'aristocratie financière toutes les classes possédantes dans la sphère du pouvoir politique[1]. » Mais, le 28 juin, sur le coup des événements de la révolution « haïssable, repoussante » aux yeux de ses ennemis, Marx constate la mise à l'écart définitive des derniers vestiges de février : « La Commission exécutive s'est évanouie comme un fantôme au premier souffle des événements » ; l'ordre régnait et « le travail de l'Assemblée nationale consistait à effacer Février, au moins pour les ouvriers, et à ramener ces derniers à leur condition ancienne »[2].

Il est intéressant de rapprocher cette perception de Marx concernant la suppression des pratiques de Février du silence à leur sujet dans le registre des comptes rendus des séances de la Chambre des pairs qui, avant 1848, siégeait au Luxembourg : on n'y trouve aucune trace de la gestion de la Commission du Luxembourg. Pas la moindre mention du personnel alors au service de Louis Blanc ni des délégués élus à la Commission des travailleurs. Un trait de plume ferme seulement la parenthèse de ces semaines de désordre dont on ne veut rien garder, pas même en archives. Le même registre est ouvert à nouveau en juillet, reprenant le fil des informations concernant la gestion du patrimoine et des jardins du Luxembourg.

Le 28 juin, Marx ne salue certainement pas le triomphe de la république, il déplore seulement le rejet des pratiques démocratiques issues de Février, mises en œuvre par les seuls insurgés. Démocratie et république semblaient avoir été un temps associées sinon confondues. Mais la république qui triomphe est la république anonyme, seul régime selon Marx « sous lequel les deux fractions puissent maintenir, à pouvoir égal, leur intérêt de classe commun sans renoncer à leur rivalité réciproque » – un régime « anonyme de la république orné d'arabesque antique »[3]. La démocratie qu'avaient pratiquée les acteurs de la révolution dans les clubs et les associations, jusque dans la rue, n'est plus à l'ordre du jour,

1 *Ibid.*, p. 47.

2 Karl Marx, « À la mémoire des combattants de juin », *Nouvelle Gazette rhénane*, Cologne, 28 juin 1848, <ur1.ca/nice3> (*in Karl Marx, homme, penseur et révolutionnaire. Articles, discours, souvenirs recueillis par David Riazanov*, Anthropos, Paris, 1968, p. 47).

3 Karl Marx, *Les Luttes de classes en France*, *op. cit.*, p. 104.

car le dispositif démocratique suppose le débat entre hommes libres. La liberté, réduite à l'expression de quelques élus au suffrage dit universel, est contenue dans un espace normalisé et parfaitement encadré. Elle se borne à une lutte oratoire de quelques représentants, l'ensemble des échanges étant complaisamment relayé par la presse qui, écartant les conflits que des interprétations dissonantes pourraient provoquer, contribue ainsi à gommer les empreintes du passé « utopique » immédiat. Cette presse cherche alors à convaincre l'opinion publique de la viabilité du nouvel ordre républicain au sein duquel chacun retrouverait sa place d'avant la révolution. Pour la plupart des journaux, cet ordre républicain, bien peu « social », est le seul concevable.

Marx ne s'y trompe pas. De ce fait, démocratie et république sont pour lui antinomiques : « L'abîme qui s'est ouvert devant nous peut-il tromper les démocrates, peut-il nous faire croire que les luttes pour la forme de l'État soient vides, illusoires, nulles ? On ne saurait écarter par le rêve les conflits qui proviennent des conditions mêmes de la société bourgeoise, il faut les résoudre dans la lutte. La meilleure forme d'État est celle où ces contradictions se heurtent librement dans la lutte et y trouvent leur solution[1]. » La république consensuelle ne peut tolérer les antagonismes qui, inversement, participent de la pratique démocratique dont le gouvernement direct des travailleurs, imaginé après l'échec des élections d'avril, était la manifestation la plus tangible. À large distance de l'idée d'une prise de pouvoir d'État, ce gouvernement direct, que réclamait entre autres Pauline Roland de sa prison, désignait simplement la forme concrète de la république démocratique et sociale, exempte de toute analogie avec la conception d'une quelconque dictature, fût-elle celle du prolétariat.

Karl Marx se montre ici clairvoyant. Pour autant, attaché au rythme lent et irréversible de la marche de l'histoire, sûr de la nécessaire extension des forces productives, assuré du passage obligé par l'étape bourgeoise du gouvernement des hommes – à l'instar du père du saint-simonisme Prosper Enfantin, qui considérait à l'époque la bourgeoisie comme le guide naturel du prolétariat –, il ne mesure pas l'importance de l'expérience émancipatrice des travailleurs insurgés de 1848. Si le mouvement associatif ne lui est pas étranger, il n'en fait pas grand cas.

Aussi attentif soit-il aux manifestations ouvrières, particulièrement au début de la révolution, il semble privilégier les contacts avec les « communistes » parisiens, notamment Cabet, et n'entend pas les

1 Karl MARX, « À la mémoire des combattants de juin », *loc. cit.*, p. 49.

propos tenus par des anonymes dans les clubs, pas plus qu'il ne remarquera les discours des responsables des associations entre juin 1848 et septembre 1849. La défaite de juin marque bien sûr une rupture et les croyances réformatrices sont repoussées dans l'horizon des possibles utopiques. C'est pourquoi Marx, qui privilégie la lutte de classes devant aboutir, selon ses vœux, à la prise de pouvoir d'État, ne peut entendre le sens « révolutionnaire » du mot « fraternité » par les différents « associés » des organisations de travailleurs. Comme le soulignaient Pauline Roland et Constantin Pecqueur, la fraternité, équivalent de la solidarité, désignait le mode d'être entre soi : solidaires dans le travail et solidaires dans la rémunération au sein d'un collectif parfaitement conscient d'exercer sa propre liberté au service d'un bien commun. « À chacun selon ses capacités, à chaque capacité selon ses œuvres ou ses besoins » était déjà l'objectif du mouvement coopératif naissant.

Pour Marx, le mot « fraternité » est bien loin de résonner au sens communiste du terme. Au contraire, il symbolise à ses yeux l'illusion de Février, celle de la collaboration des classes. L'historicité du sens, dans le temps de son expression au moment précis de son énonciation, lui échappe. Il ne relève que les termes de la tradition historiographique et du sens commun de la devise républicaine, une part de la trilogie sans laquelle le consensus républicain est impossible à réaliser : « La fraternité des classes opposées, dont l'une exploite l'autre, cette fraternité, que l'on avait proclamée en février et inscrite en majuscules au fronton de Paris sur toutes les prisons, sur toutes les casernes, où est-elle ? Sa figure véritable, prosaïque, c'est la guerre civile avec son visage effroyable, la guerre du Capital et du Travail. La fraternité flambait de toutes les fenêtres de Paris au soir du 25 juin, lorsque le Paris de la bourgeoisie illuminait et que le Paris du prolétariat brûlait, gémissait, ruisselait de sang[1]. »

La faille originelle du marxisme

Cette part d'ombre de la pensée de Marx à l'époque de 1848 déterminera en quelque sorte l'orientation « marxiste » du devenir du mouvement ouvrier. Le déterminisme historique l'emportera en effet très vite, au nom de la science et des lois économiques, sur l'expérience de l'autonomie ouvrière, aussi éphémère soit-elle. On l'oubliera au profit de l'accomplissement du rôle historique d'un prolétariat conquérant non pour lui-même mais au nom du mouvement téléologique de l'histoire : « Le développement du prolétariat industriel a pour condition

1 *Ibid.*, p. 45.

générale le développement de la bourgeoisie industrielle. C'est seulement sous la domination de cette dernière que son existence prend une ampleur nationale lui permettant d'élever sa révolution au rang d'une révolution nationale ; c'est seulement alors qu'il crée lui-même les moyens de production modernes qui deviennent autant de moyens de son affranchissement révolutionnaire. Seule la domination de la bourgeoisie industrielle extirpe les racines matérielles de la société féodale et aplanit le seul terrain sur lequel une révolution prolétarienne est possible[1]. »

Dès le *Manifeste communiste* – publié initialement le 21 février 1848 sous le titre *Manifeste du Parti communiste*, à la veille même du déclenchement d'une insurrection populaire parisienne ne répondant guère à ses principes –, l'écart entre le parti communiste et les prolétaires, aussi étroit soit-il du point de vue de Marx, est d'ores et déjà pensé. Pour lui, les communistes font valoir et représentent les intérêts du prolétariat : « Voici ce qui distingue les communistes des autres partis prolétariens : d'une part, dans les diverses luttes nationales des prolétaires, ils mettent en avant et font valoir les intérêts communs du prolétariat tout entier, sans considération de nationalité ; d'autre part, dans les diverses phases d'évolutions que traverse la lutte entre le prolétariat et la bourgeoisie, ils représentent toujours l'intérêt du mouvement dans son ensemble[2]. » La pratique collective et spontanée du prolétariat, aussi consciente du bien commun soit-elle, n'entre pas dans la problématique du *Manifeste*. Communistes et prolétaires, aussi liés soient-ils, sont construits à distance les uns des autres. C'est pourquoi l'expérience autonome, qui plus est minoritaire, en contexte d'une lutte de classes perdue d'avance selon les lois de l'histoire, ne peut être partie prenante d'un processus historique qui en toute logique se doit d'écarter les moments discontinus – comme non advenus – d'une histoire conflictuelle à l'intérieur de laquelle les acteurs deviennent, certes à titre très provisoire, sujets de leur propre histoire.

La voie est ainsi ouverte aux interprétations tardives d'Engels qui, dans sa préface aux *Luttes de classes en France*, reconsidère la révolution de 1848 à la lumière des succès électoraux des représentants du prolétariat en Allemagne et en France. Tout comme la social-démocratie allemande, le Parti ouvrier français de Jules Guesde et Paul Lafargue a « transformé le droit de vote, selon les termes du programme marxiste

---

1 Karl Marx, *Les Luttes de classes en France*, *op. cit.*, p. 50.

2 Karl Marx, *Le Manifeste communiste*, 1848 (édition établie et annotée par Maximilien Rubel, 1965, 1968, 1982, Gallimard, Paris, p. 415).

français, de moyen de duperie qu'il était jusqu'alors en instrument d'émancipation[1] ». C'est ainsi qu'Engels peut affirmer que l'histoire a donné tort aux insurgés de 1848 : « Elle a montré clairement que l'état du développement économique était alors bien loin d'être mûr pour la suppression de la production capitaliste. [...] La réaction impériale de 1851 fournit une nouvelle preuve du manque de maturité des aspirations prolétariennes de cette époque. Mais elle devait elle-même créer les conditions dans lesquelles celles-ci ne pouvaient manquer de mûrir[2]. »

La caricature de cette mise à distance au nom d'une objectivité historique, selon la méthode bien connue de l'objectivation de l'étude en question, a sans doute été atteinte en 2006 chez l'historien américain David Harvey, marxiste patenté reconnu comme tel par ses pairs. Dans son livre *Paris, capitale de la modernité,* il n'y a plus de sujets en action en 1848, à peine des acteurs[3]. Tout est examiné à la lumière des transformations de Paris par le préfet Haussmann : le déterminisme historique triomphe et les allusions aux associations ou au communisme se résument aux citations de travaux de Fourier, Louis Blanc et bien d'autres. Ce sont les textes et les discours qui sont retenus, non pas l'expérience propre aux insurgés. La pratique révolutionnaire est par définition balayée par l'histoire, qui se déroulerait selon l'évolution continue de la force des choses : « Avant 1848, il y avait une industrie manufacturière dispersée et artisanale ; puis celle-ci s'effaça devant la mécanisation et l'industrie moderne. Avant 1848, il y avait des petites boutiques situées dans les rues étroites et sinueuses ou placées sous les arcades ; puis vinrent les grands magasins, tentaculaires et étalés le long des boulevards. Avant 1848, il y avait l'utopisme et le romantisme ; puis ce furent la gestion réaliste et le socialisme scientifique[4]. »

David Harvey, fasciné par les marchandises tant il est attentif à l'évolution des forces productives, intervient logiquement dans le sens de l'histoire, au rythme des acquis de la civilisation et suivant la marche inégale d'une liberté sélective. La liberté républicaine des insurgés français se décline désormais hors du domaine social, dans le cercle étroit de la sphère politique, laquelle ne prend sens que dans l'horizon du pouvoir d'État et de sa gestion par des représentants élus au suffrage dit universel. La légitimité de ces derniers serait de ce fait sans conteste,

1 Friedrich ENGELS, préface à Karl MARX, *Les Luttes de classes en France, op. cit.*, p. 25.
2 *Ibid.*, p. 21.
3 David HARVEY, *Paris, capitale de la modernité,* Les Prairies ordinaires, Paris, 2012.
4 *Ibid.*, p. 21.

puisque les citoyens, depuis 1849, accepteraient de leur déléguer sans partage leur part de souveraineté.

La gestion de la chose publique passe en tout cas depuis lors par le gouvernement des hommes, sous couvert de liberté politique. Le vote ponctuel concrétise l'idée de liberté qui avait jusqu'alors contribué à faire l'histoire, ou tout au moins à être le moteur de son mouvement. À contresens de ce qu'elle fut, la liberté moderne est devenue compatible avec la censure et le despotisme pragmatique du futur empereur. Dans la continuité du cours du temps, cette conception de la liberté a perdu toute signification sociale et, avec elle, sa raison d'être libre au sens où l'entendaient les prolétaires de la première moitié du siècle, soit pour la redouter, soit pour la souhaiter ardemment, jusqu'à en mourir.

Deuxième partie

Les promesses de la liberté

Chapitre 5

Qu'est-ce qu'être libre ?

« Non, la mort n'est pas égale pour tous. Il y a encore des riches et des pauvres dans son domaine : je ne parle pas des sépultures de marbre ; je parle de cette sépulture qu'on appelle la mémoire. Les dominateurs ont beau mourir, ils dominent encore dans la pensée des hommes, ceux qu'ils ont foulés sous leurs pieds sont ensevelis dans l'oubli. »

Pierre LEROUX, 1863[1].

C'est ainsi que la liberté, en principe accessible à tous, a vu son accès se limiter et son sens se déliter. Identifié à la pratique libérale des vainqueurs de la Révolution française, le devenir libre, selon les critères modernes du primat de la liberté privée, devient inséparable de la gestion des biens et de la protection de la famille. Il permet à celui qui s'en empare de participer, par délégation, à la chose publique. Ce modèle devint la référence unique du candidat « à la sortie de l'état de tutelle[2] ». Libéralisme, capitalisme, liberté individuelle et individualisme ont si bien cheminé de concert, au cours des deux derniers siècles, que leurs destins se sont épousés jusqu'à se confondre. Or, la liberté non seulement figura au fronton du siècle des Lumières, mais elle fut débattue, revendiquée, appropriée, voire apprivoisée par le petit peuple qui, à chaque moment décisif de l'histoire en mouvement, a su la retenir. On a oublié qu'elle désignait, au temps de sa renaissance ou de sa rédemption, pour reprendre la terminologie du moment, la capacité d'exister intellectuellement, socialement et politiquement.

---

1 Pierre LEROUX, *La Grève de Samarez*, Librairie Le Dentu, Paris, 1863, tome 2, p. 90.

2 Selon la célèbre formule d'Emmanuel KANT dans « Qu'est-ce que les Lumières » (1786) : « Les Lumières, c'est la sortie de l'homme de l'état de tutelle dont il est lui-même responsable » (*Vers la paix perpétuelle. Que signifie s'orienter dans la pensée ? Qu'est-ce que les Lumières ? Et autres textes*, GF Flammarion, Paris, 1991, p. 43).

À chaque étape de l'histoire[1], la liberté, reconquise par les gens du peuple, hommes et femmes confondus, servit de drapeau, d'emblème et de référence à chacun, afin que tous puissent en disposer, ne serait-ce que partiellement, au plus près du réel. Le principe abstrait a souvent frôlé le quotidien du plus grand nombre tant la volonté populaire chercha à le rendre vrai. Au fur et à mesure de sa prise de possession par la rue, l'idée a pénétré dans la matérialité des existences humaines, aussi silencieuses et obscures soient-elles. Dans ces moments d'appropriation des principes émancipateurs – dans le temps actif, il est vrai très court, des révolutions dont il est à la fois l'acteur et le sujet –, l'homme, libéré des entraves de la loi et des hiérarchies sociales, réconcilie le citoyen avec le souverain ; il reprend ses droits sans plus de distinction entre la société civile et la société politique. L'homme imaginaire d'une souveraineté illusoire devient alors l'homme réel porteur de l'universalité des « droits naturels » dont la Révolution de 1789 avait couronné, en principe, le triomphe[2]. Néanmoins et tout compte fait, la liberté dans sa dimension tangible et pérenne a échappé à la plus grande majorité de la population laborieuse, et ce, jusqu'à nos jours.

Pierre Leroux, ou la liberté comme « pouvoir d'agir »

Quelle est l'origine de cette liberté pleine et entière dont se réclament les insurgés de 1848 ? Une liberté en actes dont la pratique, en éclats depuis 1789, fit l'objet d'expériences collectives dès les années 1810. Théorisée du point de vue de la « classe la plus nombreuse et la plus pauvre » dans les années 1830, elle semble triompher en février 1848. À travers les proclamations et les manifestes de 1848, les mêmes textes, les mêmes points de vue sont actualisés. Bon nombre de ces écrits sont alors envoyés aux représentants provisoires ou élus à la Chambre des députés comme à la Commission du Luxembourg. Les réflexions de Pierre Leroux (1797-1871) participent de cette actualisation de la liberté entrevue dans les années 1830 – voire dès les années 1820 –, et qui semble trouver son achèvement en 1848.

L'origine de la liberté universelle, pour tous et pour toutes, est sans cesse recherchée, mais n'est mise en œuvre que dans les interstices de l'histoire linéaire dans des moments d'exception, au temps des

1 Pour ne prendre que le XIXe siècle français comme exemple : 1830, 1831 à Lyon, 1832 à Paris, 1834 à Lyon et Paris, 1848, 1871...

2 Voir Karl MARX, « La question juive », *in Philosophie*, Gallimard, Paris, 1965-1982, p. 47-88.

insurrections ou dans des périodes de déstabilisation du pouvoir établi comme entre 1830 et 1835.

À l'aide de penseurs militants (Pierre Leroux et Xavier Sauriac en particulier) qui, à l'écart des idées les plus couramment partagées, ont tenté de définir ce qu'est la liberté au sens plein du terme, nous nous efforcerons de remonter le temps de 1848 à 1789, en cherchant, dans cette constellation d'interventions et d'expériences, comment la mémoire de 1848 a pu se constituer. Comment les traces du passé ont resurgi au présent des révolutionnaires. Une liberté en éclats parsemés d'expériences hétéroclites, sans liens entre elles, mais aussi une liberté masquée par l'autre voie libérale qu'ont tracée les plus grandes autorités de l'époque. Par l'invention du sens de l'histoire, celles-ci ont donné le ton à l'écriture de l'histoire dans une continuité sans failles. J'ai procédé à la manière de Pierre Leroux, en quelque sorte, et en référence à la méthodologie de Walter Benjamin. Nourri de sciences et de poésies de l'époque, Pierre Leroux dialogue et polémique avec ses contemporains dans un désordre de pensées propre à tous ceux qui se projettent dans un avenir incertain, par-delà les impasses au fond desquelles leur monde semble s'enliser. Au présent qui le préoccupe, il associe sans continuité et sans hiérarchie les échos du passé, particulièrement dans son ouvrage tardif *La Grève de Samarez*.

Le plus populaire des élus a saisi le désir des travailleurs d'accéder à la vraie liberté. Entre christianisme rédempteur et socialisme réel, il n'a qu'une préoccupation, celle de trouver la « solution pacifique du problème du prolétariat », selon le sous-titre donné à la *Revue sociale*, qu'il publie avec l'aide de George Sand de 1845 à 1848. D'un certain point de vue, il représente, par ses écrits et ses prises de position, l'esprit de 1848, celui des prolétaires en particulier. Plus proche de ces derniers que ne l'étaient un Proudhon ou un Hugo à qui l'histoire a rendu grâces.

Philosophe, socialiste, Pierre Leroux est typographe et imprimeur après des années d'études inachevées. Fondateur du journal *Le Globe*, saint-simonien dissident, il prit l'initiative, avec son ami Jean Reynaud, de la publication de l'*Encyclopédie nouvelle*. Imprimeur à Boussac (Creuse) de 1844 à 1848 grâce à l'aide de George Sand, à la tête d'une petite communauté au sein de laquelle Pauline Roland dit avoir vécu le meilleur de son existence, il est élu député de la Seine à l'Assemblée constituante en juin 1848, puis à l'Assemblée législative. Défenseur de l'émancipation de tous, jusque dans les rangs de l'Assemblée, il est exilé en Angleterre après le coup d'État de Louis Napoléon Bonaparte du 2 décembre 1851. Comme bon nombre de quarante-huitards, il édite lui aussi ses œuvres antérieures. En 1848, il publie en volume deux de ses quatre-vingt-quinze articles rédigés pour l'*Encyclopédie nouvelle*, écrits l'un en 1834, l'autre en 1838 : *De l'individualisme et du socialisme* et *De l'égalité*[1], dont l'actualité est patente à partir de février – en effet, les manifestes adressés aux représentants de la République sont souvent composés de textes élaborés dans les années 1830 qui, jusqu'à l'insurrection de Février, sont restés lettres mortes.

Distant à l'égard de Victor Hugo, critique envers le partisan de l'ordre qu'était Étienne Cabet – celui-ci osa puiser la source de son *Icarie* dans l'expérience pratique de Robert Owen –, hostile aux théories de Proudhon dont il critique la misogynie, lecteur de Rousseau, commentateur du *Contrat social*, Pierre Leroux n'est ni socialiste – au sens étatique du terme – ni libéral – au sens moderne de sa mise en œuvre. Il est reconnaissant envers Saint-Simon et les saint-simoniens de l'avoir mis sur les traces de l'association tout en regrettant leur incapacité à respecter l'idée même de liberté. Il reste profondément respectueux de l'organisation collective et de la liberté individuelle. Son érudition foisonnante lui a permis d'emprunter tous les chemins du savoir, de Platon à Montesquieu en passant par Pélage[2]. L'homme appartient à son temps et ne pense qu'avec les outils de son siècle. Il comprend les quarante-huitards et entend les « espoirs les plus insensés » – selon l'expression des partisans de l'ordre.

Comme le souligne à juste titre son biographe Bruno Viard, Leroux s'attarde sur une des certitudes populaires du temps quand il relève l'« impuissance du principe de liberté, s'il n'est pas combiné avec l'idée d'association ». Tout comme Victor Considerant, il est un représentant du mouvement révolutionnaire de 1848 qui sait ce que *liberté* veut dire. Il est ce qu'il trouve dans chaque homme, à savoir la « manifestation de son siècle, de son peuple et de sa génération ; chaque homme est

1 Dans ces textes, Pierre Leroux tente de concilier liberté individuelle et nécessité collective, en fonction des besoins de chacun et des aspirations de la société nouvelle. Par un détour par le passé, du christianisme à la Révolution française, Pierre Leroux cherche à expliciter, en se préoccupant d'en saisir l'origine, les trois grands principes révolutionnaires : liberté, égalité, fraternité.

2 La référence à Pélage (354-420) n'est pas anodine, tant Leroux est sensible à l'« humanisation » du christianisme. Pélage, ascète breton contemporain d'Augustin, fut sans aucun doute un des premiers « hérétiques », aux yeux de l'orthodoxie chrétienne, à œuvrer pour la sécularisation du christianisme en prônant le libre-arbitre qui conduirait « au nivellement de la grâce en une force de persuasion, agissant dans toute l'histoire humaine dans le sens du progrès, et conduisant les hommes, de manière croissante, à la conscience de leur liberté responsable » (Hans Jonas, *Augustin und das paulinische Freiheitsproblem. Ein philosophischer Beitrag zur Genesis der christlich-abendländischen Freiheitsidee*, Göttingen, 1930, p. 36, note 1, cité par Hans Blumenberg, *La Légitimité des temps modernes*, Gallimard, Paris, 1999, p. 64).

l'humanité ; chaque homme est une souveraineté[1] ». Une souveraineté incomprise ou piétinée dont il cherche les fondements au-delà de l'histoire et qui, s'échappant du lointain passé, a pu s'installer ponctuellement au cœur des associations dont il a cru, pendant quelques semaines en 1848, assister au triomphe. Aussi ne peut-il « s'empêcher d'être rétrospectif[2] ». Loin de croire à un retour du passé, Leroux se l'approprie pour en extraire les promesses qu'il dégage de la gangue dogmatique, politique et théologique, laquelle, pendant des siècles, sous l'autorité des privilégiés du pouvoir et du savoir, étouffa toute aspiration massive au bonheur humain.

Né en 1797, Pierre Leroux « a vu la République, l'Empire, l'invasion et la Restauration, les Cent-Jours, la seconde Restauration, la révolution de Juillet, le règne de Louis-Philippe, une nouvelle révolution, et je vois, écrit-il en 1863, mais de loin, l'Empire[3] ». Depuis la tribune de l'Assemblée, il s'interroge en interpellant ses contemporains : « Qui ose affirmer aujourd'hui que le peuple est libre ? » L'actualité des espoirs des années 1830 resurgit dans les semaines d'insurrection et résonne en écho après l'échec de 1848. Notamment après juin, Pierre Leroux se plaît à raviver les souvenirs des espérances cachées et non pas disparues : celles de 1789 et de 1830. Il fouille le passé, hors des références abstraites, afin de proclamer la pertinence de la liberté naturelle des hommes. On est libre, selon lui, parce qu'on appartient au genre humain. Hommes et femmes sont naturellement libres, quelle que soit la loi en vigueur. Sa définition correspond en tous points à la pratique des insurgés de 1848 car « la Révolution française a résumé la politique de ces trois mots : liberté, égalité, fraternité[4] ». La liberté est alors « une manifestation de vie, au milieu de nos semblables », le terme abstrait « liberté » signifie tout simplement le « pouvoir d'agir[5] », dont il croit pouvoir déduire le rôle du politique qui aurait « pour but, au premier chef, de réaliser parmi les hommes la liberté. Faire que les hommes soient libres, c'est faire qu'ils existent ou, en d'autres termes, qu'ils se manifestent.

---

1 Pierre Leroux, « De l'individualisme et du socialisme », 1834, réédité en juillet 1848 (*De l'égalité*, Slatkine, Genève, 1996, p. 68).

2 Pierre Leroux, *La Grève de Samarez*, *op. cit.*, tome 1, <ur1.ca/nichp>, p. 231.

3 *Ibid.*, p. 172.

4 Pierre Leroux, *De l'égalité*, *op. cit.*, p. 83.

5 *Ibid.*, p. 84. Il faut souligner l'actualité de cette définition, à laquelle le concept américain d'*empowerment*, dans son usage libéral, ne rend pas ses lettres de noblesse, bien au contraire. Le pouvoir d'agir suppose le collectif, la concertation et l'association, à l'écart et hors de tout dispositif de domination et d'exploitation (pour une évaluation argumentée de ce concept, voir Marie-Hélène Bacqué et Carole Biewener, *L'*Empowerment*, une pratique émancipatrice ?*, *op. cit.*).

Manquant la liberté il n'y a que le néant et la mort ; la non-liberté c'est la défense d'être »[1].

Cette définition donnée par Pierre Leroux me semble d'une extrême importance, car elle recoupe l'ensemble des appels à la liberté qui ponctuellement ont tenté, depuis 1789, d'établir le sens de la liberté concrète universelle. Le pouvoir d'agir dépasse non seulement les principes mais aussi le droit dont il est le complément obligé. Car avoir des droits sans être en mesure de les exercer compromet une partie de l'existence. Le pouvoir d'agir en toute liberté suppose d'être en capacité de s'organiser dans des collectifs autonomes comme les associations en 1848. En ce sens, la liberté est une conquête à la fois individuelle et collective car, dans cette vision non anarchique de la liberté, l'ordre « associatif » est alors construit par les sociétaires eux-mêmes.

Si l'acquisition du droit est un premier pas vers un devenir libre, il dépasse la simple législation car il est inséparable de l'égalité. Sans égalité entre les hommes, il n'y a pas de liberté possible. Le droit naturel ainsi conçu, condition du pouvoir d'agir, est celui qui permet de croire au progrès humain. Ces droits-là puisent leurs sources dans les promesses de la Révolution française et bien au-delà. Loin de s'identifier aux seuls acquis de l'homme et du citoyen – d'où découle une liberté assignée au pouvoir « de faire tout ce qui ne nuit pas à autrui[2] » –, les droits naturels, que revendique Leroux comme nombre de pétitionnaires de 1848, caractérisent l'individu humain : à la fois personne, travailleur, citoyen et souverain. La distinction entre les droits civils et les droits civiques est ainsi effacée. Il s'agit de la liberté universelle acquise à l'issue d'un mouvement d'émancipation politique et sociale. Mais une liberté retrouvée en quelque sorte : un droit inné détruit par la mise en ordre hiérarchique des sociétés modernes où la domination l'emporte sur le respect de chacun. Le droit naturel, réapproprié, réinventé, suppose une société où le pouvoir de dominer aurait été banni de la civilisation.

Une nouvelle vision des « droits naturels »

L'idée de « droit naturel » n'est certes pas nouvelle : il en est question à chaque fois qu'il s'agit d'inclure, dans l'humanité, des femmes et des hommes qui, un temps, furent mis à l'écart de la société politique comme de la communauté sociale[3]. Les partisans du droit

---

1 Pierre Leroux, *De l'égalité, op. cit.*, p. 85.

2 Article 6 de la Déclaration des droits de l'homme et du citoyen.

3 Voir Yan Thomas, « L'institution juridique de la nature, remarques sur la casuistique du droit naturel à Rome », *in Les Opérations du droit*, Hautes Études/Gallimard/Seuil, Paris, 2011, p. 33-40 : « Tryphoninus : "La liberté appartient au droit naturel, tandis

naturel usent de la même expression conceptuelle élaborée par Locke au XVIIe siècle, mais ils s'en éloignent : repensés par Rousseau – l'interlocuteur privilégié des théoriciens du XIXe siècle –, les droits naturels humains semblent plus complets et surtout plus concrets dans les textes postrévolutionnaires. Sans doute plus exigeante au regard des illustres prédécesseurs, la conception moderne des droits naturels prend ses distances avec l'homme à l'« état de nature » et déborde les limites imposées par l'organisation hiérarchique des sociétés. Pour accéder aux véritables droits humains, sans entaille ni restriction juridique de la part des différents systèmes de gouvernement, les droits naturels se dissocient des significations historiquement datées. En ce sens, Pierre Leroux abandonne toute référence à une période donnée de l'histoire, quelle qu'elle soit, pour ne pas risquer de dénaturer le fondement universel de la liberté.

Selon lui, le monde moderne est bien différent de celui des Anciens, qui n'envisageaient la liberté antique qu'à partir de la pratique exclusive de ceux qui « consacraient du temps et des forces » à l'exercice de « leurs droits politiques »[1]. Ce qui compte pour Leroux, c'est le nombre d'êtres humains réellement libres. Or, en ces temps d'attribution parcimonieuse de la liberté, « d'Aristote à Montesquieu, il était dans l'esprit des peuples d'admettre que le trentième, tout au plus, de la population était libre[2] ». Travaillant les mêmes références que ses contemporains libéraux, Pierre Leroux s'attache à définir concrètement ce que liberté veut dire aux yeux de tous les héritiers de la Révolution, sans aucune distinction. Il prend donc ses distances avec le discours de ceux qui, en ce domaine, participent à l'élaboration de la doxa ; pour eux, la liberté des Modernes, déjà acquise, est attachée aux intérêts privés et justifie le bien-fondé de la représentation politique ; tandis que, pour Leroux, le pouvoir d'agir suppose d'acquérir une liberté sociale toujours repoussée afin d'être en mesure d'intervenir dans l'espace politique,

---

que la domination sur les esclaves fut introduite par le droit des gens" ; [...] Justinien : "À l'origine, tous les hommes naissaient libres selon le droit naturel." [...] On peut ajouter ce passage de Paul : "Ce n'est pas par nature, *natura*, que les esclaves, tous comme les femmes, sont empêchés d'être juges, mais en raison des coutumes, *moribus* : non qu'ils manquent de jugement, mais parce qu'il fut admis, par convention, qu'ils n'exerceraient pas de fonctions politiques" » (p. 34). On comprend alors pourquoi, en 1830 comme en 1848, Paul devient la référence de tous ceux et celles qui, au nom du droit naturel, cherchent à fonder leurs droits, seule universalité à laquelle ils se réfèrent.

1 Benjamin CONSTANT, « De la liberté des anciens comparée à celle des modernes », discours prononcé à l'Athénée royal de Paris en 1819, *in De la liberté chez les modernes*, Hachette, coll. « Pluriel », Paris, 1980, p. 512, <ur1.ca/nicil>.

2 Pierre LEROUX, *De l'égalité, op. cit.*, p. 128.

ce que contestent les propriétaires « libres ». « Dans l'espèce de liberté dont nous sommes susceptibles, plus l'exercice de nos droits politiques nous laissera du temps pour nos intérêts privés, plus la liberté nous sera précieuse », écrit ainsi Benjamin Constant[1].

À l'encontre de la vision libérale largement partagée, les droits devraient désormais, conformément aux promesses des Lumières, s'attacher à la population tout entière. À la faveur de la Révolution française, en effet, l'humanité aurait définitivement retrouvé ses droits, tous ses droits. Aussi ne peut-il être question, au XIXe siècle, d'en limiter l'exercice aux seuls individus qui en disposent à l'issue de la Révolution, c'est-à-dire à une minorité (le statut de propriétaire étant la condition première de l'accès à la citoyenneté active sous les régimes royalistes qui se succèdent après 1815). Outre la vérité des Lumières, l'abolition de l'esclavage, dans l'actualité des révoltes aux Antilles en 1848, n'autorise plus les contemporains, en voie d'émancipation, à confondre la liberté des Anciens avec celle des Modernes. Il s'agit d'une autre liberté, plus totale, plus globale. Une liberté en marche... Irrépressible, irréductible aux privilégiés en capacité de « faire un usage public de sa raison[2] ». Or, dès 1815, le *Mémoire* que le général Lazare Carnot (1753-1823), ancien député montagnard, adresse au roi Louis XVIII est explicite : la liberté, notamment publique, ne peut être contrainte car elle a été le drapeau de la Révolution et parce que nombre de citoyens, souvent anonymes, sont morts pour elle. Aussi ne peut-elle revenir au statut de privilège[3].

Et, affirme Leroux dans *De l'égalité* (1834), nous arrivons donc à cette loi, aussi évidente et aussi certaine que les lois de la gravitation : « La perfection de la société est en raison de la liberté de tous et de chacun. » Dans les siècles précédents, « le principe n'était pas admis ». La Révolution l'a semble-t-il rendu irréversible. Une fois admis, le principe « est une force qui marche comme un conquérant » : « Lorsque l'idée est déposée dans l'âme humaine, elle germe, elle se développe, elle s'accroît chaque jour et finit par s'élever jusqu'aux cieux[4]. » Une réserve de taille cependant : à peine promise, la liberté est détournée de sa référence « naturelle ». Identifiée à la concurrence, elle a « garrotté »

1 Benjamin CONSTANT, « De la liberté des anciens comparée à celle des modernes », *loc. cit.*, p. 512.

2 Emmanuel KANT, « Qu'est-ce que les Lumières », *loc. cit.*, p. 45.

3 Lazare CARNOT, *Mémoire adressé au roi Louis XVIII*, mars 1815, <ur1.ca/nicje>. Au temps de la Restauration, ce manifeste servira de référence à tous les libéraux (je remercie Laurent Nagy d'avoir attiré mon attention sur ce texte).

4 Pierre LEROUX, *De l'égalité*, *op. cit.*, p. 156.

les hommes, aux dires de Pierre Leroux. Et désormais « le spectacle de liberté que présentent le travail et l'industrie ressemble beaucoup en vérité au bagne de Toulon » (p. 105). Les autorités ont beau admettre la « liberté des intelligences, il n'y a pas la possibilité d'en faire usage » (p. 114). La conclusion s'impose à ses yeux : « Liberté de penser, liberté d'exprimer sa pensée, la liberté religieuse, restreinte à quelques centaines ou à quelques milliers d'hommes dans une nation de trente millions, n'est pas l'égalité. [...] Là où un homme sur 100 000 jouit d'une telle prérogative, le mot d'esclavage convient mieux que celui de liberté » (p. 118). Il n'y a donc aujourd'hui qu'un droit non réalisé qui constamment peut servir de source mobilisatrice, mais un droit que les privilégiés souhaiteraient réduire à son principe. L'égalité civile en serait l'expression, la seule égalité concevable à leurs yeux. L'égalité ne serait donc réelle que devant la loi.

Or, ajoute Pierre Leroux, « il faudrait être fou pour soutenir que l'égalité règne là où une petite fraction des citoyens est seule en possession de faire les lois » (p. 95). En effet, entre la liberté et l'égalité, « considérées comme un principe [ou] comme un fait, il y a autant de distance qu'entre le ciel et la Terre » (p. 95 ; Leroux emprunte l'expression à Montesquieu).

La quête des origines, un conflit d'interprétation

Quelle est l'origine de ce principe ? s'interrogent alors les contemporains du philosophe. Dieu sans doute, pour un Pierre Leroux profondément déiste. Mais la croyance en l'humanité devance la foi en un être suprême, comme elle s'écarte de toute organisation hiérarchique des sociétés. La liberté, indissociable du genre humain, prend sa source bien en amont des règles sociales et elle échappe par conséquent à son histoire. L'origine de ce principe s'inscrit ailleurs, dans un passé antérieur aux connaissances et aux investigations des hommes sur eux-mêmes, tout en restant du ressort de l'humanité : « Si nous sommes encore trop ignorants, écrit Pierre Leroux, trop vicieux, trop misérables pour organiser l'égalité humaine sur la Terre, cette égalité n'en est pas moins antérieure et supérieure à toutes nos nationalités, à toutes nos constitutions, à tous nos établissements » (p. 101).

Pour les penseurs révolutionnaires (ou non) de cette époque, comme Leroux et ses pairs, la question d'appartenance à l'histoire est centrale : chacun d'eux s'en préoccupe. Comme si exister au présent n'était possible qu'à l'issue d'un long processus d'émancipation humaine, victorieux d'un rapport de forces dont le savoir assurerait la légitimité. Encore faut-il s'assurer des moyens et des objectifs à mettre en œuvre pour que le peuple puisse prétendre figurer dans l'histoire et surtout y demeurer. À qui appartient l'expérience de la liberté conquise à la fois sur l'obscurantisme et sur les ordres privilégiés ?

À la suite du siècle des Lumières, l'événement révolutionnaire, déstabilisant les certitudes sociales tout en bouleversant les ordres, a permis au peuple d'entrer dans l'histoire. Mais, ignoré des grands, celui-ci n'a pas été jugé en capacité de faire sa propre histoire, encore moins de l'écrire. Jusqu'aux premières décennies du XIXe siècle, le peuple a été maintenu dans les lisières d'une histoire qui, à peine advenue, lui a échappé. Très tôt, les historiens de la première moitié du siècle le constatent et le déplorent, tout en ignorant la spécificité des réclamations des laissés-pour-compte de la Révolution. Dès les années 1820, Augustin Thierry (1795-1856) affirme ainsi le premier, avec Henri de Saint-Simon, que le passé doit être « recomposé » : le peuple, identifié au tiers état et dont la bourgeoisie devient le guide, chercherait enfin à s'emparer d'une liberté tout récemment conquise.

Préoccupé d'en relever les traces dans le passé, l'historien Augustin Thierry les retrouve sur les chemins empruntés par les ancêtres des villes médiévales, qui s'émancipèrent peu à peu des tutelles féodales : « Nous avons été précédés de loin, dans la recherche des libertés publiques, par ces bourgeois du Moyen Âge qui relevèrent, il y a six cents ans, les murs et la civilisation des antiques cités municipales. Croyons qu'ils ont valu quelque chose, et que la partie la plus nombreuse et la plus oubliée de la nation mérite de revivre dans l'histoire. Il ne faut pas s'imaginer que la classe moyenne ou les classes populaires soient nées d'hier pour le patriotisme et l'énergie. Si l'on ose avouer ce qu'il y eut de grand et de généreux dans les insurrections qui, du XIe et du XIIIe siècle, couvrirent la France de communes, dans les émeutes bourgeoises et même dans les jacqueries du XIVe siècle, qu'on choisisse une époque, non plus de guerre intestine, mais d'invasion étrangère, et l'on verra qu'en fait de dévouement et d'enthousiasme, le dernier ordre de l'État n'est jamais resté en arrière[1]. »

---

1 Augustin THIERRY, *Lettres sur l'histoire de France*, Paris, 1820, <url.ca/nick2> (septième édition, 1842, p. 18). En introduction à la septième édition de son livre, Augustin Thierry précise qu'il n'est plus animé du même enthousiasme en faveur de la liberté : la perspective d'une insurrection comme celle de 1848 est alors sous-jacente à la question sociale et Thierry, voyant le front du tiers état se fissurer, ne comprend plus la marche de l'histoire. Dans ce texte, il n'est pas seulement question de liberté du peuple pour lui-même, dans le sens d'un processus d'émancipation, mais d'une liberté attachée à la patrie, pour laquelle l'ordre le plus bas de la société est capable de se dévouer et de se sacrifier. Ces deux acceptions de la liberté vont bientôt se confondre dans la doxa médiatique et politique de l'époque.

C'est ainsi que sous la plume des historiens libéraux et hommes politiques, d'Adolphe Thiers à Alphonse de Lamartine, la liberté trouve sa place dans les annales historiques. L'idée reste cependant à l'état de virtualité susceptible de s'appliquer à l'ensemble du peuple, jusqu'alors exclu des ordres privilégiés : l'application se limite aux principes. La distinction n'est pas faite entre les hommes réellement libres, acteurs pour certains mais surtout interprètes de la Révolution de 1789, et les autres – tous les autres « assujettis à la tutelle d'un autre ». En effet, compagnons, ouvriers, petits artisans et domestiques, soit le plus grand nombre, tous sont maintenus sous la tutelle culturelle et sociale des vainqueurs de la Révolution. Dans l'esprit de ceux qui écrivent et interprètent l'événement historique dans la continuité du cours du temps, l'événement-rupture est à la fois l'aboutissement et la finalité de la liberté attendue.

Dans cette vision du passé ainsi repensée, l'unité du tiers état doit subsister telle qu'elle était au temps de sa constitution, car le vainqueur de la Révolution ne doit en aucun cas se diviser, quitte à dénier l'inégalité qui sévit dans ses rangs et se révèle, de manière éclatante, en 1830, aux yeux de l'opinion. À ce mouvement de pensée participent Augustin Thierry, François Guizot, Lamartine et bien d'autres encore où chacun s'inscrit dans la philosophie de l'histoire dont Hegel théorise la fonction[1]. Ce qui est en jeu n'est pas la liberté des hommes, mais son exercice sélectif, afin que les plus « éclairés » d'entre eux qui en jouissent sachent conduire les sociétés sur les chemins de la civilisation. L'enseignement de François Guizot, dispensé dans les années 1820, est extrêmement éloquent à cet égard : « Il me semble que le premier fait qui soit compris dans le mot civilisation [...] est le fait de progrès, de développement ; il réveille aussitôt l'idée d'un peuple qui marche non pour changer de place, mais pour changer d'état ; d'un peuple dont la condition s'étend et s'améliore. L'idée du progrès, du développement, me paraît l'idée fondamentale contenue sous le mot de *civilisation*[2]. »

Dans ce rapport au passé, celui qui a cherché au plus près à distinguer la liberté des Anciens de celle des Modernes fut sans aucun doute Benjamin Constant, dont le propos a fait autorité. Il s'efforce d'établir cette différence du point de vue des propriétaires. De fait, Benjamin Constant va remplacer l'idée concrète devenue croit-on accessible

---

1 « L'histoire universelle est le progrès dans la conscience de la liberté, progrès dont nous avons à reconnaître la nécessité » (Friedrich HEGEL, *Leçons sur la philosophie de l'histoire*, Vrin, Paris, 1945, p. 30 ; ces cours seront publiés après sa mort en 1831).

2 François GUIZOT, *Histoire de la civilisation en Europe, depuis la chute de l'Empire romain jusqu'à la Révolution française*, Hachette, Paris, 1985, p. 62, <url.ca/nickv>.

à tous par son concept[1] dont, très subtilement, il définit les contours dès 1819. En l'absence de réelle légitimité, la Restauration permet à l'homme des Lumières qu'est le compagnon de Mme de Staël de réaffirmer son espérance envers une liberté « universelle », appliquée à tous les citoyens. Il n'en demeure pas moins qu'à ses yeux, comme aux yeux de tous les libéraux, la liberté des Modernes est synonyme d'indépendance privée pour être en mesure de jouir de ses biens. En l'absence de la forme concrète d'indépendance qu'est devenue la propriété, il n'y aurait pas de liberté possible. Et ce, malgré le « danger [encouru par] la liberté Moderne, quand, absorbés dans la jouissance de notre indépendance privée et dans la poursuite de nos intérêts particuliers, [nous risquons de renoncer] trop facilement à notre droit de partage dans le pouvoir politique[2] ». Ainsi, Benjamin Constant, attaché à la liberté individuelle, ne conçoit sa mise en œuvre que dans un rapport harmonieux entre intérêts privés et organisation collective de la société. En digne représentant des privilégiés de la liberté moderne – hostile aux incitations d'un Rousseau ou d'un Mably, supposés être, selon les doctrinaires, à l'origine de la Terreur –, Constant définit le « but des modernes » comme la quête d'une « sécurité dans les jouissances privées ». Ce qu'ils nomment « liberté » est la garantie « accordée par les institutions à ces jouissances[3] ». De fait, sans même avoir besoin de l'expliciter, sont exclus de la liberté concrète tous les individus qui ne disposent d'aucun bien.

En l'absence de la moindre « jouissance » à défendre, les travailleurs, devenus citoyens en 1848, ont parfaitement conscience d'être privés d'une liberté sociale sans laquelle la liberté politique est vidée de sa substance. On comprend alors comment certains révolutionnaires expriment leur méfiance à l'égard de ces références passées et déplorent l'« influence de l'histoire et de ses comparaisons ». Tout comme, en son temps, l'avait rejetée Volney, en l'an III, devant un auditoire de l'École normale. Sa pensée, aussi distante soit-elle de celle des révolutionnaires de 1848, était également « enracinée dans l'expérience[4] » :

1 Le mot est toujours actif quand il est porté par l'idée qui lui donne son sens pratique. Tandis que le concept, par définition abstrait, offre certes la capacité d'englober la multiplicité de significations, mais réduit à une référence universelle virtuelle, rarement activée : le sens se fige en un donné de l'histoire pour se réduire en pratique à une signification sélective et exclusive.

2 Benjamin Constant, « De la liberté des anciens comparée à celle des modernes », *loc. cit.*, p. 512.

3 *Ibid.*, p. 502.

4 Constantin-François Chasseboeuf de La Giraudais, comte Volney, dit Volney (1757-1820) ; élu député du tiers état en 1789, il est emprisonné pendant la Terreur.

« Ce qu'il y a de bizarre dans ce nouveau genre de religion [l'histoire], c'est que ses apôtres n'ont pas même une juste idée de la doctrine qu'ils prêchent, et que les modèles qu'ils nous ont proposés sont diamétralement contraires à leur énoncé ou à leur intention. Ils nous ont vanté la *liberté*, l'esprit d'égalité de Rome et de la Grèce, et ils ont oublié qu'à Sparte, une aristocratie de *trente mille nobles* tenait sous un joug affreux deux cent mille serfs ; que pour empêcher la trop grande population de ce genre de nègres, les jeunes Lacédémoniens allaient de nuit à la chasse des Ilotes, comme de bêtes fauves. Qu'à Athènes, ce sanctuaire de toute liberté, il y avait quatre têtes d'esclaves contre une tête libre. Qu'il n'y avait pas une maison où le régime despotique de nos colons d'Amérique ne fût exercé par ces prétendus démocrates avec une cruauté digne de leurs tyrans. Que sur environ quatre millions d'âmes qui durent peupler l'ancienne Grèce, plus de trois millions étaient esclaves. Que l'inégalité politique et civile des hommes était le dogme des peuples, des législateurs. Qu'il était consacré par Lycurgue, par Solon, professé par Aristote, par le divin Platon. [...] Ils ont oublié que chez les Romains, [...] cette prétendue république, diverse selon les époques, fut toujours une oligarchie composée d'un ordre de noblesse et de sacerdoce, maître presque exclusif des terres et des emplois, et d'une masse plébéienne grevée d'usures[1]. »

Alors, certes, la liberté des Anciens est mise à distance par les Modernes ; mais, au-delà de l'universel que les contemporains disent mettre en œuvre, la liberté *antique* concrète devient la référence-source qu'imitent les Modernes. Celle-ci s'élargit en principe au plus grand nombre, mais en réalité, telle qu'elle fut, avec ses exclusions et ses règles, elle devient le paradigme de la civilisation moderne. En évoluant dans sa pratique, l'idée « libératrice » glisse peu à peu de la sphère publique à l'espace privé et se répand dans toutes les couches de la société. La liberté exclusive des Anciens – référence ultime du monde libre, à travers le savoir transmis, de Platon à Aristote – sert, de fait, de norme rationnelle et légitime ; au nom des forces nouvelles, son attribution aux seuls hommes disposant d'une raison supérieure, selon la terminologie de François Guizot, devient exclusive. L'idée de progrès va permettre de

---

Membre de l'Institut des sciences morales et politiques sous le Directoire, sénateur après le coup d'État de Napoléon Ier, en difficulté avec l'Empereur pour ses prises de position en tant que membre du collectif qualifié d'« idéologues » par Napoléon, il a cependant gardé ses convictions républicaines ; voir Jean GAULMIER, introduction à Constantin-François VOLNEY, *La Loi naturelle. Leçons d'histoire*, Garnier, Paris, 1980, p. I.

1 *Ibid.*, p. 140-141. (Je remercie Claudia Moatti de m'avoir mise sur le chemin de cette citation.)

surseoir aux droits de tous, en attendant que chacun atteigne la liberté de posséder. Comme l'écrit le philosophe allemand Hans Blumenberg (1920-1996), « l'idée de progrès [n'est que] l'autojustification permanente du présent par l'avenir qu'il se donne, face au passé avec lequel il se compare[1] ».

En effet, l'idée que l'homme puisse dépendre d'autres hommes pour sa survie et sa reproduction, tout en étant déclaré libre au même titre que « les bourgeois et les aristocrates », est vue comme un non-sens incompatible avec l'idée même de modernité. Associé au progrès, dans un processus évolutif, l'accès à la liberté de chacun selon des critères sociaux – très tôt identifiés à des différences de nature – efface l'antinomie dans le respect des hiérarchies. Pierre Leroux le déplore. Il y voit le symptôme d'une défaillance fondamentale de cette même modernité. C'est pourquoi il cherche l'origine de l'idée au-delà de l'histoire. « Parce que nous sommes libres, parce que nous sommes des hommes, nous en appelons sur cela à notre commune origine, à l'unité de la race. Notre droit nous vient d'Adam ; ce droit est donc à tous et pour tous. Nous ne procédons pas, en conséquence, à l'égalité par l'exclusion, tandis, je le répète, que la tendance des Anciens eût été d'exclure de la Cité le plus d'hommes possible[2]. »

Saisir l'actualité du « salut du peuple »

Conscient de l'appropriation univoque de l'idée de liberté, notamment après la période mouvementée où Napoléon Ier crut incarner son triomphe, Pierre Leroux se fait alors le porte-parole des populations rejetées sur les marges de l'histoire. Le petit peuple, dépendant socialement et politiquement des hommes réellement libres, est entré dans l'histoire par effraction et n'y subsiste, au présent, que dans des périodes de déstabilisation ou d'insurrection. Une fois la conquête effectuée, il est chassé d'un passé qui ne lui appartient plus. Ainsi en est-il de 1789, de 1830 et bien sûr de 1848. C'est pourquoi le penseur poète va chercher ailleurs les promesses de bonheur d'une humanité dont il attend le réveil, voire la rédemption : « Voici donc le problème : la société d'aujourd'hui, avec cette dualité qui la divise, est-elle viable, oui ou non ? Quel principe triomphera au point d'entraîner une pratique ? Est-ce l'égalité ou l'inégalité ? Si c'est l'inégalité, replongez-vous vite dans la nuit des siècles écoulés avant que cet idéal nous eût apparu. Si c'est l'égalité, marchez donc à la réalisation de cet idéal. […] Néanmoins,

---

1 Hans Blumenberg, *La Légitimité des temps modernes*, *op. cit.*, p. 41.

2 Pierre Leroux, *De l'égalité*, *op. cit.*, p. 164.

l'idée résiste aux différentes tentatives de mise sous silence des voix discordantes. Il est reconnu que, par cela seul qu'un homme est citoyen, il a virtuellement droit à tous les avantages et à tous les honneurs de la cité. Cette croyance nouvelle, étrange, inouïe si on la compare aux anciennes croyances du genre humain, cette croyance qui n'a pas cent ans d'existence est pourtant gravée déjà dans toutes les âmes, et voilà pourquoi elle se montre dans les faits. On la pense cette idée, avant de la pratiquer ; puis on la pratique, mal, il est vrai, ou l'on s'imagine la pratiquer[1]. »

Cette forme de pensée n'est pas propre à Leroux. La quête d'histoire ne semble pas se borner aux siècles antiques. D'autres sources, y compris théologiques, sont revisitées. Comme si « le monde moderne [était] le résultat d'une sécularisation du christianisme[2] ». En ces temps de déstabilisation des dogmes et des cultes, l'actualité est souvent à la relecture des Pères de l'Église et des Évangiles. Pour les auteurs comme Pierre Leroux ou Constantin Pecqueur, il ne s'agit pas d'appliquer le dogme chrétien, mais de l'interpréter en lui donnant son sens présent. Les saint-simoniens y puisaient l'origine des principaux caractères des hommes en société. De manière identique, les fouriéristes, à la suite du maître, tirèrent des lois de la nature, issues elles-mêmes de l'œuvre divine, les leçons de l'harmonie humaine dont ils préparaient l'avènement. Rien ne devient étranger à la connaissance et à l'appropriation des hommes.

Afin de bien comprendre cette forme de pensée, dans le temps des bouleversements radicaux de la Révolution française aux guerres napoléoniennes, il faut saisir le présent tel qu'il se présente, et non comme il est représenté : en une sorte de « raccourci formidable[3] », déployé, le présent contiendrait l'entièreté de l'histoire humaine, exempte de sacralité et sans la moindre trace de déterminisme. En ces temps si singuliers, il s'agit de pénétrer l'actualité du « salut du peuple », comme le résume le titre de la publication de Constantin Pecqueur : « L'union fait la force. Il y a 4 000 ans que les sages de toutes les nations formulent cette vérité en proverbe à l'oreille de tous les déshérités : appliquons la donc en la comprenant. Les catholiques disent : hors de l'Église point de salut, il y a une parole tout aussi vraie pour les travailleurs, hors de

---

1 *Ibid.*, p. 154 et 156.

2 *Ibid.*, p. 33.

3 Selon les mots de Walter Benjamin : « Le "présent", modèle des temps messianiques, ramassant, tel un raccourci formidable en soi, l'histoire de l'humanité entière, correspond très exactement à la place qu'occupe cette histoire au sein de l'univers » (Walter BENJAMIN, « Thèses sur le concept d'histoire », *loc. cit.*, thèse 19, p. 443).

la solidarité, point de salut[1]. » Il est bien question, en février 1848, de la rédemption d'un passé ignoré après les injustices qu'ont subies les déshérités de 1789 et de 1792. C'est dans le même esprit que s'exprime, le 27 avril 1847 à Paris, dans le *Journal des écoles*, le Chilien Francisco Bilbao, ami de Lamennais, présent aux côtés des républicains de 1847 à 1849 et qui reviendra au Chili avant le coup d'État de Louis Napoléon Bonaparte : de son point de vue, le dogme de vie donne naissance à la révolution[2].

Ce à quoi fera écho, en 1850, Constantin Pecqueur : « L'expropriation de 1789 et de 1792 ne fut pas juste : elle aurait dû profiter à tous les prolétaires, à tout le monde, collectivement, solidairement ; elle n'a profité qu'aux acquéreurs de biens nationaux, qu'aux débiteurs des droits féodaux, c'est-à-dire qu'à un petit nombre de la classe moyenne naissante[3]. » Lancé après juin 1848, ce cri rédempteur est proche de la raison critique de Leroux, mais sa pertinence l'éloigne paradoxalement de l'histoire qui se lit et s'écrit par étapes. Il renvoie à une forme de pensée qui se dérobe à toute rationalité économique et sociale de conjoncture, tant il donne à comprendre le destin de l'humanité à travers, non pas les lunettes de l'illusion, mais à partir de l'idée d'un devenir du genre humain où régnerait l'égalité : « Sommes-nous, oui ou non, des hommes libres et égaux ? Avons-nous une même origine ? Sommes-nous des êtres de la même race, tous les individus composant le genre humain ? Si l'on dit : oui, dès lors le peuple cesse d'avoir des pères monarques ou autocrates, des maîtres, des tuteurs[4]. »

Toutes ces références ont été classiquement réduites à leurs formes théologiques ou utopiques, au sens chimérique du terme. L'historiographie moderne n'a pas su, à mon sens, concevoir l'historicité si singulière de ce mode de pensée[5], à la fois libéré des dogmes et animé

---

1 Constantin Pecqueur, *Le Salut du peuple*, n° 2, 10 janvier 1850.

2 Communication de Rafael Mondragon (UNAM, Mexique), colloque international sous la direction d'Alejandro Madrid (UMCE, Chili), « Francisco Bilbao, 1848 entre géopolitique et émancipation », Santiago et Valparaiso, 9-11 décembre 2013.

3 Constantin Pecqueur, *Le Salut du peuple*, n° 5, 10 avril 1850.

4 *Ibid.*, n° 1, 10 décembre 1849.

5 La quête d'historicité, distincte des régimes d'historicité, prend ici toute sa pertinence. En recherchant l'auteur, y compris collectif, du mot liberté désignant le pouvoir d'agir, nous restituons la tension entre la pratique des non-propriétaires face à la représentation de la liberté, réduite à son concept, des hommes libres parce que propriétaires. Voir Michèle Riot-Sarcey, « Temps et histoire en débat. "Tout s'oublie" et "rien ne passe" », *in* Sylvie Aprile, Jean-Claude Caron, Michèle Riot-Sarcey (dir.), *Le Temps et les historiens, Revue d'histoire du XIXe siècle*, n° 25, 2002, p. 7-13, <url.ca/njyg1> ; dans cet article, empruntant aux travaux de Reinhart Koselleck et Henri Meschonnic, je concluais : « Penser l'historicité dans les discontinuités comme dans le temps long, c'est tout simplement aider à décrypter un processus de fabrique de l'histoire dans

par une croyance en la régénération complète de l'humanité. Le messianisme moderne, on l'a vu, reconsidère dans sa globalité la théologie et historicise les connaissances doctrinales en les sécularisant[1]. Ce procédé renouvelle une forme de palingénésie dont Pierre-Simon Ballanche, déjà évoqué[2], décrivait le processus en considérant le plébéien, malmené au cours des siècles, comme étant l'homme même : en tirant des puissances souterraines, oubliées ou inconnues, la présence réelle d'un renouveau au service des exclus, on imagine alors que la rédemption peut surgir de la catastrophe, à la manière du *Radeau de La Méduse* peint par Géricault entre 1818 et 1819. L'artiste compose son gigantesque tableau du bas vers le haut, du sordide à l'espoir des mains tendues vers la clarté entrevue du ciel. Par le geste du peintre, le fait divers atroce du moment – largement commenté et où les responsabilités du naufrage de la frégate *Méduse* furent très vite attribuées à l'incompétence de son capitaine – est magnifié en sauvetage, venu de l'horizon vers lequel se tendent les bras des survivants dont tout le corps semble aspiré par le halo de lumière d'où se détache, imperceptiblement, un voilier.

La singulière vision de Walter Benjamin

C'est en ce sens qu'il faut comprendre la pensée « messianique » propre à Walter Benjamin. Grand connaisseur du XIXe siècle, pourfendeur d'une vision linéaire de l'histoire, il saisit l'instant historique où se concentre la *totalité de l'histoire humaine*. Plusieurs des penseurs de l'époque habituellement considérés comme des « illuminés » ont été lus par lui : de Fourier à Leroux, chacun a appréhendé à sa manière la première moitié du XIXe siècle – leur moment d'histoire – dans les mêmes termes que ceux qu'utilisera Benjamin en 1940 dans ses « Thèses sur le concept d'histoire ». Leur époque semblait tenir l'ensemble de l'histoire humaine : le présent concentrerait à lui seul le temps messianique, tout comme l'histoire figurerait le temps dans le vaste ensemble de l'univers[3].

---

l'expérience conflictuelle de la mise en mots, expérience qui participe des "conditions de possibilité de l'histoire". »

1 Voir Moshé IDEL, *Messianisme et Mystique*, Cerf, Paris, 1994 : « J'appelle messianisme les idées, les conceptions et les figures qui sont en rapport avec des situations de rédemption présentes ou à venir » (p. 16) ; et encore : « Le messianisme suppose un certain rapport avec le processus du temps, c'est-à-dire avec l'histoire conçue comme une suite de changements orientés en vue d'une rédemption sociale, politique, morale, voire cosmique » (p. 17).

2 Pierre-Simon BALLANCHE, *Essai de palingénésie sociale*, *op. cit.*

3 Walter BENJAMIN, « Thèses sur le concept d'histoire », *loc. cit.*, thèses 17 et 19, p. 442-443.

Fourier avait envisagé la même rupture radicale avec les sciences modernes. Il se situait quant à lui non pas avant la catastrophe – de son point de vue, 1793[1] – mais après, afin d'en éviter une autre, plus grave encore. Dès 1808, il préconisa le doute face aux échecs répétés des écrits modernes, tous confondus, car aucun d'entre eux n'a su résoudre les différents fléaux qui ont semé la mort sur la planète : l'indigence, l'esclavage, la privation de travail, les pirateries, les monopoles et bien d'autres infortunes. C'est pourquoi il choisit l'« écart absolu » à l'égard de ces savants « civilisés » – il corrigera ensuite en « écarts successifs ». « J'avais présumé, écrit-il, que le plus sûr moyen d'arriver à des découvertes utiles, c'était de s'éloigner en tous sens des routes suivies par les sciences incertaines qui n'avaient jamais fait la moindre invention utile au corps social ; et qui, malgré les immenses progrès de l'industrie, n'avaient pas même réussi à prévenir l'indigence. Je pris donc à tâche de me tenir constamment en opposition avec ces sciences : en considérant la multitude, leurs écrivains, je présumais que tout sujet qu'ils avaient traité devait être constamment épuisé, et je ne résolus de m'attacher qu'à des problèmes qui n'eussent été abordés par aucun d'entre eux[2]. » Il hausse son projet au niveau de l'univers, « jusqu'au calcul des destinées universelles, ou détermination du système fondamental sur lequel furent réglées les lois de tous les mouvements présents, passés et à venir[3] ».

La rencontre fondée sur l'analogie, voire la concordance, avec la pensée de Walter Benjamin est ici patente. Si l'historien d'aujourd'hui veut bien s'en tenir à l'historicité d'une vision du monde propre aux contemporains des révolutions de la première moitié du XIXe siècle, il constate que leurs regards rétrospectifs – pour reprendre les termes de Leroux – ne puisent pas leur source dans les éléments de l'histoire réécrite par les historiens modernes, mais se dirigent vers les temps archaïques qui, précisément, ont échappé à cette histoire. En ce sens et contrairement aux affirmations de Saint-Simon, l'âge d'or n'est pas devant eux, mais derrière eux, en deçà ou au-delà des temps balisés par l'homme, à condition de revisiter les textes sacrés, des Épîtres de Paul

1 Il faut se défier ici des décalages temporels, car 1793 restera longtemps dans les mémoires comme l'année de l'adoption de la Constitution la plus favorable aux couches populaires. Bien que jamais appliquée, elle marquerait le moment de tous les possibles. Mais, pour nombre de témoins et d'acteurs de la Révolution, 1793 est également l'année terrible des victimes de la Terreur, qui furent aussi des gens du peuple, l'année des excès de tous ordres.

2 Charles FOURIER, *Théorie des quatre mouvements et des destinées générales*, 1808, <url.ca/nicnk> (Jean-Jacques Pauvert, Paris, 1967, p. 74 et 75).

3 *Ibid.*, p. 80.

aux Évangiles – comme le fait par exemple Constantin Pecqueur en interprétant Jérôme. De son point de vue, l'idée de rédemption s'ancre en effet dans le réel humain : « Toutes les richesses proviennent de l'iniquité, aurait écrit le saint homme, et l'un ne peut trouver à moins que l'autre ne perde. » Pecqueur ajoute ce commentaire : « C'est-à-dire clairement qu'on ne peut s'approprier les instruments de travail qu'au préjudice formel de son prochain[1]. » Un écho sans doute de ce qu'écrivait en 1755 le méconnu philosophe français des Lumières Étienne-Gabriel Morelly (1717-1782), pourtant considéré par certains comme un précurseur du socialisme : « Presque tous les peuples ont eu, et ont encore, une idée d'un âge d'or qui serait véritablement celui où aurait régné parmi les hommes la parfaite sociabilité dont j'ai développé les lois[2]. »

Benjamin a écrit ses « Thèses sur le concept d'histoire » dans une période de danger extrême où le nazisme menaçait d'éradiquer les populations et d'ensevelir la presque totalité de l'histoire occidentale. Nourri de cette conviction (que ne partageaient pas la plupart de ses contemporains), le sauvetage du passé fut alors pensé par lui comme une absolue nécessité. Ces thèses ont été bien sûr débattues et souvent incomprises, car elles heurtaient l'historicisme des sociaux-démocrates de son époque. Au sein même de l'école de Francfort, dont Benjamin était l'un des collaborateurs, elles n'ont pas toujours été entendues. Entachées de religiosité juive ou chrétienne, a-t-on pensé, elles n'auraient pas été mises à l'épreuve de l'histoire. Elles attestaient pourtant d'une lecture du passé particulièrement pertinente : pressentant la catastrophe des années 1940, Benjamin a entrevu l'autre forme d'écriture de l'histoire qui, hors de tout récit continu des événements advenus, aboutit précisément à la vision juste de la catastrophe : la lecture « à rebrousse-poil du passé », dans un mouvement de sauvetage du présent menacé, permet de récupérer les expériences perdues et les significations oubliées – méthode que Pierre Leroux aurait sans doute reconnue. Mais cette méthode ne sera jamais revendiquée par la plupart des auteurs du courant marxiste traditionnel, à qui l'on doit la connaissance du mouvement ouvrier à travers l'écriture de son histoire. L'idée de placer ailleurs que dans l'histoire traditionnellement sélective du passé la légitimité du pouvoir d'agir a été oubliée, car elle se heurtait à une rationalité du temps qui fut transmise par les interprétations successives

1 Constantin Pecqueur, *Le Salut du peuple*, n° 3, 10 février 1850.
2 Étienne-Gabriel Morelly, *Code de la nature* (1755), La Ville brûle, Paris, 2011, p. 121, <url.ca/nid17>.

des vainqueurs de la Révolution. Aussi n'a-t-elle pu faire sens aux yeux des héritiers d'une tradition pourtant profondément marquée par l'expérience de la liberté d'exister.

« Le passé réclame une rédemption dont, peut-être, une tout infime partie se trouve être placée en notre pouvoir », écrivait Benjamin dans sa thèse 2 ; parce que « l'idée de bonheur enferme celle de salut, inéluctablement. Il en est de même pour l'idée du passé »[1]. C'est ainsi qu'il a choisi le chroniqueur plutôt que l'historien positiviste : il a privilégié le conteur, seul en mesure de se réapproprier le passé en lui rendant sa plénitude dans un présent qui réclame sa rédemption[2].

La liberté absolue

L'exigence des « révolutionnaires » participe du même déplacement rétrospectif : entièrement tournée vers la liberté entrevue, mais jamais atteinte. Identique à celle des premiers romantiques allemands, elle côtoie celle des poètes Byron et Shelley. Nombre d'ouvriers lettrés aspiraient à la même liberté absolue que le petit groupe d'Allemands de l'Athenäum en 1800, dont Friedrich Schlegel (1772-1829), un des animateurs, a exprimé l'exigence dans ces « Fragments » : « La religion n'est le plus souvent qu'un supplément, voire un substitut de la culture, et rien n'est religieux au sens strict qui n'est pas un fruit de la liberté. On peut donc dire : d'autant plus libre, d'autant plus religieux ; et d'autant plus de culture, d'autant moins de religion[3] » ; « L'historien est un prophète tourné vers le passé »[4]. Quant au poète Shelley (1792-1822), plus politiquement, après le massacre de Peterloo[5], il clame son indignation : « Et qu'es-tu, Liberté ? Ah ! Si les esclaves pouvaient, des tombeaux où ils sont enterrés vivants, répondre à cette question, les tyrans fuiraient, comme l'imprécise image d'un rêve/Formez une vaste assemblée, qui déclare solennellement, avec des paroles mesurées, que vous êtes comme Dieu vous a faits, libres/Debout ! Comme des lions qui s'éveillent en nombre invincible ! Secouez vos chaînes, telle une rosée

1 Walter Benjamin, « Thèses sur le concept d'histoire », *loc. cit.*, p. 433.

2 *Ibid.*, p. 340.

3 « Fragment d'Athenäum », cité par Philippe Lacoue-Labarthe et Jean-Luc Nancy, *L'Absolu littéraire, op. cit.*, p. 131.

4 *Ibid.*, p. 107.

5 Le 16 août 1819 à Manchester, douze à vingt personnes sont tuées par la police montée tirant sur la foule rassemblée pour une manifestation en faveur de la réforme parlementaire. Selon E. P. Thompson, le grand meeting radical se tenait près de Manchester, au lieu-dit St Peter's Field, et la contraction du nom du lieu de la manifestation avec Waterloo donna son nom au « massacre de Peterloo » ; très vite la mémoire retiendra la tuerie sous cette appellation. (Merci à Laurent Colantonio de cette précision.)

qui, dans votre sommeil, serait tombée sur vous ! Vous êtes beaucoup, ils sont peu[1]. »

Absolue, la liberté emporte la passion de vivre des gens du peuple, de Claire Démar à Charles Chevé. Mi-célèbres, mi-anonymes, ces personnages ont été classés par les historiens parmi les « avant-gardes », féministe pour l'une, révolutionnaire pour l'autre, mais en décalage avec la vie ordinaire de leurs contemporains. Ils figurent en bonne place sous la rubrique des exceptions non représentatives, au mieux sont-ils rangés avec les socialistes chrétiens. Or cette dernière catégorie est particulièrement réductrice et ne permet pas de penser la passion de la liberté qui anima les révolutionnaires de 1830 à 1848, comme l'avait si bien vu Baudelaire. Claire Démar, trente-quatre ans, se suicide en 1833 après avoir écrit deux manifestes d'une modernité étonnante, jugeant que son esprit de liberté devenait inconciliable avec la « trivialité de l'ordre social » : *Appel d'une femme au peuple sur l'affranchissement de la femme* et *Ma loi d'avenir* (publié à titre posthume en 1834 par Suzanne Voilquin[2]). La même année, Charles Chevé, averti par la répression sévère de l'insurrection de 1832, n'étant pas certain de sortir vivant d'une manifestation organisée par des affiliés à la Société des droits de l'homme et du citoyen, rédige un testament : « Ayant fait d'avance le sacrifice de ma vie à la cause sainte de la liberté ; sachant qu'un républicain doit être prêt chaque jour à la mort quand un roi règne sur son pays », il dit vouloir formuler ses dernières volontés : « Je crois à la continuation indéfinie de ma vie intellectuelle. Je crois que ce principe de l'intelligence qu'on appelle âme sera cruellement torturé par le souvenir du crime, délicieusement affecté par celui de la vertu, voilà toute ma religion ; tel est mon culte. [...] La liberté se compose du travail qui rend indépendant des autres, et de l'intelligence qui brise l'esclavage des sens, des préjugés des hommes. Il est plus facile d'être libre dans un cachot que sur un trône. La liberté, c'est l'admission illimitée d'actes selon le droit[3]. »

1 Percy Bysshe Shelley, « La mascarade de l'anarchie », *in Écrits de combat*, L'Insomniaque, Montreuil, 2012, p. 241, 243, 244.

2 Voir Claire Démar, *Appel au peuple sur l'affranchissement de la femme*, Albin Michel, Paris, 2001, deuxième édition (première édition : Payot, Paris, 1976).

3 « Testament de Chevé », 27 juillet 1833, annexe au procès dit des Vingt-Sept, accusés de complot, intenté à la Société des droits de l'homme et du citoyen, imprimé en 1834 (*La Société des droits de l'homme et du citoyen, 1832-1834*, fac-similé, EDHIS, 1974, p. 120 de la brochure imprimée, <ur1.ca/nid2l>). Chevé (1813-1875), « teneur de livres » selon l'auteur de la notice dans le dictionnaire du mouvement ouvrier dirigé par Jean Maitron, participe à la révolution de 1830 ; il cherche à gagner la Pologne en 1831 afin d'aider les « frères polonais », collabore ensuite à *L'Atelier*, journal de Philippe Buchez, socialiste chrétien, toujours considéré comme catholique en 1848.

La liberté ainsi perçue s'actualise dans l'action des insurgés de 1848. En renouvelant l'aujourd'hui de 1789, ils redonnent chair aux revendications de leurs prédécesseurs qui n'ont eu de cesse d'atteindre ses promesses sans jamais pouvoir en disposer. Leur pouvoir d'agir, brièvement exprimé dans le temps des insurrections, a toujours été entravé. Toutefois l'idée subsiste dans les têtes et se fige en attendant que l'historien la libère de ses entraves. Mais cette libération sous forme de répétition dans un présent détaché du *continuum* de l'histoire ne prend sens qu'en s'écartant des chemins balisés de l'histoire écrite sous la forme d'un récit continu dont la part non advenue est interprétée comme autant d'accidents/incidents utopistes, avant-gardistes ou au contraire passéistes, en tout cas, non représentatifs car hors la loi du progrès qui construit le sens de l'histoire. La lecture discontinue du passé est la porte d'accès à la modernité créatrice du présent du passé dont l'écho éclaire notre propre actualité. Le mode de penser et d'agir, au présent, nous permet d'entrevoir le mouvement de l'histoire à l'œuvre, selon la métaphore heureuse de Benjamin : « L'image authentique du passé n'apparaît que dans un éclair. Image qui ne surgit que pour s'éclipser à jamais dès l'instant suivant. La vérité immobile qui ne fait qu'attendre le chercheur ne correspond nullement à ce concept de la vérité en matière d'histoire. Il s'appuie bien plutôt sur le vers de Dante qui dit que c'est une image unique, irremplaçable du passé qui s'évanouit avec chaque présent qui n'a pas su se reconnaître visé par elle[1]. » Or, le sens de la liberté politique, tel que défini par Pierre Leroux et d'autres, est en passe de se réaliser au sein même des associations dans l'idée explicitée par Pauline Roland sur le gouvernement direct des travailleurs ; une idée dont la mise en œuvre est esquissée par les expériences éphémères des collectifs de 1849.

Fort de son expérience et après avoir assisté à la confiscation de la liberté réelle, Pierre Leroux cherche à ancrer son origine dans une référence incontestable, à la manière de Rousseau. La loi suprême de la liberté ne peut être qu'hors de portée des hommes privilégiés : « La liberté consiste moins à faire sa volonté qu'à n'être pas soumis à celle d'autrui ; elle consiste encore à ne pas soumettre la volonté d'autrui à la nôtre. Quiconque est maître ne peut être libre, et régner c'est obéir. [...] Je ne connais de volonté vraiment libre que celle à laquelle nul n'a droit d'opposer de la résistance ; dans la liberté commune, nul n'a droit de faire ce que la liberté d'un autre

1 Walter Benjamin, « Thèses sur le concept d'histoire », *loc. cit.*, thèse 5, p. 341.

lui interdit, et la vraie liberté n'est jamais destructive d'elle-même [...]. Un peuple libre obéit, mais il ne sert pas[1]. » À cette réflexion de Rousseau, avec laquelle il prend quelque distance, Leroux ajoute l'épreuve de l'expérimentation et le pouvoir d'agir des ouvriers qui, concrètement, démontrèrent que la dépendance était contraire au principe de liberté.

Résonances actuelles

Contre cette dépendance, la grande majorité de la population, « assujettie aux nécessités de la vie et aux ordres d'autrui » – comme l'écrivait Hannah Arendt[2] –, s'est insurgée au cours de ces deux derniers siècles. Or, nous avons si bien perdu le sens du mot liberté en tant que pouvoir d'agir, intellectuellement, politiquement et socialement, qu'aujourd'hui les hommes et les femmes du XXIe siècle semblent découvrir un nouveau sens dont la plupart des individus avaient oublié qu'il fut, un temps, pendant la première moitié du XIXe siècle précisément, le véritable moteur de l'histoire. En effet, lorsque les théoriciennes féministes cherchent à arracher le concept à sa doxa en le sortant de l'impasse de l'infinie dépendance, elles actualisent une signification d'origine dont les promesses n'avaient pas été tenues. En forgeant le concept d'*agency*[3], par exemple, elles redécouvrent un possible qui avait failli advenir dans l'histoire. Traduit par « capacité d'agir », ce concept redonne en principe au sujet son plein accès à l'existence[4].

---

1 Jean-Jacques ROUSSEAU, « Lettres écrites de la Montagne », huitième lettre, *Œuvres complètes*, Gallimard, Paris, 1964, tome 3, p. 841-842.

2 « La pauvreté de celui qui est "assujetti aux nécessités de la vie" conduit l'homme à agir comme un esclave » (Hannah ARENDT, *Condition de l'homme moderne*, Calmann-Lévy, Paris, 1961, p. 67).

3 « En anglais, *agency* désigne à la fois ce qui est actif ou ce qui exerce un pouvoir, et le "principe", la force motrice à l'œuvre dans une action donnée. [...] Dans le champ universitaire contemporain, notamment au sein des *cultural studies*, ce terme a été conceptualisé comme une notion alternative à celle de maîtrise, et en est venu à désigner une action qui n'a pas pour origine un sujet souverain. L'*agency*, c'est la puissance d'agir que nous pouvons tirer de notre dépendance fondamentale à l'Autre, au langage, c'est aussi la résistance que produit nécessairement le pouvoir. Penser la possibilité d'une *agency* en politique, c'est renoncer à croire qu'on pourrait se situer hors du pouvoir, qu'il faudrait sortir entièrement des rapports de domination pour mettre en œuvre une politique d'émancipation » (Charlotte NORDMANN, traductrice de Judith BUTLER, *Pouvoir des mots, politique du performatif*, Éditions Amsterdam, Paris, 2004, « Lexique », p. 275).

4 Le mot « existence » est pris ici au sens où l'entendait Jeanne-Désirée Véret, saint-simonienne, femme libre, devenue fouriériste et qui écrit en 1832 : « Par mes œuvres on saura mon nom. » En avant de Sartre, elle avait compris que l'existence précédait l'essence, et que c'était là la marque de la véritable liberté.

Quel que soit le renouveau du vocabulaire en usage au cours de ces deux derniers siècles, le mot « liberté » a perdu de sa force critique et l'idée n'a plus la même puissance subversive. Les petits arrangements avec la domination à l'œuvre ont autorisé les comportements « libérés » – aux yeux des tenants de l'ordre – à cohabiter avec l'organisation hiérarchique d'une société dans laquelle la liberté a récupéré le sens qu'elle avait acquis sous l'Ancien Régime et qui était alors synonyme de privilèges. La liberté intellectuelle, sociale et politique est, de ce fait, sinon « garrottée » comme au XIXe siècle, entravée en permanence : elle doit céder la place à une liberté rationnée dont la pratique apparaît d'autant plus légitime qu'elle s'accompagne d'un droit qui, en principe, garantit la sécurité et la protection. Le pouvoir d'agir a perdu de son charme et son éclat s'est considérablement estompé. Le sens de la notion de liberté ne fait plus l'objet de débats et de controverses. Les dominateurs continuent à dominer la pensée des hommes. Et les promesses des Lumières, d'un Rousseau ou d'un Morelly, avec lesquels discutait Benjamin Constant, appartiennent désormais à l'histoire qu'il n'importe plus de dépasser.

« Quand un peuple consentira unanimement à n'obéir qu'aux lois de la nature, écrivait Morelly, telles que nous les avons développées, et se comportera en conséquence, sous la direction de ses pères de famille, ce sera une démocratie[1]. » À son époque, la liberté politique était considérée comme centrale dans la république idéale où les citoyens sont « singulièrement et collectivement dans une mutuelle dépendance[2] ». Tandis que Morelly osait affirmer que « la liberté politique de l'homme [consiste] à jouir, sans obstacles et sans crainte, de tout ce qui peut satisfaire ses appétits naturels et, par conséquent, très légitimes[3] », sachant malgré tout qu'il ne doit « y avoir ni maître ni esclave », Benjamin Constant tire les leçons de la Révolution, soixante ans plus tard et à sa manière. Il se protège des excès de la multitude et soutient que « l'indépendance individuelle est le premier des besoins modernes. En conséquence, il ne faut jamais en demander le sacrifice pour établir la liberté politique[4] ». Pour cette raison, largement suffisante à ses yeux, Benjamin Constant critique ce qu'il appelle la « métaphysique[5] » de Rousseau, à laquelle les insurgés des premières décennies du XIXe siècle

1 Étienne-Gabriel MORELLY, *Code de la nature, op. cit.*, p. 104.
2 *Ibid.*, p. 97.
3 *Ibid.*
4 Benjamin CONSTANT, « De la liberté des anciens comparée à celle des modernes », *loc. cit.*, p. 506.
5 *Ibid.*, p. 505.

se référaient en brandissant le droit naturel au nom de la loi du « pacte social » dont ils ont déduit naturellement le bien-fondé de l'association. « Il n'y a qu'une seule loi qui, par sa nature, exige un consentement unanime, écrivait Rousseau. C'est le pacte social : car l'association civile est l'acte du monde le plus volontaire ; tout homme étant né libre et maître de lui-même, nul ne peut, sous quelque prétexte que ce puisse être, l'assujettir sans son aveu. Décider que le fils d'une esclave naît esclave, c'est décider qu'il ne naît pas homme[1]. »

---

1 Jean-Jacques ROUSSEAU, *Du Contrat social, in Œuvres complètes, op. cit.*, tome 3, p. 440.

Chapitre 6

Réminiscence des temps héroïques, ou la liberté en éclats de 1789 à 1840

En 1848, la Révolution de 1789 est à la fois proche et lointaine : malgré l'extraordinaire mouvement d'effacement dont elle fut l'objet, des témoins s'en souviennent et la mémoire de 1789 ne cesse de hanter les révolutionnaires de février. On se souvient non pas des tensions qu'a engendrées l'événement et dont l'essentiel est réinterprété en fonction des besoins, des nécessités ou des opinions, mais du rôle qu'ont joué les « gens du peuple » – les anonymes, comme l'écrit Lazare Carnot. En cela l'actualité de 1789, bien qu'éloignée de cette fraternité renouvelée par les prolétaires de 1848, se situe dans le rêve (illusoire pour Lazare Carnot) en passe d'être accompli : « La Révolution fut préparée par une foule d'écrits purement philosophiques ; les âmes, exaltées par l'espoir d'un bonheur jusqu'alors inconnu, s'élancèrent tout à coup dans les régions imaginaires ; nous crûmes avoir saisi le fantôme de la félicité nationale ; nous crûmes qu'il était possible d'obtenir une république sans anarchie, une liberté illimitée sans désordre, un système parfait d'égalité sans factions[1]. » De son point de vue, l'État social ne serait qu'une lutte continuelle entre l'envie de dominer et le désir de se soustraire à la domination.

C'est précisément ce désir de déjouer la domination que réveille le souvenir, incontournable parce que irréversible, de l'événement 1789, tant il est associé à la liberté de tous. Dès 1792, Jean-Marie Roland, alors ministre de l'Intérieur, interpelle le roi en des termes très fermes : « Les idées de justice et d'égalité, universellement répandues, [...] ont pénétré partout ; l'opinion des droits du peuple a justifié ce sentiment de ces droits, la reconnaissance de ceux-ci faite solennellement, est devenue une doctrine sacrée[2]. » Le moment de basculement de la Révolution

---

1 Lazare Carnot, *Mémoire adressé au roi Louis XVIII*, *op. cit.*, p. 3.

2 Jean-Marie Roland, « Lettre écrite au roi par le ministre de l'Intérieur le 10 juin 1792 », Imprimerie du Cercle social, Paris, p. 6-7 (texte repris dans *1792, chute de la royauté. Aux origines de la république, 1789-1792*, tome 6, EDHIS, Paris, 1991, p. 3-4 ; cité par

du côté du peuple, au temps où les citoyens passifs parviennent à acquérir enfin le droit à la citoyenneté, est ramassé en un slogan, une idée : l'acquisition de la souveraineté qui incarne le salut du peuple. Le processus conflictuel a été remplacé par les écrits et les interprétations des élites qui « maintiennent le point de vue global et avancent des revendications de caractère politique général » ; ces écrits restent, se transmettent, subsistent dans les archives. Tandis que le plus souvent, dans l'ardeur de l'événement, « [dans] les quartiers, chacun semblait faire sa propre révolution[1] », et de ces événements épars et de ces acteurs on ne se souvient plus. Sont toutefois maintenues dans les mémoires les grandes références, celle du droit naturel à laquelle Robespierre a su se référer, la Constitution, les droits de l'homme et du citoyen et ces voix souterraines si mal entendues : « Des voix de colère et d'exception souveraine[2] » qui ne peuvent s'éteindre. Car, écrit Jean-Marie Roland, « la Déclaration des droits est devenue un évangile politique et la Constitution française une religion pour laquelle le peuple est prêt à périr[3] ». Mais une Déclaration qui serait dégagée des tensions révolutionnaires. 1789 et 1792 s'entremêlent dans les mémoires afin de conserver l'universalité les droits de l'homme tout en participant concrètement à leur mise en œuvre.

Les victoires de Bonaparte, le rôle de plus en plus prégnant du despote Napoléon Ier, ses échecs n'ont pu gommer l'entièreté des engagements et des espoirs qui semblent définitivement rivés à cet évangile politique. Mieux encore, longtemps, jusqu'en 1804 voire 1806 si l'on en croit Hegel[4], la personne même de l'Empereur pouvait incarner l'esprit de liberté, voire l'esprit du peuple des Lumières. Après la défaite de Waterloo en 1815, la Restauration laissera de ce fait un goût amer aux libéraux, mais aussi à tous ceux qui, profondément attachés à l'idée de république, l'avaient identifiée à la patrie, après l'immortelle victoire de Valmy en septembre 1792, lorsqu'ils suivirent, de près ou de loin, la Grande Armée.

Sophie Wahnich, *La Longue Patience du peuple, 1792. Naissance de la République*, Payot, Paris, 2008, p. 284).

1 Haim Burstin, *Une révolution à l'œuvre. Le Faubourg Saint-Marcel (1789-1794)*, Champ Vallon, Seyssel, 2005, p. 330.

2 Sophie Wahnich, *La Longue Patience du peuple, 1792*, *op. cit.*, p. 499.

3 Jean-Marie Roland, « Lettre écrite au roi... », *loc. cit.*, p. 7.

4 On sait que 1806, après la bataille d'Iéna, est la date retenue par Hegel pour marquer la « fin de l'histoire » (idée que reprendra en 1989 Francis Fukuyama, penseur américain qui reconsidère la fin de l'histoire après la chute du mur de Berlin).

Les résurgences foisonnantes de l'événement 1789 dans les années 1820

On comprend pourquoi, après l'irruption de cette extraordinaire puissance politique et sociale des premières années de la Révolution française, et malgré les régressions ultérieures, les années 1820 vont souvent retrouver, partiellement et plus ou moins fugitivement selon les pays, en Europe et même en Amérique, le goût de la liberté qui avait marqué ces années-là. La mémoire des quarante-huitards – surtout les plus jeunes – ne semble pas toujours avoir gardé la trace de ce moment si singulier ; et pourtant, les expériences diverses qui l'ont caractérisé ont maintenu à grand prix l'esprit de liberté. Une liberté en éclats, parfois individualisée, parfois collective, dont témoignent mille épisodes en apparence épars, plus ou moins importants, dont je ne peux évoquer ici que quelques-uns. Elle a pu s'exprimer tout aussi bien dans les tribunaux des prud'hommes[1] que dans la prise d'armes ou au sein des sociétés secrètes, lesquelles se multiplient étonnamment à cette époque, comme seule expression sociale accessible aux jeunes générations révoltées par l'écrasement des idéaux de 1789.

Si chaque pays a privilégié un ou deux événements traumatiques de la période – comme le massacre déjà évoqué de Peterloo en Angleterre (août 1819) ou l'assassinat du duc de Berry en France par l'ouvrier Louis Louvel (février 1820) –, partout on a craint ou souhaité l'« âge de la révolution », selon la perception qu'avait formalisée l'intellectuel révolutionnaire Thomas Paine (1737-1809) : en 1820, l'Irlande en lutte pour la liberté d'un peuple tenu sous le joug anglais « rassemble alors dans des meetings géants d'immenses foules[2] » ; l'Espagne libérale se soulève en mars, le royaume de Naples en juillet, le Portugal en août, sans compter les insurrections au

---

1 Voir les travaux d'Alain Cottereau qui dit combien les travailleurs d'avant 1848 étaient attachés au principe même de liberté : « Tout le monde réclamait la reconstruction de quelque chose, ouvriers, manufacturiers et responsables politiques. Tout le secret du succès des premiers prud'hommes réside dans une alternative de la situation postrévolutionnaire, que l'on pourra déceler à travers l'activité prud'homale, et qui peut se résumer ainsi : ou bien chercher à se faire justice soi-même, dans l'hostilité et l'impuissance à faire respecter des règles, ou bien faire reconnaître des règles légitimes pour tous » (Alain COTTEREAU, « Justice et injustice ordinaire sur les lieux de travail d'après les audiences prud'homales (1806-1866) », *Le Mouvement social*, n° 141, *Les Prud'hommes, XIXe-XXe siècle*, octobre-décembre 1987).

2 Laurent COLANTONIO, « Mobilisation nationale, souveraineté populaire et normalisation en Irlande (années 1820-1840) », *La Souveraineté populaire : expériences et normalisations en Europe (1800-1848)*, *Revue d'histoire du XIXe siècle*, n° 42, 2011, p. 53.

Piémont et, bien sûr, le « dramatique développement du mouvement indépendantiste grec[1] ».

À travers la nébuleuse des sociétés secrètes qui prospèrent au temps de la Restauration, une figure se détache notamment, celle du militaire français Claude-François Cugnet de Montarlot (1778-1824). Parmi les aventuriers du temps, tous nés quand « la tragédie courait les rues[2] », Cugnet, comme d'autres comploteurs, revendique son attachement à la République de 1792 ; ses manœuvres subversives parviennent ponctuellement à déstabiliser le régime des Bourbons restaurés tout en prolongeant, à leur manière, le grand mouvement d'idées issu de 1789. Républicain, il accompagne cependant Bonaparte jusqu'en 1804, puis s'en détache en s'engageant dans la voie des sociétés secrètes, au nom de la liberté des peuples et aux côtés du « Comité directeur[3] ». Enfin, pourchassé par les Français au service de Louis XVIII et du duc d'Angoulême – victorieux en Espagne contre les libéraux[4] –, Cugnet de Montarlot meurt sous les balles des monarchistes espagnols, le 24 août 1824.

Au sein de la galaxie libérale où liberté, libéraux et libéralisme se confondent, retenons également la présence d'Armand Carrel

---

1 Malcolm CHASE, « 1820 : disorder and stability in United Kingdom », communication au séminaire franco-britannique d'histoire (2012-2013), Université Paris-4, 30 mai 2013.

2 Charles NODIER (1780-1844), *Souvenirs, épisodes et portraits pour servir à l'histoire de la Révolution et de l'Empire*, Louis Hauman et Cie, Bruxelles, 1831, p. 35 (cité par Laurent NAGY, « Un conspirateur républicain-démocrate sous la Restauration : Claude-François Cugnet de Montarlot. Origine de l'élaboration d'une culture révolutionnaire », *Annales historiques de la Révolution française*, n° 4, 2012, p. 133).

3 Le « Comité directeur » était un organisme d'opposition libérale, en principe secret, dirigé par le général de La Fayette et le député Jacques-Antoine Manuel, lesquels avaient décidé en 1821 de fédérer toutes les sociétés secrètes qui se multipliaient alors en France. En faisait notamment partie l'Union du conspirateur libéral Joseph Rey (1779-1855), traducteur de Richard Owen et grand lettré qui considérait que la révolution de 1848 participait de ces exceptions mettant en lumière l'intelligence des prolétaires (voir Michèle RIOT-SARCEY, *Le Réel de l'utopie*, *op. cit.*).

4 « En janvier 1820, après un pronunciamiento, les constitutionnels espagnols obligent Ferdinand VII à négocier avec eux. La Péninsule italienne est également en effervescence. Cette contagion "libérale" inquiète les membres de la Sainte-Alliance. Réunis à Laybach (janvier-mai 1821), la France, la Russie et l'Angleterre accordent un blanc-seing à l'armée autrichienne pour rétablir l'ordre en Italie. Vaincus, les "libéraux" piémontais et napolitains sont contraints à l'exil. La plupart d'entre eux trouvent refuge en Espagne où Ferdinand VII règne, bien malgré lui, sous l'égide de la Constitution de 1812. Le succès autrichien pousse la monarchie française à vouloir être commissionnée pour une semblable mission au-delà des Pyrénées. Le vicomte de Chateaubriand en rêve, voyant ainsi la France redevenir, après une réussite militaire si symbolique, une puissance victorieuse et crainte par les autres pays européens » (Laurent NAGY, « Le rapport sur la campagne de Catalogne par un transfuge français (1823). L'internationalisme militant d'Armand Carrel dans une Europe postrévolutionnaire », *Revue Parlement(s)*, 5 juin 2013, p. 2).

(1800-1836), futur rédacteur en chef du *National*. Alors sous-lieutenant, mobilisé en Espagne, celui-ci rompt avec sa hiérarchie pour former une deuxième légion nommée « Napoléon II ». Sous la bannière tricolore, les soldats n'hésiteront pas à prendre les armes contre les armées de Louis XVIII. Dans son rapport de 1824 sur la campagne de Catalogne, Armand Carrel se place résolument du côté de la liberté : « Les accusations contre les hommes dévoués comme nous à la patrie ont dû se renouveler avec plus d'audace et de fureur. Il importe à nous, victimes immolées à la cause de la liberté, que ceux qui, dans le silence ou hautement, applaudissent à notre sacrifice, n'ayant pas à gémir des diffamations et des insultes de nos ennemis, nous les armions de la vérité[1]. »

L'esprit de liberté se propage alors bien au-delà de l'Europe, comme en témoigne la lutte pour l'indépendance des pays d'Amérique latine. Ainsi dans la vice-royauté du Rio de la Plata et sa capitale Buenos Aires, à l'époque de la révolution de 1810, jusqu'à la déclaration d'indépendance des Provinces unies de l'Amérique du Sud en 1816. Dès 1811, dans les Provinces unies du Venezuela et de Cartagena, où l'indépendance est déclarée, « les premières Constitutions du monde hispanique, fondées sur la souveraineté du roi et du peuple, sont écrites à partir des principes de la Déclaration des droits de l'homme et du citoyen[2] ». En l'espèce, il ne s'agit pas simplement d'une « contagion » venue d'Amérique du Nord, auréolée de sa victoire sur l'Angleterre à l'issue de la guerre d'Indépendance, ou de l'Europe des Lumières, mais bien d'une idée dont les esprits s'emparent à un moment clé de leur propre histoire. À l'origine, un petit groupe d'hommes lettrés – l'élite des « hommes de 1810 ». Favorables au roi Ferdinand VII dans un premier temps, puis fervents défenseurs de la république, leurs références sont multiples : du christianisme aux Lumières (de Montesquieu à Volney), en passant par Cicéron[3]. Dès 1820, le consensus républicain, au nom de la liberté, se dessine. Une liberté collective, organisée dans un cadre hiérarchique et solidement ancrée dans la tradition. Au cœur des tensions révolutionnaires et indépendantistes figure la quête de liberté si particulière aux années 1820. Elle conduit, par exemple, à la redécouverte de l'insurrection de l'Inca Tupac Amaru, exécuté en 1572 et dont le corps fut

---

1 Armand Carrel au Castille de Perpignan, 11 octobre 1824, « Rapport sur la campagne de Catalogne par un transfuge français » (cité par Laurent Nagy, *loc. cit.*, p. 9).

2 Gabriel Entin, *La République en Amérique hispanique. Langages politiques et construction de la communauté au Rio de la Plata, entre monarchie catholique et révolution d'indépendance*, thèse soutenue à l'EHESS le 23 juin 2011, sous la direction de Pierre Rosanvallon, p. 293. (Je remercie mon ami Heber Ostropovitch d'avoir bien voulu me communiquer la thèse de Gabriel Entin, avec l'accord de l'auteur.)

3 *Ibid.*, p. 28.

outrageusement déchiqueté. C'est à Atahualpa exécuté en 1533 par les conquistadores que l'un des édiles se réfère en s'adressant aux habitants du Pérou : « Que disparaisse la laborieuse et funeste nuit de l'usurpation et se lève le jour clair et lumineux de la liberté. Rompez les chaînes terribles de l'esclavage et commencez à profiter des délicieux enchantements de l'indépendance[1]. » Mais ce sont surtout l'usage moderne de la presse, la large diffusion des « catéchismes » républicains, la diffusion de l'éducation qui permettent de saisir la construction en actes d'une république qui se veut une forme de démocratie représentative. La cause sacrée de la liberté est devenue la « cause de la nature[2] », tracée par elle « et dont les détours ont toujours causé les maux et la ruine des nations qui les ignorèrent[3] ».

En France, la moindre manifestation commémorative, le moindre rassemblement, est parfois prétexte à l'affirmation d'une forme de souveraineté dont le régime s'évertue à effacer toute trace d'appartenance populaire. Comme le relève Emmanuel Fureix, lors des cérémonies funèbres, les foules en deuil s'approprient l'espace public : « Des étudiants, des boutiquiers, des commis, des calicots, des marchands ambulants, des ouvriers [...] profèrent des cris proprement politiques. En novembre 1825, lors des funérailles du général Foy, le cri de "Vive les libertés publiques !" évoque en creux les dérives du ministère Villèle. En 1827, des ouvriers et des femmes s'écrient au passage du cercueil de Manuel, député de l'"extrême gauche" libérale, expulsé de la Chambre en 1823 : "Honneur au défenseur de nos droits !", et son inhumation au Père-Lachaise s'est terminée aux cris de "Vive l'indépendance !"[4]. » Les ouvriers s'organisent également à leur manière, comme en témoigne l'ouvrier Jacques-Étienne Bédé, et se réunissent pour débattre par exemple « des difficultés et des abus qui existent entre les maîtres et nous », le plus souvent chez le marchand de vin du quartier[5]. Les chants servent souvent de subterfuge au rappel des moments de gloire. « Nous avons chanté la victoire/Nous avons chanté les succès/Et nous avons chanté la gloire/Couronnant partout les Français[6]... »

1 *Ibid.*, p. 260 (le texte, nous dit Gabriel Entin, constitue une exception).

2 *Ibid*, p. 476.

3 *Ibid.*, p. 546.

4 Emmanuel Fureix, « La construction rituelle de la souveraineté populaire : deuils protestataires (Paris 1815-1840) », *Revue d'histoire du XIXe siècle*, n° 42, 2011, p. 27.

5 Jacques-Étienne Bédé, *Un ouvrier en 1820*, introduction et notes de Rémi Gossez, Centre de correspondance du XIXe siècle/PUF, Paris, 1984, p. 21.

6 *Ibid.*, p. 260. Sur la place des chansons dans les goguettes, voir également Maurizio Gribaudi, *Paris, ville ouvrière*, *op. cit.*

Les années 1830, matrice de 1848

Le flot de ces idées immerge les années 1830. Leur perception davantage que la lettre de leur interprétation – en dehors des écrits de quelques-uns – est restée en marge d'une histoire classiquement linéaire. Il reflue, presque en l'état, à la mémoire des quarante-huitards.

Chacun retrouve, dans l'expérience des années 1830, l'esprit de liberté qui s'était jusqu'alors manifesté dans les soubassements de l'opposition libérale. Malgré l'échec final des « Trois Glorieuses », l'idée résiste visiblement jusqu'en 1834. La révolution victorieuse est qualifiée d'immortelle et devient la référence de la liberté citoyenne. Car les témoins sont alors formels, le peuple en 1830 fut victorieux. Heinrich Heine (1797-1856), observateur critique et assidu de la France en lutte, éprouve en 1833 le besoin dans des paroles lyriques de dire toute son admiration : « Saintes journées de Juillet ! Que le soleil était beau, que le peuple de Paris était grand ! Les dieux du ciel, qui assistaient à ce grand combat, criaient d'admiration, ils se seraient volontiers levés de leurs sièges dorés et seraient descendus sur terre pour se faire citoyens de Paris. Mais [...] les mesures ont été prises pour que les arbres de la liberté ne poussent pas jusqu'au ciel[1]. » Et en 1848, on l'a vu, les pétitions adressées à la Chambre des représentants rappellent ce temps héroïque où le peuple français servait d'exemple aux peuples européens, également soulevés contre les despotes ou les occupants illégaux (voir *supra*, chapitre 2).

Dans les mêmes termes, à l'aide souvent des mêmes manifestes, les citoyens, en toute responsabilité politique, s'adressent à leurs mandants en 1848. C'est ainsi que l'actualité d'Albert Laponneraye (1808-1849) resurgit à travers son commentaire de la Déclaration des droits de l'homme et du citoyen que lui inspire Robespierre et qu'il rédige en 1832 : « Article 1) Le but de toute association politique est le maintien des droits naturels et imprescriptibles de l'homme et le développement de toutes ses facultés. La conséquence naturelle de ce premier article, c'est que toute société où les facultés de l'homme sont enchaînées, où ses droits sont étouffés, n'est pas une société. 2) Les principaux droits de l'homme sont de *pourvoir à la conservation de l'existence et la liberté.* 3) Ces droits appartiennent également à tous les hommes, quelle que soit la différence de leurs forces physiques et morales ; l'égalité des droits est fondée par la nature ; la société, loin d'y porter atteinte, ne fait que la garantir contre l'abus de la force qui la rend illusoire. 4) La liberté

---

1 Heinrich Heine, *De la France* (1833), Cerf, Paris, 1996, p. 223.

est le pouvoir qui appartient à l'homme d'exercer à son gré toutes ses facultés ; elle a la justice pour règle, les droits d'autrui pour bornes, la nature pour principe et la loi pour sauvegarde[1]. » S'énonce dans ce commentaire la même exigence politique, liée à l'expérience fraternelle des associations et forte de la pratique des barricades des « citoyens combattants »[2]. Républicain communiste dès 1831, Laponneraye donne un cours public d'histoire de la Révolution à l'usage des ouvriers, qui est bien vite interdit ; il poursuit son activité au sein de la Société des droits de l'homme et de la Société des amis du peuple[3].

Dans la perspective ainsi formalisée par Laponneraye (comme bien d'autres à cette époque), la révolution de 1848 apparaît bien comme l'héritière directe de la révolution de 1830, laquelle est certaine d'accéder à la liberté perdue sous la Restauration, mais recueillie, transformée et transportée par des petits collectifs clandestins depuis les années 1820. Un achèvement, en quelque sorte. C'est pourquoi les « pétitionnaires » de 1848 ne cessent de se retourner du côté de Juillet afin de se réapproprier le pouvoir d'agir qui leur avait été confisqué. Les mêmes mots, les mêmes idées se répètent et se répandent. Le soleil de Juillet apparaît en filigrane derrière la pluie de Février. Et, pour conjurer le sort, on invoque l'immortelle Révolution, à la mesure de 1789. La « mémoire » illumine le présent. Comme si la puissance évocatrice de la liberté des années 1830 engendrait sa renaissance dans son acception la plus exigeante et la plus réelle.

Les manifestes de 1848 se réfèrent ainsi à la force entraînante de l'esprit libérateur des années 1830 qui, pour la première fois, embrasa l'Europe entière en permettant au peuple de Pologne de croire possible la liberté retrouvée. À chaque pas que fait la liberté, l'idée « renaît de ses cendres plus belle et plus pure[4] ». Les insurgés de 1848, à travers leurs manifestes, sélectionnent les événements : la remémoration,

---

1 Albert LAPONNERAYE, « Commentaire de la Déclaration des droits de l'homme et du citoyen », 1832 (*Société des droits de l'homme et du citoyen, 1832-1834*, *op. cit.*, p. 2).

2 L'appellation prend tout son sens en 1848, mais elle est latente depuis 1792 et se formalise sur les barricades de 1830. Sur ceux de 1848, voir Louis HINCKER, *Citoyens combattants à Paris, 1848-1851*, Presses universitaires du Septentrion, Villeneuve d'Ascq, 2008.

3 En 1837, il fonde le journal *L'Intelligence*, qui dit bien dans quel camp il se situe (le parti de l'intelligence, disait Armand Carrel, est du côté des prolétaires lors de l'insurrection de 1830, idée qui fut reprise par Balzac dans son roman *Z. Marcas*, où Armand Carrel est une des figures héroïque de l'ouvrage). Dans son cours qu'il publiera par la suite, Laponneraye exalte la mémoire des sans-culottes et celle de Robespierre ; jusqu'à sa mort à Marseille, il fut un « agent républicain », selon les termes de la police.

4 CLUB DES ANTONINS, « Pétition adressée à la Chambre des représentants », s. d., 1848 (AN CC 2231).

ponctuelle, est bien sûr sélective. La nouvelle attente dévoile spontanément, presque sans conscience, l'actualité des grands moments du passé : davantage les moments d'exaltation et de triomphe que les échecs et les humiliations. Le ressort révolutionnaire repose essentiellement sur cette renaissance des espérances si longtemps retardées. C'est le héros dit romantique, qui apparaît à la manière de Baudelaire : en héros intemporel.

On a jusqu'alors tenté de regrouper ces fragments d'expériences et de résistance ouvrière en une synthèse susceptible de retracer la genèse de l'organisation républicaine ou socialiste. Du saint-simonisme au fouriérisme, l'ensemble constituerait, en quelque sorte, une forme d'apprentissage du républicanisme ou du socialisme en marche. Une avant-scène seulement, ou des soubresauts ouvrant la voie à la République triomphante ou au socialisme vu à la lumière d'Octobre 1917.

Alors que, de ces années 1830, les insurgés de Février ne retiennent que la part héroïque de la révolution dont ils sont redevenus les principaux acteurs, en 1848, ils se posent à nouveau en sujets d'une histoire confisquée. Une histoire qu'ils se réapproprient aux dépens de ceux qui en ont réécrit les principaux épisodes en leur déniant toute capacité révolutionnaire. Or, à l'avènement des « Trois Glorieuses », cette capacité leur avait été reconnue. Les premiers républicains de la Société des droits de l'homme ont gardé, pendant les trois années qui suivent la « sublime révolution de Juillet », l'esprit de liberté dont ils propagent le sens dans les périodes d'insurrection qui ne cessent de se succéder : 1831, 1832, 1834. Ils en ravivent le souvenir trop tôt oublié. Les héros de Juillet sont là avec eux, sans plus tenir compte des années sombres de la monarchie libérale. À la manière de Pierre Leroux, chacun définit la liberté dans la pratique concrète de ceux qui la revendiquent. Ces années se fixent dans les mémoires comme étant celles de la liberté en marche, ainsi que l'a justement écrit l'historien Maurice Agulhon (1926-2014) : « Pour l'éveil de la démocratie au plein sens du mot, qui suppose que se rencontrent de façon plus qu'occasionnelle le peuple et la politique, ce furent peut-être les années les plus importantes du siècle[1]. »

1 Maurice AGULHON, « 1830 dans l'histoire du XIXe siècle », *Romantisme. Revue du XIXe siècle*, n° 28-29, 1980.

La Liberté guidant le peuple (1830), ou la modernité oubliée de la révolte

1830 se déplace dans l'histoire comme la force vive de *La Liberté guidant le peuple*. Réalisé dès l'automne 1830, le fameux tableau d'Eugène Delacroix (exposé au Musée du Louvre depuis 1874) immortalise les « Trois Glorieuses » en une représentation flamboyante qui chevauche la mort. Allégorie de la liberté, la figure centrale d'une femme presque réelle entre alors dans l'histoire en foulant les cadavres d'un peuple dont les survivants s'élancent vers une victoire annoncée.

Les interprétations les plus diverses ont été données du tableau. Il est donc important de souligner que Delacroix ne peint là aucunement la réalité « fausse » du passé, comme l'a par exemple laissé entendre l'historien américain David H. Pinkney (1914-1993)[1] : il reproduit bel et bien l'idée de liberté qui court à cette époque en incarnant le vivant de l'événement symbolisé par le jeune adolescent, à la fois figure de l'humanité à venir et héritier de la Révolution de 1789. Une liberté qui n'hésite pas à poser ses pieds nus sur les martyrs. Portée par le vent de l'histoire, elle se déplace avec l'impatience de celle qui est assurée de surmonter les périls. De même que l'ange de l'aquarelle *Angelus novus* (1920) de Paul Klee, selon l'interprétation de Benjamin, est poussé par le souffle du progrès au pied duquel la catastrophe s'étale[2], la liberté ne s'arrête pas sur les victimes inévitables de la révolution. Rompant avec l'académisme historique de l'époque, Delacroix, à l'aide de son allégorie d'une puissance évocatrice étrangement réaliste – au point d'effrayer les contemporains –, rend compte d'un événement dont les sujets agissants ne sont pas les interprètes qui en ont confisqué le sens. En 1833, le poète et journaliste allemand engagé Heinrich Heine, déjà évoqué, commente à son tour ce tableau, devant lequel il dit « avoir toujours vu un grand attroupement ». À propos du personnage de la jeune femme au bonnet phrygien, il écrit : « Elle s'avance, foulant aux pieds des cadavres, appelant au combat, nue jusqu'aux hanches, un beau corps, impétueux, un visage au profil hardi, une douleur impudente, [...] le personnage semble plutôt représenter la force sauvage du peuple qui s'affranchit d'un horrible fardeau[3]. »

Un instant, le même souffle de liberté est donc activé en 1830, comme le décrira si intelligemment en 1858 l'historien et militant

---

1 David H. Pinkney, « Crowd in the French Revolution of 1830 », *The American Historical Review*, n° 1, octobre 1964.

2 Walter Benjamin, « Thèses sur le concept d'histoire », *loc. cit.*, thèse 9, p. 434.

3 Heinrich Heine, *De la France*, *op. cit.*, p. 222. Notons qu'une copie de *La Liberté guidant le peuple* fut transportée très tôt au Chili (voir *infra*, chapitre 10).

républicain Edgar Quinet (1803-1875) : « C'était, il me semble à bien des égards, le contraire de la lassitude et de la satiété. C'était plutôt une aveugle impatience de vivre, une attente fiévreuse, une impatience prématurée d'avenir, une sorte d'enivrement de la pensée renaissante, une soif effrénée de l'âme après le désert de l'Empire. Tout cela, joint à un désir consumant de produire, de créer, de faire quelque chose, au milieu d'un monde vide encore[1]. » Un peuple victorieux « laissé en héritage à l'humanité », comme le rappellent les avocats des prévenus, arrêtés à la suite de la commémoration de Juillet, lors du procès dit des Vingt-Sept[2]. En décembre 1833, François-Vincent Raspail (1794-1878), l'un des accusés, le souligne au cours de son intervention devant la cour d'assises, les vainqueurs ne sont pas toujours ceux qui s'enorgueillissent de l'être : « Vous représentez ici les vainqueurs, comme nous représentons les vaincus. Mais à notre tour, nous avons été vainqueurs en 1830[3]. »

Le peuple de Delacroix est celui de la révolution victorieuse de 1830. Un peuple dont les écrivains ont éprouvé quelques difficultés à saisir la composition réelle, car il a surgi, inattendu, tel un personnage nouveau et imprévu, comme le constate Pierre Leroux dans *Le Globe* du 15 août 1830. Un peuple en marche, certes, mais fluctuant ; à la fois lettré et analphabète, barbare et dangereux, respectueux de la propriété et qui sait, néanmoins, en dénoncer les méfaits ; un peuple capable de s'identifier à la nation héritière de 1792, en se sacrifiant pour elle, tout en se révoltant contre les abus de l'exploitation de l'homme par l'homme. Un peuple semblable à celui qui s'insurgera en 1848. Peuple des villes, à la fois trop instruit aux dires de Jules Michelet pour ne plus être dupe d'un système qui l'aliène, et trop confiant pour être en mesure d'échapper au piège d'une liberté qui ne lui appartient pas. Un peuple qui est à peu près l'équivalent de celui que décrivent les historiens Daniel Roche et Michel Vovelle ; un peuple si éloigné des prolétaires de la seconde moitié du XIXe siècle, chers à la pensée marxiste, qu'on en a oublié

---

1 Edgar QUINET, *Histoire de mes idées*, 1858 (cité par Élisabeth GUIBERT-SLEDZIEWSKI, « La *Liberté* de Delacroix, images et fantômes de la Révolution », *Romantisme*, n° 28-29, 1980, p. 143).

2 Selon les mots de l'ouvrier Anderson : « Voici l'œuvre de vos pères, de vos pères morts en la défendant. Ils sont morts pauvres car ils étaient honnêtes, mais ils vous font riches car voici l'héritage qu'ils ont laissé à l'humanité » (extrait d'une brochure intitulée « Exposé de quelques principes républicains, par le citoyen Anderson... », *in* Adolphe R., « Au bureau des publications républicaines », p. 3, citée au procès intenté à la Société des droits de l'homme et du citoyen ; *La Société des droits de l'homme et du citoyen, 1832-1834*, Reprints EDHIS, 1974, *op. cit.*).

3 « Discours de Raspail au procès des Vingt-Sept », *ibid.*, p. 47.

presque entièrement les principaux caractères et, bien sûr, la totalité des expériences ; un peuple trop moderne pour les contemporains épris d'ordre et de stabilité. Un peuple si insaisissable que la postérité n'en a retenu que les idéaux types d'un Victor Hugo qui traverse, en observateur étranger voire hostile, les événements de la première moitié du XIXe siècle. L'écriture des *Misérables,* en 1860, dans un style inimitable, lui permettra d'effacer ce temps de l'incompréhension. Il réinventera ce peuple dont il n'a pu concevoir le devenir libre (voir *infra,* chapitre 10). Le mythe de la classe ouvrière, identifiée aux misérables, naîtra ainsi conjointement avec la naissance du mouvement ouvrier dans les années 1860 et parallèlement, presque en harmonie, avec les Expositions universelles, temples de la marchandise et du progrès.

Un peuple qui est manifestement invisible, tant il apparaît semblable aux descriptions d'un Balzac, dont le sens de l'observation « sociologique » est toujours si pertinent d'ordinaire. Le peuple des villes lui échappe pourtant. De son point de vue comme de celui de la plupart des contemporains, le peuple n'est qu'un avatar des *Paysans*[1] redoutés par les féodaux pendant la Révolution française : les enfants de ces « insurgés » des campagnes de 1789 ne rêveraient que d'une chose, abolir les privilèges et saper les fondements de la société moderne afin d'égaliser toutes les conditions.

Cernons, malgré tout, ce peuple en marche, équivalent ou presque du peuple de la fin du XVIIIe siècle que décrit Daniel Roche : les « classes laborieuses salariées », ni prolétariat ni classe ouvrière, mais « un niveau de classe, un mixte qui exclut les maîtres artisans et les boutiquiers indépendants et qui regroupe les ouvriers, les compagnons, des industries et du commerce, les domestiques si nombreux alors »[2]. Au moment de la Révolution de 1789, Michel Vovelle évoque les « classes populaires élargies au groupe massif des producteurs indépendants – l'échoppe et la boutique comme on dit à l'époque –, noyau de la sans-culotterie, quitte à l'insérer, même pour référence, dans l'ensemble de la population parisienne[3] ». Au XIXe siècle, les représentations dominantes du peuple éclipsent donc la réalité complexe, mouvante, d'un ensemble hétérogène qui ne cesse de se déplacer. Les commentateurs oscillent constamment entre deux options : une populace sale, immorale, dangereuse et surtout imprévisible, opposée au peuple respectueux du *Contrat social,*

---

1 Voir Honoré DE BALZAC, *La Comédie humaine,* en particulier *Les Paysans, op. cit.*

2 Daniel ROCHE, « Le peuple de Paris, vingt ans après », *in* Jean-Louis ROBERT et Danielle TARTAKOWSKY (dir.), *Paris le peuple, XVIIIe-XXe siècle,* Publications de la Sorbonne, Paris, 1999, p. 24.

3 Michel VOVELLE, « Le peuple de Paris en révolution », *in ibid.,* p. 113.

souverain, héroïque et généreux. Le peuple figure la réalité politique de demain, mais on en appréhende les excès. Un peuple que Maurizio Gribaudi décrit au plus près du réel, au début du XIXe siècle, dans ses quartiers du centre de Paris : un peuple fraternel, épris de solidarité, aimant le chant, fréquentant les goguettes et les guinguettes et toujours prompt à saluer le nouvel arrivant dans la taverne ou le garni. Un peuple qui peut être violent mais dont une fraction n'hésite pas à s'engager, quand il le faut, dans une coalition illégale, parce que nécessaire à sa survie au quotidien[1].

Les représentations du peuple qui circulent dans les journaux depuis les années 1820 disent la crainte qu'éprouvent les tenants de l'ordre à l'idée d'une répétition révolutionnaire. Crainte d'autant plus perceptible que la « liberté » des couches populaires s'exprime de deux manières particulièrement affirmées, en ces temps troublés : l'insurrection avec la construction des barricades et l'association comme forme de résistance la plus efficace à l'encontre des abus des entrepreneurs, tous métiers confondus. Se dessine alors un modèle de liberté active sur plusieurs fronts : la liberté fraternelle agissante, constructive, qui rend compte du véritable sens du mot liberté, celle que définit Pierre Leroux, et la liberté en armes, propre au citoyen combattant[2] qui tire sa fierté aussi bien des barricades que de l'épopée napoléonienne au sein de la Grande Armée. Une fierté défaite, ensevelie, comme l'a si bien vu Balzac à travers le personnage inoubliable du colonel Chabert. C'est ainsi que le sens de la liberté fluctue, y compris au sein du peuple : de la défense de la nation à la nécessité de l'émancipation collective, en fonction des résolutions et des enjeux du moment. Mais il s'agit toujours du pouvoir d'agir, selon ses droits, en toute liberté et en toute connaissance de ce que l'on croit identifier, à cette époque, comme un devoir. Différente selon les individus travaillés par la référence historique qu'active une mémoire toujours sélective, l'idée resurgit des tréfonds de l'histoire, spontanée, presque inconsciente le plus souvent.

Quand « ces Messieurs tremblaient dans leur peau »

Maurice Agulhon le constate : à partir de 1852, sous le Second Empire, la bourgeoisie triomphante se sentira désormais en sécurité. Le peuple se terre à défaut de se taire. Et les armées ne sont plus l'allégorie du « plébéien », qui représentait en son temps l'« homme même » selon Ballanche, si éloigné pourtant de l'esprit d'un prolétaire

1 Maurizio Gribaudi, *Paris, ville ouvrière*, *op. cit.*

2 Expression empruntée à Louis Hincker, *Citoyens combattants à Paris, 1848-1851*, *op. cit.*

ou d'un Pierre Leroux : « Ne faisant plus de barricades, l'ouvrier parisien n'effraie plus le bourgeois[1]. » Et quand, en 1871, la Commune éclatera soudainement à la marge de tout événement attendu, elle apparaîtra à nombre d'observateurs comme incongrue, presque hors de France ; perçue comme la résurgence d'un passé englouti sous les réussites manifestes de la révolution industrielle, tel un phénomène inouï qui jamais ne pourrait s'intégrer au *continuum* de l'histoire, elle n'aurait tout simplement pas lieu d'être. Et c'est pourquoi l'historiographie officielle de la IIIe République s'efforcera de l'effacer – on y reviendra (voir *infra*, chapitre 13).

Pour l'heure, l'« immortelle » révolution de 1830 bouscule les temporalités en rejoignant les barricades de février 1848 ; une révolution saluée par les journalistes témoins de cette entrée du peuple en politique. Armand Carrel, directeur du journal *Le National*, est formel : juillet 1830 bouleverse les idées reçues, l'intelligence est selon lui du côté des couches populaires. Homme éclairé à qui Balzac rendra hommage, Carrel se situe, au contraire des gens de sa classe, du côté de l'intelligence, celle des bas-fonds auprès desquels il découvre l'« abondance de talents ». Dès le 30 juillet 1830, il informe ses lecteurs : « Peindre l'intrépidité, l'intelligence, l'infatigable ardeur avec lesquelles le peuple s'est prodigué dans une foule d'attaques meurtrières depuis deux jours serait impossible. [...] En un mot, c'est le peuple qui a tout fait depuis trois jours. On ne l'a ni harangué, ni excité, ni poussé. » Mais tout s'oublie : Carrel meurt en 1836 au cours d'un duel « contre la presse industrielle »[2] et les discours normatifs se multiplieront pour écarter la candidature du peuple à la liberté.

Et pourtant, en 1848, on se souvient du peuple combattant sur les barricades des « Trois Glorieuses ». On se souvient notamment du soleil de Juillet. Il reste dans les mémoires l'illumination de 1830 et nombre de quarante-huitards, inconsciemment sans doute, peuvent répéter certains hauts faits ayant conduit à la victoire, comme je l'évoquais en 2006 : « Le mardi 27 juillet [1830], la chaleur est accablante ; au Palais-Royal, sous 32 °C, des petits groupes se forment autour des ouvriers imprimeurs, hissés sur des bornes. Ils lisent à voix haute les

---

1 Maurice AGULHON, « La tradition politique du peuple de Paris, de Waterloo à la Commune », *in* Jean-Louis ROBERT et Danielle TARTAKOWSKY (dir.), *Paris le peuple*, *op. cit.*, p. 140.

2 Armand Carrel, après avoir rejoint fin 1830 le Parti du mouvement (orléanistes réformistes), avait ensuite clairement choisi la « cause républicaine » ; ses prises de position courageuses dans *Le National* lui vaudront souvent l'admiration de ses contemporains. Le 21 juillet 1836, il est tué lors d'un duel par Émile de Girardin, directeur de *La Presse*.

dernières nouvelles du *National* et du *Temps* dont on vient de briser les presses ; les deux journaux rebelles ont bravé l'interdiction. On commente le manifeste des deux cent vingt et un députés et la protestation des journalistes : l'"obéissance" a désormais cessé d'"être un devoir". Le peuple, en entrant dans l'histoire, pense un court instant avoir conquis son droit de cité dans l'espace politique. 1830 était bien une victoire du camp de la liberté. Malgré eux, Louis-Philippe d'Orléans est sacré "roi des barricades" et rétabli sur un trône que l'on avait cru définitivement banni. En novembre, à Paris, tout est effacé, Balzac, de retour dans la capitale, se moque déjà d'une monarchie illégitime qu'il qualifie de "Restauration restaurée"[1]. »

Les représentations de 1830 foisonnent pourtant alors sur la « Grande Semaine ». Mais, comme l'a pertinemment relevé l'historienne de la littérature Isabelle Tournier, « malgré l'euphorie générale et le consensus ambiant, le doute s'installe sur la validité des témoignages, trop nombreux et trop intéressés. [...] La légende de Juillet, magnifique et efficace, devient un suspect lieu commun, presque aussitôt qu'elle se profère[2] ». On comprend dès lors que les historiens s'attardent sur les représentations d'un peuple dont on a oublié le « pouvoir d'agir ». Alors même qu'on retrouve, dans l'événement, les actions que décrivait si bien Heine, à la manière du poète oublié Auguste Barbier (1805-1882). Comme Flaubert ressuscitera en 1869, dans l'écriture romanesque de *L'Éducation sentimentale*, l'actualité de juin 1848 qu'il avait manquée, le jeune Barbier, né à la poésie en juillet 1830, trouve l'événement après l'avoir raté. Dès la parution de son poème « La curée » dans *La Revue de Paris* le 19 septembre 1830, explique Isabelle Tournier, Auguste Barbier fut sacré comme l'auteur d'un « haut fait politique et poétique, dans l'adéquation immédiate et parfaite d'une énonciation et d'une dénonciation[3] ». Le moteur de l'histoire de 1848 est bien dans cette accumulation d'expériences récupérées sur les traces d'une victoire populaire immortalisée par Delacroix. C'est qu'en effet ce poème dit la vérité des choses si vivantes à la mémoire des véritables vainqueurs – malgré leur cruelle défaite – de la révolution de 1848.

1 Michèle Riot-Sarcey, « Sous le soleil des Trois Glorieuses, le plan des barricades de Juillet », *in* Emmanuel de Waresquiel (dir.), *Mémoires de la France. Deux siècles de trésors inédits et secrets à l'Assemblée nationale*, Sophie de Sivry/L'Iconoclaste, Paris, 2006, p. 80-84.

2 Isabelle Tournier, « Le moment Barbier ou la vérité de Juillet », *Romantisme. Revue du XIXe siècle*, n° 110, 2000, p. 101-115.

3 *Ibid.*

Oh ! Lorsqu'un lourd soleil chauffait les grandes dalles, [...]
II. Quand [...] la grande populace et la sainte canaille
Se ruaient à l'immortalité[1].
Tandis que tout Paris se jonchait de merveilles,
Ces Messieurs tremblaient dans leur peau,
Pâles, suant la peur et la main aux oreilles,
Accroupis derrière un rideau.
III. C'est que la liberté n'est pas une comtesse
Du noble faubourg Saint-Germain, [...]
C'est une forte femme aux puissantes mamelles,
À la voix rauque, aux durs appâs,
Qui du brun sur la peau, du feu dans les prunelles,
Agile et marchant à grands pas,
Se plaît aux cris du peuple, aux sanglantes mêlées.

Les ouvriers de Barbier ne sont pas ceux de Michelet ; et moins encore ceux, il est vrai si rarement évoqués quelques années plus tard, de Victor Hugo. Ce sont ces mêmes ouvriers qui prolongent le mouvement dès août 1830 en organisant la résistance à l'exploitation jusqu'en septembre, malgré l'interdit lancé contre les coalitions (article 415 du code pénal). Ainsi l'exprime *L'Artisan,* dans un prospectus du 22 septembre : « Liberté pleine et entière de toute industrie, abolition du monopole et des corporations, répression des abus de l'autorité des maîtres et de la basse police autant qu'il sera en notre pouvoir, instruction des ouvriers sur leurs véritables intérêts... » Avec en toile de fond, de manière explicite, l'idée que « le principe d'association qui nous permet d'entreprendre un travail aussi utile et aussi nécessaire ne sera pas oublié[2] ».

Xavier Sauriac : luttes de classes et démocratie

Il s'agit bien là de la parole des ouvriers affranchis « intelligents » qu'évoquait Maurice Agulhon[3], dont l'écho se retrouve dans les interprétations de Xavier Sauriac (vers 1804-1871), homme de lettres et du peuple, qui sera classé plus tard parmi ces critiques éclairés incompris semblables à Pierre Leroux ; comme lui, il découvre naturellement les chemins de la révolte qu'il ne saura jamais quitter. Membre de

1 Ce vers sera repris en 1848 par différents rédacteurs de journaux proches des républicains socialistes (voir Maurizio GRIBAUDI et Michèle RIOT-SARCEY, *1848, la révolution oubliée*, *op. cit.*).

2 *L'Artisan. Journal de la classe ouvrière* (26 septembre-17 octobre 1830), cité par Maurizio GRIBAUDI, *Paris, ville ouvrière*, *op. cit.*, p. 295.

3 Maurice AGULHON, « La tradition politique du peuple de Paris, de Waterloo à la Commune », *loc. cit.*

la Société des droits de l'homme, il rédige dès 1834 le *Catéchisme du prolétaire*, saisi dès sa parution. Pour ses écrits subversifs, à plusieurs reprises il est condamné à des peines de prison[1]. Sa brochure sera rééditée jusqu'en 1882.

En 1834, le citoyen Xavier Sauriac cherche, en vain, à estomper la marque que Saint-Marc Girardin a flanquée sur le dos des prolétaires, laquelle, en dépit des critiques du temps, restera gravée dans l'histoire. En un mouvement identique à celui de Pierre Leroux, le regard rétrospectif de Sauriac englobe 1789 ; il en redéfinit le sens par rapport à la liberté de tous, une première fois confisquée par Napoléon qui en arrêta le cours : celui qui fascina l'Europe entière, ce « génie supérieur » qui « s'installa chef d'un corps social », a « anéanti toutes les idées d'affranchissement dont la Révolution était porteuse ». Sauriac fait partie de ces écrivains combattants, particulièrement lucide et, comme on le voit, critique à l'égard du despote qu'était devenu Bonaparte sous l'habit de Napoléon Ier.

« En effet, écrit-il, la Révolution de 1789 n'avait pas seulement pour but de déraciner du cœur de la Nation les privilèges monstrueux que l'aristocratie de la noblesse et du clergé s'y étaient implantés, et d'étouffer, d'un seul coup, toutes les idées avilissantes de la féodalité : elle se proposait aussi, nécessairement, de changer la forme gouvernementale de la France ; et la preuve en est en ce qu'elle avait déjà jeté les premiers fondements de la démocratie, sur les ruines de l'État monarchique[2]. » Et si la république « eut pu continuer sa marche », l'esprit de réforme aurait permis d'aller au-delà de l'« extinction de la féodalité », qui ne devait être qu'un de ses résultats (p. 24). « La Révolution de 1830, sœur de celle de 1789, éclata, brillante et pure ; comme les jours qui lui prêtèrent leurs soleils. Mais il était écrit dans le livre des destins que l'établissement de la république échouerait. » Un gouvernement d'« anomalie » s'installa qui n'eut d'autre résultat que celui de substituer l'« aristocratie de l'argent », le « capitaliste au marquis » (p. 27). « Mais dans cette bourse, que trouve-t-on ? Mépris profond et bien visible pour tout ce qui n'est pas riche. [...] La peur de se voir attaqués, dans leurs

1 « Le journal officiel de la Commune du 25 mars 1871 annonça la mort, quelques jours plus tôt, de Sauriac, "un des plus dignes vétérans de la république sociale", qui avait écrit plusieurs ouvrages pour vulgariser sa foi, lesquels lui ont valu, sous le règne de Louis-Philippe, plusieurs condamnations à la prison » (Jean Maitron (dir.), *Dictionnaire biographique du mouvement ouvrier français, 1789-1884*, tome 3, *M à Z*, Éditions ouvrières, Paris, 1966).

2 Xavier Sauriac, *Réforme sociale ou Catéchisme du prolétaire*, Société des droits de l'homme, Paris, 1834, p. 22-23, <ur1.ca/nid9x> (*in La Société des droits de l'homme et du citoyen, 1832-1834*, *op. cit.*).

heureuses positions dont ils sentent tous intérieurement l'injustice, rend ces hommes qui possèdent des animaux farouches, des bêtes vraiment féroces. Ils voient un ennemi dans tout individu qui n'est pas opulent, comme eux ; souvent même jettent-ils des regards effrayés sur leurs propres rangs. Le prolétaire est, à leurs yeux, un voleur, un incendiaire, un assassin ; et cette affreuse conviction, qu'ils ne devraient pourtant pas avoir conservée depuis les fameuses journées, les fait entretenir des fusils toujours prêts à répondre aux plaintes que la raison et l'humanité leur adressent » (p. 27-28).

Dans le texte introductif au *Catéchisme du prolétaire*, publié une première fois en 1834 et auquel Xavier Sauriac redonnera une nouvelle vie en 1848, sa vision du monde d'alors participe de ce moment d'exception où les « intelligences » reprennent vie. L'esprit de liberté est si bien installé que Philippe d'Orléans, malgré l'aide efficace de ses différents ministres, de Casimir Perier (1777-1832) à François Guizot, ne parviendra à l'étouffer qu'à partir de 1835. Xavier Sauriac plaide pour l'esprit de réforme au sein d'une république bien comprise. Il veut s'attaquer à la « profondeur du mal » afin de faire entendre le « principe d'égalité » qui contient l'idée de « souveraineté populaire » (p. 33-34). Il y a « cinquante ans que l'ère de l'égalité s'est ouverte » (p. 51), c'est pourquoi à ses yeux la Charte constitutionnelle adoptée par la Chambre en août 1833 après les « Trois Glorieuses » ne suffit pas : « Comment s'attendre à ce qu'une simple convention, parce qu'elle est inscrite dans un code, ait son plein effet, lorsqu'il est matériellement impossible qu'elle soit observée ? Comment prétendre faire naître, grandir et perpétuer cette sublime religion d'égalité dans un corps social dont les membres sont si bien divisés par les mœurs et les intérêts ; où les uns ont de l'éducation et des préjugés et les autres de l'ignorance et du fanatisme, où les uns possèdent tout, se reposent et jouissent, où les autres n'ont rien, travaillent constamment et meurent de misère, où les uns font profession d'être maîtres et de gouverner, les autres d'être esclaves et d'obéir ? » (p. 37-38). De manière plus explicite encore que chez Pierre Leroux, le prolétariat se distingue du peuple générique si mal identifié par tous ceux qui en vantent les mérites tout en en redoutant la vindicte collective.

La lutte de classes est parfaitement lisible dans cet écrit, contrairement aux affirmations tardives d'Engels. Si la Charte reste un texte illusoire, la République « surannée » (p. 43) ne peut suffire à rendre vraie l'égalité proclamée selon Xavier Sauriac. Celui qui, en 1848, devait être classé parmi les communistes, souhaiterait un autre mot pour penser un gouvernement capable non seulement de transformer les rapports sociaux, mais aussi d'opérer un « nivellement impérieux des classes » (p. 38). De son point de vue, « la République a eu et aura encore ses aristocrates, comme la monarchie. Cette espèce est incorrigible » (p. 39). Si bien que « si cette république dont l'espérance fait battre les cœurs venait à être établie telle qu'elle fut conçue d'abord, et même telle que le vulgaire la conçoit, aujourd'hui certainement il faudrait la changer, encore, avant qu'il fût longtemps » (p. 45). C'est pourquoi la société la meilleure à venir est ce qu'il entend par démocratie : « Celle, comme dit Jean-Jacques Rousseau, qui défend et protège de toute la force commune la personne et les biens de chaque associé, et par laquelle chacun, s'unissant à tous, n'obéit pourtant qu'à lui-même et reste aussi libre qu'auparavant. C'est la démocratie » (p. 105).

Afin de mettre en œuvre ce programme, Xavier Sauriac propose des priorités. Il préconise tout d'abord le développement de l'instruction, « premier moyen de l'égalité ». C'est « même le seul moyen qui reste aux masses de profiter, positivement, des révolutions qu'elles exécutent » (p. 138). Plus globalement : aucune liberté n'est possible sans ce développement élémentaire de l'être humain. Le deuxième volet de la réforme, à la manière des saint-simoniens alors encore très influents, repose sur l'abolition de l'hérédité qui est au fondement des inégalités. Enfin, pour être complet, l'association au sens large du terme doit s'étendre à toute l'organisation sociale : « Alors, en effet, changeront les préjugés ; alors les lois s'amélioreront d'elles-mêmes. Enfin, il faut que le nouveau pacte d'association soit approprié au temps qui court et qui va suivre, c'est-à-dire qu'il repose sur la base large et solide du principe d'égalité. Car c'est l'égalité, l'égalité seule que réclame impérieusement l'époque » (p. 52-53). L'égalité devant la loi ne suffit pas. En effet, pour que l'homme soit réellement libre, il lui faut obtenir l'égalité concrète afin qu'il puisse agir au même titre que les autres hommes, à égalité, dans le respect d'une loi que Leroux désigne comme étant une « loi divine, antérieure à toutes les lois[1] ». Toute la signification de la liberté est inscrite dans cette relation, en quelque sorte mémorielle.

Dans cet espace, précisément, la lumière des « Trois Glorieuses », à la manière de Barbier, l'emporte sur les heures sombres de l'oubli dont s'est drapée la monarchie pendant dix-huit ans. Comme si l'astre de Juillet était resté à l'état de veille. Perdure ainsi la place prise par l'étincelant *soleil*, dont nombre de manifestes rappellent la luminosité au détriment du souvenir de la chaleur écrasante. Walter Benjamin rapporte une

1 Pierre Leroux, *De l'égalité*, *op. cit.*, p. 95.

fable éloquente à cet égard dans ses « Thèses sur le concept d'histoire » : « Les classes révolutionnaires, au moment de l'action, ont conscience de faire éclater le continuum de l'histoire. [...] Au soir du premier jour de combat, on vit en plusieurs endroits de Paris, au même moment et sans concertation, des gens tirer sur les horloges. Un témoin oculaire, qui devait peut-être sa clairvoyance au hasard de la rime, écrivit alors : "Qui le croirait ! On dit qu'irrités contre l'heure,/De nouveaux Josué, au pied de chaque tour,/Tiraient sur les cadrans pour arrêter le jour"[1]. »

Arrêter ce temps qui permit d'entrevoir sans doute, en un éclair, un « autre monde possible » autorisait encore à penser le changement de l'organisation sociale. Non plus en termes d'illusions doctrinales, au sens d'idéaux dogmatiques, voire poétiques, mais en se donnant les moyens d'imaginer concrètement l'usage possible des bienfaits de la Révolution ; se dire en capacité de penser ou repenser la fin de l'exploitation de l'homme par l'homme, ne serait-ce qu'en utilisant autrement les outils de la modernité, ceux du progrès technique, ceux de l'industrie encore embryonnaire en France, telle pouvait être l'utopie des « Trois Glorieuses ».

Car, si l'industrie est le moyen par lequel le capitalisme accroît l'exploitation de l'homme par l'homme, pour le républicain démocrate, adepte de l'abolition de l'hérédité – « ce droit si antique » dit Sauriac[2] –, l'industrie sert à l'homme, à tous les hommes, dépourvus désormais de privilèges : « C'est le résultat de sa faiblesse. Quand l'exécution de ses volontés exige des forces supérieures aux siennes, l'homme en emprunte à des objets étrangers ; il agit mieux encore, il va jusqu'à leur en procurer, pour se les approprier ensuite ou les mettre en jeu, à son profit ; et c'est ainsi qu'il vient à bout de faire servir même la matière morte à l'accomplissement de ses vœux » (p. 83).

Selon cette vision égalitaire du monde de demain, l'association est recommandée : « Au lieu de considérer les associations comme mortelles, ou tout au moins comme préjudiciables à l'ordre et au repos publics, ainsi que le font aujourd'hui les hommes juchés au pouvoir, il faut au contraire les prescrire et les envisager comme des moyens tout-puissants de paix et de sécurité. Bien loin de prohiber les coalitions d'ouvriers de quelque classe qu'il soit, et d'en prendre la panique, on doit ordonner aux travailleurs de s'organiser, ainsi par corps respectifs. Le bonheur et la confiance de tous seront précisément garantis par ce nouveau mode de discipline » (p. 59). Du point de vue de Sauriac,

---

1 Walter BENJAMIN, « Thèses sur le concept d'histoire », *loc. cit.*, thèse 15, p. 440.

2 Xavier SAURIAC, *Réforme sociale ou Catéchisme du prolétaire*, *op. cit.*, p. 73.

l'égalité, en l'absence de toute espèce de privilèges – en cela, Sauriac donne raison à Balzac, en renforçant les craintes de l'écrivain –, est associée à une liberté compatible avec la vie en société. Or, ce « droit de faire tout ce qui ne nuit pas à autrui, dans le sens absolu, il signifie affranchissement de toute espèce de lois » ; mais, « [dans] le sens social, il signifie seulement le droit d'exécuter toutes ses volontés, limité par le droit d'autrui. Dans ce second cas, ce mot semblerait impropre ; car qu'est-ce qu'une liberté qui est restreinte ? Pour exprimer la liberté sociale, le mot égalité paraît beaucoup plus convenable » (p. 96).

La défense des possédants de Saint-Marc Girardin

Ce point de vue de l'homme éclairé, à la mesure des commentaires du journal *Le National* au lendemain des journées de Juillet, s'oppose en tous points à celui de Saint-Marc Girardin, que nous avons déjà évoqué (voir *supra*, chapitre 4). Méfiant à l'égard de ces nouveaux prolétaires à qui il dénie le pouvoir d'agir en toute liberté, ce dernier observe le monde en mouvement qui s'agite face aux jeunes classes possédantes et, contrairement à la plupart de ses pairs, il sait distinguer les risques d'hier de ceux de son temps. De son point de vue, en effet, les « barbares modernes » sont bien différents de la paysannerie de 1789, à l'origine des différentes spoliations selon les plus mauvais esprits. Il conseille de canaliser au plus vite cette nouvelle classe sociale, particulièrement nombreuse, dans des bornes identitaires singulièrement étroites. On s'en souvient, Saint-Marc Girardin a écrit son article en décembre 1831, quelques jours seulement après la révolte des canuts. Cet article, qui semble jeter l'anathème sur ces nouveaux « barbares », fera date ; mais moins à cause de l'identification de la classe « la plus nombreuse et la plus pauvre » aux barbares venus des steppes rendus responsables de l'effondrement de l'Empire romain – formule choc qui a retenu l'attention des contemporains –, que par les propositions clairement exposées de son auteur, ouvertement engagé du côté des intérêts des privilégiés. Pragmatique, Girardin donne à lire en effet une sorte de programme d'intégration de ces classes dites dangereuses. Il s'efforce d'alerter ses contemporains sur les nécessités d'une inclusion bien comprise, au sein de la civilisation moderne, sous certaines conditions. Ayant mesuré la force de nuisance du flot montant des travailleurs, il s'évertue tout d'abord à dénier aux acteurs de la « sédition de Lyon », qui affola tous les propriétaires, la capacité d'agir en toute conscience, la liberté de jugement et d'entendement ne leur appartenant pas. De son point de vue, les « misérables » ne savent pas ce qu'ils font ni pourquoi ils le font.

Les deux orientations d'une liberté de principe accordée à tous, profondément antagoniques, se répondent encore en ce début des années 1830. Mais, à partir de 1835-1840, la voie tracée par Saint-Marc Girardin se reproduira, à l'infini, sous de multiples formes : « Il ne faut rien dissimuler ; car à quoi bon les feintes et les réticences ? La sédition de Lyon a révélé un grave secret, celui de la lutte intestine qui a lieu dans la société entre la classe qui possède et celle qui ne possède pas. Notre société industrielle et commerciale a sa plaie, comme toutes les autres sociétés ; cette plaie, ce sont ses ouvriers. Point de fabriques sans ouvriers, et avec une population d'ouvriers toujours croissante et toujours nécessiteuse, point de repos pour la société. » De son point de vue, l'insurrection des canuts n'est qu'un effet indirect de la concurrence commerciale mondiale avec laquelle les fabricants français doivent compter. Il convient lui-même de son exagération lorsqu'il compare les prolétaires modernes aux barbares anciens, mais il le fait sciemment dit-il, afin de convaincre la classe moyenne de bien saisir son intérêt essentiel. Pour se tenir éloigné de cette classe de salariés trop souvent plongée dans la misère, l'auteur préconise ni répression excessive ni tolérance irraisonnée : ni « muraille de Chine » ni intégration à la mode romaine ne sont efficaces. Pour canaliser les périls de cette classe « qui a mal » et qui « ne peut supporter plus de misère », « qui ne sait ce qu'elle veut » pas plus qu'elle ne sait « où elle va », il recommande une transformation progressive, mais radicale. Les classes possédantes doivent bien comprendre « quelle est » la réalité « des choses » de la société, qui doit rester en l'état au risque de subir le sort de l'Empire romain. Les barbares modernes n'avaient pas encore renoncé aux « coalitions ».

C'est pourquoi Saint-Marc Girardin développe un argumentaire d'une très grande précision : « On peut fort bien aimer mieux un président électif qu'un roi, mais ne pas vouloir cependant que la société soit mise sens dessus dessous et que la queue prenne la place de la tête. La démocratie prolétaire et la république sont deux choses fort différentes. Républicains, monarchistes de la classe moyenne, quelle que soit la diversité d'opinions sur la meilleure forme de gouvernement, il n'y a qu'une voix, portant sur le maintien de la société. » La solution pour éviter la dissolution de la société réside dans l'attribution des droits politiques aux seuls propriétaires et dans la réduction du nombre des prolétaires en incitant ceux-ci, par l'éducation et l'économie, à devenir propriétaires. Ni laxisme ni cruauté, mais ériger des lois qui permettent « de donner à chacun les moyens de posséder[1] ». Tout est

1 Saint-Marc Girardin, *Journal des débats*, 8 décembre 1831.

dit : les travailleurs ne savent pas ce qu'ils veulent, ils agissent par lassitude ou par instinct, c'est pourquoi toute association dont ils seraient à l'initiative risque de conduire au désastre social.

L'esprit de liberté résiste

Du côté de la Société des droits de l'homme, le discours est tout autre. Pour quelques années encore, le courant populaire des républicains socialistes, comme on les appellera plus tard, est formel : pas de liberté possible sans associations, lesquelles ne sont que l'expression des droits naturels de l'homme. « L'homme, en naissant, a reçu de la nature des droits et des facultés, écrit ainsi Ernest Richard en 1835. Le but dans lequel la société a été instituée est le maintien de ses droits et le développement de ses facultés, en sorte qu'une société où les droits naturels de l'homme seraient étouffés, où ses facultés ne recevraient pas tout le développement dont elles ont besoin, devrait se dissoudre à l'instant même, et ses membres devraient rentrer dans le droit de nature, c'est-à-dire de repousser la force par la force[1]. » Or, la mise en œuvre concrète de ces droits naturels est l'association, expression du pouvoir d'agir en toute liberté. La Société marseillaise des droits de l'homme le confirme : « Les oppresseurs et les intrigants de tous les pays ont toujours fondé leur empire et leur succès sur la division, l'ignorance et la faiblesse des peuples. Pour détruire la tyrannie et l'intrigue, les peuples doivent rentrer dans l'exercice de leur souveraineté, les citoyens doivent s'unir et connaître leurs droits. Association et propagande, tels sont les deux puissants leviers qu'il faut faire mouvoir pour préparer le jour de l'émancipation[2]. » Chacun des prévenus l'affirmera également au cours du procès des Vingt-Sept : le droit d'association découle directement de l'exercice conscient de la liberté.

Pendant les grèves de 1840, la liberté d'agir se manifeste à partir du mois de juin. Malgré les interdits, malgré la loi, à la grande surprise des observateurs, les ouvriers, à Paris notamment, récidivent, cette fois-ci massivement. Tous les métiers se mobilisent pour obtenir l'abolition du marchandage. Des rassemblements interviennent, souvent compacts, partout dans la rue, aux portes et à la périphérie de la ville pour l'augmentation des salaires, l'abolition du travail à la tâche et, pour certains, la suppression du livret ouvrier. Les journaux, hostiles

---

1 Ernest Richard, *Le Catéchisme des droits de l'homme et du citoyen*, Grossteite, Sceaux, 1835 (in *La Société des droits de l'homme et du citoyen, 1832-1834, op. cit.*).

2 Société marseillaise des droits de l'homme et du citoyen, janvier 1834 (*in La Société des droits de l'homme et du citoyen, 1832-1834, ibid.*, p. 3).

à ces assemblées inattendues, s'étonnent, mais tentent malgré tout de se rassurer, à l'instar du *Journal des débats* : « Le gouvernement n'a rien fait pour arrêter l'émeute. [...] La France de 1793 a subi la Terreur parce que la Terreur l'a surprise. La France de 1840 s'exagérerait plutôt les périls et les maux d'une nouvelle invasion de l'esprit anarchique. Ces cris menaçants, ces promenades séditieuses, ces démonstrations tirées de l'arsenal révolutionnaire, pour deux personnes qui s'enthousiasment peut-être en épouvantent cent[1]. »

Malgré l'évidence des manifestations précédées de regroupements et donc d'organisation, comme en témoignent les communiqués de la Préfecture[2] – entre 30 000 et 50 000 ouvriers sont dans les rues à Paris –, les témoins sont dans l'incapacité d'expliquer comment ces ouvriers parvinrent à coordonner un mouvement de cette ampleur. « En 1840, écrira l'ouvrier Corbon, eut lieu une coalition formidable ; à peu près 100 000 ouvriers sont sortis de Paris, sont allés aux environs de Paris, particulièrement dans la plaine Saint-Denis ; ils y sont allés avec une enseigne, telle que celle qu'ils avaient en 1848, sur laquelle était écrit : "Dix heures de travail, plus de marchandage." Je vivais au milieu des ouvriers, j'ai participé, en quelque sorte, à cette coalition de 1840 ; je n'ai jamais pu m'expliquer, quoique j'y fusse, comment un mouvement si extraordinaire s'était produit[3]. »

Avant même le livre de Louis Blanc *L'Organisation du travail*, publié en 1840, parallèlement aux propos plus ou moins moralistes des différents porte-parole s'insurgeant contre la misère – question d'actualité abordée par la plupart des écrivains sociaux de l'époque –, l'élite ouvrière avait donc déjà fait l'expérience de la concertation, des coalitions et de la préparation à l'organisation du travail. Ce qui veut dire clairement que les ouvriers mobilisés, tout en saluant l'initiative de

1 *Le Journal des débats*, 13 octobre 1840.

2 « Le 3 septembre, la préfecture prend la mesure des événements, écrit Maurizio Gribaudi. Les ouvriers ont cessé leurs travaux aujourd'hui ; la coalition s'est étendue aux charrons, aux serruriers, aux bonnetiers, aux mécaniciens, aux fabriques de couvertures du faubourg Saint-Marceau, aux ébénistes. [...] Ce matin de bonne heure, des ouvriers fort nombreux sont venus débaucher ceux des Messageries royales et ceux des Messageries Toulouse, rue du Faubourg-Saint-Denis. [...] Des rassemblements d'ouvriers ont eu lieu à Issy, à la Chapelle et à Pantin, où ils se sont séparés assez facilement sur l'injonction de l'autorité ; à Issy, on a fait intervenir la Garde nationale ; à 4 heures, des ouvriers mécaniciens sont venus débaucher ceux du sieur Adam, boulevard Saint-Jacques et y ont formé un attroupement que la Garde municipale a dispersé, les trois meneurs ont été arrêtés » (Maurizio Gribaudi, *Paris, ville ouvrière*, *op. cit.*, chapitre 9).

3 Discours du citoyen Corbon, *L'Atelier. Organe des intérêts moraux et matériels des ouvriers*, 7 octobre 1848 (le premier numéro de *L'Atelier* paraît en septembre 1840) ; voir Michèle Riot-Sarcey, *Le Réel de l'utopie*, *op. cit.*, chapitre 2 sur les grèves de 1840, p. 213-215.

Louis Blanc, ne mettent pas en œuvre le « programme » de son ouvrage mais gardent en tête l'idée qu'il traduit à sa manière de la logique de leur engagement. Ils en prolongeront les effets en 1848, en maîtrisant le pouvoir d'agir en toute liberté au sein des associations. Tout en entrant dans l'histoire, ils sont aussi au cœur de la vie au quotidien, ce qui les conduit, en toute logique, à désirer « se gouverner eux-mêmes ». N'est-ce pas ce qu'il est convenu d'appeler la démocratie ?

En ce sens, le journal *La Fraternité*, celui de 1841 comme celui de 1845, rédigé par des républicains communistes et fondé par Richard Lahautière (1813-1882), s'inscrit dans ce courant démocratique. Celui-ci intègre l'héritage de la Révolution et le prolonge par l'organisation unitaire du travail social : « L'idée démocratique a deux phases bien marquées. Dans l'une, elle dit plus de privilèges de castes, plus de droits transmissibles par ordre de naissance et héréditairement à aucun échelon de la hiérarchie sociale, organisation du pouvoir politique par le concours de tous, ou souveraineté réelle du peuple. Dans l'autre, elle doit dire [...] : égalité dans les conditions de la vie pratique, fraternité dans les mœurs, liberté dans les rapports des citoyens par l'organisation unitaire du travail social, réunissant en un seul faisceau tous les moyens et toutes les forces employés pour le grand bien de tous et sous la direction prévoyante du pouvoir public par l'exploitation en commun des richesses naturelles. En d'autres termes, participation de tous à la production générale selon les forces et les aptitudes, répartition à tous des fruits du travail comme suivant ses besoins[1]... » Le programme des associations, étendu à toute la société, donne à la démocratie son vrai sens – un programme qui ne sera jamais mis en œuvre durablement.

1 *La Fraternité*, 4 avril 1845 ; voir à ce propos le mémoire de maîtrise de Nicolas Bouvier, *De la communauté à l'utopie républicaine*, La Fraternité, *journal moral et politique, puis organe du communisme* (1841-1843, 1845-1848), Université Paris-8, 1996.

Chapitre 7

Un peuple aux multiples visages, ou le passé recomposé

Comme on vient de le voir, au gré des anathèmes, des saluts ou des commémorations, entre les deux figures du peuple énoncées au cours du XIXe siècle, émerge un peuple héroïque, généreux, désintéressé ou, au contraire et selon l'enjeu, une multitude incontrôlable et violente. À chaque interprétation est adjointe une référence au passé, rarement semblable. Toute une chaîne d'histoires est ainsi tissée en fonction d'une démonstration que commande toujours le présent de celui qui la construit et donc l'invente. Selon qui parle et en fonction de l'ennemi visé, le peuple représente la liberté en marche, le souverain bien, la nation défaite ou victorieuse, ou l'impatience des foules qui méconnaissent le sens de l'histoire. Le peuple complexe, multiple, aux intérêts convergents parfois, divergents souvent, aux réactions intempestives et qui tente désespérément de sortir des rets de conjonctures politiques, sociales et économiques, est resté longtemps invisible aux yeux des commentateurs, à distance de l'événement. Certains se souviennent des commentaires méprisants de Mme de Sévigné lors de la « révolte du papier timbré » en 1675 en Bretagne, mais beaucoup ont oublié la parole singulière d'un Vauban dénonçant les injustices sociales en 1707[1]. L'unité du peuple, représenté ou caricaturé, n'existe en réalité que dans l'action. Le pouvoir d'agir devient alors visible dans le temps court de l'émeute ou de l'insurrection.

L'irruption des prolétaires et les révoltes des canuts

La Révolution de 1789, de ce point de vue, marque une rupture : de même qu'en Angleterre un siècle auparavant, le peuple de France entre alors en scène, pour la première fois. Au XVIIIe siècle, les

1 Sébastien Le Pestre de Vauban (1633-1707), dans son essai *La Dîme royale* (<url.ca/nidaq>), écrit à la fin de sa vie et publié en 1707, dénonce les dernières années du règne de Louis XIV qui se caractérisa par l'extension de la misère dans toute la population.

élites l'ignorent : le peuple est ailleurs, hors de leur vue, tout juste présent dans la société. « Il n'y a jamais de contexte particulier pour le peuple, souligne ainsi l'historienne Déborah Cohen, car il est inconcevable [que celui-ci] puisse s'inscrire dans une dimension événementielle, que quelque chose de nouveau soit donné, hors des fonctions qu'on lui connaît, hors de l'essence[1]. » Vu de l'entrebâillement des portes de la classe possédante, le peuple « paraît » ou n'est visible que lors des insurrections. Alexis de Tocqueville se présente en témoin de cette forme d'effacement. Observateur attentif, subjectivement intéressé par le devenir du siècle, il commente en ces termes la « guerre des farines » du printemps 1775 (émeutes sociales contre le prix du pain) : « Comme le peuple n'avait pas paru un seul instant depuis cent quarante ans sur la scène des affaires publiques, on avait absolument cessé de croire qu'il pût jamais s'y montrer ; en le voyant si insensible, on le jugeait sourd ; de sorte que lorsqu'on commença à s'intéresser à son sort, on se mit à parler devant lui-même, comme s'il n'avait pas été là[2]. »

En 1848, comme en 1789 et en 1830, le peuple français, à la fois identique et différent, est historiquement constitué par le regard de l'autre, toujours confronté à un rapport de forces aussi bien symbolique que matériel. Celui-ci fluctue en fonction des haines ou des besoins dont le peuple est l'objet (de la main-d'œuvre industrielle au rachat des fautes par la charité). Ni tout à fait lui-même ni tout à fait un autre, le peuple reste insaisissable parce qu'il ne cesse d'être observé de l'extérieur. Dans sa singularité comme dans son ensemble, il est indistinct, comme s'il devait être sans devenir en tant que force constituée au regard de celui qui l'observe. Et il peut être paradoxalement à la fois défenseur et étranger à la nation. Car le peuple est représenté avant que d'exister. Et, pour être vu, il se doit d'être conforme à cette représentation. C'est pourquoi il ne peut accéder que rarement – et toujours de manière éphémère – au statut de sujet de sa propre histoire.

Le peuple de Valmy n'est ainsi pas le même que celui du temps de la Terreur ; tandis que le peuple vengeur, voire haineux, qui met à sac l'église de Saint-Germain-l'Auxerrois en 1831 est, aux dires des commentateurs de l'époque, très éloigné du peuple généreux, soucieux des biens d'autrui, des « Trois Glorieuses » – alors qu'un an seulement sépare les deux événements. Entre la « canaille » et le « héros », il est

1 Déborah Cohen, *La Nature du peuple. Les formes de l'imaginaire social, XVIIIe-XXIe siècles*, Champ Vallon, Seyssel, 2010, p. 55.

2 Alexis de Tocqueville, *L'Ancien Régime et la Révolution* (1856), Gallimard, Paris, 1967, p. 282 (cité par Déborah Cohen, *ibid.*, p. 161).

toujours très difficile de glisser des passerelles de compréhension et de ce fait son identité se dérobe. Néanmoins, tous les observateurs qui parlent du peuple scrutent alors avec inquiétude ce qui est supposé être sa volonté. On le voudrait uni, jamais en guerre civile et toujours à l'écoute des vainqueurs de la Révolution de 1789, car ils savent quel est son bien : inséparable de celui de la nation ou de la République. Or, après 1789, du tiers état émerge un autre peuple, plus semblable à lui-même ; travailleur et misérable à la fois, on le nomme déjà « prolétaire ».

À Lyon, en novembre 1831, ce peuple, plus insurgé que séditieux, exprime massivement sa volonté de vouloir « vivre libre en travaillant ». La volonté populaire est si clairement affichée qu'elle parvient à infléchir l'orientation politique de la Société des amis du peuple, créée un an plus tôt, comme l'explique Jean-Claude Caron : « L'insurrection des canuts lyonnais change la donne. Elle introduit une rupture au sein de la Société des amis du peuple, comme plus largement au sein du "parti" républicain. Ceux qui n'entendent plus agir qu'en vue d'une révolution sociale rompent avec un républicanisme libéral, condamné par les faits[1]. » Au moment de l'insurrection des canuts, les saint-simoniens sont hésitants : les uns ont peur de cette marée montante, les autres imaginent des solutions de type philanthropique pour arrêter le cours de la violence. Quant aux fouriéristes, influents auprès de *L'Écho de la fabrique*, ils se préoccupent d'inscrire la volonté populaire des maîtres et des chefs d'atelier dans un autre devenir social ; tandis que les républicains sont divisés : une minorité prend fait et cause pour l'insurrection, sûre désormais que « le profit du travail doit retourner aux travailleurs[2] ». Cette minorité sera au cœur de la seconde révolte des canuts en 1834, pour défendre, précisément, le droit à l'association. À travers ce mouvement, il est possible d'inverser la vision traditionnelle du mouvement ouvrier : l'inflexion politique provient alors de la poussée de la base, par la grève en particulier, dont il est loisible de lire l'influence dans les textes politiques de l'époque. Ce que l'historien Jacques Rougerie nomme la « montée » de l'association fraternelle « vers le politique »[3].

---

1 Jean-Claude Caron, « Être républicain en monarchie (1830-1835), La gestion des paradoxes », *in* Patrick Harismendy (dir.), *La France des années 1830 et l'esprit de réforme*, PUR, Rennes, 2006, p. 37.

2 *Ibid.*

3 Jacques Rougerie, « Le mouvement associatif populaire comme facteur d'acculturation politique à Paris, de la Révolution aux années 1840 », *Annales historique de la Révolution française*, n° 297, 1994, p. 493-516.

Mais il est vrai que la séparation entre l'espace social et la sphère du politique n'est alors pas concevable aux yeux de ceux qui cherchent à mettre en œuvre les principes émancipateurs. Les prolétaires réclamaient le droit de vivre libres et donc d'accéder non seulement aux droits dits « naturels », mais également au pouvoir d'être à la fois individus et citoyen dans un espace public au sein duquel, jugeaient-ils, depuis la Révolution française leur place était demeurée singulièrement étroite[1]. En ce sens, du point de vue de ceux qui entrent consciemment dans l'histoire d'une cause qui est désormais la leur, 1831 n'est pas une rupture : l'insurrection ouvre le devenir social vers un possible inimaginable jusqu'alors. En même temps, la révolte des canuts élargit la faille insoupçonnée d'une guerre de classes dont les vainqueurs n'avaient pas perçu l'avènement, tant le peuple prolétaire ne pouvait à leurs yeux se distinguer d'un tiers état vainqueur de la Révolution et, de leur point de vue, devait rester en son sein sous l'œil protecteur des hommes devenus libres. La révolution de 1830 consacre leur triomphe en tant que couche sociale nouvelle et montante. Mais surtout impose la vision irénique d'une lutte contre l'injustice d'un roi, Charles X, incapable de respecter la Charte constitutionnelle que les rois eux-mêmes avaient pourtant octroyée. Aux yeux du monde et de la postérité, le combat pour la liberté de tous se transforme en victoire du libéralisme et des libéraux de la monarchie de Juillet, qui bientôt confisquent le sens du mot à leur profit. C'est pourquoi la révolte de 1831 surprend et très vite est évacuée du champ du politique car, si entre libéralisme et progrès il n'y a plus la moindre distance, la liberté des prolétaires doit apparaître comme un non-sens. Et surtout apparaître comme non conforme à la vision progressive du devenir historique.

Le social politique, au cœur de la tradition ouvrière

Le plus souvent représenté dans une continuité historique dont dépend la signification idéologique que l'on attribue aux usages du passé, le peuple dont on parle est arrimé aux grands textes et dilué dans les idées dominantes existantes ou en devenir. Il est inséré au sein de courants idéologiques reconnus et surtout il figure en bonne place parmi les courants politiques dont on peut suivre la trace dans une continuité reconstruite par la relation de l'événement advenu : des républicains aux libéraux, des socialistes aux communistes. Barrot,

1 Pour toutes ces questions, de la révolte des canuts de 1831 à la séparation du politique et du social, voir Michèle Riot-Sarcey, *Le Réel de l'utopie*, *op. cit.*

Guizot, Tocqueville, Louis Blanc, Saint-Simon, Fourier, Blanqui et bien d'autres : autant de personnages et de discours qui tracent le sillon continu d'une histoire dont l'idée prime sur la réalité. Conçu par les penseurs, le discours précède les actions des hommes qu'ils sont censés guider par la clarté de leurs écrits. Et, à défaut de texte préalable de référence, le commentaire d'après coup se substitue à la réalité de l'action. Les écrits de ces hommes parfaitement identifiés ont largement orienté le travail de l'historien. Afin de pouvoir se représenter une forme du mouvement ouvrier naissant, par exemple, chaque manifeste, chaque mouvement, chaque événement doit pouvoir entrer dans une catégorie sociale politique reconnaissable par les interprètes du moment. Et lorsque, comme en 1832 par exemple, des légitimistes, ou classés comme tels, se mêlent aux insurrections ouvrières, tout s'embrouille. On ne sait plus qui décide de quoi ni dans quelle direction l'histoire s'écrit.

C'est ainsi que, inlassablement et de manière répétitive, 1789, puis 1792 et 1793 deviennent des références pour tous ceux qui peuvent définir le camp choisi. Alors, certes, la référence à 1792, à la Constitution de 1793, est bien présente dans les manifestes. Ces références figurent dans les brochures. Mais, si la législation de 1793 réapparaît dans les termes du droit à l'insurrection ou à la souveraineté pleine et entière, ce sont seulement les textes qui sont ainsi reproduits. Différemment, ce qui spontanément émerge du souterrain des mémoires, c'est une pratique de résistance inscrite dans le corps collectif de la tradition ouvrière. Transmise, répétée et, surtout, réappropriée par une actualisation permanente, cette expérience concrète des ouvriers regroupés en associations mutuelles ou de résistance à l'oppression n'entre pas en correspondance directe avec le passé recomposé. En apparence accessible à travers les discours ou tout autre document de l'époque, qui en désignent le sens, la réalité de l'expérience remémorée dans l'action présente échappe à l'analyste qui se contente de la référence textuelle. Par hypothèse, l'expérience éphémère ne s'exprime que dans une conjoncture singulière. Elle ne peut se transmettre en continu. Elle subsiste, latente, et ne peut se dissoudre dans un texte, aussi complexe soit-il. C'est bien, de mon point de vue, cette mémoire des collectifs constitués qui reprend vie en 1848, comme en témoignent par exemple, le 19 mars, les ouvriers en papiers peints de Paris réunis en assemblée générale « pour adopter l'acte d'association » : « Aujourd'hui, nous demandons qu'on nous affranchisse d'une servitude qui nous accable encore, d'une servitude qui, si elle continuait à peser sur nous, rendrait illusoire notre liberté politique. [...] On nous a promis le jour de notre première victoire, jour où nous avons proclamé la république, l'égalité devant la loi, le droit de vivre en travaillant[1]. »

L'historiographie la plus proche des « vaincus » a cru pouvoir renouer la chaîne du temps en s'attachant aux textes législatifs, à la conquête de droits nouveaux, même inachevée ou inaccomplie, et bien sûr aux insurrections. Or, le mouvement de l'histoire ne s'anime qu'avec les résurgences des expériences tangibles du passé. L'association ne figure pas seulement dans les textes des grands ténors républicains, elle est d'abord et avant tout une pratique concrète des ouvriers réunis. Privilégier le suivi du continu de l'histoire, c'est donc arrêter l'histoire sur la compréhension des événements advenus, tels qu'ils ont été pensés par l'élite dirigeante, supposée seule en mesure de les interpréter en en construisant le sens. C'est pourquoi il nous faut repenser la signification du politique en lien direct avec la question sociale. Trop souvent distinct, le social se détache du politique lorsque ce dernier emprunte d'autres chemins que ceux qui aspirent au gouvernement des hommes. Or, à partir de 1831 surtout, les travailleurs ou prolétaires affichent leur volonté de vivre en travaillant et, de fait, ne cherchent pas à « prendre le pouvoir » : ils veulent tout simplement vivre en hommes libres.

La politique de 1830, selon la pratique du « gouvernement représentatif » aux côtés de Philippe d'Orléans, se limite au changement de l'équipe appelée à diriger la société... alors que le politique est indissociable de la liberté, comme l'affirme clairement l'association des ouvriers parisiens en papiers peints, pour qui la vie de l'ouvrier tient sur deux piliers : le régime républicain, l'« égalité devant la loi », d'une part, et, de l'autre, le « droit de vivre en travaillant ». La liberté ne peut et ne doit pas être entravée par les nécessités de la faim. Toute la définition du politique par les hommes qui cherchent à se « libérer » de l'assujettissement est contenue dans cette attache insécable entre égalité devant la loi – en principe acquise avec la Révolution française – et nécessité de vivre libre en travaillant. C'est la clé de la compréhension d'un accès au tarif contractuel (et non contraint) qui est inscrit dans l'exigence du slogan. Jusqu'en 1848, la revendication centrale des ouvriers tient en effet dans cette exigence qui n'est obtenue qu'à l'issue d'un rapport de forces, sans cesse remis en cause et donc redéfini indéfiniment. La part de liberté première à l'accès aux droits politiques est la condition nécessaire à l'exercice de cette liberté dont tous les individus, après

1 Cité par Rémi Gossez, *Les Ouvriers de Paris*, *op. cit.*, p. 195.

1789, se réclament. D'un certain point de vue, les ouvriers lyonnais en particulier, au cours des deux conflits de 1831 et 1834, ont tenté de dépasser le constat de Jean-Jacques Rousseau : « L'homme est né libre et partout il est dans les fers[1]. »

Aussi, séparer les revendications sociales des revendications politiques ne fait sens qu'aux yeux de ceux qui, avant et depuis la Révolution française, étaient ou sont devenus des hommes vraiment libres. Après s'être dégagés de la tutelle royale[2], en acquérant un bien à partir duquel ils espéraient pouvoir conquérir un savoir, ils ont conquis le statut d'hommes libres. La question sociale ne se révèle qu'au moment où ces hommes libres sont parvenus à convaincre les non-libres, ou les prolétaires, de patienter. En érigeant le droit commun et en édictant les règles à leur mesure, ils limitent l'accès à la liberté, à savoir l'égalité devant la loi à laquelle, suprême conquête, s'ajoute le droit au suffrage. Ils oublient – ou plutôt font croire – que les droits politiques, en l'absence du pouvoir de les exercer dans l'espace social et politique, permettent au mieux de déléguer la part du souverain qui, en principe, lui est attachée.

1833 : « Les travailleurs en ont assez de subir la loi du capital »

Alors certes l'ensemble de la période, comme l'ont pensé la plupart des marxistes, pourrait être analysé en termes de luttes de classes. Mais peu d'historiens marxistes ont choisi de mettre l'accent sur l'organisation expérimentale des prolétaires. Tous ont choisi d'insister soit sur le rapport entre les idées guides et les pratiques, dont celles-ci sont l'émanation, soit sur la réalité économique qui conditionne les conditions de possibilité de la critique sociale. Engels va très loin en ce domaine : l'expérience, pour lui, ne pèse pas au regard de l'état des forces productives.

À propos de la république bourgeoise issue de la révolution sociale (1848), il écrit ainsi : « L'histoire nous a donné tort, à nous et à tous ceux qui pensaient de façon analogue. Elle a montré clairement que l'état de développement économique sur le continent [européen] était alors bien loin encore d'être mûr pour la suppression de la production capitaliste, [...] qui était (alors largement) capable d'extension en 1848. [...] Or, c'est précisément cette révolution industrielle (partout

1 Jean-Jacques Rousseau, *Du Contrat social*, *op. cit.*, p. 41.

2 « Sortir de l'état de tutelle », disait Kant pour définir la liberté (Emmanuel Kant, « Qu'est-ce que les Lumières », *loc. cit.*, p. 43).

en Europe et sous le Second Empire en France) qui, la première, a partout fait la lumière dans les rapports de classes, supprimé une foule d'existences intermédiaires provenant de la période manufacturière et en Europe orientale issues même des corps de métiers, engendrant une véritable bourgeoisie et un véritable prolétariat de grande industrie et les poussant l'une et l'autre au premier plan du développement social[1]. » D'expérience ouvrière, d'apprentissage de la liberté d'agir, il n'est guère question. Et c'est pourtant bien cette expérience qui est le moteur de l'histoire, en référence aux victoires « trahies » et aux espoirs non seulement déçus, mais inachevés, ou plutôt inaccomplis. En 1848, Karl Marx a sans doute rencontré à Paris Louis Blanc, Cabet, Ledru-Rollin... Mais a-t-il vu les ouvriers réunis dans les corps de métiers qui s'évertuaient à consolider leur liberté à travers les associations ?

Le peuple qui a droit de cité dans l'histoire est bien celui que l'on peut caser dans un courant dont le devenir se dessine au sein d'une position idéologique, un partisan de Louis Blanc ou un proche d'Auguste Blanqui ; libertaire peut-être mais rarement adepte, comme tout le monde, du pouvoir d'agir. Or, comme on l'a vu, les associations de 1848 doivent leur succès à la longue tradition des sociétés d'entraide qui, depuis les années 1820 en France et en dépit des interdits, n'ont cessé de constituer le mode d'organisation de tous les corps de métiers. Très tôt, les sociétés de secours mutuel se révèlent quelque peu étroites pour être en mesure de lutter ou tout simplement de résister à l'exploitation de l'homme par l'homme.

Les ouvriers en soie lyonnais, parmi les premiers, se fédèrent. Favorisées il est vrai par la proximité spatiale des ateliers, les rencontres, les discussions et la concertation étaient pour eux beaucoup plus aisées qu'ailleurs. En 1840, dans sa fameuse enquête sur le monde ouvrier, le médecin Louis-René Villermé (1782-1863) s'en fait l'écho[2]. Dès 1826, selon l'historien Fernand Rude, la nécessité de s'entraider en toutes circonstances apparaît patente, aux yeux des chefs d'atelier notamment. L'un d'eux, Pierre Charnier, « canut lyonnais et prud'homme tisseur[3] », précise cet « art » de la ruse « qui consistait tout simplement à former des réunions de vingt, correspondantes entre elles, afin

1 Friedrich ENGELS, préface à Karl MARX, *Les Luttes de classes en France, op. cit.*, p. 21.

2 Louis-René VILLERMÉ, *Tableau de l'état physique et moral des ouvriers employés dans les manufactures de coton, de laine et de soie* (1840), EDI, Paris, 1989, <url.ca/nidbg>.

3 Pour plus d'informations sur Pierre Charnier, voir Ludovic FROBERT et Georges SHERIDAN, *Le Solitaire du ravin. Pierre Charnier, canut lyonnais et prud'homme tisseur*, ENS Éditions, Lyon, 2014.

d'éluder l'article 291 du code pénal[1]. Ces besoins, c'était l'indispensable nécessité de saper les ruineux abus dont nous étions victimes. [...] Réunissons-nous et instruisons-nous. Formons un foyer de lumières. Apprenons que nos intérêts et notre honneur nous commandent l'union. Il faut, pour remédier à ce double étiolement, créer à notre profession un esprit de corps. Pour y parvenir, il n'y a qu'une seule route, c'est l'association[2] ».

Ces associations prennent différentes formes, des sociétés vraiment fraternelles aux sociétés d'entraide[3]. À Lyon, ce sont d'abord les chefs d'atelier qui, pour faire face aux différentes fluctuations du tarif, fondent les bases d'une véritable organisation : entre 1827 et 1828, « la ville et ses faubourgs comptent 8 000 chefs d'ateliers divisés en quarante circonscriptions de quartiers ou de rue[4] ». À partir de 1831, c'est au tour des compagnons de se rassembler. La société des compagnons ferrandiniers sera constituée en février 1832. *L'Écho de la fabrique*, journal des canuts, publie le 1er décembre 1833 un article signé des initiales F. C., dont le ton politique semble répondre aux tentatives, sous-jacentes encore, des autorités de vouloir interdire toute association. Aux yeux des élites en place, la conservation de la liberté doit en effet se limiter à la défense de la presse et à la liberté des élections ; comme l'écrit l'historien Vincent Robert, les partisans de la « résistance » cherchent à établir la distinction entre le droit de réunion et l'autorisation de s'associer afin de démontrer le « caractère dangereux » de la seconde, voire son « incompatibilité avec l'ordre constitutionnel », et s'assurer « que la loi ne s'appliquerait » qu'au droit de réunion[5]. Ainsi, du point de vue des classes dirigeantes, la liberté va perdre peu à peu le sens réel qu'elle a pour ceux qui en sont privés : elle recouvre désormais la dimension politique, limitée de fait au droit et à l'acquisition formelle de se réunir en vue de débattre et de préparer les élections.

Le politique tend ainsi à se transformer progressivement en *la* politique. C'est à cette offensive que *L'Écho de la fabrique* répond

---

1 L'article 291 du code pénal de 1810 avait soumis à autorisation du gouvernement toute association de plus de vingt personnes.

2 Cité par Fernand Rude, *Les Révoltes des canuts (1831-1834)*, *op. cit.*, p. 14.

3 Voir Jacques Rougerie, « Le mouvement associatif populaire comme facteur d'acculturation politique à Paris, de la Révolution aux années 1840 », *loc. cit.*

4 Fernand Rude, *Les Révoltes des canuts (1831-1834)*, *op. cit.*, p. 27.

5 Vincent Robert, « Lisieux et Lyon. Banquets, assemblées et associations aux débuts de la monarchie de Juillet », *in* Patrick Harismendy (dir.), *La France des années 1830 et l'esprit de réforme*, *op. cit.*, p. 25. Le « parti de la résistance », hostile aux réformes sociales, s'opposait alors au « parti du mouvement ».

le 1er décembre 1833 : « Du sein des associations doit éclore une organisation prochaine ; ces associations, à cette heure dispersées sur le sol, sont des germes qui bientôt grandiront ; ce sont des matériaux épars que le présent apprête et amasse, que la main de l'avenir trouvera là, qu'elle ajustera et alignera pour fonder une administration générale du travail[1]. » Le 8 décembre, la critique se fait plus précise et plus politique encore : « De nouvelles lois sur ces coalitions s'élaborent et seront prochainement, dit-on, soumises à la sanction de la Chambre des députés. Eh bien qu'on y réfléchisse sérieusement, tous ces traités d'alliance que forment à l'envi les travailleurs de toutes les industries sont une immense barrière contre laquelle se briseraient tous les efforts qui seraient tentés contre leur LIBERTÉ, leurs DROITS, leurs BESOINS et leur PROPRIÉTÉ ! Malheur à qui la fera, cette coupable tentative. [...] Les travailleurs en ont en effet assez de subir la loi du plus fort, la loi du CAPITAL[2]. »

La loi durcissant le régime d'autorisation et de surveillance des associations sera promulguée le 10 avril 1834 ; et elle ne sera (partiellement) abrogée que par la fameuse loi du 1er juillet 1901 relative au contrat d'association (toujours en vigueur, pour l'essentiel, aujourd'hui)[3]. Ainsi, près d'un siècle aura finalement été nécessaire aux classes dominantes pour réduire les associations – et le potentiel subversif qu'elles avaient manifesté dès les années 1810, jusqu'au gouvernement des travailleurs réclamé par Pauline Roland en 1848 – à des organisations apolitiques, en leur ôtant le pouvoir d'agir en toute liberté. À travers la loi de 1834, c'est bien toute une conception de la liberté sélective qui est alors mise en œuvre par les dirigeants de la monarchie de Juillet, parfaitement conscients des risques encourus par les possédants dont ils servaient les intérêts du fait de l'organisation politique du peuple.

Comment expliquer que cette conception « apolitique » des associations populaires promouvant le « pouvoir d'agir » de leurs membres ait pu s'imposer aussi durablement (jusqu'à nos jours), au-delà de l'effet immédiat d'écrasement de la société produit par les répressions sauvages exercées à l'époque par le pouvoir, monarchiste ou républicain ? L'analyse critique des écrits et actions des observateurs les plus aigus de la période, bien plus variés qu'on ne le croit souvent (car

---

1 Cité par Fernand Rude, *Les Révoltes des canuts (1831-1834)*, *op. cit.*, p. 116.

2 *Ibid.*, p. 117.

3 Vincent Robert, « Lisieux et Lyon. Banquets, assemblées et associations aux débuts de la monarchie de Juillet », *loc. cit.*, p. 21.

beaucoup ont été effacés de l'histoire officielle), apporte à cet égard comme on l'a vu des réponses éclairantes. C'est en particulier le cas de ceux de deux femmes d'exception, très engagées dans le siècle, ayant choisi, en tant qu'écrivains, des pseudonymes masculins, George Sand et Daniel Stern, qu'il m'a paru important d'évoquer plus en détail. Toutes deux participent, à leur manière « réaliste », dans une tension déterminée et malgré leur sympathie à l'égard des insurgés, à la fabrique de l'histoire.

Chapitre 8

George Sand, Daniel Stern et la fabrique de l'histoire

Trop souvent, les grands textes font en quelque sorte la loi de l'histoire : en se substituant à une réalité segmentée, ils englobent et recouvrent les devenirs possibles qu'ils jugent inactuels. C'est pourquoi il m'a semblé nécessaire de revenir sur ce que je nomme la « fabrique de l'histoire » par les contemporains de l'événement. Toutes celles et tous ceux qui, d'une manière ou d'une autre, par leurs œuvres de fiction, par leurs projets ou leurs réalisations politiques et économiques, ont marqué l'histoire d'un sceau dont aucun historien ne peut négliger la trace. Elles et ils sont, de fait, le cachet du XIXe siècle, la preuve manifeste de son existence dans la voie directe qui conduit au siècle suivant. Aucune continuité historique, aucun récit linéaire ne peuvent s'écrire sans eux.

Afin de ne pas alourdir mon propos en évoquant encore les interprétations des hommes politiques du temps se voulant historiens de leurs contemporains, d'Alexis de Tocqueville à Louis Blanc, dont les analyses se sont imposées depuis à tous les courants historiographiques, j'ai préféré dans ce chapitre m'attarder sur les œuvres de deux personnalités remarquables à bien des égards : George Sand (1804-1876) et Daniel Stern (1805-1876), deux femmes qui ont choisi (en 1829 pour la première, en 1841 pour la seconde) ces pseudonymes masculins pour publier leurs écrits et dont les engagements politiques furent entendus, sinon compris, à leur époque (mais bien oubliés ensuite...). Leur lucidité reconnue, à l'écoute de l'opinion, trouvait sage de choisir la voie de l'idéal de raison à travers l'écriture. L'une et l'autre ont alors participé à la fabrique de l'histoire par leur vision progressiste d'un passé recomposé.

George Sand, une liberté contrainte[1]

Le premier grand témoin de talent, complexe, érudit, engagé auprès de ses contemporains, porte-voix des vaincus de 1848, défenseur des opprimés, amie de Pierre Leroux, est sans aucun doute George Sand (de son vrai nom Aurore Dupin). Capable de puiser dans le réel jusqu'à comprendre le sens de l'idée communiste, elle incarne le mouvement de l'histoire de son temps en y entraînant, si possible, les gens du peuple. En effet, à travers l'histoire de sa vie, elle nous conte, à sa manière, l'histoire de chacun. Elle a adhéré avec enthousiasme à Février, elle a cru à la République, mais n'a pas su comprendre la lutte de classes en actes de juin 1848. Elle s'est alors réfugiée dans la fiction romanesque, bâtissant à sa façon et reconstruisant le devenir de 1789, au sein duquel le peuple uni trouverait sa place dans l'harmonie des classes réconciliées, car « chacun est le fils de ses pères et de ses ancêtres, *patres et matres*[2] ». Son roman *Nanon* (1872) est, de ce point de vue, exemplaire.

Fille spirituelle de Pierre Leroux et « fils de Jean-Jacques[3] », enfant de la Révolution et de son héritier Napoléon Bonaparte, Georges Sand, « femme libre », fut sans aucun doute le personnage public le plus engagé auprès du peuple en 1848. « Violemment caricaturée et vilipendée par la presse[4] » de l'époque, elle se retire dans ses terres, profondément blessée après l'échec de 1848. Légataire de l'utopie de 1789, elle ne peut concevoir de fragmentation du tiers état ni de division d'un peuple qui, uni dans l'adversité, doit rester un et indivisible. Le devenir de la Révolution n'est possible à ses yeux que dans l'« idéal d'unanimisme[5] ». L'expérience associative, à laquelle l'écrivain n'apporte pas d'attention particulière, ne saurait aboutir à la guerre civile. La République est un tout qui n'admet pas de luttes de classes, même si, ponctuellement, la bourgeoisie doit être rappelée à l'ordre. La Révolution, avec l'entrée du peuple dans l'histoire, se prolonge par les armes, à travers l'épopée napoléonienne. Elle permet de magnifier la liberté collective : une liberté du peuple combattant qui accomplit

1 Cette section reprend une large partie de mon article « George Sand face à l'événement » publié dans Martine Reid et Michèle Riot-Sarcey (dir.), *George Sand, littérature et politique*, Pleins Feux, Nantes, 2007.

2 George Sand, *Histoire de ma vie* (1855), Gallimard, coll. « Quarto », Paris, 2004, p. 61, <url.ca/nidcw>.

3 Christine Planté, « Avant-propos », *George Sand, fils de Jean-Jacques*, Presses universitaires de Lyon, Lyon, 2012, p. 5.

4 *Ibid.*, p. 19.

5 François Hincker, « L'effet d'utopie de la Révolution française », *in* Michèle Riot-Sarcey (dir.), *L'Utopie en questions*, Presses universitaires de Vincennes, Saint-Denis, 2001, p. 59.

son devoir envers la nation. L'héroïsme, voire le sacrifice, du peuple au service de tous l'emporte sur la conquête de la liberté, fût-elle celle des plus démunis. L'entrée dans l'histoire des sans-noms tend, de fait, à effacer la démarche concrète d'apprentissage de la liberté de ceux qui se sont comptés parmi les oubliés de 1789-1793. L'écrivain de renom, dont la popularité est très grande en 1848, participe, par ses écrits et la fiction romanesque, à la fabrique de l'image d'un peuple qu'elle voudrait voir vivre dans l'harmonie d'un héritage révolutionnaire géré selon les capacités de chacun. En ce sens, et par sa plume, l'histoire devient « construction modélisante ». La Révolution française, mesure unique, est ainsi érigée en « horizon absolu[1] » du XIXe siècle. Ainsi naît la philosophie de l'histoire à la française.

« Ma raison, écrit ainsi George Sand, ne peut admettre autre chose qu'une série de modifications successives amenant les hommes, sans contrainte et par la démonstration de leurs propres intérêts, à une solidarité générale dont la forme absolue est encore impossible à définir. Durant le cours de ces transformations progressives, il y aura encore bien des contradictions entre le but à poursuivre et les nécessités du moment. Toutes les écoles socialistes de ces derniers temps ont entrevu la vérité et l'ont même saisie par quelque point essentiel ; mais aucune n'a pu tracer bien sagement le code des lois qui doivent sortir de l'inspiration générale à un moment donné de l'histoire. C'est tout simple, l'homme ne peut que proposer ; c'est l'avenir qui dispose[2]. » Ce texte, d'une grande lucidité, admet les contradictions, mais veut ignorer les effractions d'un peuple en quête d'une liberté réelle sans recourir à ses guides « naturels ».

En position d'observatrice critique, comme témoin ou actrice de l'histoire, George Sand trace son devenir dans l'espace ouvert des événements de son temps ; événements marquants, bouleversants en cette époque « révolutionnée », pour reprendre une expression de Nicole Mozet[3]. À la fois dans l'événement et toujours à distance, George Sand entre dans l'histoire sur les pas de tout un peuple divisé et en proie au doute devant le spectacle récurrent des conflits sociaux où la compassion des hommes éclairés l'emporte sur la compréhension. Un peuple qui aurait toute confiance en la sagesse désormais séculière des

1 *Ibid.*, p. 58.

2 George SAND, *Histoire de ma vie*, *op. cit.*, p. 1269.

3 Nicole MOZET, « La place de George Sand dans l'empire des lettres », *in* Anne E. MCCALL-SAINT-SAËNS (dir.), *George Sand et l'empire des lettres*, Presses universitaires du Nouveau Monde, La Nouvelle-Orléans, 2004, p. 99 (cité par Simone BERNARD-GRIFFITHS, « Lire *Histoire de ma vie* de George Sand », *Cahiers romantiques*, n° 11, Presses universitaires Blaise-Pascal, Clermont-Ferrand, 2006, p. 12).

hommes : « Les événements d'hier sont aussi obscurs pour nous que les épopées des temps fabuleux, et c'est aujourd'hui seulement que des études sérieuses font pénétrer quelques lumières dans ce chaos[1]. »

Les amis de George Sand sont nés avec la Révolution de 1789, « cet événement immense », le seul qui ait accompli les métamorphoses de la société au point de devenir l'événement fondateur, emblématique d'une modernité dont on ne mesure pas les effets de tous les possibles en suspens : « Il faut reconnaître que cet événement nous a engendrés intellectuellement, moralement et physiologiquement ; que c'est par lui que nous sommes ce que nous sommes, et que sans lui nous aurions peut-être l'inconnu devant nous. [...] La Révolution a créé une logique dans le monde. C'est véritablement le livre du Destin des temps modernes. » C'est en ces termes que George Sand rend hommage au travail de Louis Blanc sur la Révolution française dont elle préface l'ouvrage[2]. L'écrivain partage l'opinion des hommes éclairés de son époque, des libéraux modérés aux socialistes républicains. En ce début du XIXe siècle, l'histoire commence seulement à s'écrire, sur un mode *mineur* : le ton est donné par l'idée que l'on se fait du peuple dont le destin s'esquisse dans l'écriture du passé. Entré dans le siècle par effraction, le peuple, uni au sein du tiers état, aura bouleversé le cours du temps. S'il a conquis son inscription historique dans les journées révolutionnaires, l'épopée napoléonienne lui a donné sa légitimité. Et malgré les efforts d'hommes influents comme Bonald ou Maistre, dont les propos critiques à l'encontre de l'universel abstrait sont largement repris, la légitimité historique des mouvements populaires, pensés dans une filiation révolutionnaire, est devenue incontournable. Les nostalgiques de l'Ancien Régime considèrent, en effet, l'histoire comme l'œuvre de la providence ; ils souhaiteraient assister au rétablissement de son cours, sans le concours actif des hommes, particulièrement des hommes du peuple. Or, nonobstant leur certitude, il n'y a plus d'histoire possible sans cette partie essentielle des sociétés qui reste néanmoins tenue à distance, ou plutôt réduite à l'état de collectif abstrait.

On comprend pourquoi alors George Sand inscrit son *Histoire de ma vie* dans l'histoire dont le peuple est devenu l'acteur principal. Elle commence ainsi son récit par la publication des lettres de son père à sa propre mère, « réécrites en partie par la romancière[3] » : « Tu

---

1 George SAND, *Histoire de ma vie*, *op. cit.*, p. 93.

2 George SAND, préface à Louis BLANC, *L'Histoire de la Révolution française*, 1869, p. IX et X (texte écrit dans sa première version en 1847 pour les tomes 1 et 2). (Je remercie Christine Planté d'avoir attiré mon attention sur ce texte.)

3 Christine PLANTÉ, *George Sand, fils de Jean-Jacques*, *op. cit.*, p. 244.

verras que cette carrière est la mienne. Dans une révolution, ce sont les sabres qui tranchent les difficultés, et nous voilà aux prises avec l'ennemi pour défendre les conquêtes philosophiques ; nos sabres auront raison. Voltaire et Rousseau, tes amis, ma bonne mère, ont besoin maintenant de nos lames ; qui eût dit à mon père, quand il causait avec Jean-Jacques, qu'il aurait un jour un fils qui ne serait ni fermier général, ni receveur des finances, ni riche, ni bel esprit, ni même très philosophe, mais qui, de gré autant que de force, serait soldat de la République, et que cette République serait la France ? C'est ainsi que les idées deviennent des faits et mènent plus loin qu'on ne pense[1]. »

George Sand perçoit ce paradoxe et souhaite dans l'idéal que chacun inscrive son histoire dans celle de la nation, la grande, celle de tous. Sensible aux troubles du temps, elle partage les incertitudes de ses contemporains. Illégitimes pour certains, les « capacités » nouvelles issues de la Révolution, chères à François Guizot, sont marquées du sceau des tensions récentes, de la Terreur, de la violence, de la spéculation, mais aussi de la bâtardise et d'une foi hésitante envers un Dieu en invention permanente. Bien que la réussite les ait parfois couronnés, ils ne sont pas sûrs de leurs filiations, tout comme Sand[2]. Le divin a fui les hauteurs de la transcendance pour se réfugier dans les arcanes d'âmes pas toujours bien nées. En ce sens, l'*Histoire de ma vie*, sorte d'« autobiographie de tout le monde[3] », permet de comprendre l'extraordinaire puissance de l'histoire, plus que nécessaire aux contemporains, qui se perçoivent comme « souverains » mais sans guide et, de ce fait, demeurent incertains du devenir de l'humanité dans laquelle ils viennent tout juste d'être plongés, ainsi que le rappelle l'historien de la littérature Damien Zanone : « Héritiers de la Révolution et de l'Empire, les femmes et les hommes du XIXe siècle ont en commun d'avoir intégré l'histoire publique comme une dimension immédiate et déterminante de leur histoire personnelle. Le sort individuel comme la vie collective appartiennent à l'histoire[4]. » Anne McCall

1 Lettre de Maurice Dupin, père de George Sand, à Marie-Aurore Dupin, Thionville, 25 thermidor (août 1799), *in Histoire de ma vie*, *op. cit.*, p. 304 (cité par Christine Planté, *ibid.*, p. 244).

2 Voir Martine Reid, *Signer Sand. L'œuvre et le nom*, Belin, Paris, 2003 ; et introduction à George Sand, *Histoire de ma vie*, *op. cit.*

3 Christine Planté, « *Histoire de ma vie* de George Sand : histoire d'une romancière ou autobiographie de tout le monde ? », *Revue des lettres et de traductions*, numéro spécial à l'occasion du Sommet de la francophonie au Liban, n° 7, 2001.

4 Damien Zanone, préface à George Sand, *Histoire de ma vie*, Garnier-Flammarion, Paris, 2001, p. 19.

le souligne, l'*Histoire de ma vie* « contribue à l'élaboration de l'épopée de son époque[1] ». En cherchant la signification de sa propre vie par l'interprétation de l'histoire de son temps, George Sand participe à l'élaboration du sens de l'histoire à travers les multiples incises de son parcours personnel dans les événements de la première moitié du siècle. Son récit se déploie dans la continuité du passé révolutionnaire, inséparable de l'épopée napoléonienne.

La mise en récit de l'*Histoire de ma vie* – celle d'avant 1848 – se loge dans l'histoire en train de s'écrire ; une écriture qui se déploie dans un sens quelque peu univoque, selon la vision des historiens de ce temps qui, à des degrés divers, cherchent à rendre visibles les chemins de la liberté empruntés par les populations d'hier. L'écrivain y puise l'essentiel de ses références. L'histoire devient le moyen de comprendre le monde en lui donnant sa légitimité. Dans un présent plus insaisissable qu'indescriptible, chacun s'efforce de transcrire ce qu'il vit dans un processus historique afin de donner un sens à ses actes. Le chantier est vaste et immense : « Lisez à part une page de la Révolution ou de l'Empire, vous n'y comprendrez rien, si vous ne connaissez toute l'histoire antérieure de la Révolution et de l'Empire, encore faut-il connaître toute l'histoire de l'humanité[2]. » C'est alors que les hommes politiques se font historiens : Alphonse de Lamartine, Adolphe Thiers, Louis Blanc, tous ont la faveur de George Sand, mais l'ombre de François Guizot, comme celle d'Augustin Thierry, est là, bien présente, dans ce siècle qui se nomme pour la première fois lui-même. Le XIXe, en effet, se pense distinct de ses prédécesseurs, dans une triple temporalité, présent, passé, avenir, que les hommes voudraient englober dans un ensemble insécable d'où émergerait le devenir humain et dont il suffirait de trouver le sens dans la connaissance certaine, bientôt positive, du passé. Tandis qu'Auguste Comte est en quête des clés du passé afin d'« accéder à la présidence mentale de l'avenir », George Sand aimerait en décrypter le code à travers ses lois.

Elle naît en 1804, à un moment de rupture qui sonne le glas de la République et ouvre les portes à l'Empire, quand Bonaparte, le héros populaire, devient Napoléon Ier. « Peu à peu, la France va perdre sa foi en elle-même pour ne plus croire qu'en Bonaparte ; ou plutôt chaque homme va croire en lui-même, à l'exemple de Bonaparte[3]. » Cependant,

---

1 Anne E. McCall-Saint-Saëns, « Espaces de lectures dans l'*Histoire de ma vie* » (cité par Simone Bernard-Griffiths, « *Lire* Histoire de ma vie de George Sand », *loc. cit.*, p. 254).

2 George Sand, *Histoire de ma vie*, *op. cit.*, p. 347.

3 *Ibid.*, p. 409.

malgré l'héritage d'une Révolution dont chacun réclame sa part, le traumatisme de la Terreur perdure. L'ombre de 1793, la « Saint-Barthélemy moderne », est encore loin de se dissiper. Peu de contemporains sont à même d'échapper aux événements. La plupart les subissent, George Sand préfère les affronter en les interprétant, ne serait-ce que par le détour de la mise en récit du réel imaginé. À l'écart des troubles, l'écrivain, plus à l'aise sur les chemins buissonniers de la fiction romanesque que dans les antichambres de la République, entre dans l'histoire par son œuvre, laquelle participe de son engagement. En ce sens, George Sand est devenue une « femme en politique[1] ». Certes à l'écart de la politique dont elle se méfiait, et d'où, en tant que femme, elle était exclue, néanmoins elle situe son intervention dans le nouvel espace du politique, ouvert désormais au peuple et qui pourrait être le creuset des relations sociales à repenser.

Dans un présent politique fragilisé par la révolution de Juillet, dans un temps où, malgré l'effacement progressif de Dieu, l'absence de religion est perçue comme un « état de maladie mortelle[2] », George Sand entre dans l'histoire politique au cours de l'« Année terrible » de 1832 – elle a vingt-huit ans –, dans cet événement dont la complexité a été mise au jour par Thomas Bouchet[3] : « Et ce moment où j'ouvrais les yeux était solennel dans l'histoire. La république rêvée en juillet aboutissait aux massacres de Varsovie et à l'holocauste du cloître Saint-Merry. Le choléra venait de décimer le monde, [...] le temps était à l'épouvante et à l'ironie, à la consternation et à l'impudeur, les uns pleurant sur les ruines de leurs généreuses illusions, les autres riant sur les premiers échelons d'un triomphe impur ; personne ne croyant plus en rien, les uns par découragement, les autres par athéisme[4]. » Dès lors, l'écrivain va s'efforcer de comprendre le monde, en regardant la scène qu'elle découvre à distance de l'agitation des partis, le monde de la *résistance* comme celui du *mouvement*. La croyance, indéfectible, à l'irréversibilité du progrès n'a pas encore conquis tous les esprits et le doute l'emporte : « On n'avait point alors popularisé cette notion claire et précise, qui est véritablement, sinon la grande découverte, du moins la grande certitude philosophique des temps nouveaux et dont Pierre Leroux, Jean Reynaud et leur école de 1830 à 1840 ont posé la

---

1 Tel est le titre choisi pour la « présentation » des textes des années 1840 par Michelle Perrot, *George Sand, politique et polémiques*, Imprimerie nationale, Paris, 1997, p. 7.

2 George Sand, *Histoire de ma vie, op. cit.*, p. 445.

3 Thomas Bouchet, *Le Roi et les barricades. Une histoire des 5 et 6 juin 1832*, Seli Arslan, Paris, 2000.

4 George Sand, *Histoire de ma vie, op. cit.*, p. 1272.

meilleure exposition[1]. » C'est le temps où le poète se pense comme un substitut possible du prêtre, au moment où le christianisme est déclaré en état de mort lente. Chacun s'invente alors son propre Dieu[2] ; le moment est propice à l'invention de soi.

La « loi du progrès » et la « cause du peuple »

En 1848, George Sand a depuis longtemps rejoint les adeptes du progrès et le mode de penser le temps qui en découle, lorsque l'événement révolutionnaire advient, inattendu, déstabilisateur. Cette fois-ci, l'ordre existant n'y résiste pas. L'auteur de romans populaires, qui a « réalisé très tôt l'inégalité sociale, sensible jusque dans la mémoire[3] », salue l'avènement de la république et s'engage au plus près de la cause du peuple. « La république est la plus belle et la meilleure forme des sociétés modernes. Il serait faux de dire que c'est un rêve de l'âge d'or applicable seulement à des hommes primitifs. Les républiques du passé ont été des ébauches incomplètes. Elles ont péri parce qu'elles avaient des esclaves[4]. » La proclamation de la IIe République a recueilli, nous l'avons vu, l'assentiment de tous, mais on ignore encore quelle forme ce régime pourrait prendre. Georges Sand souhaite que cette république rassemble le peuple, tout le peuple et sans exception.

Car si l'idée l'emporte, son contenu est flou : les contemporains le souhaitent le plus éloigné possible de celui de la Ire République encore sous l'ombre portée de la Terreur. Georges Sand est de ceux-là. Elle s'engage résolument en république, plus qu'elle n'adhère à l'événement révolutionnaire, car « les événements nous arrachent à la réflexion, la misère nous accable, le souci du lendemain nous torture ». Et passe au large des expériences fraternelles des associations. Cependant, son aversion à l'encontre de l'injustice sociale l'amène naturellement à soutenir les partisans d'une « vraie république[5] », la seule qui soit conforme à la vérité des mots, aux yeux des « républicains de la veille ».

Consciente des difficultés qu'entraîne toute direction minoritaire d'un mouvement, fût-il « historique », George Sand, en adhérant à la république, entre en révolution auprès des républicains socialistes, lesquels sont contraints de faire face à une majorité qui tolère une

---

1 *Ibid.*, p. 805.

2 George Sand a inventé le sien, « Corambé » (voir Martine Reid, *Signer Sand*, *op. cit.*, p. 71-86).

3 Michelle Perrot, *George Sand, politique et polémiques*, *op. cit.*, présentation, p. 11.

4 George Sand, « Un mot à la classe moyenne », 3 mars 1848, publié dans *Le Journal du Loiret*, 8 mars 1848 (cité *in* Michelle Perrot, *ibid.*, p. 224).

5 Pour reprendre le titre du journal de Théophile Thoré, ex-saint-simonien, avec lequel George Sand collabore.

république aux contours incertains. Paris reste le poste avancé qui combat en faveur d'une idée égalitaire. Et toute personne consciente de la nécessité des réformes se doit d'accompagner le sens de l'histoire par l'adhésion à la « religion sociale » – thème clé de 1848. Si l'humanité entière est soumise à la « loi du progrès », « toute religion » qui ne l'admet pas, « toute loi prétendue divine qui établit qu'à un certain moment de la vie de l'humanité Dieu a dit aux hommes son dernier mot, doit fatalement être engloutie sous ses propres ruines, aussi bien que toute loi humaine qui s'impose aux hommes comme le dernier mot de leur propre sagesse[1] ».

En se jetant dans l'arène politique, elle défend la cause du peuple par la plume. Outre un usage prolixe de la correspondance, George Sand privilégie les tribunes socialistes républicaines : *La Cause du peuple,* sa propre revue comme elle la nomme, *La Vraie République,* mais aussi le *Bulletin de la République* à qui elle prête son talent, pour commenter l'« événement » qu'elle veut suivre, en direct, « parce qu'il met en rapport [...] avec l'émotion du moment[2] ».

Afin de présenter le sentiment égalitaire républicain, l'écriture est sa manière à elle d'en démontrer le bien-fondé. Elle permet en effet de s'adresser au peuple, en l'éduquant ; et elle cherche à convaincre la bourgeoisie en faisant appel à son sens de l'histoire : les nantis notamment sont appelés à devenir solidaires de tous et de toutes. Le peuple – que George Sand voudrait généreux et ami de l'ordre – doit avoir suffisamment confiance dans la solidarité entre les classes pour être en mesure de dire ses souffrances, y compris « aux riches », devenus républicains par raison. Le droit des pauvres est le devoir des riches, tel est son credo : « Tu vas régner, ô peuple ! Règne fraternellement avec tes égaux de toutes les classes ; car la République, cette arche sainte de l'Alliance, sous les ruines de laquelle désormais nous devons tous périr plutôt que de l'abandonner, la République, cette forme, par excellence, des sociétés durables, proclame et consacre, devant l'univers qu'elle prend à témoin de son serment, l'égalité des droits de tous les hommes[3]. »

---

1 George SAND, *Histoire de ma vie, op. cit.,* p. 444-445.

2 Premier numéro de *La Cause du peuple,* 9 avril 1848 (cité par Michelle PERROT, *George Sand, politique et polémiques, op. cit.,* p. 294).

3 George SAND, « Hier et aujourd'hui », 7 mars 1848, reproduit dans *La Cause du peuple,* 9 avril 1848 (*ibid.,* p. 238).

Communisme ou réformisme ?

Pour l'heure, l'égalité des droits – et c'est déjà beaucoup pour les contemporains – se limite au suffrage « universel »[1], la grande conquête de 1848. À lire cependant les articles des journaux parisiens, une partie des hebdomadaires, la grande majorité des pétitions et l'essentiel des débats au sein des clubs se concentrent, nous l'avons vu, sur la nécessité de mettre en œuvre la vérité des mots. La république, la « vraie », celle qui doit consacrer les promesses de la Révolution de 1789 – l'exercice de la souveraineté en toute liberté, c'est-à-dire en excluant la misère –, ne peut être que l'enveloppe du système « démocratique et social ». Si le socialisme est le but, la république en est le moyen ; aussi la réforme vers l'égalité réelle ne peut-elle se disjoindre de la proclamation de la république. On comprend alors pourquoi les rumeurs vont bon train à propos de la république que l'on identifie au communisme.

George Sand perçoit très tôt ce qu'elle pense être un piège, ou plutôt une impasse dans laquelle la république ne peut s'engager. « Aux riches » elle adresse ses tout premiers appels. Elle joue sur le temps, la sagesse populaire et l'adhésion à la philosophie du progrès : « Hélas non, le peuple n'est pas communiste ; et cependant la France est appelée à l'être avant un siècle. [...] Tranquillisez-vous donc ! Le communisme ne vous menace point. Il vient de donner des preuves signalées de sa soumission légale à l'ordre établi, en proclamant son adhésion à la jeune République[2]. » Mais qu'est-ce que la république sans ses réalisations sociales ? Un mot vide de sens. Les communistes et autres utopistes ralliés, ceux de *La Démocratie pacifique* de Considerant, les clubistes par exemple, ne sont pas loin de partager le point de vue de l'ex-saint-simonien Jules Lechevalier (1806-1862), devenu proche de Fourier et de Considerant, selon qui la Révolution aurait transporté tout d'un coup dans la « politique réelle » les idées longtemps maintenues dans les « régions inaccessibles de l'utopie »[3]. Mais le « bourgeois » a peur et partage ses craintes avec la grande majorité des paysans ; et, comme on l'a vu, l'économiste Michel Chevalier entend lui aussi la rumeur très

1 J'ajoute des guillemets à l'adjectif pour signifier la particularité de l'universalité qui se limite à la part masculine de la société.

2 George SAND, « Aux riches », 12 mars 1848, reproduit dans le *Bulletin de la République*, n° 4, 19 mars 1848 (et dans Michelle PERROT, *George Sand, politique et polémiques*, *op. cit.*, p. 232-233).

3 Jules LECHEVALIER, « Qu'est-ce que l'organisation du travail ? », conférences tenues à Paris en mars 1848 (citées *in* Michèle RIOT-SARCEY, « 1848 : des saint-simoniens dans le mouvement », *in* Philippe RÉGNIER (dir.), *Études saint-simoniennes*, Presses universitaires de Lyon, Lyon, 2002, p. 96).

tôt : la république effraie, car chacun redoute l'attentat contre sa propriété (voir *supra*, chapitre 3)[1]. Le fantasme n'est pas nouveau : depuis 1840, la rumeur prend forme dans les journaux (voir *supra*, chapitre 4).

George Sand découvre concrètement cette peur à l'œuvre dès son retour dans son Berry natal. Mais la femme politique de 1848 connaît la faible représentativité de ce communisme aux multiples visages. Un communisme qui peut être pensé identique au socialisme « pur », lequel s'apparente aisément à la « république démocratique et sociale » – expression concrète de la république réelle – et fut d'ailleurs le slogan de la « poignée de révolutionnaires parisiens[2] » maîtres d'œuvre de la révolution de Février. « Ce fantôme, que vous n'osez même pas regarder en face, écrit-elle à l'adresse des "riches", il vous plaît de l'appeler communisme. Vous voilà terrifiés par une idée parce qu'il existe des sectes qui croient à cette idée, parce que c'est une croyance qui doit un jour se répandre et modifier l'édifice social. En supposant que son triomphe soit prochain, [...] vous provoquez contre lui des haines aveugles, vous allez lui donner une importance, un ensemble qu'il ne se flatte pas de posséder[3]. » Mais il est vrai que la république – celle des vaincus de juin 1848 – s'est définie dans des termes complets, Louis Blanc lui-même en était conscient : un droit sans le pouvoir de l'exercer est un droit vide de sens, affirme-t-il dès 1843 dans *La Réforme*. Les principes libérateurs, référence de tous les régimes après 1789, ne peuvent advenir concrètement qu'en fonction de cette modalité. Mais, en pratique, peu de communistes ont eu le loisir de s'exprimer pleinement en 1848, comme le soulignera Constantin Pecqueur : « La révolution de Février rendant opportune la pratique de ces idées, nous avons rédigé les généralités d'un programme d'association égalitaire et fraternelle, lequel n'a pu recevoir de publicité qu'en janvier 1849[4]. »

George Sand, tout en étant solidaire de la république démocratique et sociale, tient à respecter la voie progressive des réformes, sans bouleversement « subit et violent ». Le progrès « est par lui-même la grande, la seule conspiration permise à la face du Ciel ». L'idéal de George Sand est une république conçue comme l'Évangile dont on introduirait les valeurs dans la vie réelle, une république solidaire mais oublieuse des expériences de liberté concrète des ouvriers eux-mêmes. Il s'agit

---

1 Michel Chevalier, « Question des travailleurs », *loc. cit.*

2 Expression empruntée à Philippe Vigier, *La Monarchie de Juillet*, PUF, « Que sais-je ? », Paris, 1962.

3 George Sand, « Aux riches », *loc. cit.*, p. 231.

4 Constantin Pecqueur, « Comment s'organisera le travail », *Le Salut du peuple*, 1850 (réimpression, EDHIS, Paris, 1967, p. 13).

de mettre en place, non un gouvernement de la majorité, mais un rassemblement sans tensions entre les hommes. En d'autres termes, la souveraineté populaire, dans l'idéal, supposerait l'accord unanime des citoyens. Elle s'interroge ainsi dans son « Histoire », dont elle a repris la rédaction après les « exécrables journées de juin 1848[1] » : « Si quelque jour, dans l'avenir, la société nous demande le sacrifice de l'héritage. [...] En attendant le règne de cette idée, qui est encore à l'état d'utopie, [...] contraints de nous conformer aux lois constituées, c'est-à-dire de respecter la propriété d'autrui et de faire respecter la nôtre, sous peine de finir par le bagne ou l'hôpital, quel est donc le devoir pour ceux qui voient de bonne foi l'abîme de la souffrance et de la misère ? » Georges Sand fait le choix de la raison, celui d'une série de modifications successives que dicterait la loi du progrès. L'irréparable aurait été accompli en juin, car « ces journées venaient de tuer la République en armant ses enfants les uns contre les autres et en creusant entre les deux forces de la Révolution, peuple et bourgeoisie, un abîme que vingt années ne suffiront peut-être pas à combler » (p. 1313). Mal à l'aise avec la lutte de classes, comme la plupart des intellectuels « éclairés » de son temps, George Sand en constate la réalité en la déplorant, sans pouvoir l'admettre. Elle ne pouvait croire que l'exigence de la république démocratique et sociale entraînerait immanquablement la révolution dans les faits sociaux ; révolution à laquelle le peuple paysan, son peuple en quelque sorte, ne pouvait adhérer.

Contrairement à Alexis de Tocqueville, qui comprend très vite que la défense de la propriété peut l'emporter sur le remaniement de la société, les partisans de la « vraie » république sont vaincus par le principe d'une réalité conservatrice largement dominante. Même si l'idée de république subsiste, les principes étant sauvés par le suffrage « universel », qui marque une étape jugée amplement suffisante pour laisser échapper à l'événement de février la mise en œuvre de ces principes. En se soumettant aux règles de l'évolution progressive de la « force des choses », presque indépendamment des hommes, la république se détache de son sens révolutionnaire. De fait, la défense de la famille et de la propriété a eu raison de la république démocratique et sociale. George Sand l'entend ainsi, comme la plupart des autorités de l'époque. Aussi ne peut-elle comprendre juin 1848, quand la violence de la répression fait disparaître le sens du combat des insurgés : son « âme était morte » et son « espoir écrasé sous les barricades » (p. 1313).

1 George Sand, *Histoire de ma vie, op. cit.*, p. 1268.

Le caractère conflictuel sous-jacent à toute société – mais que révèle l'événement révolutionnaire – ne résiste pas aux lois du progrès, car seules celles-ci sont supposées consacrer l'amélioration des conditions sociales du monde ouvrier. « Ma raison, expliquera l'écrivain en 1872, ne peut admettre autre chose qu'une série de modifications successives, amenant les hommes sans contrainte et par la démonstration de leurs propres intérêts à une solidarité générale dont la forme absolue est encore impossible à définir » (p. 1269).

Décidément, l'événement révolutionnaire, qu'accompagne pourtant George Sand jusqu'aux limites de son propre possible, semble dénier les « lois de l'histoire » chères à Auguste Comte : il apparaît comme une incise, voire une entaille dans la philosophie du progrès, nouvelle *épistémè* du XIXe siècle. Dans le discontinu du cours normal d'un temps historique incompressible, l'événement révolutionnaire, pourtant inscrit dans les promesses de 1789 et qui de manière récurrente ne cesse d'advenir, est pensé par la majorité des observateurs comme une anomalie du siècle. Et George Sand ne fait pas exception en la matière.

On comprend alors comment l'écrivain, à l'image de ses semblables, n'a pu concevoir la réalité de la Commune de Paris. Plus qu'un excès insoutenable, la Commune comme forme de résistance à la République admise est inintelligible. En surgissant en marge de la communauté nationale, elle risquait de déstabiliser l'équilibre social en voulant réaliser une « égalité illusoire ». L'événement n'est plus seulement un accident de l'histoire, il couronne un mouvement historique inconcevable selon le mode de pensée de ceux que l'on nommera plus tard les progressistes. « Paris s'est trompé une troisième fois, écrira George Sand en juillet 1872, en croyant qu'il serait sauvé de la monarchie par un parti essentiellement populaire » ; là où « l'ambition, l'ignorance et la vanité dominent », outre le « chaos », c'est l'échec assuré, car « vouloir prendre de vives forces ce que l'on n'a pas, avant d'avoir établi son droit à le posséder, n'est une doctrine dans aucun pays du monde »[1]. Il est vrai que George Sand s'est éloignée de la scène publique, elle préfère se réfugier dans la fiction pour pouvoir penser à son aise : « Le conteur est plus libre et peut subir, sans remords, les influences passagères de son imagination[2]. »

---

1 George SAND, Nohant, 23 juillet 1872, lettre reproduite dans *Les Reporters de l'histoire. 1871, la Commune de Paris*, textes réunis par Nicole Priollaud, Liana Levi/Sylvie Messinger, Paris, 1983, p. 154.

2 George SAND, *Histoire de ma vie*, *op. cit.*, p. 1341.

Dans la fiction romanesque, George Sand aime à revenir sur le passé de la Révolution. *Nanon* en est le roman, publié un an après la Commune. L'événement de 1789 peut enfin triompher à son aise. La fiction raconte l'histoire d'une jeune paysanne qui a fait fortune en achetant des biens nationaux pendant la Révolution et qui décide, en 1850, après avoir échappé aux excès de 1793 et à la suite de multiples péripéties, de raconter son histoire « heureuse » à l'âge de soixante-quinze ans[1]. Par-delà les espoirs illusoires et « mensongers » de la Commune de Paris, le devenir de Nanon décrit une réalité tangible qui se situe au plus près du quotidien, « pour mieux faire sentir que la réalité de l'histoire est du côté du grand nombre »[2]. Si ce n'était l'œuvre d'une femme, le personnage aurait pu devenir « historique », tandis que les « héros » de la Commune seront logiquement écartés de l'histoire républicaine.

Daniel Stern, une liberté entravée

Amie de George Sand (elle est née un an après elle), Marie Catherine Sophie de Flavigny, comtesse d'Agoult (1805-1876), connue dans les années 1830 pour sa liaison avec Franz Liszt, dont elle a eu trois enfants, a choisi comme nom de plume Daniel Stern. Dès 1850, elle publie sous ce nom une *Histoire de la révolution de 1848*[3]. En observatrice objective, elle dit rester au plus près des faits qu'elle rapporte. Son livre a servi de référence aux historiens, toutes époques confondues. Souvent pillé, beaucoup utilisé, comme l'écrit Dominique Desanti, l'ouvrage recueille aujourd'hui l'assentiment des chercheurs tant il recoupe les sources d'archives.

« Un progrès mystérieux se réalise par des moyens qui confondent notre esprit, y écrit-elle. De masse, voici déjà le peuple devenu nombre. Dans le grand acte auquel il vient d'être appelé, on l'a compté, il s'est compté lui-même. Désormais, il se connaît ; il a acquis, avec les sentiments de sa force, la conscience de son droit ; et dans les temps modernes, l'idée de droit engendre nécessairement le besoin et finit par produire la capacité de la liberté » (p. 737). Daniel Stern ajoute à cette conclusion de son livre l'idée d'une alliance entre la « science politique » des classes lettrées et l'instinct social du peuple ; alliance qui, selon elle, serait la condition de l'apparition du règne de la démocratie,

---

1 Voir Nicole Mozet, préface à George Sand, *Nanon*, Éditions de l'Aurore, 1987.

2 *Ibid.*, p. 14.

3 Daniel Stern, *Histoire de la Révolution de 1848* (1850), édition établie par Dominique Desanti, Balland, Paris, 1985.

vu comme achèvement de la grande Révolution devenue européenne par les bouleversements sociaux dont elle fut l'origine.

Contrairement à George Sand, Daniel Stern n'a pas participé activement aux activités « républicaines » du temps. Et pourtant sa clairvoyance, son goût affiché de justice sociale, son mépris à peine dissimulé envers une bourgeoisie égoïste – préoccupée de garder pour elle seule les acquis de la Révolution de 1789 –, son attachement à l'idée de liberté l'autorisent à poser un regard lucide sur les événements de juin 1848. Dans son ouvrage, elle se moque de M. de Falloux (1811-1886), député « républicain du lendemain », adversaire déclaré des Ateliers nationaux et qui, dans ses écrits, a osé justifier l'institution de l'Inquisition – en décembre 1851, il soutiendra le coup d'État de Louis Napoléon Bonaparte (p. 601). Dans l'enthousiasme d'une révolution dont personne ne connaît l'issue, Daniel Stern se prononce en mars 1848 en faveur de la liberté qu'elle conçoit comme un moyen transitoire préalable au gouvernement théocratique qu'elle appelle de ses vœux. Elle admire le courage de Pierre Leroux, à peine connu des autres députés et qui prend la parole le 15 juin pour défendre le socialisme, l'expérience associative du peuple et la république nouvelle. Elle a compris l'extraordinaire changement qu'avait opéré, dans l'esprit des prolétaires, la révolution de Février. La République « avait exalté au suprême degré, chez les prolétaires, le sentiment de l'honneur, l'orgueil individuel, le désir des grandes entreprises » (p. 603). On se souvient que Baudelaire avait découvert, sur les barricades de Février, la « beauté du peuple ».

Du point de vue de celle qui se fixe pour tâche d'écrire l'histoire immédiate de ses contemporains, l'insurrection de Juin a le caractère d'une juste protestation contre la violation d'un droit. Elle le dit nettement à propos de la dissolution des Ateliers nationaux : « L'insurgé de Juin, ne l'oublions pas, c'est le combattant de Février, le prolétaire triomphant, à qui un gouvernement proclamé par lui-même assure solennellement, à la face du pays qui ne proteste pas, le fruit modeste de sa conquête : le travail pour récompense de sa misère, le travail comme prix du combat » (p. 608). Daniel Stern déplore cependant les excitations des factieux et les prédications des sectaires. Et, tout compte fait, la répression d'une révolte contre la souveraineté populaire s'imposait. La division entre la république politique et la république sociale, tout comme l'antagonisme entre bourgeoisie et prolétaires, est à ses yeux une division factice, qui ne peut engendrer que l'anarchie.

En 1846, elle avait rédigé un *Essai sur la liberté*, à laquelle elle restera particulièrement attachée[1]. La liberté, y explique-t-elle, serait étroitement liée à la condition humaine, une liberté qui s'accroît au fur et à mesure de la connaissance ; car liberté et ignorance, de son point de vue, sont inconciliables. Tout le génie du peuple tient d'ailleurs dans ce mot, liberté. Bien que d'origine aristocratique, Daniel Stern embrasse l'idéal révolutionnaire. Il n'y a plus pour elle que deux classes sociales : les riches et les pauvres ; la noblesse n'a plus lieu d'être, les oisifs sont des êtres nocifs qui engendrent les nécessiteux. Tout en reconnaissant le rôle actif, essentiel, de la bourgeoisie dans l'abolition des privilèges, Daniel Stern déplore son incapacité à comprendre les maux du peuple et à résoudre cette question cruciale qu'est l'extinction du paupérisme : « Le peuple est abruti par l'excès de travail et l'ivresse » (p. 241). Et « le pain quotidien est la grande tâche du XIXe siècle » (p. 262). Il y a « ceux qui subissent et ceux qui possèdent » et, « en vertu de cette possession, [ces deniers] occupent les fonctions publiques, jouissent de toutes les libertés attachées à la richesse ; ceux qui ne possèdent rien ne connaissent aucune liberté, pas même la liberté du travail, puisque notre ordre social n'a pas su garantir encore à chacun l'exercice de ses forces et de ses facultés » (p. 265). La bourgeoisie est aveuglée par la prospérité et se contente d'imiter le mode de vie des nobles qu'elle a combattus : « Elle ne sait déjà plus aimer la liberté en soi, mais seulement pour les avantages qu'elle en retire ; nous la voyons à la veille d'oublier les principes auxquels elle doit son existence politique et le peuple dont elle sort pour se perdre dans l'imprudente imitation de la noblesse qu'elle a dépossédée » (p. 269).

Depuis 1830, le peuple patient a montré non seulement sa lassitude, mais aussi son goût pour la liberté. L'idée se répand et est entretenue par un parti « qu'on ne sait pas comment nommer », divisé par des ambitions et des « illusions adolescentes », et qui aboutit « au communisme » (p. 272). On voit surgir, dit-elle, « autant d'utopies que d'individus » (p. 273). Daniel Stern pressent l'explosion populaire, deux ans avant la révolution de Février : « Dans la classe populaire, dans ces régions obscures, inconnues à la plupart d'entre nous, où l'impulsion du gouvernement ne se fait presque plus sentir, où nulle influence de parti ne pénètre, une action lente s'opère, inappréciable mais continue ; quelque chose s'accomplit qui, dans l'ordre abstrait des idées, peut se comparer à la mystérieuse migration des peuples du

1 Daniel Stern, *Essai sur la liberté, comme principe et fin de la liberté humaine*, Paris, 1846 ; je cite ici l'édition de 1863.

Nord, attirés par un magnétisme indéfinissable, allant vers le soleil » (p. 274-275).

À la fois sensible à la dépendance du peuple, craignant comme ses contemporains, à la manière de Heine et de Balzac, l'avènement du communisme, lucide quant au devenir irréversible de la liberté, hostile à l'aveuglement d'une bourgeoisie satisfaite d'elle-même, Daniel Stern donne plus que d'autres des preuves de son discernement en 1848. Son attachement à la justice sociale lui fait repousser les tentatives des philanthropes modernes. Et pourtant, elle ne peut entendre le « salut du peuple » par lui-même : l'idée que les prolétaires se libèrent eux-mêmes des entraves qui les enchaînent est inconcevable à son esprit. Aux riches, selon l'interpellation de George Sand en 1848, de comprendre qu'ils ont le devoir de sauver le peuple de l'ignorance et de la pauvreté. La bourgeoisie reste le guide naturel d'un peuple dont elle est issue.

George Sand et Daniel Stern : ces deux auteures d'écrits au plus près des intérêts du peuple, voire en empathie avec lui, éclairent la genèse de l'idée d'un peuple « éternellement » dépendant des nantis – idée que Victor Hugo contribuera à faire triompher (voir *infra*, chapitre 10). Dès 1848, en dehors même des libéraux patentés, hostiles à toute idée d'autonomie ouvrière, la compréhension du peuple s'arrête au seuil de la volonté d'être libre qu'exprime l'élite populaire, dans les textes comme dans les actes. Ainsi Daniel Stern, malgré sa grande lucidité, participe-t-elle au même titre que George Sand à l'élaboration de la fabrique de l'histoire qui, pour l'essentiel, sera plus tard attribuée aux grands ténors du libéralisme, de François Guizot à Alexis de Tocqueville. Comme si la catastrophe de juin 1848 eût été inévitable, tant elle était inscrite dans le cours normal de la marche de l'histoire où chacun, selon son degré de dépendance, acquiert la liberté qui lui est due, mais au rythme lent du progrès industriel, à l'encontre duquel les meilleures volontés ne peuvent s'interposer.

Pour aider à mieux comprendre cette étonnante réécriture de l'histoire réelle, engagée dès l'instant de son présent et dont le résultat a continué ensuite à s'imposer, il me semble essentiel de revenir sur le rôle, durant toute cette période, des idées du « saint-simonisme », dont j'ai déjà évoqué à plusieurs reprises l'influence sur les convictions de nombre des acteurs clés de ces décennies de révoltes.

Chapitre 9

Henri de Saint-Simon : des idées majeures

Le premier philanthrope moderne réformateur, Charles-Henri de Rouvroy, comte de Saint-Simon (1760-1825), qui restera dans l'histoire sous le nom d'Henri de Saint-Simon, a conçu l'irréversibilité de la force des choses, dont l'idée sera reprise par Karl Marx. Parmi les penseurs français éclairés, il est l'une des figures fondatrices de la philosophie du progrès dont le déroulé semble s'être réalisé, à la lettre près, tel qu'il l'avait pensé. Inactuel en son temps, ses visions triompheront sous le Second Empire, avec le parti des industriels dont il avait rêvé. Ses disciples réaliseront très concrètement son programme, de Michel Chevalier aux frères Pereire. Plus encore qu'un fabricant de l'histoire, il l'a anticipée. C'est pourquoi j'assume l'anachronisme de mon choix en le plaçant dans ce récit en introduction aux années 1860, à la charnière de deux périodes qu'il n'a pas connues.

Henri de Saint-Simon, ou la liberté sous contrôle

En 1848, Saint-Simon n'est plus : mort en 1825, il a laissé sa place à ses disciples. Fidèles ou non à sa doctrine, ils n'ont cessé de traduire sa pensée et de l'interpréter – comme on l'a vu avec Michel Chevalier (voir *supra*, chapitres 2 et 3) ; tous cependant participent à des niveaux divers aux « événements » de 1848 et nombre de quarante-huitards peuvent se revendiquer d'une filiation saint-simonienne. Pauline Roland est de ceux-là. Toutefois la plupart des amis de Prosper Enfantin (1796-1864), polytechnicien, fondateur de l'Église saint-simonienne, homme influent et archiviste du groupe, père attentif à la survivance de la communauté saint-simonienne, partagent le point de vue de Michel Chevalier. D'autres dissidents, comme Pierre Leroux, Jeanne Deroin, Désirée Gay ou Pauline Roland, ont pris leurs distances avec la branche « industrielle » du saint-simonisme.

Difficile, pour la lectrice critique que je suis, de se défaire d'une certaine admiration pour cette intelligence active, en état créatif permanent.

En effet, la pensée de celui qui fut considéré – et l'est encore – comme un des pères du socialisme utopique, se déploie sur un registre d'une rare cohérence. De 1802, date de la *Lettre d'un habitant de Genève*, au *Catéchisme des industriels* (1822-1823), Saint-Simon élabore un projet de société fondé sur la supériorité du travail, la nécessité de la propriété et l'utilité de confier les rênes du politique à tous ceux qui agissent en harmonie avec la force des choses au mépris des rentiers et des oisifs. Les bienfaits de l'instruction et de l'éducation, nécessairement dispensés à tous, devraient accompagner sans réserve ce mouvement de réformes. D'un certain point de vue, l'utopie – que je qualifierais de libérale, au sens originaire du mot[1] – de Saint-Simon triompherait aujourd'hui. En effet, le grand réformateur de la première moitié du XIXe siècle, avant même la mise en forme de la théorie hégélienne, situait ses thèses dans le devenir probable du sens de l'histoire.

Il prévoyait l'organisation autonome des industriels et des banquiers comme la coordination des sciences à l'échelle planétaire tout en souhaitant la diminution drastique des pouvoirs d'État, en commençant par la suppression de l'armée de métier. La force irréversible du progrès des civilisations – en Europe, en particulier, à la tête de laquelle se placeraient la France et l'Angleterre associées – ne pouvait se réaliser qu'avec le progrès continu des Lumières et de l'éducation qui, selon ses principes, devait se répandre dans toutes les classes de la société. Appartenant au monde du savoir – vu comme condition de la liberté –, actif en Amérique pendant la guerre d'Indépendance, acquéreur et spéculateur de biens nationaux pendant la Révolution française – au cours de laquelle il s'est fait appeler le citoyen Bonhomme –, assuré du triomphe des sciences contre la théologie et la métaphysique, Saint-Simon a tracé la nouvelle histoire de la liberté. Il ne songeait pas à la liberté des individus, mais à celle du groupe des industrieux qui seraient garants de l'indépendance nationale : « Les raisonnements que j'emploierai [...] seront en général de deux espèces : les uns consisteront à établir les avantages de ce système ; les autres tendront à prouver qu'abstraction faite de tous ses avantages, il est, quant à ces dispositions principales, un résultat forcé de la marche que la civilisation a suivie depuis sept à huit siècles. D'où il résultera la preuve que ce n'est point

1 Héritage des vainqueurs de la Révolution française, notamment dans les années dites de Restauration, le qualificatif de « libéral » désignait alors les partisans de la liberté, mais une liberté très éloignée du sens donné par Pierre Leroux : il s'agissait de promouvoir la liberté du commerce, de la propriété et de la nation tout en insistant sur la liberté religieuse, de la presse, une liberté de conscience qui n'entrave en rien la liberté d'entreprendre en participant à la construction de la société nouvelle.

une utopie. [...] Cette disposition est en nous le résultat d'une politique vicieuse, d'une étude mal faite de l'histoire, ou plutôt de l'imperfection des ouvrages sur l'histoire, car l'histoire serait nécessairement bien étudiée si elle était bien faite. En effet qui dit utopie dit incertitude de la possibilité ou impossibilité, sentie d'une manière vague, de l'exécution d'un nouveau système d'organisation sociale[1]. »

Avec l'aide de ses différents secrétaires, Augustin Thierry et Auguste Comte en particulier, il juge indispensable de réécrire l'histoire, toute l'histoire des hommes depuis l'Antiquité, en intégrant les connaissances de l'époque et les préjugés relatifs à la faiblesse des civilisations autres qu'européennes. Une exception cependant : la civilisation arabe, qui a su s'adonner aux sciences positives et les transmettre aux différents pays européens. Sans elle, l'Europe serait restée ignorante des grandes découvertes antiques.

De l'art grec à l'organisation de la société romaine, dont il critique le despotisme mais où chacun veillait à la conservation de la propriété, Saint-Simon traque l'esprit de liberté qu'il découvre pleinement épanoui au sein du mouvement des communes. Le réformateur accorde une très grande importance à ce mouvement, à l'origine duquel il voit le développement du commerce et les prémisses de la civilisation du progrès. Sa lecture du passé est également rétrospective. Les communes sont, à ses yeux, au centre de l'organisation d'une nouvelle société dans la continuité d'une Révolution terminée sur le plan économique par le transfert des propriétés aux nouvelles couches sociales. Son achèvement du point de vue politique est cependant loin d'être accompli. Les communes actuelles se chargeraient de l'instruction publique en s'occupant de l'« amélioration du sort des prolétaires[2] ». Il est clair, de son point de vue, que « les communes sont en mesure de posséder tous les pouvoirs politiques[3] ».

Libérées de la tutelle féodale dès la fin du Moyen Âge, les communes ont su se défaire de la tutelle des oisifs, grâce à la médiation bienveillante du pouvoir royal ; c'est ainsi que « l'affranchissement des communes a posé la base de ce nouvel état de choses. Il en a préparé la possibilité, et même la nécessité, qui s'est ensuite développée de plus en plus. [...] Cet affranchissement a constitué la capacité industrielle, puisqu'il a établi

1 Henri de Saint-Simon, *L'Organisateur*, 7e lettre, 1820, *in Œuvres complètes* (publiées sous la direction de Juliette Grange, Pierre Musso, Philippe Régnier et Franck Yonnet), PUF, Paris, 2012, tome 3, p. 2142-2143. (Je remercie Philippe Régnier de m'avoir permis d'accéder au manuscrit des *Œuvres complètes* avant leur publication, aide précieuse s'il en est.)

2 Henri de Saint-Simon, *L'Industrie*, « De l'organisation sociale, deuxième partie », *in Œuvres complètes*, *op. cit.*, tome 2, p. 1720.

3 *Ibid.*, *Les Communes ou essais sur la politique pacifique*, p. 1735.

pour elle une existence sociale indépendante du pouvoir militaire. Avant cette époque, outre que les artisans, pris collectivement, étaient dans la dépendance absolue des militaires, chacun d'eux était entièrement soumis à l'arbitraire individuel du possesseur de la terre dont il faisait partie. L'affranchissement, en laissant subsister le premier genre d'arbitraire, anéantit le second et, par suite, créa le germe de la destruction du premier. Auparavant, les artisans ne possédaient rien en propre. Tout ce qu'ils possédaient et eux-mêmes appartenaient à leur seigneur. Ils n'avaient que ce qu'il voulait bien leur laisser. L'affranchissement créa une propriété industrielle ayant pour origine le travail. Propriété distincte, indépendante et bientôt rivale de la propriété territoriale, qui était purement d'origine et de nature militaire[1] ».

En toute logique, face à l'arbitraire et au rôle par trop important des classes privilégiées, dont l'absence de travail était précisément le signe distinctif, la Révolution s'imposa. Dès 1802, Henri de Saint-Simon dresse un tableau critique de la Révolution tout en considérant ses acquis comme irréversibles. Il ne déviera plus de cette voie qu'il ne cessera de décliner dans ses textes sous forme de retour au passé fondateur. En rupture avec l'Ancien Régime, la Révolution marque le commencement de la société moderne fondée sur les sciences positives et le travail des industriels. Dans son manifeste aux contemporains, il s'adresse aux trois classes de la société : aux savants et artistes constituant la première classe, aux propriétaires, la deuxième, et aux non-propriétaires, la troisième, la plus importante en nombre. Cette dernière, différente sinon inférieure, doit cependant rester sous la tutelle de ceux qui savent, car « la domination doit être répartie dans la proportion des lumières[2] ». Aux propriétaires, il incombe de gouverner en œuvrant pour le bien commun, grâce à leur richesse. Ils deviennent les régulateurs des avancées de l'esprit humain, s'ils savent réfléchir à la « marche des événements qui se sont passés dans cette contrée depuis 1789 », en particulier s'ils sont capables de se dégager des erreurs de la Révolution et des excès de la Terreur, condition de la lucidité.

La tyrannie des jacobins fut particulièrement pernicieuse et la « loi du maximum » une absurdité. Malgré les bienfaits de la suppression des privilèges de naissance, l'appropriation des biens nationaux par la classe nouvelle – dont la propriété aurait dû rester entre les mains de ceux qui travaillent la terre ou produisent des biens de consommation

1 Henri DE SAINT-SIMON, *L'Organisateur*, 8e lettre, *op. cit.*, p. 2152.

2 Henri DE SAINT-SIMON, *Lettre d'un habitant de Genève à ses contemporains*, 1802, « Adresse à la troisième classe », *in Œuvres complètes*, *op. cit.*, tome 1, p. 119.

et d'échange –, le gouvernement mis en place fut, selon Henri de Saint-Simon, impraticable, tant l'anarchie démocratique sévissait alors. Le principe de l'égalité, qui s'étendit aux « nègres » – non susceptibles à ses yeux d'être élevés à la même hauteur d'intelligence que les Européens –, aboutit à la catastrophe et à la famine. Bonaparte, à l'époque de ses premiers succès et en fonction de sa très grande popularité, est dans un premier temps identifié au sauveur. Mais d'homme de génie, bienfaiteur de l'humanité, il devient très vite, aux yeux de Saint-Simon, un ambitieux, voire un fou furieux.

Le « droit de propriété », base de l'« organisation sociale »

La singularité de la pensée de Saint-Simon, outre sa cohérence, tient en apparence à peu de chose au regard du libéralisme naissant, après l'échec cuisant de l'épopée napoléonienne. Et pourtant, le réformateur appartient au monde des novateurs. Le peuple de travailleurs est à la fois l'acteur principal et la victime de la Révolution, mais surtout Saint-Simon distingue les industriels – espoirs de la nation et du monde futur dont le rôle pendant la Révolution fut quasi nul – des bourgeois, véritables vainqueurs de 1789. Le travail étant au centre du devenir de la civilisation, Saint-Simon tente, en vain, de convaincre le pouvoir royal restauré d'agir en accord avec les forces nouvelles. Il respecte cependant le roi et la Charte, tout en déplorant l'inutilité de la Cour et le retour des privilégiés : « Aujourd'hui, la nation n'est plus partagée qu'en deux classes. Les bourgeois, qui ont fait la Révolution et qui l'ont dirigée dans leur intérêt, ont anéanti le privilège exclusif des nobles d'exploiter la fortune publique. Ils se sont fait admettre dans la classe des gouvernants, de manière que les industriels doivent aujourd'hui payer les nobles et les bourgeois. Avant la Révolution, la nation payait 500 millions de contributions. Aujourd'hui, elle paie un milliard. Et le milliard ne suffit pas. Le gouvernement fait fréquemment des emprunts considérables[1]. »

Les juristes et autres militaires, les privilégiés de la noblesse déchue, tout comme la bourgeoisie rentière, aucun n'a sa place dans le gouvernement de la société nouvelle. Saint-Simon l'explicite au risque d'un procès dans sa fameuse *Parabole* – en réalité nommée « supposition » – *des abeilles et des frelons*[2]. Dans le *Catéchisme des industriels*, rédigé entre

1 Henri de Saint-Simon, *Catéchisme des industriels*, 1823-1824, premier cahier, *in Œuvres complètes, op. cit.*, tome 4, p. 2878-2879.

2 Texte de 1819, un an avant l'assassinat par l'ouvrier Louis-Pierre Louvel du prince héritier, duc de Berry, neveu de Louis XVIII et fils de Charles X. Dans ce texte, Saint-Simon suppose la mort de Monsieur, des princes et des princesses, des militaires, des

1823 et 1824, il précise ce qu'il entend par « industriels », au sein du « parti » desquels est rassemblé l'ensemble du monde du travail. Cette classe doit occuper le premier rang, aidée des artistes et des savants. À la question qu'il pose lui-même – qu'est-ce qu'un industriel ? – Saint-Simon répond : « Un industriel est un homme qui travaille à produire, ou à mettre à la portée des différents membres de la société, un ou plusieurs moyens matériels de satisfaire leurs besoins ou leurs goûts physiques. Ainsi, un cultivateur qui sème le blé, qui élève des volailles, des bestiaux, est un industriel ; un charron, un maréchal, un serrurier, un menuisier, sont des industriels ; un fabricant de souliers, de chapeaux, de toiles, de draps, de cachemires, est également un industriel ; un négociant, un roulier, un marin employé sur des vaisseaux marchands, sont des industriels. Tous les industriels réunis travaillent à produire et à mettre à la portée de tous les membres de la société, tous les moyens matériels de satisfaire leurs besoins ou leurs goûts physiques, et ils forment trois grandes classes, qu'on appelle les cultivateurs, les fabricants et les négociants[1]. »

Acteur, au sens plein du terme, de la Révolution, Saint-Simon se représente les non-propriétaires, comme il les nomme, dans une proximité voire une identification au monde paysan largement majoritaires à l'époque, à la manière de George Sand en quelque sorte. Agriculteurs et artisans, alliés à la classe la plus pauvre, forment le grand parti des industriels, au sein desquels s'intègrent manœuvres et prolétaires dont le nombre impressionne Saint-Simon. Nécessairement plus éclairée que les ouvriers et les paysans de Russie – où le servage n'a été aboli qu'en 1861 –, la classe la plus nombreuse, anglaise et française en particulier, a, selon Saint-Simon, largement démontré sa capacité de devenir propriétaire. Elle disposerait des capacités de se gouverner elle-même en s'écartant des voies du despotisme populaire et de l'anarchie démocratique. Elle devrait savoir respecter l'ordre construit par le groupe des plus riches, futurs gouvernants, et reconnaître leur supériorité en matière de Lumières par leur utilisation judicieuse des sciences tournées vers le progrès de l'humanité et du bonheur des hommes.

Depuis ses premières études et ses premières adresses, Saint-Simon est formel : « Le droit de propriété est la seule base que l'on puisse

---

hommes d'Église, etc. Ils seront sans doute regrettés, mais la société ne s'en porterait pas plus mal ; au contraire, celle-ci déplorerait la mort des ingénieurs, savants, artistes et autres industriels et négociants, des artisans et des ouvriers, sans lesquels l'organisation et le bon fonctionnement social sont impossibles.

1 Henri de Saint-Simon, *Catéchisme des industriels*, premier cahier, *op. cit.*, p. 2876.

donner à l'organisation sociale[1]. » L'intérêt est double car, en confiant le gouvernement aux plus riches, la collectivité se libère des frais de leurs appointements. Et, afin d'éviter le retour des révolutions, spécificité du XVIIIe siècle, le maintien de l'ordre, dans l'intérêt de tous, dépend de l'extension des Lumières et de la bonne volonté des non-propriétaires à reconnaître la supériorité de leurs chefs. Ceux-ci sont désormais des guides et non plus des oppresseurs. La domination arbitraire, l'exploitation d'une classe par une autre, apparaît étrangère à la pensée de Saint-Simon. Aussi se méfie-t-il de l'idée d'égalité : « L'idée d'égalité (idée fausse quand elle est prise dans le sens absolu) est le grand levier révolutionnaire[2]. » L'égalité n'a de sens que dans la reconnaissance réciproque, selon les capacités de chacun. C'est pourquoi, au sein du parti des industriels, il n'y a plus ni dominants ni dominés, il n'y a que des associés, parfaitement conscients de leurs tâches. De ce point de vue, Saint-Simon ne déroge guère aux convictions de ses contemporains libéraux et autres doctrinaires. Quant à la liberté, à l'opposé des thèses de Benjamin Constant, elle ne se rapporte guère aux individus : elle ne prend sens qu'au sein des collectifs et à l'intérieur des nations dont la reconnaissance dépend de leur capacité à s'organiser en toute indépendance. Selon la vision des temps nouveaux de Saint-Simon, l'homme industrieux ne consent à se soumettre qu'à une seule loi, celle de ses intérêts. « Les hommes livrés à l'industrie et dont la collection forme la société légitime, n'ont qu'un besoin, c'est la liberté. La liberté, c'est de n'être point gêné dans le travail de la production, c'est de n'être point troublé dans la jouissance de ce qu'ils ont produit[3]. » L'amour de la liberté ne suffit pas au peuple, il lui faut surtout la science de la liberté, science qu'il acquiert à l'aide des savants et en suivant l'exemple des propriétaires. Il lui faut en connaître l'utilité en fonction de la nécessité[4] qui procède des plus éduqués. Pour l'heure, des plus riches.

Toute la doctrine de Saint-Simon tient dans cette idée, largement partagée par ses contemporains mais qui s'affirme chez lui comme un véritable savoir positif, donc scientifique. La « force des choses » est une de ses idées maîtresses : la capacité industrielle et la capacité scientifique, inconciliables avec le pouvoir militaire et théologique,

---

1 Henri DE SAINT-SIMON, *Lettre d'un habitant de Genève*, 1802, « Lettres de deux philanthropes », *op. cit.*, p. 161.

2 Henri DE SAINT-SIMON, *Écrits sur les sciences*, 1807-1808, *in Œuvres complètes*, *op. cit.*, tome 1, p. 412.

3 Henri DE SAINT-SIMON, *L'Industrie ou discussions politiques, morales et philosophiques dans l'intérêt de tous les hommes libres à des travaux utiles et indépendants*, tome second, « Objet de l'entreprise », *in Œuvres complètes*, *op. cit.*, tome 2, p. 1468.

4 *Ibid.*, 8e lettre, « Recherche d'un principe général en politique », p. 1497-1498.

devraient s'imposer en dépit des volontés ou de la conscience humaine. En ce sens, l'histoire doit être entièrement refaite à partir du devenir des industrieux, acteurs/témoins de la marche de la civilisation des progrès humains. Tout est vu à l'aune de cette certitude : du travail à la politique, de l'intérêt de tous au bonheur collectif. Il est parfaitement conscient des manques et des conquêtes à venir, mais la marche du progrès et le sens de l'histoire l'emporteront coûte que coûte. L'éducation du peuple en particulier est une de ses préoccupations : elle doit commencer par l'instruction des prolétaires les plus aisés et donc les plus intelligents, sans négliger pour autant les plus démunis, auprès desquels sera développée l'éducation dont ils ont principalement besoin.

La souveraineté populaire n'est pas une affaire de droits de l'homme, notion abstraite à ses yeux[1], mais de bonne gestion du monde du travail au sens large du terme. Pragmatique, Saint-Simon estime que l'histoire évolue en suivant le cours normal des choses, quitte à accepter le verdict des révolutions. Sachant que celles-ci sont terminées dans leur aspect d'anarchie démocratique dont il craint le retour, dans les années 1820, au même titre que ses contemporains : « L'affranchissement [des communes] créa une propriété industrielle ayant pour origine le travail. Propriété distincte, indépendante et bientôt rivale de la propriété territoriale, qui était purement d'origine et de nature militaire[2]. »

La perfection de la civilisation annule le désir de commander des hommes, qui s'est transformé peu à peu en désir de faire et de défaire la nature à notre gré. La nature des choses mêmes « dicte la loi supérieure des progrès de l'esprit humain [qui] entraîne et domine tout, les hommes ne sont pour elle que des instruments. Quoique cette force dérive de nous, il n'est pas plus en notre pouvoir de nous soustraire à son influence ou de maîtriser son action que de changer à notre gré l'impulsion primitive qui fait circuler notre planète autour du soleil. Les effets secondaires sont les seuls soumis à notre dépendance. Tout ce que nous pouvons, c'est obéir à cette loi (notre véritable providence)[3] ».

---

1 « En effet, quelle est l'idée générale en politique qui a été professée, le plus récemment, par les publicistes les plus libéraux et les plus distingués ? C'est l'idée des droits de l'homme : voilà le fondement de la politique des Franklin, des Turgot, des Condorcet, de tous les publicistes du XVIIIe siècle, en un mot. Or, cette base est tout aussi vague que la théologie et, même, elle se confond avec la théologie, car lorsqu'on veut remonter jusqu'à la source des droits, on est obligé de s'élever à Dieu. Aujourd'hui, la théorie des droits de l'homme est appréciée à sa juste valeur : elle est rejetée par tous les bons esprits » (« De la théorie de l'ordre social », fin 1817, *in Œuvres complètes*, *op. cit.*, tome 2, p. 1688).

2 Henri DE SAINT SIMON, *L'Organisateur* (extraits), 8e lettre, *op. cit.*, p. 2153.

3 *Ibid.*, 9e lettre, p. 2171.

Et, malgré les imperfections de la société de Saint-Simon, les progrès de l'industrie, des sciences et des beaux-arts multiplient les moyens de subsistance et diminuent le nombre des inoccupés en polissant les mœurs. Ainsi les grandes causes de révolte, misère, oisiveté et ignorance, sont en voie de disparition[1]. Fort de ce constat, Saint-Simon s'autorise à affirmer : « Depuis l'affranchissement des communes, la masse de la population française a contracté peu à peu et acquis les lumières suffisantes pour vivre sous le nouveau système. L'abolition de l'esclavage a rendu, par le fait même, tous les individus propriétaires : il n'a plus existé depuis de prolétaires réels, dans l'acception rigoureuse de ce mot[2]. »

Il n'y a donc d'hommes utiles, dans l'état actuel des choses, que les savants, les artistes et les artisans, et de travaux utiles que les leurs. Négligeant la période de transition en espérant que le roi saura entendre la voie du progrès inéluctable enseignée par l'histoire bien écrite, Saint-Simon développe une idée précise de la souveraineté : « Dans une société organisée pour le but positif de travailler à sa prospérité par les sciences, les beaux-arts et les arts et métiers, l'acte politique le plus important, celui qui consiste à fixer la direction dans laquelle la société doit marcher, n'appartient plus aux hommes investis des fonctions sociales, il est exercé par le corps social lui-même. C'est de cette manière que la société, prise collectivement, peut réellement exercer la souveraineté, souveraineté qui ne consiste point alors dans une opinion arbitraire érigée en loi par la masse, mais dans un principe dérivé de la nature même des choses, et dont les hommes n'ont fait que reconnaître la justesse et proclamer la nécessité[3]. »

Une « force des choses » au service des « propriétaires »

Conscient malgré tout des imperfections sociales, Saint-Simon dresse un tableau du système industriel qu'il appelle de ses vœux. Dès 1821, il se veut le porte-parole des ouvriers au nom desquels il rédige une adresse aux chefs « naturels » du monde de l'industrie, afin de pallier le manque d'ouvrage dont souffrent le plus grand nombre de producteurs : « Nous vous invitons, vous qui êtes nos chefs, vous qui êtes devenus, par l'effet des progrès de la civilisation, les personnages les plus importants, les plus utiles et les plus capables de la nation, à demander au roi d'être chargés de diriger l'administration des affaires

1 *Ibid.*, p. 2188.
2 *Ibid.*, p. 2185.
3 *Ibid.*, 11e lettre, p. 2211.

publiques. Nous vous invitons à déclarer à Sa Majesté que vous avez la certitude d'enrichir la France de plus de 3 milliards par an ; que vous avez la certitude de nous procurer à tous les moyens de manger la poule au pot tous les dimanches ; que vous avez, enfin, la certitude d'établir une tranquillité durable en anéantissant toutes les factions, qui continueront d'exister [quelle que soit la chose que l'on fasse[1]] tant qu'on laissera subsister une dilapidation des deniers publics que chacune d'elles espère faire tourner à son profit. » Il incite les producteurs prolétaires à reproduire cette interpellation destinée aux industriels.

Ses derniers écrits sont encore plus précis et plus confiants dans la direction inévitable de la civilisation du progrès. Les ouvriers, en particulier – selon sa vision de la Révolution –, tout comme les agriculteurs, ont pu acquérir à leur profit des propriétés, grâce auxquelles ils produisent et font fructifier leurs biens, sans autres intermédiaires. Le peuple entre en scène riche de ses nouveaux acquis : « Il s'agit de prouver ici que la classe la plus nombreuse, en un mot que le peuple se compose aujourd'hui d'hommes qui n'ont plus besoin d'être soumis à une surveillance particulière, d'hommes dont l'intelligence est suffisamment développée, et la capacité en prévoyance assez épanouie pour qu'il puisse sans inconvénient s'établir un système d'organisation sociale qui les admette comme sociétaires[2]. » Cette preuve a été démontrée lors des transformations révolutionnaires, y compris au temps des « malheurs » : il est arrivé « que, dans tous les ateliers de fabrique et de commerce, des hommes qui étaient employés comme simples ouvriers soient devenus entrepreneurs et directeurs de ces travaux, et qu'ils se sont montrés plus intelligents et plus actifs que leurs prédécesseurs[3] ».

La nouvelle société, fondée sur la base d'un regroupement de l'ensemble des sociétaires, peut aboutir ainsi au bien-être des prolétaires. Les conditions existent désormais selon Saint-Simon : « Il fallait [...] qu'une révolution dans les propriétés appelât un grand nombre de prolétaires à en posséder, afin qu'en les administrant d'une manière habile, ils prouvassent par l'expérience qu'ils avaient la capacité requise pour être classés par la nouvelle organisation sociale au rang de sociétaires. Cette expérience a été faite pendant la Révolution et elle a pleinement

---

1 Henri DE SAINT-SIMON, *Du système industriel*, deuxième partie : « Adresse aux ouvriers », *in Œuvres complètes*, *op. cit.*, tome 3, p. 2631 (Saint-Simon a écrit : « Quelque chose qu'on fasse »).

2 Henri DE SAINT-SIMON, *De l'organisation sociale*, second fragment : « Preuves que les prolétaires français sont capables de bien administrer des propriétés, fragment d'un ouvrage inédit », *in Œuvres complètes*, *op. cit.*, tome 4, p. 3071.

3 *Ibid.*, p. 3074.

réussi, comme nous l'avons prouvé dans les deuxième et troisième fragments[1]. »

La marche de l'histoire comblera éventuellement les manques. Mais les certitudes sont énoncées : le lien entre les industriels et les travailleurs devient indéfectible et hiérarchiquement organisé. L'avenir des plus démunis est tracé : devenir propriétaire et accéder à la liberté collective selon la loi du progrès et au rythme de la force des choses. Toute idée d'émancipation, ou simplement tout projet d'échapper à une domination que commande le système positif, apparaît déplacée. On comprend alors pourquoi et comment les saint-simoniens, malgré leur attachement au développement de l'enseignement et leur attention au sort des plus démunis, sont avant tout préoccupés de rassembler autour d'eux les industriels et les banquiers. La révolution de 1830 leur échappe pour l'essentiel et celle de 1848 marquera la rupture entre les partisans des insurgés/prolétaires de février et de juin d'avec ceux qui, comme Prosper Enfantin, parviennent à regrouper en un même ensemble bourgeois et industriels qu'avait distingués Saint-Simon. Bourgeois et industriels ne font qu'un dans la perspective saint-simonienne. La bourgeoisie aura alors sa fonction historique toute tracée : il s'agira non seulement d'œuvrer pour le bien commun, mais de guider le peuple encore immature.

Avec bien sûr des nuances, des contradictions, des oppositions et des conflits, toute une gamme d'interprétations de l'histoire immédiate converge donc au cours des premières décennies du XIXe siècle dans le sens d'un progrès porté par les forces nouvelles : de Thiers à Lamartine, de Saint-Simon à Guizot[2], de Benjamin Constant à Alexis de Tocqueville, chacun contribue à façonner la doxa qui constituera bientôt la loi de l'histoire. On comprend alors pourquoi, à la fin des années 1930, Walter Benjamin, en quête des origines de la catastrophe européenne qu'il attribue précisément à la philosophie du progrès, retrouve un des pères fondateurs en la personne de Saint-Simon et de ses disciples. Outre que

---

1 *Ibid.*, « Sur l'administration et le gouvernement des affaires publiques, conclusion des opinions et des fragments précédents », p. 3102. Notons que, sur cette question d'importance, Saint-Simon est en quelque sorte l'inspirateur de Saint-Marc de Girardin, qui souhaitait que les prolétaires deviennent des propriétaires.

2 « Parmi les hommes livrés à eux-mêmes et aux lois de leur nature, le pouvoir accompagne et révèle la supériorité. En se faisant reconnaître, elle se fait obéir. C'est là l'origine du pouvoir ; il n'en a point d'autre. Entre égaux il ne serait jamais né. La supériorité sentie, c'est le lien primitif et légitime des sociétés humaines ; c'est en même temps le fait et le droit ; c'est le véritable, le seul contrat social » (François Guizot, « Des opinions nationales en France » (1821), *Des moyens de gouvernement et d'opposition dans l'état actuel de la France*, Belin, Paris, 1988, p. 125).

les « saint-simoniens », selon Benjamin, avaient « peu de sympathie pour la démocratie[1] », Saint-Simon lui-même est considéré comme un « précurseur des technocrates[2] ». Benjamin puise dans les ouvrages de ses contemporains, d'Albert Thibaudet à Max Adler, pour retenir le rôle exact des saint-simoniens dans la révolution industrielle, beaucoup plus réel que celui qu'ils auraient joué pour contribuer à une construction sociale plus égalitaire : « L'influence et le développement du saint-simonisme jusqu'à la fin du XIXe siècle n'ont, à peu près, aucun caractère ouvrier. Le saint-simonisme fournit un élan et un idéal à l'esprit de la grande industrie et à l'exécution des grands travaux. Les saint-simoniens gouvernent les entreprises ferroviaires, bancaires et immobilières de la monarchie de Juillet et du Second Empire. Le canal de Suez, dont Enfantin et Lambert-Bey allèrent étudier les plans et organiser l'idée à un moment où Ferdinand de Lesseps était consul au Caire, est resté le type de l'entreprise planétaire saint-simonienne[3]. » Ou encore le point de vue de Max Adler qu'il développe en novembre 1911 : « Saint-Simon fut qualifié de socialiste à une époque où ce mot avait un sens tout différent de celui qu'il a aujourd'hui. [...] Il ne voit de la lutte des classes que l'opposition de l'industrialisme et de l'Ancien Régime et considère que la bourgeoisie et les ouvriers ne forment qu'une seule et même classe industrielle, dont il exhorte les membres les plus riches à se soucier du sort de leurs collaborateurs pauvres. Fourier avait une vue plus claire de la nécessité d'une forme nouvelle de la société[4]. »

Si, au cours du XIXe siècle, l'utopie de Saint-Simon s'est réalisée, si son projet, décrié à l'époque, a finalement triomphé, la « force des choses » a dû malgré tout subir, tout au long du siècle, les assauts des non-propriétaires.

Les saint-simoniennes, une expérience « incongrue »

Les disciples de Saint-Simon en pleine ascension ont su alors saisir le mouvement de liberté sans pareil qui s'était emparé des couches les moins privilégiées. Dans une période très courte, de 1831 à 1832, leur succès, salué ou déploré, fait la une de l'actualité. Le journal *La Tribune*, républicain, hostile aux saint-simoniens, rend compte en ces termes de leur doctrine : « L'égalité absolue brillait sur leur bannière,

---

1 Walter Benjamin, *Paris, capitale du XIXe siècle. Le livre des passages*, Cerf, Paris, 1989, p. 609.
2 *Ibid.*, p. 596.
3 *Ibid.*, p. 588 ; Albert Thibaudet, *Les Idées politiques de la France*, Paris, 1832, p. 61-62.
4 Max Adler, « Revue des revues », *Die Neue Zeit*, vol. 29, n° 1, 1911, p. 383-384 (cité par Walter Benjamin, *Paris, capitale du XIXe siècle*, *op. cit.*, p. 592-593).

la classe pauvre secouait la dernière poussière du Moyen Âge et s'élevait à la dignité de l'association ; la femme égale à l'homme marchait d'un pas libre et fier, [...] chose admirable, il n'y avait que l'homme d'oublié. [...] Ils devaient commencer par la famille, ils l'ont délaissée ! Pourtant, il a fallu y venir ! Et alors, que s'est-il passé ? C'est qu'il a fallu approprier le grand principe : plus d'exploitation, égalité de l'homme et de la femme au rapport au mariage ! Et dans cette occurrence et refusant de rétrograder, on est arrivé à la promiscuité de la femme comme loi morale[1]. »

L'outil de propagande des saint-simoniens, le journal *Le Globe* qu'ils dirigent depuis novembre 1830, est utilisé avec les méthodes les plus modernes : envoi gratuit aux différents collectifs dans les régions françaises, réunions d'information, exposition de la doctrine de Saint-Simon. Volontiers assistants sociaux, les saint-simoniens par leurs prédications, leurs missions et leurs enseignements répandent la doctrine du maître dans toute la France. Et, lorsque *Le Globe* lance l'appel à la « femme libre », ils sont d'abord considérés comme des extravagants avant que d'être qualifiés de révolutionnaires. Mais des femmes répondent à leur appel en croyant avoir été entendues, pour la première fois. Les journaux en témoignent. Après une série de crises et de scissions de l'Église saint-simonienne, de l'intérieur d'abord, puis à l'extérieur de la hiérarchie organisée autour de la personne du « père » Enfantin, des femmes, les prolétaires en particulier, vont tenter, en ce temps d'exception, de s'emparer de la liberté à laquelle tout le monde peut désormais prétendre. Parallèlement aux mouvements sociaux – nombreux, nous l'avons vu, depuis la révolution de Juillet –, des femmes s'expriment publiquement : dans la presse, dans les associations philanthropiques favorables à l'instruction, comme au sein des assemblées saint-simoniennes où certaines occupent des fonctions importantes, comme Eugénie Niboyet (1796-1883), en charge de l'enseignement saint-simonien dans les IVe et V^e^ arrondissements de Paris.

D'août 1832 à avril 1834, en vingt numéros, le journal *La Femme libre* (sous-titré *Apostolat des femmes*) aborde sous différentes appellations, avec des nuances et des contradictions, la question de la liberté des femmes sous tous ses aspects : « Lorsque tous les peuples s'agitent au nom de Liberté, et que les prolétaires réclament son affranchissement, nous, femmes, resterons-nous passives devant ce grand mouvement d'émancipation sociale qui s'opère sous nos yeux ? Notre sort est-il

1 *La Tribune*, 24 février 1832.

tellement heureux que nous n'ayons rien à réclamer ? La femme, jusqu'à présent, a été exploitée, tyrannisée. Cette tyrannie, cette exploitation, doit cesser. Nous naissons libres comme l'homme et la moitié du genre humain ne peut-être, sans injustice, asservie à l'autre[1]. » Pendant ce temps court, la question est abordée sans tabous, presque sans complexes, de manière frontale – puis l'oubli fera son œuvre en recouvrant presque totalement l'élan vers une liberté d'exception.

Aucune actualité ne leur échappe : la famille, la prostitution, le code civil, dont elles dénoncent les entraves. Elles répondent aux accusations, elles polémiquent avec la presse de l'époque, du *Bon Sens* au *Figaro*, s'en prennent aux caricatures dont elles font l'objet. Toutes ne défendent pas le même point de vue. Certaines privilégient le terme d'« affranchissement », qu'elles souhaitent définitif, d'autres, comme Jeanne-Désirée Véret (connue plus tard comme Désirée Gay après son mariage en 1837 avec Jules Gay, disciple du socialiste anglais Robert Owen), celui d'« émancipation ». Elles cherchent à définir ce qu'est la liberté qu'elles entrevoient. « Liberté, égalité... C'est-à-dire libre et égale chance de développement pour nos facultés : voilà la conquête que nous avons à faire[2]. » Elles veulent se dégager d'une « nature » qui les assigne à la fonction domestique. Elles s'en prennent au despotisme du mariage, dénoncent la soumission qui les contraint, souhaitent qu'on ne les juge que sur leurs « œuvres » et mettent l'accent sur ce qui manque le plus aux femmes : l'instruction. De leur point de vue, il n'y a pas d'émancipation du peuple sans les femmes : « Reléguée dans le foyer domestique, la femme prolétaire sait plus que l'homme à quoi s'en tenir sur le chacun chez soi et la souveraineté du peuple ; les illusions politiques de liberté lui font cruellement sentir les serres de la gêne ou de la pauvreté dans l'intérieur de la famille. C'est là que s'est réfugié l'antique esclavage ! C'est là que le mariage est une lourde chaîne et la maternité un surcroît à ses soucis et à ses peines ! » Et l'auteure (Jeanne-Désirée Véret) ajoute cette notion toujours d'actualité au XXIe siècle : « C'est en affranchissant la femme qu'on affranchira le travailleur[3]. » La religion – le christianisme en particulier – est également débattue : croyantes, elles restent distantes à l'égard des Églises.

L'échec de l'émancipation des femmes engagées dans ce mouvement aboutira au mal-être de la plupart d'entre elles. Quelques saint-simoniennes ont exprimé leur déception dans leurs souvenirs, de

1 *La Femme libre. Apostolat des femmes*, « Appel aux femmes », n° 1.
2 *Ibid.*, n° 2.
3 *La Femme nouvelle*, n° 5, 8 octobre 1832.

Suzanne Voilquin (1801-1877) à Jeanne Deroin (1805-1894 ; voir *supra*, chapitre 3). Mais le drame a été révélé en 1833 par la jeune Claire Démar, qui, estimant ne pouvoir vivre libre, décida de se suicider à trente-quatre ans (voir *supra*, chapitre 5) – là encore, Benjamin a retenu son nom dans son *Livre des passages*. Avant de mourir, elle lance ce « cri d'affranchissement » : « Je dis que nous devons écouter avec respect et recueillement, sans possibilité de jugement ou de blâme, toute parole d'émancipation qui retentira, si étrange, si inouïe, je dirais même si révoltante qu'elle soit. Je vais plus avant, je soutiens que la parole de la FEMME RÉDEMPTEUR SERA UNE PAROLE SOUVERAINEMENT RÉVOLTANTE, car elle sera la plus large et conséquemment la plus satisfaisante à toute nature, à toute volonté[1]. » Mais ce « cri » ne sera pas entendu et l'épisode de la femme libre sera vite oublié : moment d'extravagance pour certains, l'expérience émancipatrice des saint-simoniennes sera effacée au profit des activités nobles des jeunes ingénieurs apôtres de la doctrine ; lesquels, à partir de 1834, se consacreront aux tâches de rénovation du tissu industriel et bancaire qui ont fait la réputation de ce mouvement d'exception[2].

Lors de la révolution de 1848, les femmes qui s'y engagèrent pleinement gardèrent d'ailleurs leurs distances – à la différence de leurs frères insurgés – à l'égard des années 1830, cherchant à oublier l'idée de la « femme libre », devenue à leurs yeux un obstacle à la conquête des droits communs. Et pourtant toutes avaient été saint-simoniennes ou proches des jeunes polytechniciens disciples de Saint-Simon. Il est vrai que l'extraordinaire avancée de la liberté réelle n'était pas reconnue par une République dont l'universalité se conjuguait au masculin et où la liberté pensée possible pour les femmes, en tant que catégorie minorée, ne pouvait qu'excéder la mémoire des quarante-huitardes, pourtant tellement attachées à se faire entendre. En ce temps, l'universalité des droits, assise sur un principe historiquement construit, se rapportait entièrement à un unique référent, au point que la diversité des composantes de l'humanité lui restait étrangère. Mais, de fait, le lien entre universel et particulier, au sens où l'entendaient les libéraux du temps,

1 Claire DÉMAR, « Ma loi d'avenir » (1833), *L'Affranchissement des femmes*, Payot, Paris, 1976, p. 66-67, <url.ca/nidg6> (rééd. Albin Michel, Paris, 2001 ; en majuscules dans l'original). Voir également Christine PLANTÉ, *Les Saint-simoniennes ou la quête d'une identité impossible à travers l'écriture à la première personne*, thèse de lettres, Paris-3, 1993 ; et « La parole souverainement révoltante de Claire Démar », *in* Alain CORBIN, Jacqueline LALOUETTE et Michèle RIOT-SARCEY (dir.), *Femmes dans la cité, 1815-1871*, Créaphis, Grâne, 1997.

2 Voir Antoine PICON, *Les Saint-simoniens. Raison, imaginaire et utopie*, Belin, Paris, 2002.

semble ne s'être appliqué qu'aux hommes jugés vraiment libres – une liberté réservée à ceux qui étaient en capacité de gouverner les autres.

À partir des années 1970, les écrits des saint-simoniennes ont fait l'objet de travaux universitaires dont la diversité et le nombre surprennent[1] : en Europe, aux États-Unis et en Amérique latine, nombre de chercheur.e.s ont voulu dévoiler leur exceptionnelle modernité. Les années 1830 en France ont alors été érigées en moment fondateur du féminisme contemporain. Puis l'intérêt s'est tari. Reste que les saint-simoniennes peuvent en effet être regardées comme des pionnières, car elles disent la force que leur donne l'espoir d'une vie nouvelle, à la manière de la jeune philosophe « féministe[2] » anglaise Mary Wollstonecraft (1759-1797), qui définissait l'universelle liberté dont la Révolution française était porteuse, sans exclusion aucune. Dans ce rapport entre principe et réalité, leur propos apparaît radical et renvoie à un possible non advenu situé au cœur de l'histoire en mouvement. Or, dans la continuité du cours du temps, en décalage avec les visions républicaines ou socialistes traditionnelles (comme celles de Saint-Simon ou Guizot), la liberté des femmes s'efface et se dilue dans une philosophie du progrès qui ne les comprend pas.

Pendant ce temps, les héritiers de la Révolution partisans de sa clôture, de Thiers à Guizot, vont s'évertuer à reconstituer le cours normal de l'histoire en gommant toute trace de l'esprit de liberté qui n'a cessé de réveiller les passions démocratiques du monde du travail, au fil de la longue série de grèves et d'insurrections entre 1830 et 1834, puis en 1840. La fabrique de l'histoire continue de se développer à travers les interprétations des vainqueurs de la Révolution française qui se veulent les seuls interprètes, mais aussi les seuls héritiers, d'une révolution sociale dont ils souhaitent arrêter le cours[3]. Adolphe Thiers est de ceux-là.

Adolphe Thiers et la fabrique de l'histoire

Afin d'écarter les critiques à l'encontre de « Juillet », de ce qu'il nomme « quelques scènes de chouanneries », Thiers, alors député des Bouches-du-Rhône, expose ainsi en 1831 sa vision du gouvernement :

---

1 Voir la bibliographie dans Michèle RIOT-SARCEY, *La Démocratie à l'épreuve des femmes*, *op. cit.*

2 Le mot n'existait pas alors, d'où les guillemets. Il n'accède au sens commun qu'en 1880 (le néologisme est inventé en 1872 par Alexandre Dumas fils et au sens péjoratif du terme, équivalent de « femmelin » ; c'est Hubertine Auclert qui lui donne son sens subversif).

3 Voir l'analyse de Jeremy D. POPKIN, *Press, Revolution and Social Identities in France, 1830-1835*, Pennsylvania State University Press, Harrisburg, 2001.

« Pour faire cesser [les manifestations], il faut calmer, éteindre les passions. [...] C'est du temps qu'il faut, quand on n'a pas recours aux mesures violentes. [...] Il faut donc tout attendre du temps qui coûte, il est vrai, à l'impatience des hommes, mais qui seul dissout les partis, en leur montrant la vanité de leurs espérances, l'impuissance de leurs menées. [...] *Il n'y a point de répugnance que ce temps si bienfaisant n'efface*[1]. » L'homme politique donne ici une preuve remarquable de la maîtrise de la temporalité. Son aptitude à dominer les hommes se lit dans sa capacité à disposer du temps qu'il met au service d'un pouvoir en cours de constitution.

Dans ce texte, destiné à ses pairs plus qu'aux contemporains, l'interprétation de l'événement révolutionnaire consiste non pas à nier le fait, mais à en gommer les aspérités. Thiers rétablit ainsi le lien entre passé immédiat et présent en instituant une continuité, certes déstabilisée mais non encore défaite par les « Trois Glorieuses ». Il lui importe, tout d'abord, d'effacer l'idée de rupture par l'effet du temps. Mais, auparavant, il procède par dénégations successives des sujets révolutionnaires. Il commence par attribuer l'essentiel de la responsabilité du conflit à Charles X : « Il créa ce célèbre ministère du 8 août qui a fait les ordonnances, amené la révolution de Juillet et produit la monarchie de 1830[2]. » Ce détour rhétorique lui permet, en une phrase, de restituer au roi sa puissance en le faisant advenir comme seul sujet de l'événement. La révolution est ainsi réduite à une « crise de régime ». Cependant, la démonstration serait insuffisante si la royauté et la France n'étaient pas réconciliées afin d'assurer une légitimité à la nouvelle monarchie, issue des barricades comme le soulignait Heine[3]. Le peuple, objet de sollicitude, n'est que l'instrument de la France. Si Charles X fit un « coup d'État », explique Thiers, la « France fit une révolution [...] politique[4] » qui, par opposition à 1789, n'entraînait aucun bouleversement « social[5] ».

La séparation entre politique et social est désormais inscrite dans la pensée libérale et devient le credo de toutes les autorités politiques en accédant au *sens commun*. Peu à peu, au fil de la démonstration, le

1 Adolphe Thiers, *La Monarchie de 1830*, Alexandre Mesnier, Paris, 1831, p. 85 (c'est moi qui souligne).

2 *Ibid.*, p. 10.

3 Voir Heinrich Heine, *De la France*, *op. cit.*

4 Adolphe Thiers, *La Monarchie de 1830*, *op. cit.*, p. 11.

5 *Ibid.*, p. 4. Notons la modernité de la pensée de Thiers, capable de distinguer la révolution sociale de la révolution politique. Distinction dont la signification restera identique jusqu'à aujourd'hui : le politique est désormais synonyme de la politique et le social se rapporte aux conditions de chaque classe au sein d'une société régie par la politique. Sans interférence d'aucune sorte.

peuple sort du réel pour n'être plus qu'une métaphore : « Paris a fait la révolution de Juillet, Paris, c'est-à-dire toutes les classes de la capitale. [...] Parce que Paris et la France ne faisaient qu'un dans le moment[1]. » Cet effacement du peuple ouvrier, sujet de sa propre cause, est, selon Thiers, dans l'ordre naturel du politique où le sens des mots ne peut être énoncé que par des individus ou des collectifs appartenant au monde libre. Or le peuple ouvrier reste étranger à ce monde. Mais, en tant que menace potentielle, il doit être écarté. Aussi Thiers éprouve-t-il le besoin de donner une signification à l'événement en écartant toute autre interprétation. Car l'événement dans sa dimension réellement politique introduit une faille au sein de laquelle les enjeux sont lisibles à travers les interprétations contradictoires, et ce jusqu'au triomphe, à l'issue du conflit, du mode de pensée devenu commun (voir *infra*, postface). C'est pourquoi Thiers juge nécessaire de remettre chacun à la place qui lui est assignée : « Le peuple, par son ardeur naturelle, est toujours assez disposé à la révolte contre le gouvernement. Mais pour oser s'y livrer, il a besoin de recevoir le signal de la classe moyenne ; ce qui fait que le sort de tous les gouvernements est dans cette classe, c'est-à-dire dans l'opinion[2]. » On ne peut être plus clair et, nous le savons, l'ensemble de cette construction fut largement partagé par les autorités de l'époque, dont la finalité avait pour objet de placer le peuple en position d'extériorité par rapport à l'opinion commune, malgré les protestations véhémentes de journalistes comme Armand Carrel ou de sociétés comme celle des Amis du peuple[3].

L'espoir semble tari. L'énergie révolutionnaire s'est apaisée sous les coups et les anathèmes. La mémoire s'enfuit et les esprits s'assombrissent. La distance apparaît béante, car un temps infini s'est écoulé entre février 1848 et mai 1849. Un autre monde se dessine, différent, et s'installe peu à peu dans le creux des « illusions utopiques » des décennies précédentes. Et pourtant, l'esprit de 1848 subsiste.

1 Adolphe Thiers, *La Monarchie de 1830, op. cit.*, p. 37.
2 *Ibid.*, p. 16.
3 Voir Jean-Claude Caron, « La Société des amis du peuple », *Romantisme*, n° 28-29, 1980, p. 169-180.

Troisième partie

La liberté exclusive

Chapitre 10
Que reste-t-il de l'esprit de 1848 ?

« Comment ! Le gouvernement provisoire et l'Assemblée, la tradition glorieuse, l'inspiration du peuple dans les moments sublimes et l'esprit de nos lois proclament la justice dans les rapports des peuples ; la nation se fait république, c'est-à-dire personnalité vivante, responsable de ses actes et de sa parole, et l'on voit les armées, les flottes, les décrets et le drapeau de la France marcher au renversement d'une république ! [...] De tels signes, Français, signifient : l'abdication de la France, la mort de l'initiatrice du monde. À un autre peuple donc, cette place sublime, car la justice ne mourra pas ! [...] Alors adieu France, il faut un nouveau monde[1]. » Tels sont les propos amers publiés à Paris en 1849 par l'utopiste chilien Francisco Bilbao (1823-1865), qui repartira très vite dans son pays en espérant y retrouver, sur sa terre libérée de la tutelle espagnole, l'esprit de 1848 ; il y apportera, on l'a vu, une copie de *La Liberté guidant le peuple* de Delacroix, afin de garder l'élan de 1830, dont le peintre lui-même avait fait le deuil lors de l'insurrection de Juin, qu'il ne comprenait pas.

De fait, après le massacre des insurgés de juin 1848, le débarquement de l'armée de la République française à Civitavecchia en avril 1849 apparaît bien comme le symptôme de l'échec de l'esprit de liberté d'où avait émergé la République victorieuse de Février. C'est en effet le général Victor Oudinot (1793-1863), au nom de la France républicaine, qui rétablit le pape Pie IX dans ses prérogatives temporelles. La mise en accusation de Louis Napoléon Bonaparte par Ledru-Rollin, en juin 1849, les manifestations de rue orchestrées par les députés de la Montagne, sans doute trop tardives, n'y feront rien. Paris en état de siège, les arrestations, la répression, l'exil pour la plupart des républicains de la veille : tout cela permet alors au général – soutenu par Bonaparte, président de la République – de proclamer la fin de la République romaine le 14 juillet 1849. L'ombre du 2 décembre plane déjà sur la France.

---

1 Francisco Bilbao, *La Tribune des peuples*, 1re année, n° 50, 4 mai 1849.

L'adieu de Bilbao symbolise l'effacement du « Paris, capitale de l'insurrection[1] » : le guide révolutionnaire n'est plus et les empreintes s'estompent si vite qu'elles ne subsistent que dans quelques œuvres d'artistes, eux-mêmes sous l'emprise du choc de la répression sanglante de Juin.

La « dangerosité » des classes laborieuses

L'oubli des espérances est si rapide que quelques quarante-huitards ont recours à l'écrit en espérant laisser des traces de leur expérience ; parmi ceux-ci, Gustave Lefrançais (1826-1901) qui, après la fermeture de la Commission du Luxembourg, tenta en vain d'en regrouper les associations. Dès 1849, il exprime lui aussi, en termes caustiques, son désarroi. Tout espoir n'est cependant pas perdu à ceux qui savent compter sur la mémoire vigilante des insoumis. Dans les colonnes du *Républicain rouge* – journal socialiste, défenseur du droit au travail, de l'instruction gratuite commune et obligatoire pour tous, des associations ouvrières, de l'armée démocratisée, de la liberté sans entraves et de la république démocratique et sociale –, il expose ses vues : « Voilà, citoyens, ce que veulent les socialistes, ces hommes qu'on vous a peints sous de si noires couleurs, qu'on vous a présentés comme les êtres les plus dangereux de la société, ne demandant que le vol, le pillage et le meurtre. Ce sont les mêmes hommes qui en février avaient pardonné à leurs ennemis, avaient aboli l'échafaud et le carcan, comme déshonorants pour une société civilisée ; ce sont eux que les républicains *modérés et honnêtes*, c'est-à-dire ce ramassis d'usuriers, d'exploiteurs de tous les temps, de traîtres à leur pays, ont fusillés en juin, emprisonnés sur les pontons et auxquels on a fait endurer les plus cruels tourments. [...] Vive la république démocratique et sociale[2] ! » La charge contre les républicains « modérés » est sévère, mais digne de la déception d'un socialiste.

Instituteur athée, libre de toute tutelle, hostile à tout ce qui ressemble à un dogme, Gustave Lefrançais garde un esprit sarcastique ; quand il pose un regard sur la réalité, il n'épargne personne : républicains du lendemain comme républicains tout court. Arrivé tardivement à Paris, il fonde, dès 1849, l'association des instituteurs et des institutrices avec Pauline Roland et Jeanne Deroin. Sans concession à

---

1 Titre d'un colloque organisé à Paris par Jean-Claude Caron, les 6 et 7 septembre 2012 : Jean-Claude Caron (dir.), *Paris, l'insurrection capitale*, Champ Vallon, Ceyzérieu, 2015.

2 Gustave Lefrançais, « La soupe du militaire. Un socialiste à l'armée », *Le Républicain rouge. Drapeau de la démocratie*, mai 1849, <ur1.ca/nidk9> (cinq numéros seulement de ce mensuel paraîtront, de janvier à mai 1849).

l'égard des modérés, il ne conçoit leur association en faveur d'une large diffusion du savoir que socialiste[1]. Il est si attaché à l'idée, plus qu'au parti – il n'adhérera à aucun mouvement –, qu'il tient à l'exposer dans les colonnes du *Républicain rouge*.

Bientôt, il n'en sera question qu'à propos de l'organisation de la classe ouvrière. Le peuple alors défait de sa victoire de Février, anéanti par Juin, devra s'adapter à la révolution industrielle. Les socialistes débattront, s'opposeront les uns aux autres pour se retrouver, dans le temps court, dans une même organisation, mais à distance des masses. L'expérience de 1848, vite oubliée, éveillera ponctuellement la vigilance critique de quelques penseurs. Karl Marx le rappelle et s'y réfère dans son *Manifeste inaugural* de l'Association internationale des travailleurs, en 1864 (voir *infra*, chapitre 11).

La peur sociale fut si intense parmi les classes possédantes qu'elle devint le moteur du mouvement de dénégation des expériences de la liberté de toute une population. On s'efforça alors de ranger l'insurrection dans un éphémère et dommageable élan de révolte de la misère en ôtant toute conscience aux acteurs des insurrections – lesquels perdirent ainsi le statut de sujets de leur propre histoire – et en contrôlant étroitement les initiatives autonomes des associations. Le moment est désormais fixé dans l'histoire comme ayant été le jouet des théories utopistes. Les ouvrages des moralistes fustigeant la misère dès 1840 aideront à effacer les traces d'une liberté rêvée. *Les Mystères de Paris* d'Eugène Sue, certaines œuvres de Balzac, *Les Misères* de Victor Hugo, embryon des *Misérables*[2], tous ces romans resurgissent en écho à la dénonciation et à la diffusion nostalgique d'une réinvention d'un Paris misérable devenu espace d'une expansion démographique infinie et lieu d'une criminalité irrépressible. Le peuple grouillant, sans âme, sans foi ni loi, parfois généreux, est apparenté à la canaille. En 1862, le baron Haussmann s'empressera d'ailleurs, dans un souci d'écarter tout retour de la tourmente de 1848, de démolir le « boulevard du Crime » – le boulevard du Temple, symbole à la fois d'un Paris vivant et d'un peuple riant, dont les nombreux théâtres se plaisaient à donner en spectacle des scènes de fiction populaire.

De juin 1848, il ne restera bientôt, dans les années 1860, que la description sinistre de la barricade Saint-Antoine par Victor Hugo :

---

1 Voir Gustave Lefrançais, *Souvenirs d'un révolutionnaire. De juin 1848 à la Commune*, 1886 (rééd. La Fabrique, Paris, 2013, p. 92).

2 Voir à ce propos l'ouvrage de Christophe Charle, *Discordance des temps. Une brève histoire de la modernité*, Armand Colin, Paris, 2011, p. 84.

« La barricade Saint-Antoine était monstrueuse. [...] Rien qu'à la voir on sentait dans le faubourg l'immense souffrance agonisante, arrivée à cette minute extrême où une détresse veut devenir une catastrophe. [...] Elle avait l'aspect lamentable de toutes les constructions de la haine, la ruine. [...] On y voyait, dans un pêle-mêle plein de désespoir, des chevrons de toits, des morceaux de mansardes avec leur papier peint, des châssis de fenêtres avec toutes leurs vitres plantés dans les décombres, attendant le canon, des cheminées descellées, des armoires, des tables, des bancs, un sens dessus dessous hurlant, et ces mille choses indigentes, rebuts même du mendiant, qui contiennent à la fois de la fureur et du néant. On eût dit que c'était le haillon d'un peuple, haillon de bois, de fer, de bronze, de pierre, et que le faubourg Saint-Antoine l'avait poussé là, à sa porte, d'un colossal coup de balai, faisant de sa misère sa barricade[1]. »

Le souvenir de la première moitié du XIXe siècle a ainsi été transmis aux historiens adeptes de l'histoire méthodique puis scientifique qui, à l'instar de Louis Chevalier (1911-2001), membre du Collège de France, retiennent des classes laborieuses leur dangerosité. Se situant au-delà des querelles entre démographes, disciples du quantitatif et historiens respectueux des traditions, dans la seconde édition de son livre *Classes laborieuses et classes dangereuses* en 1978, cet auteur, fort de son succès, se dit satisfait d'avoir contribué à l'écriture de cette histoire si méconnue : « En fait de crottin, je suis bien obligé de constater – pour m'en réjouir d'ailleurs – que l'un des effets les plus heureux de ce livre a été d'apporter du fumier à quelques terres seigneuriales, d'engraisser quelques romans sur cette terrible première moitié du XIXe siècle, [...] dans la ligne des *Misérables*[2]. »

Baudelaire, Flaubert, Courbet : l'art révélateur de l'oubli

Deux grandes figures de la littérature furent sans aucun doute des exceptions dans le monde d'après la révolution qui globalement participa à l'effacement puis à l'oubli de l'esprit de liberté qui avait été à l'origine de l'insurrection. Le chercheur allemand Dolf Oehler, dans son ouvrage *Le Spleen contre l'oubli*, en a rendu compte : « Les deux victimes littéraires les plus éminentes du refoulement de Juin sont en même temps les figures emblématiques de la modernité littéraire :

1 Victor HUGO, *Les Misérables*, tome 2, Librairie générale française, Paris, 1985-1998, p. 1579-1581 (conçu avant 1848, le roman a été publié en deux tomes en 1862).

2 Louis CHEVALIER, *Classes laborieuses et classes dangereuses à Paris pendant la première moitié du XXIe siècle*, Plon, Paris, 1958 (préface à la deuxième édition, coll « Pluriel », Paris, 1978).

Baudelaire, considéré aujourd'hui comme le fondateur de la poésie moderne, et Flaubert, comme celui du roman moderne[1]. » Baudelaire (1821-1867), actif en février et juin, singulièrement n'oubliera pas la tourmente sanglante de 1848. Hostile au progrès, d'où émane la catastrophe d'une production de marchandises fétiches qui transforme les individus en multitude sans âme, il cherche dans sa poésie à retrouver le Paris perdu[2] et à restituer la mémoire de l'expérience vécue (« Assommons les pauvres », « Le mauvais vitrier »[3]). Quant à Gustave Flaubert (1821-1880), il retrouvera, dans l'écriture de *L'Éducation sentimentale* (1869), malgré son absence de Paris en juin 1848, la trace du désastre à travers l'errance de Frédéric dans le Paris dévasté, capitale de l'insurrection[4].

Gustave Courbet (1819-1877), tout autrement, se mêle « fort peu de politique » mais il a choisi de « faire la guerre de l'intelligence »[5]. Il plonge dans la réalité de 1848 et semble ne jamais pouvoir oublier ce moment où l'événement ne peut même plus être fixé dans une expression quelconque, picturale ou narrative, tant la violence sociale est insupportable. Il l'écrit dans sa correspondance : « Nous sommes dans une guerre civile terrible, tout cela faute de bien s'entendre et par incertitude. Les insurgés se battent comme des lions car ils sont fusillés quand ils sont pris. [...] C'est le spectacle le plus désolant qu'il soit possible d'imaginer. Je crois qu'il ne s'est jamais rien passé en France de semblable, pas même la Saint-Barthélemy[6]. »

Le peintre, après 1848, rompt avec la peinture de « fiction » historique de ses prédécesseurs. Après avoir saisi la vie des hommes ordinaires dans *Une après-dînée à Ornans* (1849), il se consacre entièrement à *Un enterrement à Ornans* (1849-1850) dont l'« allégorie réelle » – dit-il – s'achève avec *L'Atelier du peintre* (1855). Ces deux tableaux

---

1 Dolf Oehler, *Le Spleen contre l'oubli, Juin 1848. Baudelaire, Flaubert, Heine, Herzen*, Payot, Paris, 1996, p. 15.

2 Voir en particulier son poème « Le Cygne » : « Je pense aux matelots oubliés dans une île/Aux captifs, aux vaincus, à bien d'autres encor ! » (*Les Fleurs du mal*, « Tableaux parisiens », 1861, *in Œuvres complètes*, Gallimard, « La Pléiade », Paris, 1961, p. 81).

3 Voir Dolf Oehler, *Le Spleen contre l'oubli, Juin 1848*, *op. cit.*

4 Flaubert décrit dans son roman l'errance de Frédéric de retour à Paris après le massacre de juin 1848 : « Le Panthéon [est alors] transformé en dépôt de cadavres » ; « L'émeute était vaincue, ou à peu près, [...] alors les bourgeois poussèrent des cris d'enthousiasme » (*L'Éducation sentimentale, op. cit.*, p. 445-447).

5 Gustave Courbet, lettres à ses parents, mars et juin 1848 (*Correspondance de Courbet*, texte établi et présenté par Petra Ten-Doesschate Chu, Flammarion, Paris, 1996. p. 72 et 76).

6 *Ibid.*, p. 76.

bouleversants, « aux tendances désastreuses » selon les autorités esthétiques du moment qui refusent de les présenter à l'Exposition universelle de 1855, font resurgir la catastrophe et l'échec cinglant des espoirs. Au fait de l'actualité, Courbet n'a jamais abandonné la peinture, même au plus fort des événements. Dans sa correspondance, il dit peindre comme un forcené tout en incitant ses parents à élire de vrais républicains. Après le traumatisme de Juin, hanté par la mort, de retour à Ornans, il travaille sans relâche à son *Enterrement* : cinquante personnages, tous en costume, grandeur nature, avec paysage et ciel pour fond, en l'absence de toute expression de deuil sur le visage des « officiels » ; l'émotion est à peine figurée, simplement retenue par les mouchoirs des femmes d'Ornans ; froidement, densément, il représente une cérémonie mortuaire dont les personnages semblent plus grands, plus hauts que les falaises en arrière du tableau. Les modèles sont les villageois qui tous ont voulu poser pour le peintre. Des gens ordinaires deviennent tout à coup sujets historiques et c'est ce qui crée le scandale. L'absence de perspective ajoute à la froideur de la cérémonie. La tête de mort au pied de la tombe, allégorie du désespoir d'une humanité « brisée, fissurée, divisée[1] », figure la ruine d'un monde qui fut un moment mais qui n'est plus.

En décembre 1861, il écrit que la peinture d'histoire ne peut être qu'une action presque banale : « Aucune époque ne saurait être reproduite que par ses propres artistes, je veux dire que par les artistes qui ont vécu en elle. Je tiens les artistes d'un siècle pour radicalement incompétents à reproduire les choses d'un siècle précédent ou futur, autrement dit à peindre le passé ou l'avenir. C'est en ce sens que je nie l'art historique appliqué au passé. L'art historique est par essence contemporain. Chaque époque doit avoir ses artistes qui la reproduisent pour l'avenir. Une époque qui n'a pas su s'exprimer par ses propres artistes n'a pas droit à être exprimée par des artistes ultérieurs. Ce serait la falsification de l'histoire[2]. » Dès mars 1848, il avait mis en acte une pensée qui n'était pas encore formulée en ces termes, en interprétant à sa manière *La Liberté guidant le peuple* de Delacroix, au frontispice du second (et dernier) numéro du journal créé par Charles Baudelaire, l'écrivain Champfleury et le linguiste Charles Toubin, *Le Salut public* : directement, sans autre forme de symbole, il y figurait sur une barricade

1 Youssef Ishaghpour, *Le Portrait de l'artiste dans son atelier*, Circé, Paris, 2011, p. 16-17.

2 Gustave Courbet, « Aux jeunes artistes de Paris », 25 décembre 1861 (*Correspondance*, *op. cit.*, p. 183).

un homme muni d'un fusil et d'un drapeau sur lequel on pouvait lire : « La voix de Dieu, la voix du peuple[1]. »

Comme l'écrit très justement Youssef Ishaghpour, la peinture de Courbet est l'expression de l'« historicité du présent[2] », une « allégorie réelle déterminant une phase de sept années de ma vie artistique (et morale) » comme il a sous-titré lui-même son *Atelier du peintre*. Février fut pour lui la condition de production de sa peinture à laquelle le public accède enfin : « Sans la révolution de Février, on n'aurait jamais vu ma peinture », écrira le peintre en 1868 ; révolution dont l'échec, à ses yeux, a déterminé l'avenir[3]. La mort associée à l'événement le préoccupe jusque dans le carnaval d'Ornans : tout en travaillant à son *Enterrement*, il participe à ce carnaval, à l'issue duquel, respectant la tradition, on brûle celui qui a « dit la vérité ». Ce jour-là, Courbet avait « rempli le rôle du Pierrot de la mort[4] ».

Étonnante toile que cet *Enterrement*, sans grâce, regroupant des spécimens de la population en costume, presque déguisés, à l'exception des personnages historiques vivants que sont les deux personnages de 1793, au bord de la tombe – ceux-là ne sont pas réels mais peints afin que « l'imaginaire [devienne] le pouvoir d'imaginer le réel[5] ». Enterrement de la République, comme l'a écrit l'historien Jean-Luc Mayaud[6] ? De manière plus emblématique encore, il pourrait s'agir d'une représentation d'hommes et de femmes aux expressions singulièrement étrangères à la cérémonie, marchant lentement vers l'abîme du futur au ras duquel est déposé le crâne, allégorie de l'histoire qui s'en va. Faisant fi du cercueil, tous semblent se diriger vers les personnages de 1793, debout au bord du trou, dont l'un avec la main droite parle au passé. Ou à l'histoire ? Comme si une partie du cortège populaire s'arrogeait le droit de demander des comptes à ce passé qui s'en va...

Outre le fossoyeur, ouvrier genou à terre dont le buste est dressé hors de la scène macabre, deux êtres semblent cependant s'extraire de la cérémonie mortuaire, d'un genre si surprenant que l'homélie est dite devant le vide tandis que le cercueil n'a pas encore atteint sa destinée.

1 Voir cette gravure sur la version numérisée du *Salut public* disponible sur Gallica, <ur1.ca/ntr9d>.

2 Youssef ISHAGHPOUR, *Le Portrait de l'artiste dans son atelier*, *op. cit.*, p. 18.

3 Gustave COURBET, « À Jules Castagnary », Ornans, 17 octobre 1868 (*Correspondance*, *op. cit.*, p. 306).

4 Gustave COURBET, « À Champfleury », Ornans, février-mars 1850 (*Correspondance*, *op. cit.*, p. 87).

5 Youssef ISHAGHPOUR, *Le Portrait de l'artiste dans son atelier*, *op. cit.*, p. 93.

6 Jean-Luc MAYAUD, *Courbet, l'*Enterrement à Ornans *: un tombeau pour la République*, La Boutique de l'histoire éditions, Paris, 1999.

Un enfant de chœur détourne son regard de la scène : profondément triste, il semble s'échapper et son visage tourné vers l'extérieur nous entraîne au-delà de cette terre absente du présent. Mais c'est surtout la présence incongrue du chien qui esquive la cérémonie macabre : planté sur ses quatre pattes, tout à sa nature animale, il incite le spectateur à se réfugier vers l'ailleurs du devant du tableau. Il regarde le peintre, comme si l'instinct naturel permettait de se soustraire au drame et à l'innommable. La nature, qu'affectionne tout particulièrement Courbet, permet cette évasion : à peine imaginée dans l'enterrement, elle figure au centre de son *Atelier*, tel un sauvetage. Courbet n'enterre pas simplement le romantisme et la peinture d'histoire réenchantée, pas même la République, il enterre tout un monde de promesses qui n'a pas encore atteint le stade des illusions dans lesquelles elles vont être enfermées.

La fin des espoirs ? Certainement. Courbet achève de les détruire dans la partie gauche du tableau de *L'Atelier du peintre* : « L'autre monde trivial, le peuple, la misère, la pauvreté, la richesse, les exploités, les exploiteurs, les gens qui vivent de la mort. [...] C'est contre ce monde de la mort (toujours figuré par un crâne), cette historicité, que Courbet s'est installé, au centre de l'atelier, pour peindre la nature[1]. » Avec l'*Atelier*, Courbet s'installe devant la nature : le présent, absent à l'intérieur du cadre du tableau de l'*Enterrement*, retrouve sa place dans le monde des vivants : une nature peinte qui lui permet de fuir l'autre monde, responsable de la mort des rêves et de l'exécution de la liberté.

Les Misérables, une fiction romanesque au service de la continuité historique

L'enterrement du temps des illusions sera l'œuvre, à bien des égards remarquable, de Victor Hugo (1802-1885). Commencé en 1845, interrompu en 1848, *Les Misérables*, roman de la misère et de la « damnation sociale », est également prétexte à faire retour sur la première moitié du siècle. Malgré les affirmations du grand romancier, le jeune prodige qu'il était alors a vécu à l'écart des mouvements populaires. Il en a ignoré les expériences et l'idée d'un peuple laborieux aspirant à la liberté pour lui-même, lui est restée étrangère. *Les Misérables*, au pluriel, par le truchement d'un récit fascinant et inventif, vont se substituer aux sujets de l'histoire en conflit permanent

1 Youssef Ishaghpour, *Le Portrait de l'artiste dans son atelier*, *op. cit.*, p. 31-33. De nombreux historiens ont commenté ces deux tableaux (voir en particulier Christophe Charle, *Discordance des temps*, *op. cit.*, p. 195).

avec les puissants et devenir la fresque de référence où se dessine, à l'infini, la réalité historique des contemporains du Second Empire. Les historiens suivront les traces de ces misères parsemées d'illusions que surmontent des monarchies constitutionnelles pourtant incertaines. La fiction talentueuse recompose ainsi, tout en le respectant, ce que les historiens aiment à nommer le contexte : le mouvement de l'histoire des premières décennies est désormais scandé par des soubresauts discontinus qui ne font plus sens.

Victor Hugo, en exil lorsque son roman paraît en 1862, jouit alors d'une notoriété sans pareille. L'esprit de liberté qui animait les classes ouvrières des années 1830-1848 plonge dans l'obscurité du passé, tandis que la figure du poète est tout entière auréolée de son engagement irréductible contre « Napoléon le Petit ». On se souvient de ses prises de position, dès 1849, en faveur de l'instruction du peuple, comme de son opposition à la réforme de la législation électorale qui supprima de fait, le 31 mai 1850, le suffrage dit universel en subordonnant le droit de vote à l'obligation de résidence de trois ans dans un même lieu[1]. On se souvient aussi de son refus de l'amnistie en 1859, et nombre de ses contemporains ont déjà lu les *Châtiments* qui, dès leur publication en 1853, passaient clandestinement la frontière.

Victor Hugo, représentant élu en 1848, a choisi l'exil après le coup d'État de Louis Napoléon Bonaparte de décembre 1851. En conservateur soucieux du sort des plus démunis, dont il a désapprouvé l'insurrection de Juin, il est d'abord attaché à son image d'homme intègre : il se doit de faire retour sur son passé en lui donnant une forme de cohérence biographique. Légitimiste à l'époque de Louis XVIII, pair de France et familier de Louis-Philippe, devenu républicain, il est, plus que tout autre, préoccupé de son devenir dont l'engagement poétique reste inséparable d'une stature politique infaillible. Il nous offre un

1 Par cette loi « républicaine », une grande partie de l'électorat ouvrier, devenu paria, est ainsi empêchée d'exercer son droit. Mais, en 1848 déjà, l'orateur écrivain se réfère aux pauvres, aux misérables plutôt qu'aux travailleurs attentifs à leurs droits d'hommes libres : « Oui, la grande sagesse de cette révolution de Février qui, prenant pour base de la politique l'Évangile, institua le suffrage universel ; sa grande sagesse, et en même temps sa grande justice, ce ne fut pas seulement de confondre et de signifier dans l'exercice du même pouvoir souverain le bourgeois et le prolétaire ; ce fut d'aller chercher, dans l'accablement, dans le délaissement, dans l'abandon, dans cet abaissement qui conseille si mal, l'homme de désespoir et de lui dire : espère ! L'homme de colère et de lui dire : raisonne ! Le mendiant, comme on l'appelle, le vagabond, comme on l'appelle, le pauvre, l'indigent, le déshérité, le malheureux, le misérable, comme on l'appelle, et de le sacrer citoyen » (Victor HUGO, « Suffrage universel », Assemblée législative, 20 mai 1850, *in Écrits politiques*, LGF, Paris, 2001, p. 142).

roman où la figure de l'auteur est « omniprésente » et « inassignable »[1]. Tout en brouillant les cartes entre passé et présent, réalité et fiction, il dévoile, en le déployant, un sens de l'histoire suivant lequel le progrès irréversible impose une continuité à la fois dédaigneuse des effets sociaux et oublieuse de la liberté de ceux qui n'en disposent pas. C'est à partir de cette continuité que des générations entières seront ensuite formées.

Transformé en fatalité, le parcours de ces misérables qui ne sont plus maîtres de rien – tout juste savent-ils ce qu'ils font – évolue selon une forme de déterminisme historique placé sous la tutelle d'un Dieu omniprésent, seul responsable de la conduite du peuple. Les catastrophes du temps, pourtant créatrices des « enfers artificiels[2] » au cœur même de la civilisation, dont les pauvres sont les victimes, sont autant de nécessités qu'exige l'avènement inévitable du progrès. L'essentiel des considérations hugoliennes s'impose au large public qui s'empare du monde des *Misérables* à défaut de disposer d'une histoire récente des dernières décennies, tant la fracture de 1848 semble avoir emporté les événements immédiatement antérieurs.

Par ce geste d'écriture, Victor Hugo revisite le passé et repense les principaux événements avec le regard de ses personnages si vrais qu'ils imposent à l'histoire leur héroïsme au détriment de la liberté des hommes, dont les luttes apparaissent presque improbables en 1862. Le doute s'est installé entre réalité et fiction dans l'esprit du lecteur. Il lui est alors aisé de lui substituer les personnages du roman des *Misérables* dont il déplore, au présent, le sort peu enviable au temps de la révolution industrielle. Ainsi les espoirs du premier XIXe siècle en faveur de la liberté sociale et politique font place à un combat pour la survie d'une catégorie sociale victime de la fatalité historique d'un progrès triomphant devenu, sous le Second Empire, le fait incontournable.

L'invention « sublime » de l'histoire de la première moitié du XIXe siècle

Tout concourt à ancrer le roman dans la réalité de la Restauration et de la monarchie de Juillet. Deux années phares encadrent la fiction romanesque : 1817 et 1832. Rien ne manque à la vérité du temps, les anecdotes nous plongent dans l'esprit des contemporains davantage que ne le ferait la représentation d'une réalité sociale et politique. Ces repères concrets nous entraînent dans une histoire à rebours,

1 Guy Rosa, Notes générales, *in* Victor Hugo, *Les Misérables*, *op. cit.*, tome 2, p. 1956.
2 Propos de Victor Hugo, 1862, préface des *Misérables*.

telle une machine à remonter le temps. En 1817, le narrateur rassemble les faits marquants : de l'enquête sur cette fatale frégate *La Méduse*, qui fit la gloire de Géricault, aux lettres N grattées sur le monument du Louvre en passant par le pont d'Austerlitz débaptisé ; rien ne manque, pas même l'allusion aux faits des princes ou aux anniversaires dont l'histoire retient les dates : nous sommes effectivement un an après la mort de Mme de Staël, personnalité mémorable qui tint tête à Napoléon. Le temps de l'Empereur n'est plus, les grands bouleversements ont cessé, l'ordre est désormais restauré[1]. C'était aussi le temps, dit le narrateur, « de la lutte des Républiques de l'Amérique méridionale contre le roi d'Espagne, de Bolivar contre Morillo[2] ».

Au cœur même de ce bouillonnement historique surgissent et vivent les personnages de fiction qui parviennent à s'attacher le lecteur au point d'advenir dans l'histoire. À la fois « correction » et « dépassement du réel »[3], les héros appartiennent désormais au passé entièrement recomposé par l'auteur du siècle. Étonnant retournement de la création littéraire qui permet à Victor Hugo de réinventer un passé qu'il n'avait pu comprendre. Un passé où le destin des protagonistes est assujetti à la tutelle de l'autre : dépendant à la fois du devenir irréversible du progrès et de la main invisible de Dieu, ce grand autre, impossible à contourner. Dieu est là comme une présence absente dans le roman : celui qui guide à la fois le parcours des personnages, la voix du narrateur et l'écriture de l'auteur dont l'intrusion, par incise, pose l'observateur attentif et critique en témoin objectif de la scène historique.

Incarné parfois dans ses personnages, Marius et Gillenormand tout particulièrement – chacun détient une part de son autobiographie selon Guy Rosa –, Victor Hugo entremêle subtilement observations, récit réaliste, considérations sur l'époque, autant de points de vue nuancés sur les événements dont il entrelace la vie des personnages de fiction. Par la fusion de l'imaginaire au réel, la remémoration mise en œuvre par l'écrivain participe de la reconstruction du passé à travers ces figures dont le comportement introduit un effet de vérité qui renforce la crédibilité de leur existence passée : « L'identité de l'auteur, écrit Guy Rosa, se compromet autant qu'elle s'affiche dans plusieurs surprenants homonymes, [...] la construction d'un personnage autobiographique sous-jacent au texte achève l'opération. C'est

1 Victor HUGO, *Les Misérables*, *op. cit.*, tome 1, Livre troisième, « L'année 1817 », p. 177-178.

2 *Ibid.*, tome 1, Livre cinquième, « La descente », p. 277.

3 Guy ROSA, Notes générales, *Les Misérables*, *op. cit.*, tome 2, p. 1972.

une déconstruction[1], non seulement parce que l'auteur s'incarne dans un personnage, mais parce qu'il se distribue sur plusieurs – sans égard à l'âge, ni même au sexe...[2] »

Victor Hugo utilise toutes sortes de documents, « parfois aux limites du réel[3] ». Ainsi peut-il aisément séduire son lectorat par sa sincérité. Loin de sa terre natale, il cherche à retrouver le paysage, l'atmosphère de Paris qu'il a connue, insufflant un air de vérité par une note d'authenticité. « Quant à lui [l'auteur de ce livre], il ignore le Paris nouveau et il écrit avec le Paris ancien devant les yeux, dans une illusion qui lui est précieuse. C'est une douceur pour lui de rêver qu'il reste derrière lui quelque chose de ce qu'il voyait quand il était dans son pays, et que tout ne s'est pas évanoui[4]. » Et pourtant, Paris « n'est plus le même », « il n'a plus les mêmes environs ; la figure de ce qu'on pourrait appeler la vie circumparisienne a complètement changé depuis un demi-siècle ; où il y avait le coucou, il y a le wagon ; où il y avait la patache, il y a le bateau à vapeur ; on dit aujourd'hui Fécamp comme on disait Saint-Cloud. Le Paris de 1862 est une ville qui a la France pour banlieue »[5].

Victor Hugo situe sa fiction au présent d'une histoire en plein bouleversement. Il en accepte les événements quelles qu'en soient les conséquences. La révolution, bien que destructrice, ne peut être contestée. Irréversible, elle est inscrite dans l'histoire, celle du progrès. Elle est à la fois sa rançon et le « sacré de l'humanité[6] ». Mais elle n'est certainement plus la promesse d'une liberté inachevée. Elle est parce qu'elle devait être, comme aurait écrit le philosophe libéral Victor Cousin (1792-1867).

La révolution est autant grandeur qu'excès ; elle est le mouvement de l'histoire qui a bouleversé les mœurs, et les habitudes les plus ancrées dans la tradition s'en sont allées : « Il n'est pas rare aujourd'hui que le garçon bouvier se nomme Arthur, Alfred ou Alphonse, et que le vicomte – s'il y a encore des vicomtes – se nomme Thomas, Pierre ou Jacques. Ce déplacement qui met le nom "élégant" sur le plébéien et le nom campagnard sur l'aristocrate n'est autre chose qu'un remous d'égalité. L'irrésistible pénétration du souffle nouveau est là comme

1 Je dirais plutôt pour ma part une reconstruction fictive.
2 Guy Rosa, Notes générales, *ibid.*, « Images de l'auteur », p. 1956.
3 *Ibid.*, note 1, « Témoignages et documents », p. 1953.
4 Victor Hugo, *Les Misérables*, *op. cit.*, tome 1, Livre cinquième, « La chasse noire meute muette », p. 621.
5 *Ibid.*, Livre troisième, « L'année 1817 », p. 187-188.
6 *Ibid.*, Livre premier, « Un juste », parole du conventionnel, p. 71.

un tout. Sous cette discordance apparente, il y a une chose grande et profonde, la Révolution française[1]. » Mais une Révolution qui, selon un des personnages du roman, n'a pas encore pris la mesure de sa tâche au regard de la France d'autrefois dont l'auteur aime à rappeler qu'elle touche au passé de sa mère. Une Révolution qui doit tout englober et reprendre à son compte, en acceptant l'héritage de l'Ancien Régime : « La Révolution dont nous sommes les héritiers, doit avoir l'intelligence de tout. Attaquer le royalisme, c'est le contresens du libéralisme. [...] La France révolutionnaire manque de respect à la France historique, c'est-à-dire à sa mère, c'est-à-dire à elle-même[2]. » C'est pourquoi la Révolution est désormais terminée.

Et Victor Hugo ajoute, afin que ne subsiste aucune ambiguïté dans l'esprit du lecteur : « Dans le cours du récit, l'auteur de ce livre a trouvé sur son chemin ce moment curieux de l'histoire contemporaine ; il a dû jeter en passant un coup d'œil et retracer quelques-uns des linéaments singuliers de cette société aujourd'hui inconnue. Mais il le fait rapidement et sans aucune idée amère ou dérisoire. Des souvenirs affectueux et respectueux, car ils touchent à sa mère, l'attachent à ce passé. [...] Ce petit monde avait sa grandeur. On en peut sourire, mais on ne peut ni le mépriser ni le haïr. C'était la France d'autrefois[3]. »

En apparence, rien de critique : un simple constat, un respect des faits, rançon du progrès dont Victor Hugo retient l'irréversibilité. Mais le roman va beaucoup plus loin. À travers les détails, il éclaire le lecteur à l'aide de notes d'où émane une sensibilité qui suffit à rendre intelligible un rapport complexe à l'histoire. Par cet habile truchement, il expose le point de vue qui fut le sien jusqu'en 1848 : la Révolution, excessive dans ses formes, ne peut être acceptable en tant que rupture ; elle n'est que l'expression d'un mouvement nécessaire et doit revendiquer les bienfaits de l'héritage de l'Ancien Régime.

L'idée fera son chemin, à la suite d'Alexis de Tocqueville[4] : l'historien Augustin Cochin (1876-1916) la développera et son successeur François Furet (1927-1997), en 1989, en fera l'enjeu du bicentenaire de la Révolution française. Selon cette vision, le peuple mal préparé serait

---

1 *Ibid.*, Livre quatrième, « Confier, c'est quelquefois livrer », p. 229.

2 *Ibid.*, Livre troisième, p. 860.

3 *Ibid.*, p. 861.

4 « Pour moi, quand je considère que cette Révolution, qui a détruit tant d'institutions, d'idées, d'habitudes contraires à la liberté, en a d'autre part aboli tant d'autres dont celle-ci peut à peine se passer, j'incline à croire qu'accomplie par un despote, elle nous eût peut-être laissés moins impropres à devenir un jour une nation libre que faite au nom de la souveraineté du peuple et par lui » (Alexis DE TOCQUEVILLE, *L'Ancien Régime et la Révolution* (1856), Gallimard, coll. « Idées », Paris, 1967, p. 265, <ur1.ca/nidlh>).

devenu l'objet et l'instrument des idéologues : des jacobins d'abord, puis des utopistes. Établir une continuité entre l'Ancien Régime et la Révolution n'implique donc pas de refuser l'événement révolutionnaire, mais énonce une mise en garde contre les interprétations d'une Révolution inachevée au regard des promesses de liberté dont le peuple des démunis ne cesse de s'emparer.

On peut louer, comme le fait Victor Hugo, les grands hommes, mais il est difficile de négliger la part populaire dans le déclenchement de la Révolution. Et pourtant, de glissement en glissement au cours du XIXe siècle, l'idée d'une continuité agie par une force supérieure l'emporte sur la diversité des volontés et des espoirs ; une idéologie tout en nuances, qui permet de détourner l'attention par des énoncés parfois contradictoires. L'idéologie transparaît cependant nettement, par digression et toujours accompagnée de faits concrets parfaitement référencés : « Pour que la Révolution soit, il ne suffit pas que Montesquieu la pressente, que Diderot la prêche, que Beaumarchais l'annonce, que Condorcet la calcule, qu'Arouet la prépare, que Rousseau la prémédite ; il faut que Danton l'ose[1]. » Chez Hugo, le peuple est là, au soubassement de l'histoire, mais sublime. Et c'est ce qui donne au roman sa force téléologique, car il y détient le rôle historique d'une vérité à l'œuvre : « Faites de l'idée un tourbillon. Cette foule peut être sublimée. Sachons nous servir de ce vaste embrasement des principes et des vertus qui pétille, éclate et frisonne à certaines heures. Ces pieds nus, ces bras nus, ces haillons, ces ignorances, ces abjections, ces ténèbres peuvent être employés à la conquête de l'idéal. Regardez à travers le peuple et vous apercevrez la vérité[2]. » Un peuple qui n'est qu'instrument d'une histoire qu'il subit, à l'exception de Gavroche[3].

Hugo et le peuple au service du progrès

Au-delà des considérations contextuelles dont Hugo use à volonté, l'appréciation de la Révolution s'expose à travers la destinée de ses personnages. Ils sont tous dépendants d'une puissance supérieure dont ils reçoivent la vie ou la mort : l'évêque Bienvenu Myriel, Jean Valjean, Javert, Fantine, Cosette, les Thénardier, Marius – Gillenormand et Gavroche exceptés, sans aucun doute : l'un est un personnage anachronique, homme du XVIIIe siècle, l'autre un enfant qui n'accède pas à

1 Victor HUGO, *Les Misérables*, *op. cit.*, tome 1, troisième partie, Livre premier, « Paris étudié dans son atome », p. 816.

2 *Ibid.*, p. 817.

3 Voir Pierre LAFORGUE, *Gavroche. Études sur* Les Misérables, SEDES, Paris, 1994.

la vie d'adulte. Au-dessus d'eux tous plane en tout cas la toute-puissance de Dieu, qui les condamne ou les protège par la grâce de celui qui en a reçu les pouvoirs. Misérables ou sublimes, ils figurent le mode rêveur d'un temps où les illusions alimentaient les espoirs d'un peuple voué, malgré lui, au service du progrès.

Au cours des péripéties dont le récit de ces héros abonde, la Révolution en actes, non pas magnifiée par l'histoire, montre son vrai visage. Deux petites notes, en apparence anecdotiques, nous éclairent sur le point de vue de Victor Hugo. Lorsque Jean Valjean, *alias* « Monsieur Madeleine », se dénonce en 1823 afin de libérer Champmathieu accusé à tort d'être l'ancien forçat recherché par le policier Javert, le procédé de remémoration permet de resituer le premier procès inique intenté à Valjean, voleur de pain : « Tout y était, c'était le même appareil, la même heure de nuit, presque les mêmes faces de juges, de soldats et de spectateurs. Seulement, au-dessus de la tête du président, il y avait un crucifix, chose qui manquait aux tribunaux du temps de sa condamnation. Quand on l'avait jugé, Dieu était absent[1]. » Tout est dit : l'absence de Dieu en 1795, au moment du procès de Jean Valjean, explique l'excès et l'injustice dont il fut victime.

Mieux encore, en 1832, l'épisode de sa fuite à travers les égouts de Paris, portant Marius agonisant sur ses épaules, après l'échec dramatique de la barricade de Saint-Merry – où tous les héros « utopistes » viennent de mourir pour rien –, permet à Victor Hugo une longue digression sur les égouts et les différentes étapes de leur construction avec les ajustements nécessaires au cours des années, sans négliger les sacrifices des ouvriers ingénieurs qui ont laissé leur vie dans ce cloaque afin d'y restaurer l'hygiène défaillante. On y découvre, sous la forme d'une fine batiste, un reste des amours « aristocrates », au temps de l'Ancien Régime, de Marat, le héros pestiféré de la Révolution : un morceau de son linceul, seule richesse qu'il possédait : « De vieilles femmes avaient emmailloté, pour la tombe, dans ce lange où il y avait eu de la volupté, le tragique ami du peuple[2]. » Petite touche de fiction sans importance pour la compréhension de l'intrigue, mais si parlante au lecteur attentif aux misères humaines : non seulement la figure effrayante de la Révolution se trouve dans les égouts de Paris, mais elle y a entraîné un lambeau des fastes de l'aristocratie finissante. Qui pourrait

1 Victor HUGO, *Les Misérables*, *op. cit.*, tome 1, première partie, Livre septième, « L'affaire Champmathieu », p. 878.

2 *Ibid.*, tome 2, cinquième partie, Livre deuxième, « L'intestin de Léviathan », chapitre intitulé – et ça n'est pas anodin – « Détails ignorés », p. 1697.

ensuite invoquer cet « ami du peuple » qui a compromis, par sa barbarie, l'esprit même de la Révolution dont le sens était, selon Victor Hugo, le progrès voulu par Dieu ? Le personnage du conventionnel lui-même n'échappe pas à la loi de Dieu : banni par la Restauration, mis hors la loi du monde d'après la Révolution, agonisant, il résiste apparemment à l'évêque, sauveur de Jean Valjean venu le visiter et l'assister dans ses derniers instants jusqu'à lui demander sa bénédiction. Et pour cause, le conventionnel vient de déclarer sa foi en l'« infini » qui est « Dieu »[1].

Chacun des personnages du roman parle la langue de la misère : Gavroche, Champmathieu, Fauchelevent, Jean Valjean, mais aussi tous ceux qui incarnent une fonction, de l'aubergiste au policier, de la prostituée à la portière[2]. Et à l'exception de Combeferre, un de ces utopistes de la société secrète de l'ABC, l'idée d'être libre leur est étrangère. Leur destin est tracé, quoi qu'ils fassent. Au mieux sont-ils guidés par la providence mais, à l'instar de Marius, leur choix est incertain voire aveugle[3]. Ce qui compte, c'est d'abord l'idée, celle du progrès qui peut aussi bien engendrer des catastrophes que des élans sublimes et patriotiques. Le peuple, au service du progrès autant qu'il est assujetti au triomphe de ce nouveau maître de l'histoire, est là comme entité abstraite. Il existe à travers un héroïsme admirable, individuel et collectif : Hugo l'aime et le flatte dans le don de soi censé le caractériser. Et pourtant, deux personnages seulement incarnent le monde des prolétaires, absent ou presque des *Misérables*, Fantine l'ouvrière, à la fois réprouvée et vaincue, et Feuilly l'utopiste, ouvrier éventailliste dont l'apparition dans le roman n'est que fugitive : « Orphelin de père et de mère qui gagnait péniblement trois francs par jour et qui n'avait qu'une pensée, délivrer le monde. Il avait une autre préoccupation encore : s'instruire. [...] Cet orphelin avait adopté les peuples. Sa mère lui manquant, [...] il avait médité sur la patrie. Il ne voulait pas qu'il y eût sur la terre un homme qui fût sans patrie. [...] Dans ce jeune cénacle d'utopistes, surtout occupé de la France, il représentait le dehors. Il avait pour spécialité la Grèce, la Pologne, la Hongrie, la Roumanie, l'Italie[4]. »

Car si Hugo, hostile à juin 1848, efface de sa mémoire la liberté émancipatrice, il se fait une haute idée du peuple. Non pas un peuple

---

1 *Ibid.*, tome 1, p. 76-77.

2 « Nul relativisme sceptique pourtant, car le livre prend parti. Non pour un langage transcendant, mais pour le langage double de la misère : celui réel des pauvres [...] et son envers idéal, le langage de la poésie, irréel parce que personne ne le parle et réel pourtant, à faire et non à employer » (Guy Rosa, *Les Misérables*, *op. cit.*, tome 2, notes générales. p. 1955).

3 *Les Misérables*, *op. cit.*, tome 1, p. 871.

4 *Ibid.*, p. 898-899.

en lutte pour sa liberté, mais un peuple désintéressé, capable de se sacrifier pour la patrie. L'idée d'émancipation est étrangère à sa relecture de l'histoire et l'ouvrier n'y existe que dans son « généreux élan[1] ». Victor Hugo salue le peuple de Paris en ces termes : « Le Parisien est au Français ce que l'Athénien est aux Grecs ; personne ne dort mieux que lui, personne n'est plus franchement frivole et paresseux que lui, [...] mais quand il y a de la gloire au bout, il est admirable de toute espèce de furie. Donnez-lui une pique, il fera le 10 août ; donnez-lui un fusil, vous aurez Austerlitz. Il est le point d'appui de Napoléon et la ressource de Danton. S'agit-il de la patrie ? Il s'enrôle ; s'agit-il de la liberté ? Il dépave[2]. » Point d'appui et ressource des grands, le peuple s'enrôle certes au service de la liberté de la nation et de la patrie, mais de la sienne propre il n'en est pas question, pour une raison simple : l'exploitation de la classe dominante peut être une faute, mais en aucun cas l'agent qui structure les relations sociales au fondement de la révolution industrielle. Car, pour Hugo, la classe bourgeoise n'existe pas, malgré ses erreurs : « On a voulu, à tort, faire de la bourgeoisie une classe. La bourgeoisie est tout simplement la portion contentée du peuple. Le bourgeois, c'est l'homme qui a maintenant le temps de s'asseoir. Une chaise n'est pas une caste. Mais pour vouloir s'asseoir trop tôt, on peut arrêter la marche même du genre humain. Cela a été souvent la faute de la bourgeoisie. On n'est pas une classe parce qu'on fait une faute. L'égoïsme n'est pas une des divisions de l'ordre social. [...] La halte, c'est la répartition des forces ; c'est le repos armé et éveillé. [...] C'est l'entre-deux de 1830 et de 1848. Ce que nous appelons combat peut aussi s'appeler progrès[3]. »

Aux yeux d'Hugo, le représentant de ce qui ne serait pas une classe est sans doute le roi Louis-Philippe, dont il trace un portrait aimable, voire altruiste, tout en nuances, correspondant assez bien à son point de vue d'avant : une sorte de réhabilitation de celui qui fut détrôné par les ouvriers parisiens en 1848. Pour lui, la monarchie de Juillet retrouve son sens historique en tant qu'héritière de l'Ancien Régime et de la Révolution, « dans ce mélange du noble et du bourgeois qui convenait à 1830[4] ». Et il range Louis-Philippe parmi les « gouvernants les plus illustres de l'histoire[5] ».

---

1 *Ibid.*, p. 227.
2 *Ibid.*, p. 197.
3 *Ibid.*, tome 2, p. 1124.
4 *Ibid.*, p. 1128.
5 *Ibid.*

Curieusement, l'anecdote la plus significative évoquée par Hugo en faveur du « bon roi » Louis-Philippe est placée hors du paragraphe consacré au « roi des barricades ». Elle illustre l'activité d'un gamin de Paris « plafond du genre humain », dont le mot fut imprimé pour la première fois en 1834, nous dit le narrateur : « Un soir d'été, Louis-Philippe, rentrant à pied, en vit un, tout petit, haut comme cela, qui suait et se haussait pour charbonner une poire gigantesque sur un des piliers de la grille de Neuilly ; le roi, avec cette bonhomie qui lui venait d'Henri IV, aida le gamin, acheva la poire, et donna un louis à l'enfant en lui disant : "La poire est aussi là-dessus"[1]. » Le caricaturiste Charles Philipon (1800-1862) a immortalisé cette « poire » ridiculisant le roi Louis-Philippe. Heine en a dressé un portrait correspondant davantage à l'opinion d'un peuple particulièrement hostile à ce monarque identifié aux lois de septembre qui bannissaient, entre autres, la liberté de la presse. Victor Hugo réconcilie ainsi le gamin de Paris – dont Gavroche représente l'impertinence par excellence – avec ce roi détrôné par les insurgés de 1848. Une manière non pas de déconstruire l'histoire, mais de la réécrire en la parsemant d'effets de réel dont l'illusion historique éclaire si bien l'ombre du passé qu'elle s'impose en offrant aux lecteurs des années 1860 une vision apaisée du temps des monarchies constitutionnelles.

Les révolutions de 1830 et 1848 ou les blancs du grand écrivain

Victor Hugo, notablement, fait l'impasse sur les deux révolutions qui ont marqué en France les premières décennies du siècle : 1830 et 1848. En dépit du talent qu'il déploie pour distinguer, à la manière de l'historien, l'émeute de la révolution, la révolution de l'insurrection, il ne s'attarde que sur l'événement de 1832 et la barricade de Saint-Merry pour la défense de laquelle meurt Gavroche. L'impasse sur les deux événements à la fois tragiques et mémorables s'explique logiquement par le point de vue de l'auteur. Discrètement, par l'absence, il gomme l'horizon des possibles qu'introduit une discontinuité propice aux insurgés, alors sujets éphémères de leur propre histoire. De fait, tout en séparant, dans son récit, la biographie de ses misérables des considérations sur la période dans laquelle il a choisi de les faire advenir, Victor Hugo rétablit la continuité défaite par la Révolution de 1789 et déstabilisée par les soulèvements ultérieurs. Nécessité d'autant plus

1 *Ibid.*, tome 1, p. 807.

impérative que l'esprit révolutionnaire ne cesse de resurgir dans l'espoir que s'accomplissent les promesses si longtemps différées.

Du point de vue de l'exilé, cette époque pleine d'illusions s'éloigne si bien des années 1860 qu'il est devenu possible d'en « saisir les lignes principales » : « La chute des Bourbons fut pleine de grandeur, non de leur côté, mais du côté de la nation. Eux quittèrent le trône avec gravité, mais sans autorité. [...] Ils furent dignes, mais ils ne furent pas augustes. [...] Le peuple, lui fut admirable. La nation [...] se défendit, se contint, remit les choses à leur place, le gouvernement dans la loi, les Bourbons dans l'exil, hélas ! Et s'arrêta. [...] Cette étrange révolution avait à peine été un choc ; elle n'avait pas même fait à la royauté vaincue l'honneur de la traiter en ennemie et de verser son sang. [...] La révolution de Juillet est le triomphe du droit terrassant le fait. Chose pleine de splendeur. Le droit terrassant le fait. De là l'éclat de la révolution de 1830, de là sa mansuétude aussi. Le droit qui triomphe n'a nul besoin d'être violent. Le droit c'est le juste et le vrai[1]. » La liberté au nom de laquelle les insurgés se révoltent, la place et le rôle des ouvriers dans l'insurrection, les revendications que ceux-ci ne cessent de brandir pendant et au cours des mois qui suivent l'échec de la révolution de 1830, il n'en est pas question. Victor Hugo reprend ici les thèses de Thiers et de Guizot sur le coup d'État de Charles X avec ses fameuses ordonnances. Le révolté en 1830, ça n'est pas le peuple, mais le roi, affirme-t-il[2].

En choisissant de s'attarder sur les deux années décisives qui ont vu le triomphe de la « résistance » sur le « mouvement »[3], Victor Hugo, rapidement il est vrai, tout en qualifiant les utopies d'illusions, n'en reconnaît pas moins le rôle prescient des hommes tels Saint-Simon et, dans une moindre mesure, Charles Fourier. Une phrase lui suffit pour évoquer la révolte des canuts, qu'il qualifie de « guerre servile[4] ». Et, malgré sa connaissance de la « banqueroute du peuple en 1830 », sa « détresse[5] », le peuple s'oublie lui-même dans le récit factuel dont l'auteur entoure l'intrigue d'un Marius désespéré se rendant aux barricades de 1832 sans vraiment savoir pourquoi. Sur les idées du temps,

1 *Ibid.*, tome 2, p. 1119-1121.

2 *Ibid.*, p. 1135.

3 « Résistance » et « mouvement » qualifiaient alors les deux courants politiques favorables à la monarchie de Juillet, mais tandis que les uns cherchaient à clore l'ère révolutionnaire, les autres auraient souhaité davantage de réformes afin d'éviter l'explosion sociale. Les tenants du mouvement sont toutefois très loin d'approuver les révoltes ouvrières qui ne cessent de se développer dans les premières années de cette même monarchie.

4 *Les Misérables*, *op. cit.*, tome 2, p. 1141.

5 *Ibid.*

Victor Hugo ne s'étend pas, bien qu'il se dise, tout comme Balzac, historien des mœurs, dont il reprend la définition, en moins pertinent[1].

Pour des raisons diverses, dit-il, il ne traitera pas à fond « des questions soulevées par le socialisme », mais s'agissant du communisme il est très clair : « Le communisme et la loi agraire croient résoudre [...] la répartition de la richesse. Ils se trompent. Leur répartition tue la production. Le partage égal abolit l'émulation. Et par conséquent le travail. C'est une répartition faite par le boucher, qui tue ce qu'il partage. Il est donc impossible de s'arrêter à ces prétendues solutions. Tuer la richesse, ce n'est pas la répartir[2]. » Quant à 1848, à l'exception de la description « monstrueuse » de la barricade de Saint-Antoine et l'allusion à celle du faubourg du Temple, il est bref mais formel. Il évite toute allusion à la révolution de Février : « Juin 1848 fut, hâtons-nous de le dire, un fait à part, et presque impossible à classer dans la philosophie de l'histoire. Tous les mots que nous venons de prononcer doivent être écartés quand il s'agit de cette émeute extraordinaire où l'on sentit la sainte anxiété du travail réclamant ses droits. Il fallut la combattre, et c'était le devoir, car elle attaquait la République. Mais au fond, que fut juin 1848 ? Une révolte du peuple contre lui-même[3]. »

Toute la philosophie de l'histoire de Victor Hugo est ici énoncée. Celui qui en saisit le sens détient les clés de l'avenir et les hommes n'en sont que les instruments. L'irrésistible ascension du progrès ne se réalise pas sans pertes, elle peut même engendrer des catastrophes. Le prix à payer, aussi lourd soit-il, ne peut être évité car « la vie politique du genre humain s'appelle le progrès[4] ». Le progrès est en quelque sorte le relais humain vers « le céleste et le divin ». Quoi qu'il advienne, « le progrès se réveille infailliblement. [...] De là des troubles ; mais après ces troubles, on reconnaît qu'il y a du chemin de fait. Jusqu'à ce que l'ordre, qui n'est autre chose que la paix universelle, soit établi, jusqu'à ce que l'harmonie et l'unité règnent, le progrès aura pour étapes les révolutions », un mal nécessaire dans la vie « permanente des peuples »[5].

Le sens de l'histoire cher à Victor Hugo apparaît pleinement dans sa vision de la bataille de Waterloo, dont il détourne l'issue en donnant

1 *Ibid.*, p. 1332-1333. Voir la définition donnée dans *Les Paysans* de Balzac : « L'historien des mœurs obéit à des lois plus dures que celles qui régissent l'historien des faits ; il doit rendre tout probable, même le vrai ; tandis que dans le domaine de l'histoire proprement dite, l'impossible est justifié par la raison qu'il est advenu » (*op. cit.*, p. 215).

2 *Les Misérables*, *op. cit.*, tome 2, p. 1139.

3 *Ibid.*, p. 1578-1579.

4 *Ibid.*, p. 1656.

5 *Ibid.*, p. 1657.

le dernier mot au destin. C'est lui le vainqueur de la bataille, c'est pourquoi Hugo choisit Cambronne comme expression dernière de la finalité d'un processus historique qui dépasse de très loin les belligérants[1]. Avec Victor Hugo, Waterloo sera plus célèbre qu'Austerlitz. Et le « merde » final appartient désormais à la France dans cette saillie reprise inlassablement par les admirateurs du grand homme : « Qu'est-ce que Waterloo ? Une victoire ? Non un quine[2]. Quine gagné par l'Europe, payé par la France[3]. » « Pour nous, Waterloo n'est que la date stupéfaite de la liberté. Qu'un tel aigle sorte d'un tel œuf, c'est à coup sûr l'inattendu[4]. »

Si juin 1848 est inclassable et, par conséquent, non intégrable au récit historique, les utopies, malgré le talent de ses promoteurs, sont rendues responsables des chimères qui influencèrent les émeutiers en ces temps « de mirages » aux couleurs chatoyantes[5]. Les affiliés à la société de l'ABC – société secrète, sorte de coterie – deviennent les principaux héros, avec Gavroche, de l'émeute de 1832. La tentative d'insurrection suit les funérailles du général Lamarque. Dans un espace partiellement imaginaire, avec ses personnages, Hugo reconstruit l'événement, il est probablement, nous dit Thomas Bouchet, historien de l'émeute de 1832, « celui qui, en 1862, imprime à la mémoire l'ultime empreinte tout en la faisant changer de sens[6] ». Étudiants, les membres de l'ABC se réunissaient dans le quartier Saint-Michel ; tous croyaient au progrès et, en ce sens, ils appartenaient à l'histoire. Bien que ce groupe fût, à bien des égards, remarquable, « il s'est évanoui dans les profondeurs invisibles qui sont derrière nous[7] ». Tous meurent en résistant derrière la barricade du quartier Saint-Merry. De fait, ils se sacrifient sur l'autel de l'histoire car l'utopie, quand elle devient « voie de fait », sait se servir de la mort[8]. Ce combat « sans espérance, et cette disparition stoïque, ils l'acceptent pour amener à ses splendides et suprêmes conséquences

---

1 « L'homme qui a gagné la bataille de Waterloo, c'est Cambronne. Cambronne trouve le mot de Waterloo, comme Rouget de l'Isle trouve *La Marseillaise*, par visitation du souffle d'en haut » (*Les Misérables*, *op. cit.*, tome 1, p. 479).

2 Jeu de hasard.

3 *Les Misérables*, *op. cit.*, tome 1, p. 482.

4 *Ibid.*, p. 486.

5 *Ibid.*, p. 891.

6 Thomas Bouchet, « Le cloître Saint-Merry (5-6 juin 1832), histoire d'un cheminement vers l'oubli (1832-1862) », *Revue d'histoire moderne et contemporaine*, vol. 47, n° 1, 2000. Voir également sa publication des mémoires de Charles Jeanne, *À cinq heures nous serons tous morts ! Sur la barricade de Saint-Merry, 5-6 juin 1832*, Vendémiaire, Paris, 2011.

7 *Les Misérables*, *op. cit.*, p. 893.

8 *Ibid.*, tome 2, p. 1658.

universelles le magnifique mouvement humain irrésistiblement commencé le 14 juillet 1789. Ces soldats sont des prêtres. La Révolution française est un geste de Dieu[1] ».

Sur ce quasi-suicide collectif, le dernier mot appartient à un des personnages à travers lequels Hugo se dit en partie : le vieux Gillenormand, grand-père de Marius, heureux d'avoir retrouvé son petit-fils vivant, sorti de cette tourmente par l'irremplaçable Jean Valjean : « Tu t'es fait arranger comme cela pour les beaux yeux du général Lamarque ! Qu'est-ce qu'il t'avait fait le général Lamarque ? Un sabreur ! Un bavard ! Se faire tuer pour un mort ! S'il n'y a pas de quoi rendre fou[2] ! » Sans doute, peut-être, Victor Hugo a-t-il été inspiré par les enquêtes des contemporains sur cet événement/résistance qui reste encore aujourd'hui une énigme. George Sand se souvient de la répression et du sang qui coulait de la morgue ; et Heinrich Heine rappelle la « fin modeste de ces grands inconnus, [qui] ne nous inspire pas seulement un sentiment douloureux, elle est aussi pour notre âme un encouragement, comme un témoignage que plusieurs milliers d'hommes que nous ne connaissons pas sont prêts à sacrifier leur vie à la cause sacrée de l'humanité[3] ». En privilégiant juin 1832, Victor Hugo n'a-t-il pas voulu, sans se dédire, rendre un hommage subliminal à juin 1848 dont le sens lui échappait ?

Ces *Misérables*, écrits pour tous les peuples, eurent en tout cas la réception attendue. Immédiatement traduits dans plusieurs langues, leur succès populaire, et au-delà, ne s'est jamais démenti. Après le silence et l'oubli de la révolution de 1848, en ces années 1860 Victor Hugo contribua, par son talent et par le respect dont il bénéficiait depuis son exil, à imposer sa lecture du passé de la première moitié du XIXe siècle. Ses personnages désormais vivants[4] prennent le pas sur les anonymes de 1831, 1832, 1834 – et *a fortiori* ceux de 1848. Les ouvriers absents du roman devront reconquérir une place nouvelle auprès d'un public oublieux. Exclus des combats révolutionnaires en vue d'obtenir leur liberté, mis à l'écart de l'apprentissage d'une république qui n'était plus la leur, il va leur falloir retrouver une place au sein d'un régime

1 *Ibid.*, p. 1659.

2 *Ibid.*, p. 1757.

3 Heinrich Heine, *De la France*, article IX, *op. cit.*, p. 156.

4 Gavroche tout particulièrement atteint une postérité exceptionnelle. En 2014, on pouvait ainsi lire dans un éditorial du journal *Libération* commentant la libération de Paris le 25 août 1944, sous la plume de Christophe Forcadi et de Laurent Joffrin : « En août 1944, les résistants et les forces françaises de l'intérieur (FFI) s'abattaient aux côtés des fantômes de Gavroche, Dumas, Blanqui ou Louise Michel », *Libération*, 23-24 août 2014.

dont la chose publique (*res publica*) s'est considérablement éloignée du système démocratique et social dont ils avaient rêvé.

Le socialisme reste une promesse pour certains et la république, dont l'apprentissage commence dès les années 1860, leur échappe. Toutes les expériences ouvrières qui contribuèrent à donner un sens au combat révolutionnaire ne figurent plus dans la philosophie de l'histoire qui dessine le consensus futur de la IIIe République. En 1860, en effet, le socialisme non seulement n'est plus d'actualité, mais il semble avoir perdu ses racines puisées dans les combats pour la liberté des premières décennies du siècle.

Chapitre 11

La fabrique de l'histoire ou la liberté sélective

Lorsque *Les Misérables* commencent à être lus et traduits en plusieurs langues, le monde change à l'image du Paris du Second Empire. Les traces des espaces révolutionnaires ne sont plus. L'Europe entière s'ordonne autour de la classe victorieuse en 1789, alors en pleine ascension. Elle regarde désormais vers l'autre monde à saisir, en consolidant son empire ou en le construisant. L'Allemagne s'achemine vers une unité ordonnée autour de la Prusse et l'Italie, malgré le pape, s'apprête à regrouper l'ensemble de la Péninsule. Quant au Royaume-Uni, en dépit des séquelles de la famine irlandaise, il s'installe dans sa suprématie industrielle. La France, depuis le coup d'État de Louis Napoléon Bonaparte du 2 décembre 1851, n'est plus inquiète : les paysans se disent satisfaits et la classe bourgeoisie, à la fois laborieuse et conquérante, savoure le plaisir des biens acquis, tandis que de sa vue s'éloignent les ouvriers dont elle se représente le quotidien dans une unité communautaire factice et réductrice, particulièrement dans les grands centres urbains. Une chose est sûre, la république sociale ne fait plus peur, parce qu'elle ne fait plus sens dans une République très incertaine. Non seulement sa signification sociale n'a plus cours, mais ses contours démocratiques s'estompent. Les républicains ont été profondément déstabilisés. Les auteurs des massacres de Juin, les modérés puis la Montagne sont, tour à tour, éliminés par les conservateurs de l'ordre.

Années 1850 et 1860 : les nantis sont rassurés

L'idée républicaine s'est délitée en perdant ses formes populaires et n'est plus qu'un simple moyen de gouvernement. De 1849 à 1851, en effet, dans le temps court de la République parlementaire précédant le coup d'État, les républicains sincères comme les légitimistes, indistinctement, se sont réclamés de ce régime consensuel pour faire barrage à l'ascension mutante du président de la République élu au suffrage dit universel. François Guizot, lui-même en exil, ne s'y retrouve pas dans cet imbroglio où la répression, l'appel au peuple, la référence à la République rivalisent dans l'entre-deux d'une gouvernance. Admirateur de Washington, l'ex-ministre de l'Instruction publique fuit le despotisme autant que la démocratie car, de son point de vue, « pas plus dans une république que dans une monarchie, pas plus dans une société démocratique que dans tout autre, on ne gouverne de bas en haut[1] ». Une majorité d'élus en est convaincue : on ne gouverne pas de bas en haut.

La guerre sociale n'est plus et le mot fraternité désigne désormais un esprit philanthrope ou plus simplement charitable. L'idée ne représente plus cette forme collective de solidarité que symbolisait la pratique associative ; tandis que la liberté n'est comprise que dans une déclinaison appropriée aux hommes capables de s'adapter à la civilisation nouvelle où l'argent circule et s'accumule dans quelques mains. En ce sens, l'égalité a perdu toute pertinence. L'idée concrète est cependant conservée sous l'aspect très spécifique de sa mise en œuvre électorale que contrôle étroitement le nouveau pouvoir. En bon stratège, celui-ci a su rétablir le droit contre la loi du 31 mai 1850 qui en limitait l'exercice[2]. En contrepartie, les femmes sont de moins en moins prises en considération dans l'élargissement de la sphère publique.

Et malgré l'extrême attention portée aux *Misérables*, en dépit de la réception attendrie de l'œuvre de Charles Dickens, le progrès, tout en semant une kyrielle de malheurs, gagne la totalité des esprits en imposant son sens à l'histoire. Certains d'appartenir à cette nouvelle modernité dont on découvre les bienfaits à travers la mode – mise à mal par Charles Baudelaire –, les contemporains nantis des années 1860 se sont en effet débarrassés de l'habit « social » qu'ils avaient revêtu pendant les décennies d'insécurité où la propriété semblait si mal assurée. Partout en Europe, les nantis semblent plus sereins, notamment dans l'Angleterre d'après 1848 ; les possesseurs d'un bien avaient tant redouté l'explosion sociale que l'ère des révolutions du XVIIIe siècle avait annoncée qu'ils retrouvent le bon usage de la morale puritaine...

L'ordre règne désormais et l'espace de tranquillité s'est considérablement élargi. Si on ne redoute plus la révolte des plus démunis,

---

1 François GUIZOT, *De la démocratie en France* (1849), Victor Masson, Paris, 1859, p. 29, <ur1.ca/nidm1>.

2 Loi républicaine qui excluait 3 millions d'électeurs ne répondant pas à l'obligation de résidence de trois ans dans un même lieu.

on plaint les malheureux. La traite négrière étant interdite, l'esclavage aboli, les paysans dépendants libérés en Russie, l'insurrection n'est plus à l'ordre du jour ; l'or de Californie aidant, la révolution tout court a fait place à la révolution industrielle, ferroviaire[1] et financière. À Paris, les classes les plus favorisées saluent les bouleversements architecturaux du préfet Haussmann en savourant l'éloignement des classes dangereuses de l'horizon des libertés qu'elles avaient su atteindre au cœur même des ruelles parisiennes. Cependant, si les grands travaux ont assaini l'air, détruit les petites rues sordides, propices aux barricades, éloigné les miasmes, ils ont également aidé à concentrer dans l'espace parisien un grand nombre d'ouvriers des métiers du bâtiment. Et, si progressivement une « ceinture rouge[2] » incomplète enserre Paris dans des limites étendues aux fortifications de 1841-1845, la ville, dotée de vingt arrondissements au lieu de douze, est encore le lieu de l'artisanat, dont les mêmes ouvriers – ou leurs pères – se sont manifestés au cours des différentes insurrections. Mais le « chaos » social a disparu et avec lui les idées et les pratiques subversives : « Ce chaos caché tantôt sous le mot démocratie, tantôt sous le mot égalité, tantôt sous le mot peuple, qui lui ouvre toutes les portes et abat devant elle tous les remparts de la société », écrit François Guizot, partisan du gouvernement des « capacités[3] ».

Et pourtant, dans cette civilisation du progrès, la misère ouvrière, si décriée dans les années 1840, est loin d'être éradiquée. Haussmann estimait, selon l'historien Alain Plessis, que le nombre de pauvres qu'il faudrait nourrir à la moindre cherté serait de 1 200 000, soit plus de 70 % de la population parisienne. Sans doute la misère est-elle plus palpable tant est grand le décalage entre les classes aisées qui affichent sans vergogne leur nouvelle fortune et les indigents toujours aussi nombreux. Les observateurs examinent alors l'état des quartiers ouvriers, l'habitat, l'hygiène et surtout les mœurs[4]. Les moralistes de toutes tendances s'intéressent à la concentration des fabriques. En 1861, Jules Simon, républicain d'opposition, en dénonce les excès. Il déplore les effets de l'exploitation de la main-d'œuvre sur le désordre des familles : « On voudrait se persuader que la misère est en effet vaincue ; on voudrait croire au moins qu'elle cède du terrain et qu'entre elle et nous, ce n'est

1 En 1851, on compte en France 3 248 km de lignes de chemin de fer ; et, en 1863, les principaux axes sont construits avec 16 465 km sur tout le réseau.

2 Expression empruntée à Jacques Rougerie.

3 François Guizot, *De la souveraineté en France*, *op. cit.*, p. 65.

4 Voir Giovanna Procacci, *Gouverner la misère. La question sociale en France (1789-1848)*, Seuil, Paris, 1993.

plus qu'une question de temps. Mais il y a dans notre organisation économique un vice terrible, qui est le générateur de la misère, et qu'il faut vaincre à tout prix si l'on ne veut pas périr, c'est la suppression de la vie de famille[1]. »

Le travail excessif et surtout le travail des femmes engendreraient selon lui une déstabilisation des mœurs particulièrement dommageable, et de rappeler les « éloquentes invectives » de Jules Michelet : « L'ouvrière ! Mot impie, sordide, qu'aucune langue n'eut jamais, qu'aucun temps n'aurait compris avant cet âge de fer, et qui balancerait, à lui seul, tous nos prétendus progrès[2] ! » Si l'artisanat et le petit commerce dominent dans la plupart des centres urbains, la classe laborieuse n'est plus la même. Au sein du peuple, plusieurs types de travailleurs se côtoient ou s'ignorent. Entre le prolétaire particulièrement démuni de la grande industrie lilloise – en poste de treize à quinze heures par jour –, la main-d'œuvre en grand nombre des fabricants de machines à vapeur – de Vaugirard aux Batignolles –, l'ouvrier métallurgique du Creusot, sous la surveillance constante d'une puissance patronale, l'ouvrier tisserand des campagnes et l'artisan fier de son métier ou le ciseleur proche de l'artiste, il n'y a guère de condition commune, si ce n'est une appartenance aux classes qui ne possèdent rien. Aucun de ces collectifs n'a obtenu la liberté contractuelle qu'ils réclament sous différentes formes depuis les années 1820. Un contrat que sollicitaient déjà les canuts lyonnais et que réitère, en 1853, le canut déjà évoqué Pierre Charnier (voir *supra*, chapitre 7) afin de rendre « au travail manuel la garantie dont il est privé en établissant l'équilibre des droits entre le commerce et le travail manuel[3] ». Mais l'idée même de contrat apparaît incongrue.

Si l'organisation du travail ou plutôt l'organisation des travailleurs – entrevue entre 1849 et 1850 – n'est plus une menace pour la société nouvelle, elle reste la forme de résistance à l'exploitation, sans toutefois être perçue comme telle par les classes dominantes. D'ailleurs, le 23 janvier 1860, *Le Siècle*, journal de l'opposition républicaine, oublieux des oppositions entre ouvriers et Louis Blanc, peut sous la plume de Léon Plée écrire à propos d'un de ses ouvrages : « Il croit encore au rajeunissement du monde par une organisation théorique *a priori* ; nous restons contre lui avec nos doctrines de liberté et de confiance dans l'individu créé complet par Dieu, à condition qu'il soit libre. Nous lui

1 Jules Simon, *L'Ouvrière*, Hachette, Paris, 1861, p. III, <url.ca/nidmk>.
2 *Ibid.*, p. IV.
3 Ludovic Frobert et Georges Sheridan, *Le Solitaire du ravin*, *op. cit.*, p. 303.

laissons ses idées sur la puissance virtuelle de l'association égalitaire, son inimitié de la bourgeoisie[1] et son enthousiasme pour d'autres classes qui, après tout, n'ont encore fait dans notre histoire que saluer tous les soleils levants ; [...] mais ce que nous partageons, [...] c'est sa certitude positive du progrès humain, à travers les événements, les catastrophes et les âges. » Inséparable de la catastrophe, le progrès lègue aux contemporains une foi inébranlable en un avenir meilleur. C'est pourquoi les observateurs avisés que sont les journalistes, les enquêteurs, les moralistes, les historiens du monde contemporain cherchent, non pas à enrayer la pauvreté – mal nécessaire, inévitable –, mais à saisir l'âme du peuple par-delà une conjoncture, certes malheureuse, mais estimée transitoire. Les observateurs se concentrent sur le comportement des miséreux, moyen d'en contourner l'aspect le plus visible dans certains quartiers urbains de la France laborieuse.

Anthime Corbon, un point de vue singulier sur le monde ouvrier

Anthime Corbon (1808-1891) s'en offusque. Ouvrier tisseur, typographe, collaborateur, en 1840 de *L'Atelier*, journal de Philippe Buchez (1796-1865), ex-saint-simonien, socialiste chrétien, élu à l'Assemblée constituante en 1848 puis à la législative en 1849, il s'étonne, comme s'était étonné Pierre Charnier à la lecture de l'ouvrage « philanthrope » d'un « idolâtre de l'industrie moderne », dont il contestait les enquêtes sur la condition ouvrière[2], d'y trouver des considérations si peu conformes à la réalité : « Les masses [agiraient] par instinct sans souci du lendemain[3]. » Comme si, entre misère indicible et sacrifice de soi, le monde ouvrier ne pouvait exister pour lui-même avec ses idées propres. Victime d'un destin, il est écarté du monde où la liberté fait loi. Éloigné de la société qui compte, on ne l'entend plus. On préfère en imaginer le comportement irrationnel. « Mais, écrit Anthime Corbon dans son livre *Le Secret du peuple de Paris*, publié en 1863, la vérité est, dans la plupart des cas, qu'au lieu de demander avec sollicitude à la foule la raison véritable de sa manifestation, on lui en prête une plus ou moins fausse. Ce sont souvent des hommes étrangers au peuple,

1 Tout comme George Sand, Louis Blanc a pourtant toujours dit, dès les années 1840, dans le journal *La Réforme* en particulier, que le rôle de la bourgeoisie était de guider le peuple.

2 Armand Audiganne, *Les Populations ouvrières et les industries de la France*, Capelle, Paris, 1860, <url.ca/nidob>.

3 Déjà Jules Michelet écrivait en 1846 : « L'homme du peuple, c'est surtout l'homme d'instinct et d'action » (Jules Michelet, *Le Peuple*, Flammarion, Paris, 1974, p. 147).

et n'ayant pas le secret de son émotion, qui font, pendant ou après la manifestation, le mot qui lui servira d'étiquette ; puis selon cette étiquette, les partis broderont chacun selon son tempérament[1]. »

Dénonçant l'aveuglement du regard extérieur qui ne cesse de scruter un monde dont il ignore l'existence, l'ouvrier écrivain estime indispensable de faire connaître au public, averti ou non, la condition ouvrière. Les catégories industrielles ne le préoccupent guère et l'esprit quantitatif des moralistes l'insupporte. Il s'intéresse au nombre d'ouvriers et au pourcentage qu'il représente dans la société. Il s'attarde sur la fraction de la population laborieuse, majoritaire en temps d'agitation sociale, qui se passionne pour la chose publique. En temps de paix sociale, celle-ci, dit-il, représenterait la moitié de la population (p. 21). « Au point de vue économique, on devrait diviser la population prolétaire en trois classes » : la première, « utile, parce que laborieuse » ; la deuxième, « ni utile ni nuisible » ; enfin la troisième, moins nombreuse, « qui refuse le travail normal » et est donc « nuisible ». « La première produit beaucoup plus qu'elle ne consomme ; la deuxième produit à peine ce qu'elle consomme. Et la troisième consomme sans produire, puisqu'elle dépense assez généralement une grande somme d'énergie pour arriver à ses fins » (p. 18). Corbon s'évertue ainsi à invalider les préjugés qui émanent d'une opinion qui fait loi. De son point de vue, l'élément inférieur, auquel la totalité de la classe ouvrière est identifiée, ne forme qu'une infime minorité (p. 2). C'est pourtant sur cette « société ténébreuse » que Victor Hugo a posé un « regard d'aigle » (p. 14) sans s'étendre sur l'autre société plus nombreuse : celle qui a lu les socialistes (p. 107) et se préoccupe de politique, de liberté et d'égalité, pour une raison simple : « Ou la démocratie ne sera jamais que nominale, ou l'association ouvrière sera la grande institution de l'avenir. Tant que l'ouvrier ne sera pas propriétaire de tout ou partie de son instrument de travail, la liberté et l'égalité seront des rêves pour lui ; et la démocratie serait un leurre si elle ne concluait un jour, et par les efforts des travailleurs eux-mêmes, à faire que dans la plupart des ateliers, sinon dans tous ceux où il y avait un maître et des salariés, il y ait désormais un gérant et des associés... La démocratie dans l'ordre politique et la monarchie à peu près absolue dans l'atelier sont deux choses qui ne peuvent coexister longtemps » (p. 125).

De son point de vue, « si la société française n'est pas beaucoup plus avancée, à tous égards, c'est précisément parce que le sentiment

---

1 Anthime Corbon, *Le Secret du peuple de Paris*, Pagnerre, Paris, 1863, p. 93, <url.ca/nidp9>.

de liberté, du droit personnel, n'est pas assez développé » (p. 114). L'organisation des travailleurs est le seul chemin vers l'émancipation et la condition nécessaire à l'abolition de l'exploitation de l'homme par l'homme. La référence au socialisme et au saint-simonisme des premières années se rattache précisément à cette formule qu'ont oubliée les collaborateurs de l'Empire, tels Michel Chevalier ou les frères Pereire. L'affranchissement économique va de pair avec l'affranchissement politique et passe par la maîtrise du travail lui-même, comme le souligne également l'instituteur Gustave Lefrançais : « Tout ce nouveau mouvement ouvrier, issu de la conception socialiste, atteste un remarquable esprit de solidarité pouvant conduire les travailleurs à leur affranchissement. Il s'agit de faire la guerre à la concurrence tant prônée par les bourgeois et sur laquelle seule repose l'exploitation des salariés par les patrons[1]. » Différemment, la même idée figure dans la « brochure ouvrière » *L'Organisation des travailleurs par les corporations nouvelles*, publiée en 1861 : « S'il n'y a point de bourgeois qui ne s'indignât à la pensée de vivre sans constitution politique, sans garanties sous le régime du bon plaisir royal, comment ces mêmes hommes qui sont le plus souvent nos chefs industriels ne trouveraient-ils pas tout naturel que nous demandions nos constitutions industrielles, afin de n'être point réduits au bon plaisir patronal[2] ? » Or la philanthropie moderne a les yeux fixés sur la grande fabrique, presque « calquée sur le régime de la caserne », où l'obéissance est la règle et l'exploitation le quotidien de la main-d'œuvre. Celle-ci n'est saisie qu'en tant qu'outil de production. Tandis que la grande fabrique devient l'horizon du progrès aux yeux des industriels « modernes » en quête de rentabilité du capital, les ouvriers, attachés à la conservation de la part humaine de l'homme et donc à sa liberté, se tournent alors vers la promesse associative, unique moyen à leurs yeux de se réapproprier le travail.

L'association ouvrière dans le temps discontinu des possibles

L'association sera, selon Corbon, la « grande institution de l'avenir », car c'est la condition d'une mise en œuvre réelle et concrète de la démocratie[3]. Aux yeux des observateurs, cette idée de corporation ravive des moments dépassés du passé, Marx déjà le déplorait. Mais la

1 Gustave Lefrançais, *Souvenirs d'un révolutionnaire, op. cit.*, p. 88.

2 *L'Organisation des travailleurs par les corporations nouvelles*, Librairie Poulet-Malassis, Paris, 1861 (repris *in Les Révolutions du XIXe siècle, 1852-1872. Les sociétés ouvrières*, tome 1, EDHIS, Paris, 1988).

3 Anthime Corbon, *Le Secret du peuple de Paris, op. cit.*, p. 120-122.

solidarité fraternelle qu'elle suppose, loin d'être le symptôme d'une nostalgie, puise sa source dans une pratique collective antérieure dont le devenir est actualisé : « L'idée corporative est celle qui va le mieux au cœur des ouvriers sans qu'il faille en conclure que la généralité des travailleurs parisiens se passionne énormément pour ce retour à une institution brisée par la révolution[1]. » Car l'association assure au travail son plein droit. Mais les conditions économiques et politiques ne sont pas favorables aux prolétaires. Gustave Lefrançais, dès 1850, en avait perçu les difficultés. Il évoquait le dilemme dans lequel étaient plongés les associés : bien que l'association soit d'une utilité certaine pour l'éducation pratique des travailleurs, ceux-ci doivent affronter l'insuccès par suite de difficultés financières ou des compromis avec le régime qui entraînent l'abandon des principes et des buts de l'association. « Celles qui ont survécu, et elles sont rares, écrivait-il en 1853, ne le doivent qu'à leurs concessions forcées à l'état de choses actuel. Elles ne songent plus qu'aux affaires et on crierait volontiers haro sur ceux qui s'obstinent à ne pas voir dans Badinguet [surnom de Napoléon III] le couronnement de la démocratie[2]. »

Et pourtant l'idée d'association résiste et « sa pratique tenace », dans des formes les plus diverses, se maintient. L'association, selon l'historien Jacques Rougerie, « suppose dans tous les cas, la chose est claire dès 1848, un projet total, l'appropriation corporative des moyens de production, à quoi on peut parvenir par plusieurs détours[3] ». La brochure *L'Organisation des travailleurs par les corporations nouvelles*, signée en 1861 par quatre-vingts ouvriers de diverses associations, montre que la question reste à l'ordre du jour sous le Second Empire. Le thème est renouvelé et développé par quelques délégués ouvriers à l'Exposition universelle de 1862 à Londres, y compris sous sa forme la plus radicale comme l'exprime le délégué des bronziers Jules Mallarmet : de son point de vue, c'est le « véritable remède aux misères de la grande masse ouvrière ». Ouverte, accessible à tous, « c'est la possession en commun des instruments de travail par les travailleurs. [...] Par l'extinction graduelle du capital usuraire, des intermédiaires parasites, les travailleurs obtiendront [...] le bien-être, la richesse même en tout temps, et de surcroît entre égaux, la dignité

1 *Ibid.*, p. 121.

2 Gustave Lefrançais, *Souvenirs d'un révolutionnaire, op. cit.*, p. 211.

3 Jacques Rougerie, « L'association ouvrière 1851-1872. Par-delà le coup d'État, la continuité de l'action et de l'organisation ouvrière », communication au colloque de Lyon « Comment meurt une République ? Autour du 2 décembre », décembre 2001, <url1.ca/nht8t>, p. 1.

et toute l'indépendance désirable[1] ». Or, si les « sociétés de secours mutuel » se transforment parfois en « sociétés de résistance syndicale et en associations de production »[2], c'est sous l'aspect le plus compatible avec le progrès industriel et en conformité avec l'intérêt des fabricants que l'association est aisément reconnue. De l'association partielle du travail aux associations de résistance, toute une nébuleuse de regroupements plus ou moins légaux, plus ou moins clandestins, assure néanmoins une forme de continuité souterraine qui entretient la mémoire et l'expérience ouvrière.

Selon quelques voix de philanthropes, dans ce temps de transition, la pratique associative semblerait compatible avec le libéralisme économique. Mais les associations sont en réalité autant de zones grises irréductibles à l'esprit du capitalisme, car la liberté économique, la liberté du commerce et la liberté d'entreprendre se heurtent à l'organisation indépendante des travailleurs. La pratique ouvrière, qu'elle soit partielle ou non, reste de ce fait inintelligible aux adeptes de la « modernité », dont l'épanouissement se réalise au détriment de la liberté individuelle et collective du plus grand nombre des travailleurs. Au mieux, cette pratique est-elle assimilée aux anciennes corporations d'Ancien Régime. En interférant dans l'évolution de la « force des choses », elles ne font qu'entraver le sens de l'histoire annoncé par Saint-Simon et ses disciples. Dès les premiers récits, on retiendra ainsi ce qu'en dit l'ex-saint-simonien Michel Chevalier (voir *supra*, chapitres 2, 3 et 9), partisan de la division du travail et président de la section française du jury international de l'Exposition universelle de 1862.

La liberté au service de l'industrie

Le but de la délégation française est clairement exposé et Michel Chevalier, introduisant les différents rapports, s'en explique : il s'agit de vanter auprès des chefs d'industrie comme aux ouvriers les bienfaits des productions nouvelles, les procédés d'industrie, la variété des produits provenant du monde entier, des matières brutes aux produits finis, là où la civilisation européenne est à l'honneur. De son point de vue, la disparition des petits ateliers est désormais la loi de la civilisation nouvelle : « Le changement qui nous occupe en ce moment se révèle de la manière suivante : telle production qui, jusqu'à une époque fort rapprochée, était livrée à des artisans, ou même à l'état domestique, [...] se transforme au point de devenir

1 *Ibid.*, p. 2.
2 *Ibid.*, p. 4.

manufacturière ; je veux dire qu'elle s'organise dans de vastes établissements où le travail est divisé et sous-divisé entre un grand nombre de personnes, dont chacune fait une opération distincte qu'elle recommence indéfiniment et où, dans chacune de ses parties à peu près, le travail s'aide des machines[1]. » « Par cette division même, l'ouvrier, répétant sans cesse la même manœuvre, acquiert plus d'habileté et plus de puissance productive[2]. »

Dans cette vision nouvelle du travail, la machine est en quelque sorte le prolongement de l'homme, et l'aspect répétitif du geste du travailleur l'assimile à sa machine. Représentant de l'avant-garde industrielle, à distance des promesses saint-simoniennes entendues par les prolétaires des années 1830 et des préoccupations de la « classe la plus nombreuse et la plus pauvre », Michel Chevalier, sous l'influence des théories d'Adam Smith et avant Frederick Winslow Taylor, n'imagine pas l'Exposition universelle en panthéon du travail mais en panthéon de l'industrie où l'homme n'est plus qu'un organe supplémentaire au service de la production : « C'est ainsi que l'homme réussit à faire de ses membres tout, absolument tout ce que font ensemble les autres animaux avec l'immense variété des organes que la nature a distribués entre eux, quelque profusion qu'elle y ait déployée, les outils sont pour l'homme des organes supplémentaires par lesquels il peut aborder une infinité d'opérations[3]. »

Les délégués contremaîtres et chefs de fabrique de Saint-Quentin, par exemple, se rendent à l'Exposition universelle de 1862 dans le même esprit : ils espèrent, avec les nouvelles machines, améliorer la production de l'industrie textile à moindre coût. Leur rapport est précis : ils souhaitent « faire marcher [leur] pays dans la voie du progrès » en adoptant les métiers mécaniques, car « la production a besoin d'être en même temps active et économique ». Et cela est impossible « lorsque le manque de bras se fait sentir, que les ouvriers sont d'autant plus exigeants que les contremaîtres se font une plus grande concurrence pour les avoir et qu'ils travaillent d'autant moins que les salaires sont plus élevés[4] ».

1 Michel Chevalier (dir.), *Exposition universelle de Londres de 1862. Rapports des membres de la section française du jury international sur l'ensemble de l'exposition publique*, section 3, « Des progrès de la puissance productive ou de l'avancement de l'industrie depuis la dernière Exposition », chap. 9, « La division du travail, mieux entendue et plus complète », p. CXIII.

2 *Ibid.*, p. CX.

3 *Ibid.*, section 2, « De la puissance productive de l'homme et de la société », p. XXI.

4 « Rapport de M. Rousseau, directeur de fabrique chez David Frères, fabricant de tissus de laine à Saint-Quentin », *in* Chambre de commerce de Saint-Quentin, *Rapports sur*

Tandis que les ouvriers fondent leurs espérances sur l'association et l'appropriation des instruments de travail, le futur des industriels se dessine ainsi avec la division organisée des tâches et des fonctions. Et, dans l'esprit des gouvernants, l'organisation du travail par les propriétaires du capital tend à se substituer à l'organisation des travailleurs par eux-mêmes. Néanmoins, dans les années 1860, la coexistence de l'artisanat avec la grande industrie – encore très minoritaire en matière de main-d'œuvre et de production – et l'esprit corporatif qui domine dans la pensée ouvrière peuvent être jugés compatibles avec le progrès technique : « Quoi qu'il en soit, écrit Corbon, de tous les systèmes tendant à organiser le travail, celui qui donnerait une existence légale à la corporation serait celui qui répondrait le mieux au sentiment des ouvriers[1]. » L'association et la coopération sont d'autant plus recherchées qu'elles aident, explique-t-il, à se défendre contre l'« avilissement des salaires » et l'« avilissement des travailleurs »[2].

Le 23 janvier 1860, le traité de commerce entre la France et l'Angleterre, véritable révolution douanière visant, par la suppression des taxes sur les matières premières et les denrées alimentaires, à favoriser la libre circulation des produits et le développement de la production, pose le travail au centre des préoccupations de l'autorité impériale. Le groupe dit « du Palais-Royal », autour du prince Napoléon-Jérôme Bonaparte (1822-1891) – cousin de Napoléon III – et des anciens saint-simoniens comme Michel Chevalier, cheville ouvrière de ce traité de commerce, place l'idée d'association entre capital et travail au centre des Expositions universelles. L'ambition de Michel Chevalier, en aidant les délégués ouvriers à se rendre à l'Exposition de Londres, est de contribuer à la naissance d'une vaste association nationale dont le gouvernement serait le gérant. Dans cette vision de l'avenir, l'association des fabricants-producteurs devrait se substituer à l'association indépendante des travailleurs. Profitant des bonnes dispositions du gouvernement impérial, la délégation ouvrière diligentée par le groupe du Palais-Royal, à laquelle participe l'ouvrier bronzier Henri-Louis Tolain (1828-1897), réclame le « droit de coalition » – de fait le droit de grève. Lequel sera accordé par la loi du 25 mai 1864.

Malgré les discours à l'encontre du paupérisme, l'illusion d'un gouvernement favorable aux ouvriers fait long feu. Tandis que les ouvriers

l'Exposition universelle de Londres de 1862 présentés à la Chambre de commerce par les contremaîtres et ouvriers délégués, Saint-Quentin, 1862, p. 5-7.

1 Anthime Corbon, *Le Secret du peuple de Paris*, *op. cit.*, p. 144.

2 *Ibid.*, p. 145.

anglais s'organisent fortement au sein des corporations avec leurs *trade unions*, en France la résistance ouvrière se manifeste à travers les grèves, y compris avant leur légalisation. La grève des typographes en 1861 en est l'illustration – ses leaders, lourdement condamnés, seront graciés en 1862 par le pouvoir en gage de bonne volonté à l'égard des classes ouvrières. Selon les travaux de l'historienne Michelle Perrot, la poussée des grèves entre 1864 et 1866 est bien réelle. Elles sont en général offensives et nombre d'entre elles ont pour objectif la réduction du temps de travail. Paris joue alors un rôle moteur : « Son exemple est expressément invoqué en province à plusieurs reprises ; et l'action de militants d'origine parisienne impulse les coalitions des mégissiers d'Annonay, des fondeurs en fer de Lille en 1865[1]. » C'est ainsi que Mallarmet, condamné en 1851, participe après son retour d'exil à l'organisation de la grève des bronziers en 1867. Et c'est souvent des associations partielles de solidarité ou de crédit mutuel qu'émanent les collectifs organisateurs des grèves[2]. Les patrons, opposés à cette forme d'organisation, disposent du soutien du gouvernement impérial qui intente un procès le 30 décembre 1867 aux partisans de la Société de solidarité, organisatrice de la grève des bronziers. Ailleurs en Europe, les conflits sociaux sont également à l'ordre du jour, afin d'obtenir l'amélioration des conditions de travail et la diminution du temps de travail, comme à Genève ou dans le bassin de Charleroi – la Belgique sera d'ailleurs le berceau de l'Internationale naissante, fondée en 1864 (voir *infra*, chapitre 12).

En 1864 également, toujours sous la protection du groupe du Palais-Royal – lequel espère convaincre des bienfaits de la coopération patrons-ouvriers –, les ouvriers Henri-Louis Tolain, Joseph Perrachon et Antoine Limousin se rendent à nouveau à Londres ; à cette occasion, des contacts sont établis avec les ouvriers anglais, en vue cette fois d'organiser une internationale ouvrière. Car, dans ce contexte d'euphorie industrielle, une question essentielle se pose aux représentants d'un monde ouvrier profondément hétérogène : comment faire entendre la « voix autonome des travailleurs » auprès des autorités ? Deux directions se dessinent. La première consiste à repenser la représentation politique des travailleurs, la seconde cherche à consolider les sections de défense des intérêts des prolétaires dans le « but de leur affranchissement économique ».

1 Michelle Perrot, *Les Ouvriers en grève, France 1871-1890*, Mouton/École pratique des hautes études, La Haye/Paris, 1974, p. 75.

2 Voir Jacques Rougerie, « L'association ouvrière 1851-1872 », *loc. cit.*, p. 5.

La même année, le 29 septembre précisément, se constituent à Saint Martin's Hall les sections européennes de la nouvelle Association internationale des travailleurs (AIT) – qui deviendra la Ire Internationale (voir chapitre suivant) –, tandis que, quelques mois plus tôt, le 17 février 1864, à l'initiative du militant ouvrier Henri-Louis Tolain, paraissait en France le *Manifeste des soixante*[1]. Pour ses signataires, la réforme du droit des travailleurs au service des salariés ne pouvait s'obtenir qu'à l'aide d'une représentation autonome des ouvriers. Car la répression sévère de l'« empire libéral », dénoncée par Gustave Lefrançais, imposait une défense collective d'autant plus nécessaire que les conditions de travail étaient bien loin de s'améliorer, « dans cet Empire où la "démocratie couronnée" est chère aux "bonapartistes"[2] ». Les soixante ouvriers signataires du *Manifeste* se plaignent d'une absence de reconnaissance du monde ouvrier, y compris parmi les élus de l'opposition : seize ans après 1848, la misère, le paupérisme même, le besoin d'instruction sont toujours d'actualité et le prolétariat, « cette plaie de la société moderne », reste aux portes du progrès ; le manifeste s'adresse aussi bien à la bourgeoisie républicaine qu'au pouvoir lui-même.

L'égalité devant la loi serait un leurre, affirme le manifeste : « Nous qui n'avons d'autre propriété que nos bras, nous qui subissons tous les jours les conditions légitimes ou arbitraires du capital ; nous qui vivons sous des lois d'exception qui portent atteinte à nos intérêts et à notre dignité. » Dans les « trente-cinq sociétés de crédit mutuel », comme dans les chambres syndicales, l'autonomie ouvrière est contestée par le pouvoir au profit d'organisations favorables à l'association patrons-ouvriers : « Or, ce que nous demandons, c'est une chambre composée exclusivement d'ouvriers élus par le suffrage universel », afin de « pouvoir s'associer librement ». Le constat est le même dans le corps législatif : aucune voix ne s'élève pour défendre « les aspirations, les désirs et les droits » du prolétariat que les signataires préféreraient désigner par le terme de « salariat ». C'est précisément au nom de la liberté sociale et politique que les soixante ouvriers se sont regroupés afin de faire entendre une voix encore inaudible auprès des responsables économiques et politiques. Dans le pays qui prône les principes

1 Henri-Louis Tolain, *Manifeste des soixante*, 17 février 1864, signé par soixante ouvriers (texte complet accessible à l'adresse <url.ca/nhwb4>).

2 Gustave Lefrançais, *Souvenirs d'un révolutionnaire, op. cit.*, p. 253. L'illusion d'une démocratie « bonapartiste », que Lefrançais dénonçait alors « à chaud », sera reprise plus tard par certains historiens, imposant dans l'historiographie l'idée d'une démocratie réelle sous le Second Empire. François Furet, dans sa longue Histoire du XIXe siècle, a notamment repris à son compte ces arguments en les accentuant (voir François Furet, citation complète, *supra*, note 36, p. 329).

de 1789, « nous sommes obligés de justifier des candidatures ouvrières, de dire minutieusement, longuement, les comment, les pourquoi, et cela pour éviter, non seulement les accusations injustes des timides et des conservateurs à outrance, mais encore les craintes et les répugnances de nos amis. Le suffrage universel nous a rendus majeurs politiquement, mais il nous reste encore à nous émanciper socialement. La liberté que le Tiers État sut conquérir avec tant de vigueur et de persévérance doit s'étendre en France, pays démocratique, à tous les citoyens. Droit politique égal implique nécessairement un égal droit social. On a répété à satiété : il n'y a plus de classes, [...] nous qui n'avons d'autre propriété que nos bras, [...] nous qui n'avons pas toujours le moyen d'apprendre à lire, [...] qui sommes impuissants pour organiser l'instruction professionnelle, [...] nous ne pouvons nous faire cette illusion[1] ».

Dans une perspective toute différente, les Expositions universelles ont pour but de montrer, y compris aux travailleurs, les « grandes quantités de productions disposées avec intelligence et avec art », écrit Michel Chevalier en 1862 ; de faire voir les produits des fabriques et des manufactures, l'œuvre des civilisations, le luxe, l'or, les objets éblouissants, autant que le travail ingénieux dont sont capables les classes ouvrières du monde entier, ainsi que les matières premières et les « denrées dites coloniales ». « Une exposition de l'industrie exécutée dans ces conditions se recommande certainement par le pittoresque. Ce qui a plus de prix, elle est du plus haut intérêt pour le savant ou le technologiste, avides d'observer le mouvement des arts, ou pour le manufacturier, désireux de comparer pour s'instruire et se perfectionner[2]. »

L'Exposition universelle de 1867 se présente sous les mêmes auspices, avec une accentuation plus affirmée encore vers la spécificité du XIXe siècle qui aurait mis le travail à l'honneur, un travail accompli où le produit fini l'emporte sur l'apport humain au processus de fabrication. *Le Moniteur de l'Exposition universelle de 1867* est éloquent à cet égard. L'administrateur en charge de faire valoir l'industrie française se propose de publier la biographie de chaque exposant afin de faire entendre ses mérites, à l'instar du banquier Jacques Laffitte (1767-1844) et de l'industriel du textile François Richard-Lenoir (1765-1839) qui en ont préparé l'essor : le « panthéon du travail » consacre l'activité des industriels au sens où l'entendait déjà Saint-Simon.

---

1 Henri-Louis Tolain, *Manifeste des soixante*, *op. cit.*

2 Michel Chevalier (dir.), *Exposition universelle de Londres de 1862*, *op. cit.*, p. VII.

À la mi-temps du siècle, l'industrie, confondue avec les industriels, s'est depuis longtemps distinguée de sa main-d'œuvre dont on a oublié les aspirations à la liberté. La confusion des mots par la fusion des idées en un concept unique, le travail, fait croire à l'intérêt que les gouvernants porteraient à la classe ouvrière alors que les agents du pouvoir en place ne vantent que les apports de l'industrie dont les promoteurs sont les pionniers : « Le XIXe siècle aura l'honneur d'avoir vu le travail prendre le rang qu'il occupe aujourd'hui par droit de légitime conquête. Personne n'oserait nier désormais que la véritable noblesse consiste dans le travail accompli et qu'il n'est plus de gloire au-dessus de celle acquise en dotant l'humanité d'une découverte nouvelle, d'un monument, d'une machine ou d'un livre utile au développement du progrès universel. Le rôle de l'histoire est donc actuellement moins d'enregistrer les faits et gestes des héros ou des oisifs puissants que de raconter la vie de ses lutteurs de chaque jour, qui parviennent à multiplier, au profit de tous, les conditions du bien-être physique et moral de l'humanité[1]. » L'auteur voudrait ainsi faire connaître à ses lecteurs les luttes et les sacrifices des industriels du XIXe siècle...

L'autre modernité ou la modernité invisible

Nous retrouvons ici les thèmes chers aux saint-simoniens dont l'évolution est notable. Parfaitement adaptés aux attentes d'un nouveau régime, fidèles à leur maître Saint-Simon sur l'industrie conçue comme un tout dans un ensemble organisé et hiérarchisé, ils ont perdu cependant l'esprit visionnaire du collectif « utopique » qui avait su, dans les années 1830, entraîner vers l'horizon des possibles une partie de la classe « la plus nombreuse et la plus pauvre ». Différemment et sélectivement, à l'époque du Second Empire, Michel Chevalier, les frères Pereire, fondateurs du Crédit mobilier sur le modèle duquel fut créé le Crédit lyonnais, Paulin Talabot, directeur de la Compagnie de chemin de fer du PLM (Paris, Lyon, Méditerranée), entre autres héritiers, n'ont qu'une idée : celle de conduire l'action de l'histoire par la bonne gestion de l'économie. Or l'histoire à laquelle ils aspirent est en train de se faire par la transformation de la nature et l'exploitation de l'homme par l'homme. Les détenteurs du capital et leurs dirigeants en sont les véritables sujets ; ils tracent la voie du futur à l'aide de la glorification théorique du travail. Mais un travail déshumanisé. De cette histoire sont donc exclus les travailleurs en quête de liberté dans le temps court de

1 G. PÉLIN, « Le Panthéon du travail », *Le Moniteur de l'Exposition universelle de 1867*, 8 octobre 1865, p. 3, <url.ca/nidrf>.

l'expérience associative et qui aspirent à constituer, dans le temps long, des associations indépendantes des détenteurs du capital.

L'histoire dont les saint-simoniens étaient les initiateurs dans les années 1830 se mesure dorénavant, dans la plénitude de la « fête impériale », à l'aune des succès industriels dont la philosophie du progrès assure la légitimité, quels qu'en soient les effets sociaux. Les faits exposés sont connus. Ce qui l'est moins, en ce temps d'indécision du devenir des manufactures, au moment où l'artisanat et la petite industrie dominent encore largement en France (70 % de la production nationale en dépendent encore en 1866), c'est que s'affrontent inégalement deux visions de la modernité. L'une, immédiatement intelligible, l'autre, à la marge de l'histoire apparente. L'une se fonde sur le progrès et son développement infini vers ce qui est censé être le bonheur commun, l'autre, moins discernable, se rapporte à la quête de liberté dont chaque individu éprouve la nécessité. Tandis que l'une est tournée vers l'avenir, l'autre ne se pense et ne se développe que dans un mouvement de retour sur le passé aux promesses inachevées. Aux yeux du public, cependant, les uns se dirigent vers l'aujourd'hui, tandis que les autres semblent se satisfaire d'une résurgence nostalgique d'un passé à la fois mythique et dépassé. Rares sont les moments de l'histoire où ces deux pensées au présent du futur sont accessibles en même temps. La confrontation est cependant saisissable en cette période si singulière où la fragilité du gouvernement de Napoléon III pourrait laisser croire aux intentions réformatrices d'un régime à bout de souffle, qui laisse se déployer l'attraction industrielle jusqu'au fétichisme d'une production de marchandises dont la diversité semble illimitée.

Il est coutumier de penser la modernité sous deux formes qui caractérisent une époque. Deux figures pourtant distinctes : la première équivaut au nouveau, à la mode, et donc à sa reproduction de masse, immédiatement saisissable ; la seconde, plus exigeante à distance d'une réception immédiate, se rapporte à l'avant-garde artistique, à l'œuvre unique. Or, la modernité traditionnelle se confond généralement avec l'adaptation des êtres humains aux nouvelles conditions de la production. Elle suppose l'existence d'une bourgeoisie ascendante qui, victorieuse en 1789, serait porteuse de l'idée de liberté. Identifiée à l'état social et politique de celle-ci mais réduite à l'espace de son intervention, la modernité ainsi comprise est à l'origine de la confusion entre liberté concrète et libéralisme.

Selon l'historien et philosophe britannique Perry Anderson, analysant le point de vue développé par Arnold Toynbee en 1954, « les communautés devinrent modernes dès qu'elles purent produire une bourgeoisie à la fois assez importante et assez compétente pour devenir l'élément prépondérant de la société dans son ensemble[1] ». En ce sens, la période du Second Empire représente l'archétype de la modernité classique. La bourgeoisie y est à sa place dans la certitude de l'accomplissement irréversible du progrès qui aurait balayé l'ère des révolutions, d'autant que l'Empire a la prétention d'intégrer les masses ouvrières à la vie politique. L'argent est roi et l'interprétation de l'histoire appartient désormais aux seuls bénéficiaires des bouleversements économiques issus de la Révolution de 1789. D'eux dépend l'espérance historique que fonde cette nouvelle théodicée. Le progrès, associé à la croissance industrielle et au « scintillement » des marchandises, est à la fois fatalité et processus infini. Un nouvel âge d'or, une référence absolue pour tous ceux qui souhaitent intégrer la civilisation nouvelle, comme l'écrit si bien Michel Chevalier. De ce point de vue, la modernité, confondue avec la reproduction renouvelée des articles de masse ou des produits de la mode, ne résulte plus d'un engendrement révolutionnaire mais, comme on l'a vu, de l'« autojustification permanente du présent par l'avenir qu'il se donne, face au passé avec lequel il se compare[2] » (voir *supra*, chapitre 5). Une belle époque, en quelque sorte, où « le développement technique assure la maîtrise accrue du temps et de l'espace[3] ».

Charles Baudelaire, critique acéré de cette modernité, en révèle la puissance normative : « Demandez à tout bon Français qui lit tous les jours son journal dans son estaminet ce qu'il entend par progrès, il répondra que c'est la vapeur, l'électricité et l'éclairage au gaz, miracles inconnus aux Romains, et que ces découvertes témoignent pleinement de notre supériorité sur les Anciens ; tant il s'est fait de ténèbres dans ce malheureux cerveau et tant les choses de l'ordre matériel et de l'ordre spirituel s'y sont si bizarrement confondues ! Le pauvre homme est tellement américanisé par ces philosophes zoocrates et industriels, qu'il a perdu la notion des différences qui caractérisent les phénomènes du monde physique et du monde moral, du naturel et du surnaturel[4]. » Cette représentation de la modernité l'a largement emporté sans avoir été déstabilisée par les contradictions du temps. L'invention sans limite

---

1 Perry ANDERSON, *Les Origines du postmodernisme*, Les Prairies ordinaires, Paris, 2010, p. 12.

2 Hans BLUMENBERG, *La Légitimité des temps modernes*, *op. cit.*, p. 41.

3 Christophe CHARLE, *Discordance des temps*, *op. cit.*, p. 31.

4 Charles BAUDELAIRE, « Exposition universelle de 1855, Beaux-Arts », *in Œuvres complètes*, Gallimard, « La Pléiade », Paris, 1976, tome 2, p. 580.

apparente de l'industrie côtoie la simple imitation, dans le domaine de l'architecture en particulier. Comme si le XIXe siècle s'était projeté vers l'avenir en étant incapable de créer à partir des nouveautés du passé. L'éclectisme de la pensée cohabite avec le réalisme de l'art pompier. Et l'on cherche en vain l'âme du XIXe siècle dans les monuments.

Les églises, tour à tour romanes, gothiques ou Renaissance, rivalisent en reproduction des styles du passé, jusqu'à l'Opéra Garnier dont l'édifice se caractérise par la juxtaposition des genres, tous imités des Anciens. Ainsi, peu à peu, la signification univoque de la modernité s'impose, tout en gommant les contradictions visibles pourtant. L'industrialisation change le statut de l'objet, l'œuvre disparaît au profit de la reproduction du même et de l'identique. En ce sens, l'architecture « marchande » ne peut accéder à l'œuvre, elle ne fait qu'imiter non pas l'objet unique du passé mais le style inlassablement répété. À côté, sans être en marge cependant, se conçoit une nouvelle architecture avec des matériaux qui se modèlent sur la démesure du passé : du Crystal Palace à Londres (1851) à la Tour Eiffel plus tard en France, à titre d'exemple. Là il s'agit davantage de prouesse technique possiblement reproductible que d'œuvre unique. La place de l'ingénieur l'emporte sur celle du créateur. En effet, le progrès ne se loge pas dans la production infinie des marchandises ou dans l'exploit technologique, mais dans la sobriété de l'œuvre[1]. C'est ainsi que la créativité singulière n'a pas donné son cachet au XIXe siècle. Au XXe siècle seulement l'alliance du fer et du verre fut considérée comme un modèle d'anticipation du futur. La modernité artistique se situe sur le lieu de l'invention créative quand elle met au jour une « antiquité nouvelle[2] » à laquelle appartient précisément la modernité invisible.

Radicalement autre est l'inscription de la modernité dans la banalité du réel ; elle s'oriente vers l'horizon des possibles, également infinis. Tout en se dégageant des modes, non seulement elle incarne le mouvement de l'histoire, mais elle est, en pratique, le révélateur d'une histoire inachevée. En même temps, elle se heurte au *continuum* d'un processus reconstruit sur les ruines d'un passé à la fois impensé et incompris. Dans la déclinaison des vainqueurs, l'histoire est donnée à voir homogène, exempte de conflits qui ont été gommés au nom d'une réalité historique perçue après coup. De ce fait, la modernité des « vaincus » ou des minoritaires, dans l'expérience de penser comme dans l'action, disparaît sous

1 Reprise d'une formulation empruntée à Walter Benjamin.

2 Walter BENJAMIN, *Charles Baudelaire, un poète lyrique à l'apogée du capitalisme*, Petite bibliothèque Payot, Paris, 1982, p. 121.

l'interprétation majoritaire après l'édification d'une vérité normative. Cette modernité-là n'entre dans le monde commun que par effraction. La saisir suppose de défaire le monde uniforme, policé et réglementé par les autorités du moment. Éphémère dans sa réalisation et donc irréductible à toute forme de linéarité, elle est ancrée dans la tradition discontinue des bouleversements qui font précisément l'histoire. Avec des mots « vrais », dans un langage conforme aux valeurs de principe, elle ne fait pourtant pas sens dans l'histoire d'une société entièrement reconstruite par ceux qui la disent. Cette modernité-là participe du rêve d'un rapport nouveau entre passé et présent d'où surgirait un possible devenir. Elle émane d'esprits créatifs qui, loin de se séparer du passé, l'englobent et se le réapproprient en faisant advenir une forme tout autre que l'imitation du passé.

L'ouvrier, « vrai sujet de la modernité »

La tradition des associations s'y rattache et puise sa source directement de l'expérience de ses associés, comme l'ont montré Rémi Gossez et – plus récemment – Maurizio Gribaudi. Dans les ateliers à Lyon comme à Paris, jusqu'en 1848, l'espace de la « fabrique collective ouverte » s'élargit et chacun participe à l'œuvre commune. « En quelques décennies, chaque îlot du centre-ville s'est mué en une véritable usine à ciel ouvert. Et chaque îlot s'est spécialisé dans la production de biens spécifiques[1]. » Au cœur de l'expérience associative, en 1848 en particulier, l'organisation des travailleurs est si palpable qu'il est possible d'imaginer plus grand, plus large, jusqu'à l'« association des associations ». L'accès à la connaissance des réalités de production et des mécanismes d'exploitation a permis alors aux salariés associés de devenir libres, y compris en s'infligeant des règles et des contraintes collectives. Ce temps de l'expérience concrète, aussi court soit-il, n'a cessé d'être renouvelé, réinventé en tenant compte des impossibilités, de la répression et des ouvertures de conjonctures de l'Empire. Le progrès, au cœur de ces expériences, n'est plus réduit aux prouesses techniques, mais bien étroitement associé à l'initiative individuelle et à l'invention de la liberté collective.

La modernité appartient alors à ce temps propre de l'existence créatrice des individus associés. Ainsi le découvre Gustave Lefrançais dans l'expérience de 1848-1849 : « Tout ce nouveau mouvement ouvrier, issu de la conception socialiste, atteste un remarquable esprit de solidarité pouvant conduire les travailleurs à leur affranchissement. Il s'agit de

1 Maurizio Gribaudi, *Paris, ville ouvrière*, *op. cit.*, p. 205.

faire la guerre à la concurrence tant prônée par les bourgeois et sur laquelle seule repose l'exploitation des salariés par les patrons. [...] À ce point de vue, donc, l'association est d'une utilité incontestable pour l'éducation pratique des travailleurs, en vue de leur affranchissement économique[1]. » Sous le Second Empire, au temps où la liberté est devenue incompatible avec ce que certains historiens ont voulu nommer démocratie, réduite à l'expression contrôlée du suffrage dit universel, la solidarité n'est plus qu'une vertu privée, elle a perdu ce sens du collectif si précieux aux quarante-huitards. « Nous repoussons l'aumône, écrivent les *Soixante*, nous voulons la justice. » Malgré tout, l'association résiste, car elle est la condition de l'émancipation ouvrière. Une association qui prend ses racines dans les anciennes corporations, non pas identifiées aux structures de l'Ancien Régime, mais dans la perspective du travail et de l'œuvre réalisée. L'expérience du passé est ainsi transformée par les ouvriers associés du XIXe siècle ; il s'agit pour eux d'organiser les travailleurs en fonction du progrès économique et non de réglementer la parcellisation du travail. Le rapport au passé se réfère à la force de l'expérience, celle de la maîtrise collective du devenir de l'ouvrier, sujet d'une tradition sans cesse renouvelée. La mémoire ouvrière ainsi mobilisée est une mémoire spontanée, « involontaire », qui est consignée dans la tradition collective des luttes et du travail des périodes antérieures.

En cela, l'ouvrier, ce héros moderne, rejoint le héros de Baudelaire, comme l'écrit Walter Benjamin, il est le « vrai sujet de la modernité » : « Ce que l'ouvrier salarié effectue chaque jour dans son travail n'est rien de moins que l'exploit qui apportait dans l'Antiquité gloire et applaudissements au gladiateur. Cette image a l'étoffe des meilleures intuitions de Baudelaire. Elle est née de sa réflexion sur sa propre condition[2]. » Un passage du « Salon de 1859 » montre sous quelle lumière il voulait la voir, ajoute Benjamin : « Les nobles artistes de la Renaissance eussent été bien coupables de n'être pas grands, féconds et sublimes, encouragés et excités qu'ils étaient par une compagnie illustre de seigneurs et de prélats, que dis-je par la multitude elle-même qui était artiste en ces âges d'or ! Mais l'artiste moderne qui s'est élevé très haut *malgré* son siècle, qu'en dirions-nous, si ce n'est de certaines choses que ce siècle n'acceptera pas, et qu'il faut laisser dire aux âges futurs[3]. »

---

1 Gustave LEFRANÇAIS, *Souvenirs d'un révolutionnaire, op. cit.*, p. 88.

2 Walter BENJAMIN, *Charles Baudelaire, op. cit.*, p. 109.

3 Charles BAUDELAIRE, « Critique d'art, Salon de 1859 », *in Œuvres complètes, op. cit.*, tome 2, p. 633-634.

Précisément en 1863, les artistes que leur talent éloigne de la fresque historique, naturaliste, éclectique se replient sur le « Salon des réprouvés ». Parmi eux, Édouard Manet et Camille Pissarro ; avant d'être classés dans la catégorie des impressionnistes – malgré la distance qui les sépare de la peinture de Monet –, ils se détournent non seulement de ce qu'il est convenu d'appeler l'académisme mais du goût de leurs contemporains. En désertant la représentation, ils cherchent à capter, au-delà, l'« intelligence » du modèle. L'intériorité de l'objet et de l'espace intéresse Manet, qui s'attarde sur le regard des personnages, intense et scrutateur, lequel se pose pour la première fois sur le spectateur/regardeur. Avec *Le Déjeuner sur l'herbe* (1863), en particulier, le peintre se détourne de l'évocation policée du temps. Et, là, il fait scandale au point d'être banni de toute exposition pendant plusieurs décennies. Le regard du modèle – nu dont le corps lisse permet au spectateur de glisser sur ce corps vers le visage qui défie le voyeur saisi par cette liberté arrogante d'une femme – réveille le souvenir de la femme libre des années 1830. Le peintre rompt avec le « jeu d'esquive, de cache et d'illusion que pratiquait la peinture représentative occidentale depuis le Quattrocento[1] ».

Par analogie et presque par identification, le sens de la modernité hérité de Baudelaire nous autorise à nous dégager de ce lourd héritage de méconnaissance et d'illusions que le XIXe siècle nous a transmis. Il importe aujourd'hui non pas de mesurer l'amélioration des conditions d'existence des classes ouvrières en fonction de la croissance industrielle par rapport aux autres civilisations, jugées inférieures, mais de comprendre, dans l'historicité d'une liberté à l'œuvre, la démarche spécifique de quelques-uns, qui, à l'image du travail de l'artiste, concentré sur ce qui est et ce qu'il ressent, renvoie au spectateur sa vision du temps, parfois portée par l'aperception intense de l'instant.

À travers l'organisation collective, indépendante des tutelles du capital et du patronat, la démarche des travailleurs réunis peut s'apparenter à une démarche semblable : faire advenir, au présent, des réalités et des expériences oubliées ou inachevées du passé en les transformant. Il s'agit bien, à mon sens, d'un mouvement identique d'inscription du passé dans l'existence des individus. Il consiste à tracer les chemins de la liberté individuelle au sein d'un collectif à partir de mots « vrais » que la notion de progrès tient toujours à distance. En effet, les parties rassemblées dans le concept de progrès ne rendent pas compte du réel complexe, car en pratique le progrès se rapporte pour l'essentiel aux

1 Michel FOUCAULT, *La Peinture de Manet*, Seuil, Paris, 2004.

choses. Quand il est appliqué aux humains, il s'éparpille en s'amoindrissant selon les bienfaits qu'il réserve à chaque composante. Tandis que les associés ne peuvent l'imaginer compatible avec l'exploitation de l'homme par l'homme, les tenants de l'industrialisation, au nom précisément de leur liberté, parviendront à l'imposer et, avec elle, leur vision du monde. La domination sociale, séparée du politique, sera réalisée en toute impunité d'autant mieux que le sens du mot liberté sera confisqué par les seuls détenteurs de la souveraineté dans l'exercice du gouvernement des hommes. En un sens univoque, la liberté deviendra synonyme d'un libéralisme économique et des forces qui l'entretiennent.

De cette situation, les ouvriers signataires en 1861 de *L'Organisation des travailleurs par les corporations nouvelles*, bien que peu appréciés des théoriciens du socialisme, semblent d'ores et déjà conscients. Après s'être référés à Jean-Jacques Rousseau, tout en prenant leurs distances avec les corporations d'Ancien Régime, incompatibles à leurs yeux avec le principe de l'économie moderne non plus qu'avec le suffrage universel, ils disent vouloir « rassembler les efforts des générations antérieures et les progrès qu'elles ont accomplis[1] » : « Les libéraux nous enseignent tous les jours que le sort de millions d'hommes ne saurait justement dépendre du hasard de la naissance ou d'un coup d'audace ; trouvent-ils plus juste que le travail de milliers d'ouvriers puisse dépendre du hasard de la naissance ou d'un coup de Bourse qui livre nos ateliers, nos usines à un enfant en maillot ou à un financier heureux ? Dans un temps où les peuples qui conservent des empereurs et des rois, du moins les choisissent, pourquoi les travailleurs, là où les patrons sont encore nécessaires, n'auraient-ils pas le droit de les élire ? [...] Puisque le premier axiome de la science politique est, dit-on, la distinction et la séparation des pouvoirs, pourquoi ne serait-ce pas également une vérité pour l'organisation de l'industrie ? Ainsi nous demandons des chambres corporatives pour veiller à leur exécution, et des prud'homies corporatives pour nous juger entre nous[2]. »

Ainsi chemine, en dehors d'une réalité rétive, l'époque moderne qui s'accompagne de la glorification abstraite du travail qu'elle inflige à ceux qui ne sont pas libres. L'assujettissement social – sous couvert de protection –, contre lequel l'association ouvrière voudrait s'organiser, sera considéré par les tenants du libéralisme comme un mal nécessaire, une catastrophe utile au monde en général. Alors

1 *L'Organisation des travailleurs par les corporations nouvelles*, *op. cit.*, p. 12.
2 *Ibid.*, p. I.

qu'importe que, çà et là, les thèmes de la critique sociale soient empruntés aux idéologues de l'avant-garde ouvrière, qu'importe que Tolain soit influencé par les thèses de Proudhon et que quelques brochures ouvrières, comme celles du bâtiment par exemple, s'adressant à leurs confrères anglais, empruntent à Auguste Comte leur intitulé « Ordre et progrès » : les signataires ouvriers de l'artisanat des ateliers parisiens ou de province, persuadés d'avoir largement contribué à la naissance de la république – la leur – où social et politique sont inséparables, agissent dans le moment d'une expérience dont l'origine peut être intemporelle.

Mais là où le héros du prolétariat moderne se distingue de l'artiste, c'est qu'isolément il ne peut rien. Son dynamisme créatif n'est que collectif : tandis que le peintre ou l'artiste peut, à la manière de Courbet pendant les événements de 1848, faire sa politique dans l'atelier, les prolétaires modernes ne tiennent leur force que du groupe et de l'association. Chez l'artiste, en rébellion contre les règles canoniques, se réalise l'utopie du réel, tandis que, dans le travail associé où l'œuvre collective se réalise, le « réel de l'utopie » s'échafaude et se façonne sous la forme d'une alternative politique fondée presque exclusivement sur l'expérience concrète, je dirais volontiers banale[1]. En ce sens, utopie et modernité se conjuguent et se confondent dans le mouvement discontinu de l'histoire. C'est ainsi qu'utopie et modernité réelle échappent au sens de l'histoire dont la fabrique téléologique ignore la plupart des acteurs.

L'association autonome, dont le but consistait, comme le précise Gustave Lefrançais, à transformer la corporation « rajeunie[2] » en prenant en main la production, était devenue impossible malgré les formes multiples de survivances. Elle ne peut résister à l'industrialisation et à ses réglementations successives, comme l'ont bien compris les auteurs de *L'Organisation des travailleurs par les corporations nouvelles* : « Les seules associations qui eussent eu chance de durée sont celles qui auraient été constituées entre amis, avec le désir de préparer un ordre des choses meilleur et la bonne volonté de s'entraider et de rivaliser de sacrifices. Mais même alors, elles eussent rencontré cette grande difficulté d'opérer sans ressources antérieures, sans matières premières acquises, sans machines et instruments, c'est-à-dire sans capital. C'est comme si l'on voulait fonder un nouveau gouvernement sans patrie et sans sol. Et il est fou d'imaginer qu'on pourra à la longue et à force de travail y

1 Voir Michèle RIOT-SARCEY, *Le Réel de l'utopie*, *op. cit.*

2 Voir Jacques ROUGERIE, « L'association ouvrière 1851-1872 », *loc. cit.*, p. 1.

suppléer. On y userait sa vie[1]. » Et pourtant, ces mêmes travailleurs réunis sont convaincus que chaque industrie devrait, par eux, se gouverner elle-même[2], comme le préconise la véritable réforme industrielle. Malgré tout : « On compte à Paris, en 1868, cinquante-cinq sociétés de production qui pour la plupart existent encore en 1870. On parle désormais de sociétés coopératives et on tend, chez les théoriciens du moins, à substituer au terme d'association celui de coopération[3]. »

1 *L'Organisation des travailleurs par les corporations nouvelles*, *op. cit.*, p. 12.
2 *Ibid.*, p. 11.
3 Jacques ROUGERIE, « L'association ouvrière 1851-1872 », *loc. cit.*, p. 3.

Chapitre 12

Une liberté qui s'éloigne : de l'Internationale à l'apprentissage de la république

Karl Marx, acteur essentiel de la Ire Internationale, a parfaitement conscience qu'en l'absence de l'association des travailleurs toute émancipation est vouée à l'échec. C'est en ces termes qu'il s'adresse, par un « manifeste », aux ouvriers rassemblés au Saint Martin's Hall à Londres, le 28 septembre 1864, pour créer l'Association internationale des travailleurs (AIT, qui deviendra la Ire Internationale)[1]. Après avoir fustigé la détresse de la population travailleuse dont le sort, selon lui, ne s'est pas amélioré depuis 1848, en dépit des statistiques et malgré des saluts au « progrès des nations », Marx infléchit le déterminisme historique du *Manifeste du parti communiste* (qu'il avait publié en février 1848). En termes différents, il expose les attendus des associations en France et en Angleterre : « Ni le perfectionnement des machines, ni l'application de la science à la production, ni la découverte de nouvelles communications, ni les nouvelles colonies, ni l'émigration, ni la création de nouveaux débouchés, ni le libre-échange, ni toutes ces choses ensemble ne supprimeront la misère des classes laborieuses : au contraire, tant qu'existera la base défectueuse d'à présent, chaque nouveau progrès des forces productives du travail aggravera de toute nécessité les contrastes sociaux et fera davantage ressortir l'antagonisme social. Durant cette "vertigineuse" époque de progression économique, la mort d'inanition s'est élevée à la hauteur d'une institution sociale dans la métropole britannique. Cette époque est marquée, dans les annales du monde, par les retours accélérés, par l'étendue de plus en plus vaste et par les effets de plus en plus meurtriers de la peste sociale appelée la crise commerciale et industrielle. »

1 Karl MARX, *Manifeste inaugural de l'Association internationale des travailleurs*, 28 septembre 1864 (disponible sur le site <www.karlmarx.fr>, Archives MLM, à l'adresse <url.ca/ni81z>). (Je remercie Jacques Rougerie d'avoir manifesté son insistance sur l'importance de ce texte.)

1864, la création paradoxale de l'Association internationale des travailleurs

Il s'agit bien d'une dénonciation de la catastrophe qu'engendrerait le progrès industriel et non d'une reconnaissance progressiste du mouvement des forces productives. À l'épreuve du mouvement associatif, notamment anglais, autour des initiatives de Robert Owen, Marx nuance également considérablement le jugement négatif qu'il portait sur les associations à l'époque de la prise de pouvoir de Louis Napoléon Bonaparte, particulièrement dans ses articles rassemblés sous le titre *Le 18 Brumaire de Louis Bonaparte* (1852). De son point de vue d'alors, à l'instar des expériences doctrinaires ou des banques d'échange, les associations, tirées vers le passé, ne pouvaient être des instruments d'émancipation, insuffisantes à ses yeux pour « transformer le vieux monde ». Elles ne cherchaient « à réaliser qu'un affranchissement, pour ainsi dire, derrière le dos de la société, de façon privée, dans les limites restreintes de ses conditions d'existence et, par conséquent », elles étaient « nécessairement » vouées à l'échec[1].

Tout autre est le ton du *Manifeste inaugural* de 1864 : « La valeur de ces grandes expériences sociales ne saurait être surfaite. Elles ont montré par des faits, non plus par de simples arguments, que la production sur une grande échelle et au niveau des exigences de la science moderne pouvait se passer d'une classe de patrons employant une classe de salariés ; elles ont montré qu'il n'était pas nécessaire pour le succès de la production que l'instrument de travail fût monopolisé et servît d'instrument de domination et d'extorsion contre le travailleur lui-même ; elles ont montré que comme le travail esclave, comme le travail serf, le travail salarié n'était qu'une forme transitoire et inférieure, destinée à disparaître devant le travail associé exécuté avec entrain, dans la joie et le bon vouloir. En Angleterre, c'est Robert Owen qui jeta les germes du système coopératif ; les entreprises des ouvriers tentées sur le continent ne furent en fait que la réalisation pratique des théories non découvertes, mais hautement proclamées en 1848[2]. » Jamais le slogan « Prolétaires de tous les pays, unissez-vous » ne fut aussi près des expériences concrètes du mouvement d'émancipation des populations laborieuses.

Marx saisissait alors l'importance de la fraternité dans le travail associé. L'autoémancipation était certes une nécessité, mais la coopération devait atteindre l'échelle nationale et internationale pour

---

1 Karl MARX, *Le 18 Brumaire de Louis Bonaparte*, Éditions sociales, Paris, 1969, p. 24.
2 Karl MARX, *Manifeste inaugural*, *op. cit.*, p. 3.

être efficace. Le « premier devoir de la classe ouvrière » était certes la « conquête du pouvoir politique »[1]. Mais en l'état des forces en présence, contraint, asservi aux exigences d'une bourgeoisie avide de richesse, l'ouvrier est soumis aux nécessités du quotidien, et le collectif associatif lui offre non seulement un pouvoir d'agir, mais un statut de sujet en devenir. Au regard de l'organisation, nationale ou internationale, l'association des salariés réunis n'est pas simplement utile, elle devient la condition nécessaire à la liberté du travailleur car, en son sein, celui-ci, solidaire des autres travailleurs, est en capacité de se constituer une force pour agir. La conquête de sa liberté en dépend. Or, le devenir moderne fait fi de ces attendus et de ces priorités. La politique va bientôt confisquer l'idée de liberté et la révolution industrielle, consommatrice de main-d'œuvre, écarte peu à peu toute alternative au progrès des forces productives, maintenues dans l'ensemble marchand qui les a constituées.

Les Expositions universelles de Londres et de Paris, en 1862 et en 1867, encadrent la fondation de l'Internationale ouvrière tout en lui permettant de s'édifier. Il ne s'agit pas d'une simple contingence, car la mise en relation des ouvriers anglais, français, allemands, italiens... à la faveur des Expositions universelles, temples de la marchandise, révèle le paradoxe à partir duquel fut conçue l'Internationale ouvrière[2]. En saluant le « panthéon du travail », en valorisant le produit issu, non seulement des découvertes récentes, mais aussi de la main de l'homme, en présentant la fabrique comme le lieu d'accomplissement du perfectionnement humain, en situant cette nouvelle forme d'héroïsme pacifiste dans l'industrie où fusionnent capital, machines, travail et matières premières, l'univers des Expositions apparaît au spectateur ébloui comme un vaste marché. Le travail en soi n'est plus qu'une valeur abstraite. Effectué sous la contrainte de la nécessité, il se déshumanise. Loin d'être alors un facteur d'émancipation, il devient le lieu de l'aliénation. Parce qu'il était conscient de cette réalité, Fourier projetait le devenir de son humanité idéale sur le plaisir du travail passionné. Et c'est bien ce que Marx relève dans son *Manifeste inaugural* en 1864.

Tandis que les Expositions ont pour but de révéler la nouveauté cachée des procédés dernier cri à travers l'alliance de la machine et du travail, les conditions objectives du travail échappent largement

1 *Ibid.*, p. 4.

2 Dont « le Comité provisoire compte vingt et un Anglais, dix Allemands, neuf Français, six Italiens, deux Polonais, deux Suisses » (Annie Kriegel, *Les Internationales ouvrières*, PUF, Paris, 1964, p. 12).

aux travailleurs eux-mêmes. Il y a donc un certain paradoxe entre la valorisation de la marchandise modernisée par le perfectionnement technique et le lieu de rencontre des acteurs qui ne sont vus, par les promoteurs de la fête du négoce, que comme des instruments au service de la classe qui en maîtrise les rouages. Lorsque les participants expliquent, en toute bonne foi, que les procédés nouveaux et les progrès de l'industrie vont « simplifier le travail manuel ou le remplacer par le travail de l'intelligence », ils adhèrent non seulement à l'esprit du progrès mais aux effets humains qui en découlent inévitablement, persuadés que le XIXe siècle est celui « de la justice pour tous »[1], à partir d'une approche abstraite du travail. La valeur du travail « hors champ », détaché de ses différents lieux d'effectuation, peut apparaître comme le cachet du XIXe siècle afin de mettre un terme à l'appauvrissement des classes laborieuses. À celui qui ne possède rien, la fabrique marchande peut être le lieu de l'émancipation ou l'objet d'aliénation : soit qu'il maîtrise le processus de production par le travail accompli volontairement, soit qu'il subisse l'attrait de la marchandise auquel le travail lui-même est identifié.

« Les Expositions universelles construisent l'univers des marchandises, écrit Benjamin. [...] La mode prescrit le rite suivant lequel ce fétiche qu'est la marchandise demande à être adoré. [...] La mode est en conflit avec l'organique. Elle accouple le corps vivant au monde inorganique. Vis-à-vis du vivant, elle défend les droits du cadavre. [...] Auparavant et de façon moins équivoque, les intérêts de ces peuples avaient été représentés par les délégations des travailleurs français. [...] Cette délégation contribua indirectement à la fondation par Marx de l'Association internationale des travailleurs. La fantasmagorie de la culture capitaliste trouve son plus grand épanouissement lors de l'Exposition universelle de 1867. L'Empire est au faîte de sa puissance. Paris s'affirme comme la capitale du luxe et des modes. Offenbach donne son rythme à la vie parisienne. L'opérette est l'utopie ironique d'une durable domination du capital[2]. »

Le pouvoir d'agir, libéré par la critique du processus d'aliénation, cherche parallèlement à s'évader de la vision « surnaturelle » du travail en créant, hors les murs de la fabrique et de la nation, l'Association internationale des travailleurs. Mais la survie de l'Internationale, telle qu'elle avait été imaginée comme toute autre organisation en tant qu'instrument d'émancipation, dépend de l'apprentissage de la liberté

---

1 G. PÉLIN, « Le Panthéon du travail », *loc. cit.*

2 Walter BENJAMIN, *Paris, capitale du XIXe siècle, op. cit.*, p. 40.

dans la lutte sur le lieu même du travail[1]. Or l'écart s'élargit entre les perspectives collectives d'affranchissement des travailleurs et l'idée de devenir maître de l'espace de production dans lequel il serait possible y compris d'envisager l'« instruction professionnelle[2] ».

À suivre l'évolution bien connue de l'histoire dite du mouvement ouvrier, à ce stade de ma démonstration et au commencement de cette organisation « moderne », qu'il me soit permis de formuler une hypothèse. Provenant d'un autre lieu, malgré la clarté des objectifs énoncés, l'Association internationale des travailleurs ne peut se substituer à cette forme de coopération sociale et politique des salariés associés dans la voie de l'émancipation. Pratiquement elle regroupe, surtout en France et en Belgique, les membres des associations et théoriquement elle est leur prolongement, à la manière de l'« Association des associations ». Les statuts de l'AIT le confirment : « L'assujettissement économique du travailleur au détenteur des moyens du travail, c'est-à-dire des sources de la vie, est la cause première de la servitude dans toutes ses formes, de la misère sociale, de l'avilissement intellectuel et de la dépendance politique, et par conséquent, l'émancipation économique de la classe ouvrière est le grand but auquel tout mouvement politique doit être subordonné comme moyen[3]. »

Mais au fur et à mesure des congrès ou des querelles entre partisans de Proudhon puis de Bakounine et de Marx, en dépit ou à cause des procès dont l'organisation est victime, le discours idéologique l'emporte et s'autonomise en se construisant sur les idées de ceux qui s'érigent en « avant-garde ». Malgré les critiques et les objections, tout en étant au cœur des luttes sociales, notamment au cours des grèves de 1867-1869, l'écart se tend entre le concret de l'expérience et le discours critique parfaitement construit. La différence entre la première moitié du siècle et la seconde se situe, de mon point de vue, dans cette concordance entre modernité industrielle traditionnelle et constitution de l'avant-garde ouvrière. Tandis que les ouvriers, de 1820 à 1848, en Angleterre et en

---

1 En juillet 1863, à l'invitation des ouvriers anglais, à l'issue de laquelle fut créée l'Internationale, le mot « socialisme » n'avait même pas été prononcé au cours du meeting de Saint Martin's Hall ; et Marx, chargé d'aider le Comité provisoire, en élabora les statuts, car il voulait laisser se développer librement les grandes associations existantes. Il a cependant insisté sur deux idées centrales : « L'émancipation de la classe ouvrière sera l'œuvre des travailleurs eux-mêmes » et « la classe ouvrière ne saurait être indifférente à la conquête du pouvoir politique » (Jacques Droz, *Le Socialisme démocratique, 1864-1960*, Armand Colin, Paris, 1968, p. 17).

2 Henri-Louis Tolain, *Manifeste des soixante*, *op. cit.*, p. 3.

3 « Statuts de l'Association internationale des travailleurs », 1864, Archives MLM, <url.ca/niaxz>.

France en particulier, empruntaient aux doctrines « utopiques » les arguments de leur émancipation à partir d'une connaissance approximative et parcellaire des textes, mais autonome en fonction d'une perception singulière de leur situation d'exploités ou de miséreux, les travailleurs de l'industrie[1] devront se « libérer » à l'aide de théories élaborées par ceux qui savent et parlent au nom d'une réalité dont la connaissance expérimentale leur échappe[2].

L'apprentissage de la république, ou la fabrique de la liberté républicaine

La conquête du pouvoir politique est également abordée par le *Manifeste des soixante* et commence par la défense des intérêts propres de la classe laborieuse. Tirant le bilan des élections de 1863 où les candidats de l'opposition à l'Empire furent élus avec les voix des ouvriers, après avoir appris qu'aucune candidature ouvrière n'avait été retenue les signataires s'insurgent contre les candidats de l'opposition, si peu soucieux du sort des classes défavorisées que la « question du paupérisme » n'a pas même été prise en compte[3]. « Eh bien ! Nous répondrons : non ! Nous ne sommes pas représentés, et voilà pourquoi nous posons cette question des candidatures ouvrières. Nous savons qu'on ne dit pas candidatures industrielles, commerciales, militaires, journalistes, etc. ; mais la chose y est si le mot n'y est pas. Est-ce que la très grande majorité du corps législatif n'est pas composée de grands propriétaires, industriels, commerçants, de généraux, de journalistes qui votent silencieusement ou qui ne parlent que dans les bureaux, et seulement sur des questions dont ils ont la spécialité ? [...] Nous qui n'avons à notre service aucun de ces moyens, la fortune, les relations, les fonctions publiques, nous sommes bien forcés de donner à nos can-

---

1 La Ire Internationale est peu implantée dans les industries « modernes », l'implantation des organisations ouvrières, syndicales et politiques interviendra plus tard dans le siècle.

2 Notons à cet égard la remarquable lucidité de César de Paepe (1841-1890), leader belge des républicains socialistes. Dans une brochure intitulée *L'Émulation sociale*, il se préoccupe de liberté individuelle et collective. Se référant aux « utopistes » de la première moitié du siècle, il cherche les écrits les plus pertinents pour concilier liberté et égalité et surtout penser non pas l'organisation du travail, mais l'organisation des travailleurs afin d'envisager les associations de demain. Il s'interroge : « Mais d'après quel principe, sous le régime d'association, doivent s'opérer la production, la répartition, l'échange, la consommation ? [...] Comment doit s'effectuer la répartition des richesses ? Est-ce sur le principe fouriériste ? Le principe saint-simonien ? » (document manuscrit non daté ; je remercie Estelle Berthereau de m'avoir procuré une copie provenant des Archives de Moscou).

3 « Élections du 31 mai 1863 », manuscrit non daté, Archives de Moscou.

didatures une dénomination claire et significative et d'appeler autant que nous le pouvons les choses par leur nom[1]. »

En effet, malgré leur adhésion à l'idée de république, les ouvriers sont soupçonnés par l'opposition républicaine de sympathies à l'égard de l'Empire. Les militants de l'Internationale eux-mêmes, aidés dans un premier temps par le groupe du Palais-Royal, apparaissent comme peu fiables aux yeux des républicains modérés. Soupçonnés d'incarner le « spectre rouge » et de se désengager de la sphère politique d'État, les ouvriers sont suspectés de donner la priorité à la liberté sociale. Or, pendant tout le Second Empire, les sociétés ouvrières et les sociétés secrètes, souvent composées de travailleurs, sont pourchassées sans relâche par le pouvoir en place. L'historien franco-russe Iouda Tchernoff (1872-1950) le rappelle : à Lyon comme à Paris « la police ne se lassait pas de traquer les sociétés ouvrières[2] ». Or, malgré l'aide des républicains plus sensibles à la condition ouvrière, tel Henri Lefort, secrétaire de *La Réforme littéraire* – il aurait contribué à la rédaction du *Manifeste des soixante* –, Henri-Louis Tolain, inscrit sur la liste des opposants « républicains », n'est pas élu lors des élections complémentaires de 1864, à la grande satisfaction de l'opposition modérée[3]. Représentant de la fraction majoritaire dans les premiers temps de l'Internationale, Henri-Louis Tolain, soutenu par Pierre-Joseph Proudhon, a tiré les leçons des élections de 1863 qui marquèrent un tournant favorable à l'opposition et permirent aux républicains de se manifester plus ouvertement au sein des salons, des organes de presse et des sphères professionnelles. Ces « couches nouvelles », selon la terminologie du jeune républicain Léon Gambetta (1838-1882), préparent alors la future démocratie parlementaire.

Henri-Louis Tolain distingue précisément deux mondes que les intérêts séparent durablement. Après avoir constaté la domination du capital sur le travail, l'ouvrier ciseleur réclame la liberté pour tous au nom de l'intérêt commun et non de l'intérêt de chacun. L'instruction et la liberté forment le substrat de son programme : « Que peut espérer le peuple au milieu de la confusion qui règne et des intérêts qui se poussent ? Rien ! S'il ne prend en main ses propres affaires. [...] Les

1 Henri-Louis Tolain, *Manifeste des soixante, op. cit.*, p. 4 et 5.

2 Iouda Tchernoff, *Le Parti républicain au coup d'État et sous le Second Empire d'après des documents et des souvenirs inédits*, Pédone, Paris, 1906, <url.ca/nibuo>. Notons qu'en ce début du XXe siècle les historiens du droit ont contribué à étendre la recherche dans des domaines moins familiers aux historiens positivistes de la IIIe République. (Je remercie Jacques Rougerie de m'avoir signalé la pertinence de cet ouvrage.)

3 Les élus de l'opposition républicaine aux élections de 1863 sont les députés sortants, parmi lesquels Jules Favre, Émile Ollivier, Ernest Picard, auxquels s'ajoutent de nouveaux élus, Eugène Pelletan, Jules Simon, Adolphe Guéroult et Adolphe Thiers à Paris.

hommes éminents du parti démocratique, ceux qui se chargent avec empressement de nous montrer le chemin du progrès, restent les uns enfermés dans le cercle cabalistique d'une théorie, tandis que les autres regardent avec mauvaise humeur et défiance ceux qui, parmi nous, réclament leur place au soleil[1]. » Chacun en effet – ou plutôt chaque camp – pense et définit la liberté nécessaire et préalable à toute conquête du pouvoir politique. Ceux qui s'expriment parmi les représentants de travailleurs, affiliés ou non à l'Internationale, disent leur volonté d'acquérir, si ce n'est l'émancipation totale, du moins la réforme sociale et l'instruction de tous afin d'être en mesure de participer activement aux débats politiques et espérer une participation active à la représentation nationale. L'opposant socialiste Charles Longuet (1839-1903) le rappelle en s'adressant à la nouvelle génération de républicains : « Au lieu de comprendre que les démocrates avaient échoué pour n'avoir pas voulu dans les rapports économiques l'égalité qu'ils réclamaient en politique, ce parti se renferme étroitement dans son idéal purement, honnêtement républicain, mais antiradical et antisocialiste[2]. »

Au cours du premier banquet des associations ouvrières, en septembre 1869, Augustin Verdure (1825-1873), instituteur puis comptable, « commis voyageur de la coopération[3] » et membre de l'Internationale, dit, selon ses vues, ce qu'est la coopération : « C'est la république dans l'atelier, c'est la démocratie en action dans toutes les branches de l'activité humaine : commerce, industrie, agriculture, sciences et art[4]. » Verdure retrouve ici les accents « révolutionnaires » des années 1848 et 1849, quand l'association était l'expression directe de la république démocratique et sociale. Au crépuscule du Second Empire, c'est l'idée de coopération, entendue au sens associatif du terme, qui devient l'horizon d'une liberté en actes afin de rassembler à la fois le savoir-faire et le pouvoir d'agir. Verdure donne à comprendre la république telle qu'elle aurait dû être en 1848, en référence à 1792-1793, une république pour tous, une république de citoyens souverains : ceux que l'on croyait

---

1 Henri-Louis Tolain, *Quelques vérités sur les élections de Paris, 31 mai 1863*, E. Dentu, Paris, 1863, p. 35, <url.ca/nij8n> ; Tolain signe cet ouvrage en tant que « délégué au Comité Carnot », au sein duquel six cents ouvriers avaient participé à la désignation des candidats.

2 Charles Longuet, « D'où nous venons, où nous allons ? La génération nouvelle », *Rive gauche*, n° 38 (cité par Iouda Tchernoff, *Le Parti républicain au coup d'État et sous le Second Empire*, *op. cit.*, p. 351).

3 Jean Maitron (dir.), *Dictionnaire biographique du mouvement ouvrier français, 1789-1884*, *op. cit.*

4 Augustin Verdure, « Discours au premier banquet des associations ouvrières », 19 septembre 1869 (*in Les Révolutions du XIXe siècle, 1852-1872. Les Sociétés ouvrières*, *op. cit.*, tome 1, p. 2).

passifs de 1792 et les vainqueurs en 1848 dont l'idéal politique reposait sur l'organisation des travailleurs. C'est pourquoi Verdure récuse les classements hâtifs attribués aux coopérateurs. Si la coopération puise sa source dans les théories des réformateurs – Owen, Fourier, Cabet, Leroux, Saint-Simon, Louis Blanc –, « elle n'est ni le communisme, ni le saint-simonisme, ni le phalanstère ; encore moins l'individualisme. Elle tient un peu de toutes les doctrines ; elle est la synthèse de toutes les écoles socialistes[1] ». Le « réel de l'utopie » en quelque sorte.

Tout autre est la conception de la liberté chez les opposants « bourgeois » au régime impérial. Les plus sensibles aux revendications ouvrières se posent la question : comment résorber la misère ? À leurs yeux, avant d'envisager la réforme sociale, l'accès à la liberté politique, ou la liberté publique, est la condition première à l'amélioration du sort de la « classe la plus nombreuse et la plus pauvre ». Les républicains sincères se disent heureux de constater l'attachement des classes laborieuses à la république, certains même parlent de ralliement, comme si l'idée de république appartenait désormais à la bourgeoisie et aux nouvelles couches sociales largement favorisées par le progrès industriel et commercial et qui, depuis plus de dix ans, résistent à leur manière au despotisme impérial – à l'instar de penseurs critiques comme Ernest Renan (1823-1892), qui refuse de céder au pouvoir lorsqu'il est destitué du Collège de France, ou Étienne Vacherot (1809-1897), victime de poursuites judiciaires après avoir écrit en 1860 un ouvrage sur la démocratie. La lutte pour la liberté a été engagée par les « résistants », y compris les journalistes, dès les premiers jours. « La résistance contre l'Empire ne cesse jamais », écrit Tchernoff, lui-même sympathisant à l'égard de l'objet de sa recherche : « Elle dura, avec plus ou moins de succès, jusqu'à la fin, se manifestant soit par des conspirations et des attentats, soit par la presse et l'action parlementaire quand le régime, devenu plus libéral, rendit inutile l'emploi de moyens plus révolutionnaires[2]. »

Sous des formes diverses en effet, les républicains à qui l'on interdit, pour raison de censure, d'employer le mot république, insistent unanimement sur le manque de liberté. Une liberté cependant circonscrite à l'espace public, seul lieu à partir duquel ils peuvent contrer le despotisme impérial. Ils réclament la liberté d'expression, celle de la presse bien sûr – *Le Siècle* est en quelque sorte l'organe « officieux » de l'opposition républicaine –, la liberté de réunion, la liberté de

1 *Ibid.*

2 Iouda Tchernoff, *Le Parti républicain au coup d'État et sous le Second Empire*, *op. cit.*, p. VI.

pensée, la souveraineté de la loi, la citoyenneté sans contrainte. Les loges maçonniques, tolérées, accueillent largement les opposants. La loge du Progrès résume assez bien, en 1869, les idées républicaines du moment et se prononce en faveur « de la liberté de penser et de manifester sa pensée par la parole, par l'écriture, le droit de réunion, le droit d'association, l'instruction laïque, obligatoire, mise à la portée de tous, le suffrage universel comme base légitime de l'organisation de toute société, toutes les fonctions électives et temporaires ; l'égalité de droits entre tous les hommes, et comme conséquence la réciprocité des devoirs » ; l'ensemble étant contenu dans la grande devise « Liberté, égalité, fraternité »[1].

Des plus modérés aux plus radicaux, chacun donne la priorité à la liberté politique. Adolphe Thiers, parmi les opposants au régime, le rappelle et Émile Ollivier, rallié à l'Empire tardivement, l'avait également souligné en 1857. La liberté de l'industrie, le développement du commerce, du crédit permettent l'amélioration morale et matérielle de ceux qui souffrent. Il s'agissait d'une liberté élargie à tous les domaines de l'activité humaine. Une liberté complète, sans entraves dans l'espace public. En d'autres termes, une liberté politique, car à leurs yeux la révolution sociale a été accomplie dès 1789, une fois pour toutes. Les républicains modérés sont en ce sens formels, il n'est pas envisageable de bouleverser les rapports sociaux, mais de reconstruire l'unité acquise en 1789 et défaite pas les deux Empires. Héritiers uniques de la Révolution, ceux-ci ne peuvent concevoir d'autres interprétations que la leur. Tout au plus acceptent-ils le débat entre Jules Michelet, grande figure de l'opposition sous le Second Empire, et Edgard Quinet. La lutte idéologique, entre filiation girondine et filiation jacobine, participe de l'apprentissage de la république, mais des promesses inachevées de la Révolution dans le domaine social, il n'est nullement question. La révolution est l'affaire des républicains unis sous la direction de la bourgeoisie que l'on voudrait, selon les meilleurs d'entre eux, humaniste. En ce sens, toute idée de division du peuple est irrecevable et les chimères socialistes, qui engendrent les conflits de classes, doivent être rejetées.

Étienne Vacherot bénéficie de l'autorité de celui qui fut poursuivi par le régime impérial[2]. Le philosophe engagé contre le despotisme paraît, en 1860, parfaitement conscient des enjeux du temps. Trente ans après, il répond à l'article de Saint-Marc Girardin publié en 1831

1 Cité par Iouda Tchernoff, *ibid.*, p. 322-323.

2 Condamné à un an de prison, il est emprisonné trois mois à Sainte-Pélagie en 1860, après un procès en appel.

dans le *Journal des débats*. Contrairement au journaliste témoin de la révolte des canuts, Étienne Vacherot juge nécessaire d'intégrer, en l'état, les « nouveaux barbares dans la société ». Non pas en tant que futurs propriétaires car « l'égalité est impossible », mais en tant qu'associés ou copropriétaires. C'est une « utopie », écrit-il dans son livre sur la démocratie, mais aussi « une espérance de tous les démocrates sérieux et qui sera demain peut-être une réalité »[1]. Partisan d'une démocratie souveraine (démocratie veut dire république, en ce temps d'interdiction du mot), de l'indépendance du citoyen et de la liberté du travailleur par l'association entre patronat et salariat (p. 18), il estime cette réforme d'autant plus nécessaire que « l'ouvrier, même libre, n'a [...] pas toute l'indépendance nécessaire à une véritable démocratie. Tant que le travail conservera l'organisation actuelle, l'ouvrier sera plus ou moins sous la main du maître. Un pareil état des choses, alors même que l'ouvrier y trouverait le bien-être et les loisirs qui lui manquent, n'en serait pas moins contraire par ce côté au principe démocratique » (p. 186). Parfaitement conscient du fait social, Étienne Vacherot entretient cependant l'illusion d'un possible consensus en laissant croire au désintéressement des possesseurs de capitaux et par conséquent à l'abandon de l'exploitation de l'homme par l'homme.

En 1868, sous couvert d'une république abstraite, l'idée d'un sort différent entre les classes se précise plus nettement, avec l'ouvrage du professeur de philosophie Jules Barni (1818-1878), libre penseur et opposant de la première heure qui refuse de prêter serment et préfère démissionner de son poste. Celui qui sera chargé en 1871 par Gambetta de rédiger un *Manuel républicain* en direction des populations des campagnes en particulier[2], après la proclamation de la IIIe République, définit en ces termes la république : « Elle signifie chose publique, la chose de tous. La chose publique, c'est-à-dire tout ce qui intéresse à la fois tous les membres d'une société constituée en État : par exemple, l'intégrité du sol national, l'indépendance et l'honneur de la patrie, les droits des citoyens, etc. Cette chose de tous doit être l'œuvre de tous : tous y doivent participer par le suffrage, par l'impôt, par le service militaire[3]. » La liberté politique étant obtenue, reste la liberté sociale. Pour Barni, il n'y a pas de question sociale en soi, celle-ci est à traiter par la société tout entière au sein du régime qui lui convient :

1 Étienne Vacherot, *La Démocratie*, 2e édition augmentée, A. Lacroix, Van Meenen & Cie, Bruxelles, 1860, p. 157, <url.ca/nijl8>.

2 Jules Barni, *Manuel républicain*, Librairie Germer Baillière, Paris, 1872, <url.ca/nijqy>.

3 Jules Barni, *La Morale dans la démocratie* (1868), Kimé, Paris, 1992, p. 277.

il s'agit, dans la république, de réformer l'espace économique de la société afin d'améliorer le sort de ceux qui « n'ont d'autres ressources que le travail » (p. 353). Avant même l'événement de la Commune de Paris, en 1868, il lui importe alors d'écarter toute idée de socialisme. La république est à la fois le lieu de la réforme et le garant du bon fonctionnement de la société. L'économie doit aussi compter sur les individus tant elle dépend de leurs initiatives : « La question que l'on appelle sociale est sans doute une question économique, mais c'est en même temps une question politique et morale, et telle est la connexité de ces trois éléments, qu'il m'est impossible de tirer de chacun d'eux une solution satisfaisante sans recourir aux deux autres » (p. 354). Un point de vue qui sera repris par Gambetta lors de son discours du Havre en avril 1872.

La liberté des travailleurs en démocratie, la coopération entre les ouvriers et l'état d'espérance dans lequel se trouve le monde ouvrier sont ainsi devenus, dans les rangs de l'opposition républicaine, une « question sociale » ; centrale pour les uns, secondaire pour les autres, mais toujours à l'horizon des peurs des possédants. Le thème sera récurrent tout au long de la IIIe République.

Comment la république évacue la « question sociale »

La république est le domaine des hommes socialement libres sous le Second Empire et, si ceux-ci se satisfont d'un « ralliement » de la classe ouvrière, il n'est pas courant de les entendre évoquer le rôle essentiel du peuple laborieux dans sa fondation. Il est vrai qu'il ne s'agissait pas de la même république. L'idée d'une appropriation singulière de la république a tellement pénétré les esprits, qu'à près d'un siècle de distance deux historiens républicains se penchent sur l'apprentissage de la république sous le Second Empire, en acceptant le postulat consensuel de la république ; aucun d'eux ne s'interroge, en effet, sur l'origine et l'évolution de son contenu. Le premier, en 1906 – moment de forte présence revendicative du mouvement ouvrier –, Iouda Tchernoff, s'efforce de ne jamais exclure les travailleurs de son apprentissage, tout en admettant que les forces vives de la pensée républicaine se manifestent d'abord au sein de la fraction bourgeoise de l'opposition au Second Empire, de *La Libre Pensée* aux professionnels du droit. Tandis que des prolétaires, conscients du chemin à parcourir avant d'accéder à la liberté politique, cherchent à se défaire de l'arbitraire patronal dont dépend le bien-être des « nouvelles couches sociales », les observateurs contemporains, comme les historiens, entérinent l'idée d'une appropriation naturelle de la république par les héritiers d'une Révolution dont l'interprétation univoque a permis de confondre sciemment la liberté dont ils disposent avec le libéralisme politique auquel ils aspirent.

Le second est l'historien américain Philip Nord, auteur en 1995 de *The Republican Moment*[1]. Ce dernier s'intéresse aux « origines des couches nouvelles » – ayant en référence, consciente ou inconsciente, le fonctionnement « démocratique » des États-Unis – pour y découvrir les valeurs fondatrices de la démocratie parlementaire dont se satisfont les autorités de la IIIe République. La franc-maçonnerie, en tout premier lieu, qui « s'achemine vers une organisation réellement démocratique[2] » et accueille volontiers l'opposition dans ses rangs ; la Ligue de l'enseignement, avec la grande figure de Jean Macé (1815-1894) ; la Ligue des droits de l'homme, avec Ferdinand Buisson (1841-1932) ; l'université et les journaux du Quartier latin ; les cercles du commerce et de l'industrie ; les protestants et les juifs libéraux ; *La Libre Pensée* à laquelle Jules Ferry se rallie très tôt ; les professions juridiques, tout particulièrement les avocats – Gambetta est un des leurs ; la nouvelle peinture, avec Berthe Morisot, Camille Pissarro et bien sûr Édouard Manet, parmi d'autres ; les scientifiques, avec Paul Broca. La presse, notamment *Le Siècle,* représente le mouvement anticlérical. À l'occasion des enterrements, des conférences données dans toute la France, des débats, des rencontres dans les salons réputés républicains, ensemble ou séparément, tous préparent, « bien avant l'accession au pouvoir des républicains (1879-1880), une culture propre » au mouvement. Très rapidement, la nécessité de constituer cette opposition contraint les républicains à remettre la résolution de la question sociale entre les mains du régime à venir. Comme le souligne très subtilement Léon Gambetta dans son discours du Havre en 1872 : « Croyez qu'il n'y a pas de remède social, parce qu'il n'y a pas une question sociale. Il y a une série de problèmes à résoudre, de difficultés à vaincre, variant avec les lieux, les climats, les habitudes, l'état sanitaire, problèmes économiques qui changent dans l'intérieur d'un pays même. Eh bien ! Ces problèmes doivent être résolus un par un et non par une formule unique. C'est par le travail, par l'étude, par l'association, par l'effort toujours constant d'un gouvernement d'honnêtes gens que les peuples sont conduits à l'émancipation. Il n'y a pas, je le répète, de panacée sociale, il y a tous les jours un progrès à faire, mais non pas de solution immédiate, définitive et complète[3]. »

---

1 Traduction française : Philip NORD, *Le Moment républicain. Combats pour la démocratie dans la France du XIXe siècle*, Armand Colin, Paris, 2013.

2 *Ibid.*, p. 43.

3 Cité par Pierre BARRAL, *Les Fondateurs de la IIIe République*, Armand Colin, Paris, 1968, p. 262.

Gambetta avait sans doute raison, car la question sociale est toujours d'actualité dans nos « démocraties » modernes. Pour avoir oublié que l'émancipation se conquiert et ne s'accorde pas, la IIIe République fut conçue par les seuls « républicains du lendemain », en laissant ceux de la veille se dépêtrer avec une question insoluble dans un système libéral. Et, de fait, à la préparation du régime républicain, les prolétaires, comme les femmes, en sont écartés. Les conséquences sont durables et les effets délétères ne se révèlent massivement qu'aujourd'hui.

Pourtant, l'historiographie républicaine se réjouit de restaurer en permanence une continuité fictionnelle dont la mise en œuvre repose sur le déni d'une historicité conflictuelle et d'une domination récurrente qui, infiniment, se renouvelle. « Dès les origines, affirme par exemple Philip Nord, la république a pratiqué certaines exclusions - contre les femmes et les ouvriers - mais après tout que pouvait-on attendre d'un régime qui faisait de la virilité une vertu et qui se considérait comme l'instrument d'une nouvelle classe moyenne de professions libérales et d'hommes d'affaires ? Malgré cela, le bilan de la république est loin d'être totalement négatif[1]. » Au regard de ce qui est advenu, l'historien se situe ainsi au plus près du sens de l'histoire, par le récit en surplomb de ceux qui, disposant de la liberté et de l'autorité, se posent en seuls sujets de l'histoire. Aujourd'hui encore, la Ve République est gouvernée par les héritiers des opposants au Second Empire, devenus des professionnels du pouvoir. Tandis que la liberté de tous reste en devenir.

Deux visions se dessinent à l'horizon des possibles : celle qui pourrait être synthétisée par Maurice Agulhon, qui situe ses analyses dans l'entre-deux d'un camp républicain désuni mais n'en accepte pas la division (à propos de 1848, il écrit : « Mystificatrice ou non, [la république] n'apportait pas la mort des idéalismes politiques, mais bel et bien un idéalisme de plus[2] ») ; et celle de Karl Marx en 1852 : « Les ouvriers renonçaient à l'honneur d'être une classe conquérante, ils s'abandonnaient à leur sort, prouvant que la défaite de juin 1848 les avait rendus, pour des années, impropres à la lutte et que le processus historique devait de nouveau se poursuivre par-dessus leur tête[3]. » L'idéal perdure en effet pendant plus d'un siècle et la lutte de classes ne cesse de se renouveler. Mais le combat politique s'est déplacé exclusivement du côté de la politique détachée de la « question sociale ». De ce fait, ont

1 Philip NORD, *Le Moment républicain*, *op. cit.*, p. 272.

2 Maurice AGULHON, *1848 ou l'apprentissage de la république (1848-1852)*, Paris, Seuil, 1973, p. 249.

3 Karl MARX, *Le Dix-huit Brumaire de Louis Bonaparte*, *op. cit.*, p. 71.

été exclus du politique ceux qui devaient se libérer de l'assujettissement économique avant d'être en capacité d'œuvrer à l'organisation collective du pays. Les républicains d'opposition au régime impérial cantonnent leur combat citoyen à la sphère publique occupée naturellement par des hommes déjà libérés des besoins matériels et de la tutelle dogmatique des pouvoirs en place. Aux prolétaires, il ne restait que le conflit ouvert qu'accréditent les différentes grèves soutenues par l'Internationale ouvrière.

La propagande républicaine et le travail idéologique de cette classe moyenne lettrée ont été néanmoins entendus par l'ouvrier à travers celui qui croit pouvoir parler en son nom. Avec réticence, souvent avec clairvoyance, celui-ci emprunte malgré tout le même chemin d'une liberté qui subordonne la réforme sociale à la conquête du pouvoir politique. La réalité résiste pourtant. L'exploitation ouvrière est si patente qu'Étienne Vacherot, en 1860, très éloigné pourtant de l'idée d'une autonomie ouvrière, énonce le « lieu commun de l'économie politique » qu'est le quotidien du travailleur. Celui-là conclut à l'égalité impossible dans le système capitaliste : « Le travail n'est libre que dans la propriété ; le travailleur n'est indépendant que par la propriété. [...] La situation des parties contractantes n'est égale ni pour débattre des conditions de contrat ni pour soutenir la lutte, quand le sentiment de la justice ou de l'intérêt privé ne permet pas d'y souscrire. Le propriétaire, le patron, le maître peuvent attendre que la nécessité leur ramène le fermier, l'ouvrier, le domestique domptés par la misère qui leur fait accepter un fermage, une tâche, un service à tout prix ; ceux-ci le peuvent rarement. Les uns ne risquent le plus souvent que leurs gains, les autres risquent leur pain et celui de leurs familles. L'enjeu est trop inégal pour que le travail ne soit pas à la merci du capital[1]. » L'impasse semble totale. Pas tout à fait cependant, car une voie illusoire s'offre aux hommes du commun, dont le mouvement ouvrier organisé va s'emparer, ne serait-ce que pour accréditer une liberté possible.

La famille propriété de l'ouvrier

Jules Simon, dans son ouvrage *L'Ouvrière*, bien qu'hostile au mot, considère par réalisme le travail des femmes du peuple comme un mal nécessaire. Nonobstant ce mal, tous les républicains, gênés par la question sans pouvoir totalement exclure l'activité salariale d'une large partie de la population féminine, défendent la famille par souci de conserver un des fondements des sociétés modernes : une famille unie,

---

1 Étienne Vacherot, *La Démocratie*, *op. cit.*, p. 159.

harmonieuse, respectant les rôles dévolus à chaque sexe. À l'homme incombent le travail, la science, l'art et la politique, à la femme est réservé tout ce qui touche à l'affectivité et aux soins, royaume de la domesticité. Parmi les opposants républicains, Étienne Vacherot, encore, développe un point de vue très radical sur le sujet. À la suite de Michelet, auquel il se réfère, il dit souhaiter mettre fin au rôle néfaste de l'Église auprès des femmes. Aussi préconise-t-il le développement d'un large mouvement d'éducation en faveur des femmes, car grande est leur influence au sein de la famille. Bien loin de mettre en cause la nature « spécifique » des femmes et ses effets réducteurs, il propose un programme qui vise à préparer l'épouse à son rôle de compagne et d'interlocutrice et à sa fonction de mère de futurs citoyens. Les réformes de la IIIe République sont ainsi largement esquissées : « Il en est de l'unité de la famille comme de l'unité de la nation. Pour qu'on s'entende, il faut parler la même langue. Si la femme n'est point naturellement faite pour être un artiste, un savant, un homme d'État, elle est faite pour vivre avec l'homme, pour vivre de sa vie et pour le faire vivre de la sienne. Et si cette vie est l'art ou la science ou la politique, il faut à la femme une éducation qui lui fasse sentir et comprendre toutes ces choses[1]. »

L'opposition républicaine est unanime à ce propos. Henri-Louis Tolain, pourtant réservé à l'égard de la démarche « individualiste » des républicains modérés, énonce sur la question de la famille un point de vue assez semblable à celui de ses homologues bourgeois. Au sein de l'Internationale, il se prononce contre le travail des femmes, car, expliquait-il en 1863, la famille serait le lieu de solidarité dont dispose l'ouvrier : « Pour accélérer la marche de la société vers un ensemble de croyances et d'idées communes, il faudrait trouver pour le cœur un moyen qui donne satisfaction à notre besoin d'affection. Ce moyen, c'est la famille. Quand, au nom du droit commun, nous réclamons la liberté d'action qui nous est nécessaire pour améliorer notre sort, c'est pour la reconstituer, [...] par le concours volontaire et la division naturelle des fonctions indiquées par la nature[2]. » La famille, ainsi associée au devenir de la classe ouvrière, devient possession de l'ouvrier, la seule qu'on ne puisse lui ôter : « Placés au bas de la pyramide sociale, nous avons cet avantage en réclamant l'instruction, la famille et la propriété, de vouloir ces choses non seulement pour nous mais pour tous[3]. »

1 *Ibid.*, p. 141.
2 Henri-Louis Tolain, *Quelques vérités sur les élections de Paris, 31 mai 1863*, *op. cit.*, p. 35.
3 *Ibid.*, p. 36.

Au cours du congrès de Genève, en 1866, les membres de l'Internationale votent majoritairement contre le travail des femmes, au nom précisément de l'harmonie familiale et du bien-être des enfants. Jules Simon avait décrit l'enfer dans lequel étaient plongées les ouvrières des manufactures modernes ; il aurait voulu bannir le mot du vocabulaire. Le congrès de Genève reprend des arguments fort proches. Ceux-ci sont présentés par une partie de la délégation française, représentée par Eugène Chemalé, Henri-Louis Tolain et Ernest-Édouard Fribourg : « Au point de vue physique, moral et social, le travail des femmes doit être énergiquement condamné comme principe de dégénérescence pour la race et un des agents de démoralisation de la classe capitaliste. La femme a reçu de la nature des fonctions déterminées ; sa place est dans la famille ! À elle d'élever l'enfant pendant son premier âge. La mère seule est capable de remplir cette tâche. » La proposition est adoptée, tandis qu'est rejetée celle d'Eugène Varlin qui milite en faveur du travail des femmes, dont l'activité est à ses yeux nécessaire à « une vie honorable[1] ».

À Paris, pendant deux mois, se déroule publiquement en 1868 une confrontation sur le thème apparu soudain comme central. Le dimanche au Vauxhall, une salle de bal, ouvriers, quelques ouvrières et membres d'associations échangent des arguments. Les femmes, peu nombreuses, ont quelques difficultés à se faire entendre. André Léo et Maria Desraisme parlent cependant ; et Gustave Lefrançais relate les propos avancés par les « proudhoniens » contre ces « bourgeoises » qui se disent favorables au droit des femmes à devenir « des électeurs »[2]. Les idées ont été débattues et les points de vue échangés. On a pu croire, un moment, que l'organisation autonome des travailleurs pouvait aussi se concevoir au féminin, mais il n'en fut rien car la majorité de l'Internationale a eu gain de cause. Le 31 août 1868, les dix points retenus « censés synthétiser les débats » vont dans le sens déjà exposé par Tolain en 1863 : « L'assemblée, considérant que le travail de la femme dans l'atelier, l'usine ou la manufacture est, en même temps, une cause de démoralisation et de dégénérescence de la race, émet le vœu que les mesures prises aient pour but d'établir surtout le travail dans la famille[3]. »

1 Congrès de l'Association internationale des travailleurs, 3-8 septembre 1866, 8e question sur le travail des femmes et des enfants, *Recueil de documents* publiés sous la direction de Jacques Frémond, Genève, 1962.

2 Gustave Lefrançais, *Souvenirs d'un révolutionnaire, op. cit.*, p. 265.

3 Cité par Alice Primi, *Femmes de progrès, Françaises et Allemandes engagées, 1848-1870*, PUR, Rennes, 2010, p. 243.

Alors certes la cause est entendue depuis longtemps et l'idéologie proudhonienne fut largement rendue responsable de cette autre forme d'exclusion des femmes. Cependant, sous la IIIe République, les arguments sont les mêmes ; et, au nom d'une exploitation excessive des femmes, leur concurrence particulièrement malvenue est jugée responsable de la dégradation des salaires ouvriers[1]. Plus fondamentalement, à mon sens, la famille et sa conservation hiérarchique deviennent l'enjeu d'une recomposition d'un peuple uni, à la manière du tiers état. Au moment où les valeurs républicaines s'élaborent et prennent sens dans le combat pour la liberté, la propriété et l'instruction apparaissent comme la condition nécessaire à l'exercice de la citoyenneté. En l'absence de ces deux piliers de la liberté publique, l'enserrement des ouvriers entre capital et travail n'offre qu'une échappatoire à ceux qui le subissent : la famille considérée comme propriété de l'ouvrier. Devenant le substitut du bien bourgeois, un bien propre, sa possession donne l'illusion de l'égalité de tous dans l'espace public puisque, par cette entremise, l'ouvrier peut libérer du temps pour exercer ses droits de citoyen.

Sans l'expliciter, tous les arguments sont désormais réunis pour interdire aux femmes, non seulement les droits politiques mais également la liberté au sens où l'entendait Pierre Leroux. La liberté civique du citoyen, condition nécessaire mais non suffisante à l'apprentissage de la république, est ainsi acquise au détriment de son épouse. La voie politique de la liberté, séparée du domaine social, laisse de ce fait en sursis l'émancipation réelle et passe par une activation renouvelée de la domination des hommes sur les femmes. En empruntant les valeurs républicaines repensées par la classe moyenne – libre des entraves matérielles et intellectuelles dans le temps de l'opposition au Second Empire –, les représentants ouvriers se sont engouffrés dans le seul espace qui leur était offert en embrassant une cause qui n'était pas la leur. Non seulement cette forme de liberté exclusive perdure de nos jours, mais elle ne cesse d'être réactivée. Après des décennies de séparation entre la sphère sociale et la sphère politique, la « question sociale », sans cesse reposée, subsiste en l'état, tandis que les antagonismes politiques ont déserté la liberté et se perdent dans des débats sans issue sur les valeurs et se noient dans des problèmes de société.

---

1 Voir à ce propos Michèle Riot-Sarcey, « Les femmes et la gauche en France, entre discours émancipateurs et pratiques de domination », *in* Jean-Jacques Becker et Gilles Candar (dir.), *Histoire des gauches en France*, tome 1, *L'Héritage du XIXe siècle*, La Découverte, Paris, 2004.

La question de l'émancipation dans l'impasse

Marx avait-il raison ? La lutte de classes aurait-elle permis au mouvement ouvrier de se constituer en force alternative au système libéral ? Pourtant, en dépit de la clairvoyance exceptionnelle dont fait preuve le théoricien militant en 1848, comme en 1864 au moment de la fondation de l'Internationale, malgré la lucidité qui le caractérise tout au long de sa vie, l'émancipation des travailleurs par eux-mêmes et pour eux-mêmes est, avant tout, de son point de vue, largement conditionnée par l'essor des forces productives. Pour lui, les illusions « utopiques » du passé conduisent à des impasses, car l'avenir du mouvement ouvrier reposerait sur sa vocation historique consistant à renverser le système libéral dont sont victimes les masses laborieuses.

Si Marx, dans *Le Manifeste communiste*, n'élabore pas un système mais forge un idéal, il n'en conditionne pas moins l'émancipation des travailleurs au progrès de l'industrie dont dépend le mûrissement des « conditions matérielles » des conflits de classes ; avec leur corrélat, l'exploitation des prolétaires. Il écarte ainsi l'aveuglement du succès immédiat dont le triomphe est éphémère pour valoriser la tâche historique de la classe la plus nombreuse : « Le vrai résultat, [...] c'est l'union de plus en plus étendue des travailleurs. Cette union est facilitée par l'accroissement des moyens de communication créés par la grande industrie[1]. » Dans son ascension, celle-ci devait favoriser non seulement l'abolition du salariat, mais le progrès réel des conditions de vie des ouvriers. La liberté, la famille, la patrie ne sont que les idéaux élevés de la société bourgeoise et le prolétaire qui, par définition, ne possède rien, aspirerait au bien-être, au-delà les frontières, en franchissant idéalement l'espace qui le réduit à une valeur d'échange. Un des meilleurs commentateurs de Marx, le philosophe allemand Karl Korsch (1886-1961), le précise : « Ces idéaux élevés de la société bourgeoise que sont par exemple l'individu libre et disposant lui-même de son sort, la liberté et l'égalité de tous les citoyens dans l'exercice de leurs droits et de tous aux yeux de la loi, se révèlent dès lors n'être rien d'autre que des concepts corrélatifs au fétichisme de la marchandise[2]. » Mais, grâce aux idéologues bourgeois qui se sont haussés à l'« intelligence théorique du mouvement de l'histoire », le prolétariat et son élite veilleront à faire correspondre la lutte et la constitution du parti aux avancées de ce mouvement historique.

Outre que les idées de Marx sont très mal connues à cette époque en France, cette pensée élaborée à partir de l'exemple anglais n'apparaît pas

1 Karl Marx, *Le Manifeste communiste* (1848), Gallimard, Paris, 1965, p. 410.

2 Karl Korsch, *Karl Marx* (1938), Champ libre, Paris, 1971, p. 167.

correspondre à la réalité française, au moins jusque dans les années 1880. Néanmoins, dans la constitution du mouvement ouvrier, la bible qu'a pu représenter *Le Manifeste communiste* nous oblige à tenir compte de la force des arguments qui firent l'objet de débats et d'oppositions inconciliables au sein de l'Internationale ouvrière. En pointillé sont esquissés les écarts et les malentendus, largement présents dans les années 1860.

Parmi ces écarts, retenons la contradiction, à l'origine de l'impasse dans laquelle a été englouti le mouvement ouvrier, entre la théorie en cours de diffusion et la réalité concrète des ouvriers. Bien que né des luttes et des résistances, ce mouvement fut d'abord pensé dans sa dimension théorique, laquelle reposait sur la priorité d'une vocation historique. Or, dans la réalité des rapports de forces matérielles et idéologiques, l'attachement à la famille traditionnelle l'emporte et évolue vers son appropriation par les prolétaires eux-mêmes. La propriété privée ensuite : son abolition, aux yeux des associés, ne signifiait pas l'appropriation massive des « moyens de production », mais la maîtrise du travail dans l'atelier, la coopération entre les différents associés et l'appropriation corporative des moyens de production. Si intervention de l'État il devait y avoir, celle-ci ne pouvait être que transitoire. Et enfin la liberté, y compris individuelle, loin d'être étrangère aux prolétaires, était la pierre angulaire de leur émancipation, à condition bien sûr d'être pratiquée collectivement. L'idée même de surseoir à son acquisition, quel que soit le contexte industriel ou manufacturier, paraissait inenvisageable. Or, si la démarche est confiée à une organisation dirigée par une avant-garde idéologique, aussi décidée soit-elle, le processus de libération échappe aux intéressés qui, de ce fait, délèguent leur pouvoir d'agir. Or, c'est dans les pas de la théorie marxiste figée dans le dogme du texte sacré – exempt du rapport vivant entre praxis et théorie mis en œuvre par Marx lui-même – que se sont glissés les socialistes puis les communistes. Ils y ont ajouté la dimension scientifique accordant à la prise du pouvoir d'État la légitimité d'une condition suffisante et nécessaire à l'émancipation des travailleurs dont la révolution russe de 1917 nous donne un exemple flagrant de renversement de la liberté individuelle et collective en oppression massive.

Plus pragmatique et plus en phase, en apparence, avec les intérêts des travailleurs, s'est installé en France, dans une position de leader des mutuellistes, Pierre-Joseph Proudhon (1809-1865) – mal nommé, à mon sens, « père de l'anarchie »[1]. Mort en janvier 1865, il n'a pas publié de

1 À mon sens, s'il faut attribuer une origine moderne à l'anarchie, William Godwin (1756-1836), époux de Mary Wollstonecraft et père de Mary Shelley, serait davantage indiqué que Proudhon.

son vivant ses réflexions en prise directe avec la réalité ouvrière des années 1860. D'emblée, dans son livre posthume *De la capacité des classes ouvrières* (publié quatre mois après son décès[1]), il se pose en théoricien d'un mouvement qui se cherche et dont l'aveuglement caractérise les hésitations et les divergences. Il prend position, avec nuances, en faveur du *Manifeste des soixante* en négligeant l'autre manifeste d'ouvriers qui fut signé par quatre-vingts d'entre eux (*L'Organisation des travailleurs par les corporations nouvelles*), sous prétexte que ceux-ci s'attachent à l'unique principe de liberté : « Tant que nous n'aurons pas la liberté, disaient-ils, ne songeons qu'à la conquérir[2]. » Proudhon leur reproche en particulier de faire appel à l'État – bien que le texte précise le « temps strictement indispensable à l'affranchissement » – afin d'organiser, non pas le travail, mais les travailleurs. « Une fois libres, ajoutaient-ils, et laissées à la plénitude de leur action, les corporations[3] jouiront d'une prospérité qui n'étonnera pas moins que celle de l'Italie n'a surpris les hommes du passé[4]. » Notons-le, aucun des signataires n'appartient à l'industrie nouvelle.

Après avoir critiqué le communisme, qu'il identifie aux travaux de la Commission du Luxembourg en 1848, Proudhon assimile toute intervention centralisatrice de l'État à celui-ci, en exposant ses doutes sur l'efficacité d'une collaboration électorale entre représentants de la bourgeoisie, même éclairée, et les travailleurs. Puis l'autorité « prolétarienne » du moment définit en ces termes le mutuellisme : « Pour qu'il y ait mutualité parfaite, il faut donc que chaque producteur en prenant certains engagements vis-à-vis des autres, qui de leur côté s'engagent vis-à-vis de lui, conserve sa pleine et entière indépendance d'action. Toute sa liberté d'allure, toute sa personnalité d'opération : la mutualité, d'après son étymologie, consistant plutôt dans l'échange des bons offices et des produits que dans le groupement des forces et la communauté des travaux. » Le mutuellisme est, à ses yeux, au fondement des bouleversements sociaux. À propos des capacités des travailleurs, il n'exprime aucune incertitude sur le long terme, à condition toutefois que le processus de leur émancipation « obtienne la haute

1 Pierre-Joseph PROUDHON, *De la capacité des classes ouvrières*, E. Dentu, Paris, mai 1865 (publié par Gustave Chaudey) ; deuxième édition, 1873, <ur1.ca/nimc9>.

2 *Ibid.*, p. 37.

3 Selon Proudhon, les corporations et non les associations ne seraient viables qu'avec le crédit à taux zéro de sa « banque du peuple », à laquelle il était très attaché et dont la création en 1849 avait causé le malaise auprès des associations, qu'il tenait à distance de ses propres théories.

4 *L'Organisation des travailleurs par les corporations nouvelles*, *op. cit.*, p. 5.

sanction de la science[1] ». Davantage éduqués, davantage formés à l'économie politique, les prolétaires seront alors en capacité de se gouverner eux-mêmes.

Mais pour l'heure, écrit Proudhon en 1864, il manque à ces derniers une doctrine, un savoir et un guide : « Aussi bien et mieux qu'elles [les classes ouvrières], nous pouvons, par le raisonnement, interroger la conscience universelle, révéler ses tendances et mettre sous les yeux des masses leur destinée. Nous pouvons même, si elles venaient à faire fausse route, noter leurs contradictions et leurs inconséquences, par conséquent leurs fautes ; puis, appliquant leurs idées, à chaque question politique, économique et sociale, leur tracer à elles-mêmes, au cas où elles en manqueraient, un plan de conduite ou formulaire » (p. 76). Tout en se situant dans l'actualité des intérêts de ceux qui travaillent, Proudhon, dont l'influence au sein du mouvement ouvrier embryonnaire domine les débats du temps, se pose en maître à penser. Dans cet ultime écrit, il porte loin la critique de la pratique ouvrière « qui ne bouge pas depuis six mois », relevant les manques et les lacunes des coopérateurs et des mutuellistes : « Que si la démocratie ouvrière, satisfaite de faire de l'agitation dans ses ateliers, de harceler le bourgeois et de se signaler dans des élections inutiles, reste indifférente sur les principes de l'économie politique, qui sont ceux de la révolution, il faut qu'elle le sache, elle ment à ses devoirs et elle sera flétrie un jour devant la postérité » (p. 97).

Théoricien d'un prolétariat plus proche de la petite entreprise que de la grande industrie, Proudhon s'attarde davantage sur le rôle historique du prolétariat que sur la pratique novatrice des travailleurs qui, depuis les années 1820, a permis d'expérimenter une voie émancipatrice propre aux classes ouvrières. L'éducation, la division du travail plus encore que l'organisation des travailleurs (p. 130), l'apprentissage de l'économie politique sont, de son point de vue, indispensables au triomphe du mutuellisme.

À Proudhon est attribuée, par l'historiographie la plus récente, l'idée d'association qui est reliée à sa critique de l'État. Par le privilège accordé à l'histoire des idées, on oublie ce faisant l'expérience ouvrière elle-même et les moments singuliers où se dessine en pratique une autre vision de la liberté. On a oublié, par exemple, la ténacité des débats du Vauxhall sur le travail des femmes en 1868 ; et l'attachement des ouvriers « militants », par tradition ou par nécessité, à la famille hiérarchisée n'a pas été analysé comme le moyen d'accéder à une forme de

1 Pierre-Joseph Proudhon, *De la capacité des classes ouvrières*, *op. cit.*, p. 53.

propriété de substitution au détriment des femmes, mais a été attribué à l'idéologie « misogyne » de Proudhon. Alors que celui-ci, certes beaucoup plus que nombre de ses contemporains, rendait surtout compte de la doxa du moment – l'opposition de Varlin fut à cet égard exemplaire, mais elle resta largement minoritaire.

Gustave Lefrançais ne fait pas exception. Publiés en 1886, ses souvenirs reproduisent également le mode de pensée du moment : « Mais voilà que pour répondre à leurs plaintes [celles des dames dont André Léo, grande figure de la Commune de Paris], les proudhoniens prennent la parole. Leur thème est celui du chef de l'école : la femme n'est qu'un adjuvant de l'homme qui, sous peine de disparaître il est vrai, ne saurait s'en passer. C'est, selon la brutale expression du maître, une simple réceptivité, incapable de créer par elle-même, étrangère par sa nature propre à toute faculté de conception dans quelque ordre de production que ce soit : industrie, science ou art. Enfin pour elle, il n'y a, socialement parlant, que cette alternative : ménagère ou courtisane[1]. » Lucide sans doute à l'égard de Proudhon, Gustave Lefrançais se pose en porte-parole de la « femme qui manie l'aiguille ou le brunissoir, [...] qui se ruine la santé par un travail soutenu de douze et même treize heures, pour ne pas même gagner le pain strictement nécessaire ; qu'importe pour elle d'être électrice, éligible, ou de pouvoir gérer des biens en toute liberté ; des biens qu'elle n'a pas, ou même de pouvoir tromper son mari sur un même pied d'égalité ; [...] toute cette rhétorique [...] sur la question n'offre qu'un médiocre intérêt. Le public ouvrier reste froid, cela se comprend[2] ». Mais l'expérience de 1848 qu'avait vécue lui-même Lefrançais, où des femmes pouvaient avoir un rôle de leader au sein des associations, ne semble pas avoir été retenue. La distinction entre les sphères d'intervention privées, sociales et politiques qui forment le creuset de l'apprentissage moderne de la république, a fait son œuvre.

Et pour autant l'histoire n'est pas complètement dite, puisque Lefrançais lui-même sera un acteur majeur de cet événement inouï, la Commune de Paris, qui éclate en mars 1871, marquant la vitalité extraordinaire des idées des quarante-huitards, puis le retour dans le sang de la république « bourgeoise » de juin 1848. En septembre 1870, après sa défaite à Sedan face aux Allemands dans la guerre hasardeuse qu'il avait déclenchée contre la Prusse, Napoléon III capitule puis est renversé à l'issue d'une émeute parisienne : c'est la fin du Second Empire et l'avènement, le 4 septembre, de la IIIe République. Les républicains

1 Gustave Lefrançais, *Souvenirs d'un révolutionnaire*, *op. cit.*, p. 266.

2 *Ibid.*, p. 265.

constituent un « gouvernement de défense nationale » – où Léon Gambetta est à la fois ministre de l'Intérieur et de la Guerre –, afin de faire face aux troupes prussiennes qui assiègent la capitale française. Après un hiver atroce, marqué à Paris par une terrible famine, ce gouvernement est contraint le 28 janvier 1871 à un armistice humiliant face à Bismarck, puis à la dissolution. Le 8 février, une nouvelle Chambre des députés, majoritairement monarchiste et pacifiste, est élue ; puis les premières mesures adoptées par le nouveau gouvernement dirigé par Adolphe Thiers, désigné le 13 février et qui transfère son siège à Versailles, exaspèrent le peuple parisien. Le 18 mars, c'est l'insurrection, rappelant à maints égards celle de février 1848.

Elle est suivie d'une expérience politique hors normes de dix semaines, où tous les thèmes libertaires des décennies précédentes vont resurgir de façon stupéfiante – de même que 1848 avait repris ceux de 1830. Puis d'une effroyable répression conduite par le gouvernement républicain de Thiers : lors de la « Semaine sanglante » (du 21 au 28 mai 1871), pire encore que la répression de juin 1848, les troupes « versaillaises » ont fait près de 10 000 morts[1], et des dizaines de milliers d'arrestations. Après la consécration de la bourgeoisie triomphante sous le Second Empire, l'écrasement tragique de la Commune de Paris par les premiers dirigeants de la IIIe République qui en étaient issus semble bien clore l'époque où l'esprit de liberté circulait encore au sein des classes populaires. Cet esprit ne cessera pourtant de se manifester régulièrement par la suite de maintes manières – jusqu'à nos jours –, retrouvant toujours mystérieusement les traces souterraines des révoltes de 1830, 1848 et 1871. D'où l'importance de bien replacer dans l'histoire l'événement de la Commune.

---

1 Malgré les travaux récents, les plus minutieux soient-ils, il est impossible à mon sens de donner un chiffre précis du nombre de morts. Les mémoires de Victorine B. sont éloquentes à cet égard (voir chapitre suivant).

Chapitre 13

1871 : la Commune de Paris, ou la résurgence de l'esprit de liberté

La vie est triomphante et l'idéal est mort.
Et voilà que, criant sa joie au vent qui passe,
Le cheval enivré du vainqueur broie et mord
Nos frères qui du moins tombèrent avec grâce.

Nous n'avons plus à l'heure où tombera la nuit,
Abjurant tout risible espoir de funérailles,
Qu'à nous laisser mourir obscurément, sans bruit,
Comme il sied aux vaincus des suprêmes batailles.

Paul VERLAINE, « Les vaincus »[1].

Étonnamment, dès les années 1880, la Commune de Paris est commémorée à l'anniversaire de la « Semaine sanglante » de mai 1871 et se fixe au « Mur des fédérés » du cimetière du Père-Lachaise. Tandis que la république semble solidement installée, l'historienne Laure Godineau le constate, chaque année ce ne sont plus les héros que l'on célèbre, mais les martyrs : le « pèlerinage, centré sur la fosse commune des fédérés », devient très tôt un rituel[2]. Le 18 mars, consacré sur le moment comme annonciateur d'un temps nouveau, n'aura duré que quelques années pour être remplacé par la commémoration des espoirs réprimés par les tueries de mai.

Un événement non intégrable au récit républicain

Révolution inattendue, sans guide, sans précédent, difficile à classer dans les cadres ordinaires des pratiques révolutionnaires, la Commune de Paris se situe entre idéal et action concrète : un « réel de l'utopie » qui n'a duré que soixante-douze jours. Sa mise à l'écart de

1 Poème dédié à Louis-Xavier de Ricard, poète, journaliste, éditeur, garde national pendant la Commune, collaborateur au journal officiel de la Commune.

2 Laure Godineau, « Le Dix-Huit Mars 1871. Mémoires, écritures et inscriptions dans l'espace parisien », *in* Jean-Claude CARON (dir.), *Paris, l'insurrection capitale*, *op. cit.*, p. 46. L'auteure se réfère, à ce propos, à de nombreux travaux dont ceux de Madeleine Rebérioux.

l'histoire de la République lui a valu un traitement particulier, car elle n'a cessé d'alimenter les commentaires en excès, du récit laudatif aux considérations méprisantes. Résurgence de la période révolutionnaire du siècle précédent, l'événement est aussi bien un ressaut de 1848 qu'une tentative d'accomplir la liberté pensée possible dès 1789. L'événement marquerait, en quelque sorte, l'achèvement de l'histoire d'une liberté qui, au cours du siècle, fut confisquée par une minorité de privilégiés ; son renouveau en 1871 serait l'actualisation d'un passé inabouti après avoir été interrompu par les forces favorables au libéralisme qui, en tant que seuls interprètes des révolutions qui se soient fait entendre, se sont posées, de fait, en unique sujet de l'histoire de leur temps.

Quelques mois avant les débuts de la Commune, le dramaturge norvégien Henrik Johan Ibsen écrivait : « Ce dont nous vivons encore aujourd'hui, ce ne sont que des miettes de la table de la révolution du siècle précédent, et nous avons assez longtemps mâché et remâché cette chair. Liberté, égalité ne sont plus ce qu'elles étaient à l'époque de la bienheureuse guillotine. C'est cela que les politiciens ne veulent pas comprendre, et c'est pour cela que je les hais[1]. » Espoir fugitif cependant, car dès 1871, aux lendemains de la Semaine sanglante, la Commune a perdu l'appui de tous, particulièrement celui des écrivains qui, en 1848, avaient su exprimer leur désarroi ou leur critique après la défaite de Juin, de George Sand à Gustave Flaubert (voir *supra*, chapitres 8 et 10). L'avènement de la Commune n'aurait pas dû être ; en écrire l'histoire apparaît hors de portée. « Henry Morel, pseudonyme d'Eusèbe Martin, donne le ton général dans son *Pilori des communeux* », constate l'historien Quentin Deluermoz : « Écrire l'histoire des hommes de la Commune, c'était se vouer volontairement à une asphyxie morale, tant le bourbier où grouillaient ces êtres immondes était lourd de vapeurs pestilentielles et chargées de miasmes délétères[2]. »

Tellement décriée par les tenants de l'ordre de tous bords, la Commune a gardé les traces de ce rejet de l'histoire au point que son intégration dans la linéarité du récit républicain est devenue impossible. Le *Paris libre 1871* de l'historien Jacques Rougerie, complété par ses nombreux écrits sur la question, reste une incise dans l'espace et dans le temps, comme si le surgissement dans l'espace politique « de l'homme du travail ou du citoyen travailleur » restait un rêve irréalisable

1 Henrik Ibsen, *Sämtliche Werke*, Berlin, 1905, p. 156 (cité par Walter Benjamin, *Paris, capitale du XIXe siècle, op. cit.*, p. 793 [k 3a, 3]).

2 Henry Morel, *Le Pilori des communeux*, Lachaud, Paris, 1871, p. 185 (cité par Quentin Deluermoz, *Le Crépuscule des révolutions*, Seuil, Paris, 2014, p. 184).

dans le temps long de la république « universelle ». La Commune garde ainsi son caractère sibyllin et mythologique que les contemporains vénèrent ou bannissent. Pour ma part, il m'importe de retenir l'expérience des communards qui pourrait prendre sens dans notre actualité ; à condition d'en accepter l'avènement dans son possible devenir et de renoncer à inscrire l'événement dans une continuité historique. Il ne s'agira plus d'insérer la Commune dans la tradition bâtie sur le déni des conflits dont le contenu de l'idée républicaine a fait l'objet mais, par associations dissonantes, en rupture avec le sens « commun » de l'histoire, de rapporter les différentes expériences discontinues, dont la Commune s'est inspirée, aux aspirations réellement démocratiques qui, aujourd'hui, taraudent nos contemporains. Possibilité d'autant plus ouverte que le « secret » de la Commune n'a rien d'énigmatique : « Être son propre maître. Très concrètement être son propre maître, c'était s'autoadministrer, s'autogouverner ; [...] l'essentiel du travail de réformes projeté sous la Commune s'est accompli – c'est le fait le plus original – par l'initiative locale[1]. »

Pour l'heure, l'interprétation dominante en histoire se contente d'une neutralité distante dont la méthode, héritée d'une histoire positiviste, est de nos jours particulièrement résistante. C'est ainsi que l'historien Robert Tombs pose son diagnostic. Réalisant la synthèse la plus vaste des derniers travaux sur la Commune de Paris, notamment anglo-américains, en dépit d'une objectivité affichée il ne peut s'empêcher d'inscrire la signification de l'événement dans une dimension légendaire que seule la Semaine sanglante lui aurait donnée : « Au lieu d'être une révolution municipale plutôt timide, incompétente et verbeuse, elle devint une épopée de l'héroïsme et du sacrifice du peuple. Un critique bienveillant l'exprima sans ambages : "La Commune qui eût sombré dans le ridicule, prit une hauteur tragique"[2]. »

Et, malgré les prédictions de Karl Marx qu'il énonce sous le coup des événements sanglants « au nom des martyrs [...] ensevelis dans le grand cœur de la classe ouvrière », quand le Paris « des travailleurs » devait être « à tout jamais célébré », « ses exterminateurs [...] cloués au pilori éternel de l'histoire »[3] et la Commune élevée en « glorieux précurseur d'une société nouvelle », l'expérience appartient au rebut de

1 Jacques Rougerie, *Paris libre 1871*, *op. cit.*, p. IX.

2 Propos du radical Henri Maret, « Enquête sur la Commune », *La Revue blanche*, vol. 12, 1897, p. 261 (cité par Robert Tombs, *Paris, bivouac des révolutions. La Commune de 1871*, Libertalia, Paris, 2014, p. 33-34).

3 Karl Marx, *La Guerre civile en France* (1872), Science éditions marxiste, Montreuil-sous-Bois, 2008, p. 94.

l'histoire dont la survivance, y compris mémorielle, ne cesse de s'altérer. Les héritiers des vainqueurs ont franchi victorieusement l'épreuve du temps en imposant leur vision réaliste d'un processus républicain où la liberté fut et est aujourd'hui totalement incorporée aux inégalités sociales. À leurs yeux, la Commune n'a sans doute pas sombré dans le ridicule, mais elle est devenue une spécificité du XIXe siècle profondément inactuelle, ayant été, dès son avènement, jugée incongrue.

Deux visions antagoniques de la résistance

Et pourtant, pour les contemporains soucieux de la « question sociale », l'événement de 1871 n'avait rien de surprenant : c'était l'aboutissement, certes local, voire municipal, de longs mois de mécontentement ouvrier qui, au cours des années 1869-1870, s'était accumulé en s'accentuant au cours des répressions sévères des grèves massives de ces années-là[1]. En juillet 1870, le quotidien *Le Rappel*, à propos des grèves des tisseurs de Mulhouse, rend compte des protestations qui émanent de toutes les professions de la région. Les ouvriers réclamaient une augmentation des salaires, une diminution des heures de travail, l'abolition des règlements vexatoires en vigueur dans les ateliers ; et, « chose étrange », s'étonne le journal, l'autorisation n'a pas été refusée aux grévistes qui demandèrent l'« autorisation de se réunir publiquement pour discuter de leurs propres affaires ». Il est vrai, ajoute le quotidien, qu'« on ne se souvient pas d'une grève aussi considérable et aussi spontanée en France[2] ».

Mais la grève, pas plus que la révolution, n'est vue comme une solution aux problèmes. Les penseurs les plus critiques redécouvrent l'élan de 1848, ses prolongements et ses multiples déconvenues. En cette fin d'Empire, les illusions des coopératives, plus ou moins encouragées et contrôlées par le pouvoir politique, sont tombées et la voie électorale pacifique a montré ses limites au sein d'une opposition républicaine où la marginalisation des travailleurs est parvenue à reléguer la question sociale hors des réformes politiques. En 1869-1870, organiser les travailleurs est devenu l'actualité du moment.

Selon l'ouvrier relieur Eugène Varlin (1839-1871), membre de l'Internationale et homme de la Commune, la grève, bien que nécessaire parce que contrainte, « n'est qu'un cercle vicieux ». Et « si les ouvriers,

1 Rappelons les grandes grèves des mineurs dont s'est inspiré Émile Zola pour écrire *Germinal* (quinze morts à La Ricamarie près de Saint-Étienne), mais aussi les grèves des menuisiers, des mégissiers, des raffineurs, des tisseurs… (voir Michelle Perrot, *Les Ouvriers en grève, France 1871-1890*, *op. cit.*, p. 77).

2 *Le Rappel*, 13 juillet 1870.

dévoués, actifs et intelligents » consacrent « toute leur énergie, toute l'influence qu'ils sont susceptibles d'avoir sur leurs camarades à poursuivre ce mouvement qu'ils savent être sans issue, c'est que pour eux la question préalable à toute réforme sociale, c'est l'organisation des forces révolutionnaires du travail. [...] C'est le groupement des travailleurs et leur solidarisation ». Car ceux-ci « doivent avoir la libre disposition, la libre possession de leurs instruments de travail ». C'est pourquoi « les sociétés coopératives (résistance, solidarité, syndicat) [...] forment les éléments naturels de l'édification sociale de l'avenir ; ce sont elles qui pourront facilement se transformer en associations de production... ». L'urgence, à nouveau, se présente de dépasser l'obtention de quelques « améliorations de détail », pour « travailler à l'affranchissement de l'oppression capitaliste »[1]. C'est pourquoi, y compris chez les républicains radicaux comme Léon Gambetta, fidèle « au peuple souverain », opposé à toute idée de subversion, on n'envisage de réformes politiques que contenant les « réformes sociales »[2]. Dès 1869 d'ailleurs, à Belleville, au moment de la campagne électorale, celui-ci avait réclamé la « liberté d'association pleine et entière[3] ». En juin 1869, la victoire électorale à Paris de l'opposition « respectueuse des lois » fut suivie de plusieurs jours d'émeutes par une partie des non-élus « révolutionnaires »[4]. Mais l'heure n'est pas à l'insurrection, « on allait voir l'émeute comme au spectacle[5] ».

Denis Poulot (1832-1905), ancien ouvrier mécanicien devenu entrepreneur, profondément philanthrope, hostile à toute idée de « communisme », explique quant à lui dans son livre *Le Sublime*[6] être persuadé que le moment n'était plus à l'élaboration des théories, mais à l'action réfléchie, consciente des tâches à venir en matière de progrès et par conséquent d'apprentissage des connaissances économiques et morales dont doit se charger l'« ouvrier vrai[7] » qui sait développer son intelligence. Si en 1848, selon l'observateur avisé qu'il veut être, la population n'était guère préparée à la résolution de la question sociale, en

---

1 *Le Travail*, 31 octobre 1869 ; *La Marseillaise*, 11 mars 1870 (cité par Jacques ROUGERIE, *Paris libre 1871*, *op. cit.*, p. 23).

2 A. TOURNEUR, *Pages d'histoire. Gambetta en 1869, Belleville et Marseille, lettres et documents inédits*, A. Devos, Lille, 1904, <ur1.ca/niz8w> (voir discours du 23 mai 1870 sur la question sociale, p. 214).

3 Léon GAMBETTA, *Programme de Belleville*, 2 mai 1869, *ibid.*, p. 91.

4 Robert TOMBS, *Paris, bivouac des révolutions*, *op. cit.*, p. 81 et 82.

5 *Ibid.*, p. 90.

6 Denis POULOT, *Le Sublime ou le travailleur comme il est en 1870 ou ce qu'il peut être*, A. Lacroix, Verboeckhoven & Cie, Paris, 1870, p. 323, <ur1.ca/nizbv>.

7 *Ibid.*, p. 23 (première partie, titre du chapitre).

1870 elle ne l'est pas davantage à ses yeux. La révolution serait « un reculement », malgré un long « sommeil de vingt ans »[1]. Homme des Lumières, partisan de la fraternité et de l'association, Poulot se veut résolument pacifique. « Le jour où les travailleurs seront unis, écrit-il, tout ce qui pourra les entraver pour arriver au but, ils le renverseront à coups de vote. Le vote, c'est le canon rayé, la mitrailleuse perfectionnée de la révolution sociale. C'est avec le vote qu'il faut vaincre toutes les résistances[2]. »

À ce moment de l'histoire ouvrière, deux visions antagoniques de la résistance collective sont esquissées : selon les uns, le salut ne peut venir que de l'auto-organisation des travailleurs et, selon les autres, la voie électorale devrait permettre le sauvetage du peuple oublié. Mais de chaque côté l'espoir renaît. Les projets parfois se complètent ; à titre d'exemple celui de Léodile Béra, dite André Léo (1824-1900), une autre grande figure de la Commune de Paris, moins connue, ou plutôt davantage oubliée, que Louise Michel (1830-1905). Disciple de Pierre Leroux, journaliste, essayiste, avec ses compagnes et compagnons elle prépare la société future, pacifique, démocratique et sociale. Préoccupée d'éducation, elle veut « hâter la connaissance légale des droits de la femme[3] » en commençant par une instruction primaire démocratique. Très au fait du mouvement associatif, elle imagine le monde de demain. En résonnance manifeste avec les prises de position de Pauline Roland dans les années 1849-1850, André Léo souhaiterait diffuser l'esprit démocratique dans l'ensemble du processus associatif. Dès 1867, elle l'explicite : La « vérité du principe d'association » repose non seulement « sur la science commerciale économique » mais aussi sur l'« esprit de justice, [...] ce n'est pas un simple rouage à forger, c'est un nouvel ordre de rapports à établir entre les hommes. Elle n'a pas seulement pour but le bien-être : elle oblige à être juste ; elle élève nécessairement le niveau moral »[4].

À Paris, les esprits révolutionnaires s'agitent auprès d'une population ouvrière belliqueuse, particulièrement celle qui vit sur les hauteurs de la ville comme à Belleville ou à La Villette... Un cinquième de la totalité des travailleurs en France est concentré dans la région et plus de 60 %

1 *Ibid.*, p. 229.

2 *Ibid.*, p. 232.

3 Alice PRIMI, « La Ligue en faveur des droits des femmes (1868-1870), un humanisme universaliste et socialiste », *in* Frédéric CHAUVAUD, François DUBASQUE, Pierre ROSSIGNOL et Louis VIBRAC (dir.), *Les Vies d'André Léo, romancière, féministe et communarde*, PUR, Rennes, 2015, p. 154.

4 André LÉO, « Les associations à Nantes », *La Coopération*, n° 18, 5 mai 1867, p. 3 (cité par Alice PRIMI, « André Léo, une journaliste démocrate sous le Second Empire », *in ibid.*).

de la population vivent d'un salaire, dont 57 % du travail industriel au sens large[1]. La Commune de Paris, en un sens, va tenter l'impossible synthèse entre la démocratie électorale, à l'échelle des municipalités de quartier, et l'auto-organisation d'un peuple en état de défendre une République doublement menacée, par les armées de Bismarck et par une Chambre élue à la hâte qui entretient un régime trompeur, étant elle-même composée de représentants hostiles à l'idée de république.

La réappropriation des expériences

Après la défaite de l'empereur à Sedan, à la veille de la révolution dite du 4 Septembre, dès la proclamation de la République, la question sociale resurgit avec la force des ressentiments accumulés à l'encontre des pouvoirs en place. Comme si l'idée de république à nouveau permettait l'ouverture de tous les possibles et autorisait à penser sa mise en œuvre dans la plénitude de ses promesses.

La proclamation du gouvernement de défense nationale, à l'Hôtel de Ville, se confond désormais avec la République, seul le contenu diffère selon l'idée que l'on se fait de la souveraineté du peuple. Celui-ci, à Paris, comme à Lyon, Marseille et Toulouse, face au danger qui menace, reprend, en quelque sorte, possession d'un contenu républicain qui lui avait échappé pendant si longtemps. Universelle, au-dessus des lois, la République est censée défendre et protéger la nation contre l'envahisseur prussien aux portes de la capitale. Résurgence de l'esprit de 1792, l'actualisation républicaine, redevenue expression populaire, se veut également défense de la patrie[2]. La guerre, nous dit Roberts Tombs, « avait changé de signification », elle devenait « forcément une guerre pour défendre la République »[3], mais en même temps la défense de la République signifiait à nouveau la défense d'un peuple redevenu souverain. À Lyon d'abord puis à Marseille, la République proclamée est associée « aux Comités de salut public » qui l'accompagnent. À Paris, dès le 5 septembre, les « Comités de vigilance », constitués rapidement, réclament l'élection d'une municipalité. Très tôt se dessine le clivage entre les républicains modérés, porte-parole du gouvernement de défense nationale, et les adeptes d'une autonomie politique à l'origine de la revendication municipale. Entre tous ceux qui souhaitent l'organisation d'une défense véritable contre l'envahisseur et ce qu'il est

1 Voir Jacques Rougerie, *Paris libre 1871*, *op. cit.*, p. 9-10.

2 En septembre 1870, Auguste Blanqui fonde un nouveau journal qu'il intitule *La Patrie en danger*, <ur1.ca/nj0v2>.

3 Robert Tombs, *Paris, bivouac des révolutions*, *op. cit.*, p. 98.

convenu d'appeler l'insurgé, la différence est mince. Sans véritablement se confondre avec le « vrai révolutionnaire », l'insurgé, certes minoritaire y compris à Paris, est essentiellement une figure populaire, constate Jacques Rougerie. L'« insurgé » – bientôt le « communard » – de « toutes les révolutions et insurrections du premier XIXe siècle est l'homme du travail, un citoyen travailleur. Le travail, c'est sans doute ce qui définit au premier chef le peuple », un travailleur de plus en plus éclairé[1].

Entre la chute de l'Empire et la publication de l'armistice à Paris le 29 janvier 1871, avec les conditions établies par Bismarck[2], dont les troupes stationnent aux portes de la capitale, l'agitation urbaine ressemble davantage à une mobilisation générale qu'à une insurrection : *La Marseillaise* est chantée tandis que les Comités de vigilance organisent la défense, les clubs renaissent et de nouveaux journaux sont publiés[3] ; les mesures prises sur le moratoire des loyers incitent à penser à une durée certaine de la situation d'exception. Paris menacé, la ville espère un soutien des provinces. Cependant le peuple laborieux, en partie armé, avec sa Garde nationale réorganisée, bien décidé à résister, hostile au « traîtres » qui cherchent à imposer l'armistice, mesure mal la distance qui sépare les aspirations de la capitale insurgée des attentes pacifiques des campagnes et des provinces françaises. Il cherche à faire pression sur le gouvernement. À titre d'exemple, cette lettre d'un militant de l'Internationale au « citoyen Malon », lui aussi membre de l'Internationale et élu à l'Assemblée, très vite démissionnaire de son mandat de député : « Citoyen Malon, je vous dirai de prendre bien soin de nos intérêts [ouvriers], de ne pas vous laisser surmonter par ces traîtres qui nous ont trahis dès le commencement de la guerre et qui ont fini par la plus forte trahison, l'armistice de Paris, la ville républicaine dont le bandit Jules Favre [...]. Mes amis et moi avons décidé en Conseil que le peuple français ne céderait ni un pouce de son territoire ni en un mot rien du tout. Qu'il fallait pour que la République française, une et indivisible, traite pour la paix que ces *Hungs*[4] soient sortis de notre territoire[5]. »

---

1 Jacques ROUGERIE, *Paris libre 1871*, *op. cit.*, p. V.

2 5 milliards de francs-or d'indemnités en attendant le paiement de l'occupation du territoire français par les troupes allemandes, et la perte de deux provinces, l'Alsace et la Lorraine.

3 Voir à ce propos Olivier LE TROCQUER, « "Une seconde fois perdue". L'héritage de la Révolution et de sa transmission, de 1848 aux années 1880 », *in* Sophie WAHNICH (dir.), *Histoire d'un trésor perdu. Transmettre la Révolution française*, Les Prairies ordinaires, Paris, 2013, p. 225-282.

4 Orthographe des Huns dans le texte.

5 Lettre de Firmin Querçy, membre de l'AIT, section des Batignolles, à Benoît Malon, membre de l'AIT, élu de Paris à l'Assemblée de Bordeaux et qui démissionnera étant

De Paris, la république, à nouveau populaire, retrouve son sens démocratique et social de 1848 : rassemblements, journées de type insurrectionnel se succèdent ; la revendication communale ne se distingue plus guère de l'organisation républicaine des quartiers parisiens. Le 24 février 1871, après avoir compris qu'elle ne pouvait rien espérer de l'assemblée élue siégeant à Bordeaux puis à Versailles[1], la foule parisienne se rassemble. Associée aux cérémonies anniversaires des révolutions de 1830 et 1848 par le comité central de la Garde nationale, nouvellement élu, la population se met en marche spontanément vers la place de la Bastille, autour de la colonne de Juillet. Il s'agit d'un rassemblement rituel au jour anniversaire du début de la révolution de 1848. La signification de l'insurrection d'origine retrouvée, la foule peut se réapproprier les espoirs de 1848, avec la plantation d'un arbre de la Liberté en guise de rappel d'une fraternité « vraie » dont le sens avait été perdu : « La marche de Grenelle à la Bastille n'était qu'une ovation[2]. » Comme en témoigne la veuve Fernandez : « De vives manifestations ont eu lieu à la Bastille, la colonne est remplie de guirlandes ; [...] nous avons été consternés à l'entrée des Prussiens dans Paris, mais le plus grand calme a régné pendant le temps qu'ils ont séjourné dans la capitale. On a dressé des barricades, les femmes et les enfants s'attelaient aux canons qui ont été placés pour garder la ligne de démarcation qui avait été tracée[3]. »

Les vingt-trois années écoulées ne sont pas parvenues à effacer la mémoire révolutionnaire de 1848 avec les pratiques qui l'accompagnent. Ainsi la république démocratique et sociale s'ancre-t-elle dans une relation directe avec ses initiateurs de 1792 et de 1848. Sous une autre forme, cependant : communale cette fois-ci. Dans ce « désordre créateur » selon l'heureuse expression d'Henri Lefebvre[4], la démocratie réelle s'invente en tâtonnant, mais dans un espace réduit qui permet aux acteurs, devenus les véritables sujets de leur propre cause, de rester maîtres chez eux. Des sujets libres en d'autres termes. Sous l'aspect d'une actualisation de la Révolution de 1792-1793, à rebours de 1848, par-delà la continuité de l'ordre social, le passé se recompose en rassemblant les fragments d'une histoire jusqu'alors non advenue. Dans ce processus de

---

en désaccord absolu avec la majorité des élus de la Chambre du 8 février 1871 (cité par Jacques Rougerie, *La Ire Internationale à Paris, documents*, <ur1.ca/njd49>).

1 Aux élections du 8 février 1871, quatre cents royalistes furent élus contre cent cinquante républicains seulement, républicains dits modérés pour l'essentiel.

2 Voir Robert Tombs, *Paris, bivouac des révolutions*, *op. cit.*, p. 138.

3 Lettre à Benoît Malon, citée par Jacques Rougerie, *La Ire Internationale*, *op. cit.*, p. 5.

4 Henri Lefebvre, *La Proclamation de la Commune*, Gallimard, Paris, 1965.

remémoration, il ne s'agit pas, à mon sens, d'une répétition/plagiat, pas plus que d'une nostalgie du temps passé, moins encore d'une chaîne renouée de l'esprit révolutionnaire, mais plutôt d'une réappropriation des expériences du passé républicain dans l'accomplissement de ses promesses. L'éveil révolutionnaire, davantage que la réaction insurrectionnelle, entraîne avec lui tout un amas de significations que l'on croyait perdues dans des mots qui avaient été vidés de leur sens et qui retrouvent là l'essentiel de leur puissance subversive. Liberté, égalité, fraternité recouvrent, dans le concret de l'organisation communale, leur contenu d'origine.

Le 6 janvier, le Comité des vingt arrondissements avait placardé une « affiche rouge » (c'est la deuxième) sur laquelle on peut lire : « Place au peuple, place à la Commune[1]. » L'affiche avait été précédée d'une déclaration de l'Internationale qui prévoyait, entre autres, l'expropriation pour cause d'utilité publique : « La lutte est engagée entre la république et la monarchie, entre le socialisme et la féodalité ; il faut vaincre et de notre victoire se dégagera l'émancipation du citoyen, l'affranchissement des peuples ! Vive la république universelle, démocratique et sociale[2]. »

La part d'inventivité dans ce « désordre créateur » est aussi significative. Avant même le 18 mars, l'idée de commune, par exemple, est d'ores et déjà dans les esprits. Eugène Varlin, alors commandant du 193e bataillon de la Garde nationale, doit s'expliquer en octobre 1870 et justifier sa prise de position en faveur de la Commune : « Il s'agissait purement de l'élection de la Commune que le peuple de Paris réclame depuis si longtemps, que les membres du gouvernement provisoire ont réclamée pour lui tant qu'ils ont été dans l'opposition, et qu'ils lui refusent maintenant qu'ils sont au pouvoir[3]. »

Héritière directe de la Commune de Paris de 1792-1793, la Commune est aussi l'expression d'une quête des différents penseurs qui cherchèrent, au cours du siècle, la forme concrète et achevée que pourrait prendre une souveraineté populaire compatible avec la liberté en actes de chaque citoyen. Victor Considerant, par exemple, en 1848, s'était rallié à la république en étant soucieux de sa gestion : celle-ci ne devait

---

1 Jacques Rougerie, *Paris libre 1871*, *op. cit.*, p. 59.

2 *La Patrie en danger*, 26 novembre 1870 (cité par Jacques Rougerie, *ibid.*, p. 58).

3 Dans cette lettre publiée par *Le Réveil* datée du 28 vendémiaire an 72, « Aux citoyens du 193e bataillon de la Garde nationale », Eugène Varlin s'explique à propos de la journée du 8 octobre (journée insurrectionnelle, comme le 31 octobre et le 22 janvier) auprès de certains membres du bataillon qui lui avaient reproché d'avoir crié « Vive la Commune ! ». On remarquera l'usage rétabli du calendrier révolutionnaire.

en aucun cas échapper au peuple au service duquel elle était proclamée. Le *Code de la communauté* de Théodore Dézamy, en 1842, tirait déjà les leçons de 1793 : « Si, au lieu des mesures violentes, [...] le gouvernement de 93 eût osé arborer franchement l'étendard du communisme, organiser partout des ateliers communs, dresser partout des tables communes, comme le peuple opéra indistinctement pendant plusieurs mois, la révolution aurait sans nul doute eu une tout autre issue[1]. » Plus simplement, la Commune ou municipalité devait répondre à la nécessité de ne concevoir l'administration, fût-elle locale, qu'à l'image d'une gérance à la manière de Constantin Pecqueur : « Dès qu'une société n'est plus composée que d'hommes libres, égaux et frères, cette société est nécessairement une république démocratique, c'est-à-dire une association civile, économique et politique, où le peuple dans son indivisibilité est l'unique souverain ; et par conséquent où l'État c'est lui-même, et statuant à chaque instant sur toutes choses selon qu'il le juge convenable[2]. »

La Commune devait pouvoir concrétiser non seulement les espoirs mais aussi répondre aux nécessités du moment, jusqu'aux réquisitions d'ateliers si nécessaire, comme le club d'Élysée-Montmartre le préconise, le 23 décembre 1870 : « La Commune, comme tous les gouvernements de ce monde, aura besoin d'argent ; [...] elle le prendra à plusieurs endroits, [...] elle confisquera les biens du clergé, des congrégations religieuses, des bonapartistes et des fuyards. Avec le produit de ces différentes confiscations, elle nourrira le peuple et elle commanditera des associations ouvrières qui remplaceront les patrons[3]. » Ce mélange d'urgence et de radicalité, allié aux volontés des « insurgés » de ne déléguer que sous contrôle leur pouvoir souverain, conduit le comité central de la Garde nationale, à son assemblée constitutive du 10 mars 1871, à proclamer : « Plus d'armée permanente, mais la nation tout entière armée, de telle sorte que la force n'opprime jamais le droit. Plus d'oppression, d'esclavage ou de dictature d'aucune sorte ; mais la nation souveraine, mais les citoyens libres se gouvernant à leur gré. En un mot, plus de rois, plus de maîtres, plus de chefs imposés, mais des agents constamment responsables et révocables à tous les degrés du pouvoir ; et alors ce ne sera plus un vain mot que cette sublime devise : "Liberté, Égalité,

1 Théodore Dézamy, *Code de la communauté*, Paris, 1842 (reprints EDHIS, Paris, 1967, p. 285).

2 Constantin Pecqueur, *Le Salut du peuple*, Paris, 1850 (*op. cit.*, p. 21).

3 Cité par Jacques Rougerie, *Paris libre 1871*, *op. cit.*, p. 71.

Fraternité." Rallions nos forces, serrons nos rangs, unissons-nous et vive la République[1] ! » En ce sens, si Paris se pense encore l'équivalent du gouvernement de la France, ses représentants ne cherchent pas à s'emparer de l'État, ils souhaitent tout simplement recouvrer la liberté d'agir en toute autonomie.

Majoritairement peuplée de travailleurs, la Commune de Paris se devait d'être dirigée par des ouvriers, des « ouvriers vrais », et non des patrons, comme le réclame le club Favier le 13 janvier 1871[2]. C'est ainsi qu'elle se prépara dès avant le 18 mars – date du refus de la population parisienne de restituer les canons à Thiers, venu les récupérer afin de préparer la reddition de la France. Après la proclamation officielle de la Commune, le 29 mars, des élections qui avaient été organisées trois jours plus tôt permettent de composer la municipalité parisienne avec des élus dans chaque arrondissement : « Le groupe solide des soixante-six membres[3] de la Commune qui prit le pouvoir le 29 mars constituait sans équivoque un organisme révolutionnaire : c'était l'exemple rare d'une révolution élue démocratiquement contre un gouvernement élu démocratiquement[4]. »

Il n'en demeure pas moins que la Commune « tâtonna, erra pendant ses cinquante-sept séances », ses membres eux-mêmes paraissant insatisfaits du travail accompli : « Nous ne sommes, dit Édouard Vaillant (1840-1915), qu'un petit parlement bavard[5]. »

Comprendre la singularité « libertaire » de la Commune

Nombre de commentaires ont été publiés sur les divisions internes entre les acteurs de la Commune de Paris, leurs hésitations, leur anarchie, leurs incompétences, leur courage et leurs multiples formes de résistance. Pour expliquer leurs actions, on a cherché dans les influences du proudhonisme au sein de l'Internationale, des blanquistes fortement implantés dans les instances, des anciens de 1848 – présence évidemment incontournable, plusieurs fois relevée et saluée, notamment en la personne de Charles Delescluze (1809-1871), qui y laissa la vie. Je n'y reviendrai pas, car l'expérience historique ne peut se réduire à la dimension idéologique dont elle serait l'expression : il ne peut s'agir de rapporter cette expérience à des courants de pensée repérables dans

1 *Ibid.*, p. 96.
2 *Ibid.*, p. 69.
3 Jusqu'en mai, le gouvernement de la Commune comprendra jusqu'à soixante-dix-neuf membres.
4 Robert Tombs, *Paris, bivouac des révolutions*, *op. cit.*, p. 149-150.
5 Jacques Rougerie, *La Commune de 1871* (1988), PUF, 1992, p. 65.

une continuité historique surplombant et déterminant exclusivement l'activité d'acteurs sous influence[1].

Ce qui m'importe ici, en guise d'épilogue à l'exercice d'une liberté aujourd'hui perdue, c'est de retenir l'historicité d'un événement insolite, voire inouï, aux yeux de ses contemporains et trop souvent interprété ensuite à l'aune de son devenir. C'est de comprendre la singularité de la Commune dont Marx fut le témoin à la fois lucide et critique, le seul sans doute des « marxistes » à comprendre la portée de cet événement d'exception : « La grande mesure sociale de la Commune fut son existence même. Ses mesures spéciales ne pouvaient qu'indiquer les tendances d'un gouvernement du peuple par le peuple. Telles furent l'abolition du travail de nuit des garçons boulangers ; la défense sous diverses peines aux patrons de réduire le salaire de leurs ouvriers en leur infligeant des amendes sous divers prétextes, pratique par laquelle le patron se fait législateur, juge, receveur pour escamoter l'argent ; la remise aux associations ouvrières, moyennant indemnité, de tous les ateliers ou fabriques en chômage, soit que leurs capitalistes se fussent enfuis, soit qu'ils eussent préféré se mettre en grève[2]. »

Comprendre en effet un socialisme républicain particulier, dont on ne peut attribuer la paternité aux figures ordinaires de l'histoire : ni socialisme utopique, au sens classique du terme, ni socialisme proudhonien, ni bien sûr socialisme étatique, mais un socialisme qui a gardé les traces d'une auto-organisation dont les associations de 1848 étaient porteuses. Un socialisme qui, en suivant les préceptes d'un Constantin Pecqueur, se rapporte à l'idée de république et à sa forme démocratique ; un socialisme proche du communisme des années 1840 au sein duquel la liberté, au sens où l'entendait Pierre Leroux[3], serait exercée pleinement ; un socialisme qui aurait été contraint, dans la logique des vues de la communarde André Léo, membre de l'AIT, et en dépit des résistances des proudhoniens, si bien sûr l'expérience avait duré plus de soixante-douze jours, d'accorder aux femmes la même liberté qu'aux hommes. Un « socialisme libertaire » selon le néologisme heureux de Joseph Dejacque[4], mais dont aujourd'hui nous avons perdu le moindre de ses repères.

1 Comme le fait Robert Tombs, qui attribue par exemple le « concept d'association non autoritaire et décentralisée » à Proudhon (Robert Tombs, *Paris, bivouac des révolutions*, *op. cit.*, p. 47) ; outre que l'idée d'association est antérieure aux écrits de Proudhon, l'historien britannique semble avoir oublié l'expérience anglaise à l'époque de Robert Owen.

2 Karl Marx, *La Guerre civile en France*, *op. cit.*, p. 78.

3 Pierre Leroux meurt précisément en 1871.

4 Joseph Dejacque (1821-1865), ouvrier parisien, exilé après le coup d'État de décembre 1851, édite alors à New York le *Journal du mouvement social* (voir *À bas les*

Toutefois, un socialisme très éloigné du mode de pensée de la paysannerie française, majoritaire dans la population. Celle-ci était alors l'héritière de la Révolution française dans sa version accomplie et non plus potentielle, et son attachement à la terre déterminait son soutien au régime qui en défendait le principe, de Louis Napoléon Bonaparte à la République d'Adolphe Thiers. Des ruraux poétiquement évoqués par Arthur Rimbaud, à l'issue de la Semaine sanglante, dans son « Chant de guerre parisien » :

Le printemps est évident, car
Du cœur des propriétés vertes,
Le vol de Thiers et de Picard
Tient ses splendeurs grandes ouvertes !

Ô Mai ! Quels délirants culs-nus !
Sèvres, Meudon, Bagneux, Asnières,
Écoutez donc les bienvenus
Semer les choses printanières !

La grand ville a le pavé chaud
Malgré vos douches de pétrole,
Et décidément, il nous faut
Vous secouer dans votre rôle.

Et les ruraux qui se prélassent
Dans de longs accroupissements,
Entendront des rameaux qui cassent
Parmi les rouges froissements[1] !

Rien de spectaculaire pourtant dans les actes de la Commune de Paris si ce n'est une mise en œuvre ponctuelle, locale, liée aussi bien aux conjonctures (la guerre) qu'aux nécessités (le manque d'argent et de nourriture) ; après plusieurs mois de siège, le gouvernement de la Commune est parfois contraint de prendre des mesures d'urgence. Rien de spectaculaire, en effet, mais des réalisations concrètes et des rêves aussi saisissables dans les résolutions des associations ouvrières, des typographes aux selliers, lesquels font pression sur le gouvernement

---

chefs !, textes établis et présentés par Valentin Pelosse, Champ libre, coll. « Classiques de la subversion », Paris, 1970). Pour Dejacque, l'utopie est un « rêve non réalisé mais non irréalisable », idée inspirée de sa lecture critique de Saint-Simon (cité par Alice Primi, préface à la réédition d'André Léo, *Coupons le câble ! Critique de la pensée religieuse* (1899), Dittmar, Paris, 2012, p. 1). Dès 1872, la même André Léo déplore que la Commune ait oublié la cause des femmes.

1 Voir l'analyse de Steve Murphy, *Rimbaud et la Commune. Microlectures et perspective*, Classiques Garnier, Paris, 2010, p. 333 ; selon Murphy, ce poème fait écho à « La curée » d'Auguste Barbier que nous avons évoquée (voir *supra*, chapitre 6).

de la Commune qui, malgré ses atermoiements, ne pouvait ignorer les volontés ouvrières, « car la Commune [devait] être l'État des travailleurs associés », comme le souligne Jacques Rougerie[1]. C'est ainsi, dit-il, que l'Union des femmes s'adresse à la Commission du travail et de l'échange et réclame, entre autres, l'« anéantissement de toute concurrence entre travailleurs des deux sexes, leurs intérêts étant absolument identiques et leur entente solidaire pour le succès de la grève définitive et universelle du travail contre le capital » (p. 180-182).

Dans cette perspective, Jacques Rougerie situe le décret du 16 avril 1871 dans la droite ligne du « socialisme du XIXe siècle » (p. 184), dont aujourd'hui le souvenir est pratiquement forclos : après avoir constaté qu'un certain nombre de patrons avaient déserté ou s'étaient enfuis, le gouvernement préconisa la mise en place d'une commission d'enquête qui dresserait la liste des ateliers abandonnés afin, selon l'article 2 du décret, de « présenter un rapport établissant les conditions pratiques de la prompte mise en application de ces ateliers, non plus par les déserteurs qui les ont abandonnés mais par l'association coopérative des ouvriers qui y étaient employés ». Dans l'esprit de ce décret, « tout » reposait « sur l'association ouvrière coopérative et libre » (p. 183-187). Différemment, Roberts Tombs juge limitée la portée de ce décret qui, de son point de vue, aurait eu peu d'effets sur l'organisation coopérative, à l'exception d'une coopérative de fondeurs[2]. Il reconnaît cependant qu'ici et là quelques coopératives, notamment celles diligentées par l'Union des femmes, furent plus ambitieuses ; et, à la coopérative du Louvre (ateliers de fabrique d'armes), « les ouvriers élurent un délégué comme directeur, des chefs d'ateliers et un conseil représentatif, sous la supervision du socialiste Augustin Avrial, un responsable syndical des métallurgistes qui organisait la production d'artillerie de la Commune[3] ». Le décret correspond pourtant aux professions de foi des élus de plusieurs arrondissements ouvriers de Paris : les associations y sont à l'honneur et la forme populaire du gouvernement républicain est plusieurs fois affirmée, comme le proclament par exemple les candidats élus du XIe arrondissement : « L'État c'est le peuple se gouvernant lui-même[4]. » Il y a urgence en effet pour les élus locaux qui doivent chaque jour, depuis mars, tenter de répondre aux demandes et résoudre des problèmes souvent inso-

1 Jacques Rougerie, *Paris libre 1871, op. cit.*, p. 180.
2 Robert Tombs, *Paris, bivouac des révolutions, op. cit.*, p. 196.
3 *Ibid.*, p. 197.
4 Cité par Jacques Rougerie, *Paris libre 1871, op. cit.*, p. 141.

lubles par manque de moyens : « Le travail ne reprend pas, la misère grandit et le manque des nécessiteux augmente[1]. »

Question d'interprétation, sans aucun doute, mais question aussi de point de vue sur une modernité si peu reconnue et si étrangère à la tradition républicaine qui s'est peu à peu imposée en installant sa vision « réaliste » d'une république modérée. Or, l'idée centrale de la Commune est réaffirmée sans ambigüité le 19 avril 1871, comme en atteste la « Déclaration au peuple français » votée ce jour-là à l'unanimité moins une voix par les représentants de la Commune de Paris, et cela malgré les divisions internes entre jacobins, internationalistes et proudhoniens. Les aspirations et les vœux de la population y sont clairement exposés : la liberté, l'autonomie de la Commune, le choix de l'élection, le contrôle et la révocation des responsables des fonctionnaires comme des magistrats, le développement de l'instruction, la « fin du vieux monde gouvernemental et clérical, de l'exploitation de l'agiotage », l'intervention permanente des citoyens dans les affaires communales. « L'unité politique telle que le veut Paris, c'est l'association volontaire de toutes les initiatives locales, le concours spontané et libre de toutes les énergies individuelles en vue d'un but commun. [...] La révolution communale, commencée par l'initiative populaire du 18 mars, inaugure une ère nouvelle de politique expérimentale, positive, scientifique[2]. » L'adresse à la population de la France se veut bien sûr solennelle, écrite dans une situation de guerre et de danger extrême, compte tenu de l'isolement de Paris, mais aussi dans le but d'afficher le contenu réel d'une mission que les « communards » se seraient assignée, soit la « révolution moderne, la plus féconde de toutes celles qui ont illuminé l'histoire ».

Les commissions d'arrondissement sont ainsi mobilisées afin de mettre en place l'assistance, ouvrir les ateliers pour les sans-travail et gérer les écoles[3]. Les tâches des élus des arrondissements croissent au fur et à mesure de l'aggravation de la situation militaire. Et face à la menace versaillaise, de plus en plus certaine, les récriminations à l'encontre du gouvernement de l'Hôtel de Ville se font plus acerbes, notamment après que la majorité a choisi de gouverner à l'aide d'un Comité de salut public (rompant ainsi avec l'idée de gouvernement direct, au grand dam

1 Note adressée à Benoît Malon sur la situation du XVIIe arrondissement à la veille du 18 mars (citée par Jacques Rougerie, *Documents de l'Internationale*, *op. cit.*, p. 5).

2 « Déclaration au peuple français », dite « Le testament de la Commune de Paris », 19 avril 1871 (citée par Jacques Rougerie, *Paris libre 1871*, *op. cit.*, p. 153-156).

3 Jacques Rougerie, *La Commune de 1871*, *op. cit.*, p. 67.

de Varlin[1]) : « Demandons la réquisition de l'atelier du sieur Godillot, franc-fileur, et que l'on fasse des travaux au compte de la Commune. Que l'on réorganise le 33e qui est dissous, afin de participer au danger de nos braves défenseurs qui sont au feu depuis dix ou quinze jours[2]. »

Malgré les « incompétences » et les embûches, la Commune a accompli un travail remarquable, en un temps record. Outre les mesures imposées par les circonstances – remise des loyers échus d'octobre à avril, échelonnement des échéances commerciales, réforme du Mont-de-piété... –, elle a adopté des réformes qui étaient du ressort d'un État : abolition de la conscription, service militaire (municipal) obligatoire pour tous, séparation de l'Église et de l'État, suppression du budget des cultes. Son œuvre sociale est également loin d'être négligeable, de l'interdiction des amendes dans les ateliers et les administrations aux vastes projets d'organisation du travail, ajoutés à ceux de réorganisation de l'éducation publique gratuite et obligatoire. À la Commission de l'enseignement, au nom de la liberté de conscience, Édouard Vaillant préparait la laïcisation de l'école. Dans différents arrondissements, les congrégations religieuses furent remplacées par des instituteurs et institutrices ; l'éducation nouvelle était projetée, notamment pour l'éducation des filles[3].

Une révolution moderne, sans aucun doute, si l'on veut bien comprendre combien cette modernité-là cherche à récupérer l'ensemble d'un passé oublié. Les références au passé proche sont aussi une réappropriation du langage qui fait sens comme on l'entendait alors, de la souveraineté populaire en exercice de 1792-1793 à la république sociale de 1848. La reprise du calendrier révolutionnaire par les insurgés de 1871 indique ainsi simplement leur volonté de rompre avec l'interprétation de la Révolution par les libéraux de la Restauration qui s'en étaient emparés. Il s'agit non seulement de récupérer les expériences perdues, mais aussi de se réapproprier le sens qui comprend la totalité des aspirations populaires. Loin d'être une répétition, c'est une véritable actualisation des actions esquissées en 1848 et largement laissées à l'initiative des contemporains ouvriers, soucieux de rester « maîtres chez eux », dans une optique fraternelle et dans la voie d'une solidarité concrète. À la manière d'un Jules Lechevalier qui écrivait en mars 1848 :

1 Le 1er mai 1871, quarante-cinq membres se prononcent en faveur du Comité de salut public, vingt-huit votent contre (le gouvernement comptait alors soixante-treize membres) ; tous étaient inégalement actifs.

2 « Adresse au citoyen Malon, membre de la Commune, section des Batignolles », 17 mai 1871 (cité par Jacques ROUGERIE, *Documents de l'AIT Paris*, *op. cit.*, p. 9).

3 Voir Jacques ROUGERIE, *La Commune de 1871*, *op. cit.*, p. 67-70.

« Je suis un socialiste de l'avant-veille, un socialiste de 1829 ; [...] la République m'a trouvé prêt, au jour et à l'heure où elle s'est identifiée avec le socialisme qu'elle avait écarté assez dédaigneusement, en 1830, 1831 et 1832[1]. » En droite ligne du Club des amis fraternels qui, en 1848 également, imaginait pouvoir réaliser l'« égalité » en préconisant l'éducation nationale, gratuite et la même pour tous, la justice gratuite et l'« établissement de grands ateliers industriels et agricoles appartenant à la nation, dans lesquels l'existence des citoyens valides sera assurée en travaillant et celle des vieillards et des invalides garantie par une retraite honorable[2] ». L'association des travailleurs à l'œuvre dans le développement des créations individuelles et collectives avait le souci de ne laisser personne en dehors des bienfaits de la civilisation nouvelle.

En 1871, l'actualité du passé de 1848 renouvelle donc le collectif associatif, non plus en pensant l'étatisation ou la propriété de la nation mais – l'expérience des années 1849-1860 aidant – les travailleurs réunis, aux aspirations desquels la Commune tente de répondre en soixante-douze jours, afin de gérer la production et le quotidien dans l'espace et le lieu qui sont les leurs. Une révolution moderne assurément, engagée dans la voie d'un progrès d'une démocratie qui s'installerait à tous les rangs de la société. Il s'agit bien d'un élan créatif sans précédent, où chacun retrouverait le bonheur de vivre selon la perception fugitive qu'en donne le peintre Gustave Courbet, dans une superbe lettre qu'il adresse à ses parents le 30 avril 1871 : « Paris est un vrai paradis ! Point de police, point de sottise, point d'exactions d'aucune façon, point de disputes ! Paris va tout seul comme sur des roulettes. [...] Tous les corps d'État se sont établis en fédération et s'appartiennent. [...] La Commune de Paris a un succès que jamais aucune forme de gouvernement n'a eu. [...] [Paris] veut que la liberté soit consacrée sur la terre (il n'y a pas à y revenir)[3]. »

Rêve du « bouillonnant Courbet », écrit à ce propos Robert Tombs, qui juge trop facile de « cibler les éléments utopiques stupéfiants » dans la « Déclaration au peuple français » du 19 avril – même si, il en convient, l'appel contient les « principales mesures que la Commune prit vraiment ou essaya de prendre »[4]. Et pourtant, ce « testament »

1 Jules Lechevalier, conférences tenues à Paris en mars 1848, *loc. cit.*

2 *Commission d'enquête sur les événements du 15 mai et du 23 juin 1848* (AN CC 941) : « Profession de foi, délivrée et adoptée dans la séance du 27 mars 1847 [une erreur ; sans doute s'agit-il de la séance du 27 mars 1849] par Jules Gay, secrétaire, et Charles Leroux (frère de Pierre), trésorier ».

3 Gustave Courbet, lettre à ses parents du 30 avril 1871 (*Correspondance, op. cit.*, p. 366-367, <url.ca/nj48h>).

4 Robert Tombs, *Paris, bivouac des révolutions, op. cit.*, p. 161 et 165.

– attribué pour l'essentiel par Jules Vallès à Charles Delescluze –, qui est parvenu à rallier les suffrages divergents des hommes de la Commune, ne correspondrait-il pas aux aspirations d'une population, pas toujours insurgée, souhaitant vivre autrement, comme l'a si bien montré en 2000 le cinéaste britannique Peter Watkins dans son documentaire sur la Commune de Paris[1] ?

La « première vraiment populaire de nos révolutions »

On le voit, tout est question d'interprétation, selon que l'on considère l'événement advenu ou ce qui est en formation sur le moment, en création ou en possible... Il est vrai qu'à lire la plupart des propos d'après-Commune, les propositions et professions de foi de ces soixante-douze jours y sont au mieux données comme chimériques ou irréalistes. À peine la « Semaine sanglante » achevée, la répression extrême dont furent victimes les communards autorise le déferlement d'insultes de la part de tous ceux qui ne pouvaient admettre l'inouï qu'avait été ce rassemblement de « gens de peu » se gouvernant eux-mêmes. Parmi bien d'autres déversements, retenons celui de Leconte de Lisle fils, qui règle ses comptes à travers une « exécution » de l'Internationale : « Cette ligue de tous les déclassés, de tous les incapables, de tous les envieux, de tous les assassins, de tous les voleurs, mauvais poètes, mauvais peintres, journalistes manqués, romanciers de bas étage, ouvriers débauchés et ivrognes, femmes perdues, enfants dépravés, cette lie sociale qu'on nomme l'Internationale[2]. »

À compter du 21 mai, la répression des troupes versaillaises s'exerça sans aucune retenue contre les insurgés parisiens, avec ses cours martiales improvisées et ses exécutions sommaires, au prix de milliers de morts[3]. En quelques jours, Paris fut reconquise. Mais la résistance des communards déchaîna les volontés de détruire une population insoumise et une forme d'hystérie collective se répandit à travers la presse, particulièrement devant Paris en flammes après que les insurgés eurent incendié les bâtiments publics.

---

1 Peter Watkins, *La Commune (Paris, 1871)*, 2000, <ur1.ca/nj4rf>.

2 Lettre à José Maria de Heredia, 2 juin 1871 (citée par Steve Murphy, *Rimbaud et la Commune*, *op. cit.*, p. 596).

3 Sans prendre en compte la totalité des exécutions sommaires, Robert Tombs avance le chiffre de 5 700 à 7 400 tués pendant les combats (Robert Tombs, *Paris, bivouac des révolutions*, *op. cit.*, p. 364). À l'issue de son enquête conduite à l'époque, le journaliste engagé Prosper-Olivier Lissagaray (1838-1901) en a comptabilisé entre 17 000 et 20 000 ; et 4 000 insurgés furent déportés en Nouvelle-Calédonie (Prosper-Olivier Lissagaray, *Histoire de la Commune de 1871*, Kistemaeckers, Bruxelles, 1876 ; réédition Maspero, Paris, 1970 ; réédition La Découverte, Paris, 2004, <ur1.ca/nj589>).

Victorine Brochon, ambulancière, se souviendra de ce dernier jour de la semaine que l'on dira « sanglante » : une fois seule, elle erre dans Paris en cherchant à échapper aux soldats de Thiers qu'elle croit « ivres » ; de retour dans son quartier, elle apprend l'arrestation de son mari, la disparition de sa mère et sa condamnation à mort, le 25 mai, comme incendiaire. Elle survivra, mais sa vie, écrit-elle, s'est alors arrêtée là[1]. Elle faisait partie de ces femmes communardes dont parle curieusement l'écrivain Émile Zola, le 14 mai 1871 : « Il y a longtemps que je veux vous parler du rôle des femmes dans la révolution du 18 mars. C'est un des côtés les plus curieux des événements que nous traversons. Certes, il ne faut pas lui donner une importance exagérée ; il n'en a d'ailleurs aucune. Mais de ce drame épouvantable, il est comme la note bouffonne et pittoresque[2]. »

Tout autre est la vision d'Arthur Rimbaud, à travers le poème en hommage aux « Mains de Jeanne Marie », une forme de réminiscence du poème d'Auguste Barbier de 1830, dont Delacroix s'inspira alors pour réaliser son personnage allégorique de la Liberté.

> Jeanne Marie a des mains fortes
> Mains sombres que l'été tanna
> Mains pâles comme des mains mortes. [...]
>
> Ça serrerait vos cous, ô femmes
> Mauvaises, ça broierait vos mains,
> Femmes nobles, vos mains infâmes
> Pleines de blancs et de carmins.

La conclusion de Robert Tombs est à peu près semblable à celle des historiens républicains des années 1880, tels Charles Seignobos (1854-1952) et Ernest Lavisse (1842-1922) : « Ironiquement, la défaite de la Commune se révéla nécessaire pour préserver la République. Elle prouva la viabilité de la "république conservatrice" de Thiers, Favre, Picard et Ferry – mais de cette forme-ci de république exclusivement. L'autre, la république démocratique et sociale, cessa d'être un horizon politique pour ne survivre que dans la mémoire des vaincus[3]. »

Restent les traces de la poésie et de la peinture. Comme celles d'Édouard Manet (*La Barricade* ou *L'Évasion d'Henri Rochefort*) ou de Gustave Courbet (*Autoportrait* à la prison de Sainte-Pélagie et *Les Truites*

---

1 Victorine B., *Souvenirs d'une morte vivante*, Lausanne, 1909 (rééd. Maspero, Paris, 1976).

2 Émile Zola, « Lettre de Paris », *Le Sémaphore de Marseille*, 14 mai 1871 (citée par Steve Murphy, *Rimbaud et la Commune*, *op. cit.*, p. 615).

3 Robert Tombs, *Paris, bivouac des révolutions*, *op. cit.*, p. 373.

notamment). Et peut-être « Le bateau ivre » de Rimbaud, selon l'interprétation de Steve Murphy, qui y voit une « allégorie politique, composée dans les mois suivant la "Semaine sanglante" et représentant obscurément l'insurrection et sa défaite[1] ». Un bateau « frêle comme un papillon de mai[2] ». Mais il est vrai que le but du poète était « d'inspecter l'invisible et d'entendre l'inouï[3] ». Ils ont même, « ces ignorants, comme on les appelle », écrit Gustave Lefrançais dans ses Mémoires, créé une littérature politique révolutionnaire des plus remarquables, tant sont magistrales leurs proclamations, par la clarté, l'élévation et la simplicité du style : « Quoi qu'il arrive, ce gouvernement d'"inconnus", d'"ignorants", sera un jour la gloire de la révolution du 18 mars, la première vraiment populaire de nos révolutions[4]. »

Écrasée, la Commune, magnifiée par les révolutionnaires qui en ont fait une icône, a oublié cependant la cause des femmes. André Léo ne manquera pas de reprocher à ses dirigeants cette entorse à la vérité des mots : « Beaucoup de républicains n'ont détrôné l'empereur et le bon Dieu que pour se mettre à leur place ; [...] il leur faut des sujets, ou tout au moins des sujettes. On pourrait, d'un certain point de vue, écrire l'histoire depuis 1789 sous ce titre : "Histoire des inconséquences du parti révolutionnaire". La question des femmes en ferait le plus gros chapitre, et l'on y verrait comment ce parti trouva moyen de faire passer du côté de l'ennemi la moitié de ses troupes, qui ne demandaient qu'à marcher et à combattre avec lui[5]. »

La longue lutte des révolutionnaires insurgés ne semble pouvoir intégrer l'autre, étranger ou femme, qu'à condition que celui-ci et celle-là épousent la cause commune : toute différence première dans le combat commun ne peut être reconnue, car elle supposerait une conscience aiguë du sens de la liberté de chacun. En ce sens, l'oubli de l'autre entraîne immanquablement l'unicité de l'un dans le sens voulu par celui qui définit qui est libre et qui ne l'est pas. Et, j'y reviendrai, refuser à l'autre ce qui fut refusé à celui qui s'insurge, c'est embrasser de fait la cause contre laquelle la révolte est organisée. À cet égard, la révolte des Kabyles d'Algérie, contemporaine de la Commune, est éloquente.

---

1 Steve Murphy, *Rimbaud et la Commune*, *op. cit.*, p. 524.
2 *Ibid.*, p. 559.
3 *Ibid.*, p. 573.
4 Gustave Lefrançais, *Souvenirs d'un révolutionnaire*, *op. cit.*, p. 410.
5 André Léo, *Écrits politiques*, Dittmar, Paris, 2005, p. 172.

La révolte des Kabyles

La république conservatrice, appelée désormais République tout court, acquiert ses véritables « lettres de noblesse » hors de l'Hexagone, en territoire algérien après la terrible répression dont furent victimes les Kabyles insurgés pendant près de dix mois, d'avril 1871 à juin 1872. Connue sous le nom d'un de ses leaders, Mohammed Mokrani, la révolte a pris une immense ampleur. Mokrani, grand notable, fut qualifié par les colons, hostiles aux soldats de l'Empire, « de suppôt des fêtes impériales[1] ». L'insurrection, locale à partir du 9 février, devint générale avec le soulèvement en mars 1871 de près de 15 000 Kabyles « appelés au djihad » par le cheikh El-Haddad de la Rahmaniyya[2]. L'appel au djihad permit au cardinal Lavigerie de qualifier la révolte de religieuse, car fomentée par les confréries musulmanes à l'encontre de la pénétration de la Croix ; ce qui l'autorisa, la « paix retrouvée », à « installer en force ses Pères blancs »[3]. L'insurrection avait été précédée d'une famine en 1867-1868, au cours de laquelle on comptabilisa plusieurs milliers de morts. Après une succession de fléaux – crise économique, tremblement de terre, désordres climatiques… –, les fellahs, comme les notables, accumulèrent des dettes et s'inquiétèrent de la disparition certaine des « Bureaux arabes » qui jusqu'alors avaient permis d'endiguer l'appropriation des terres par les colons au détriment des tribus au nom de la liberté de propriété. La défaite de Sedan, ajoutée à la capitulation de François Achille Bazaine à Metz en octobre 1870, conduit les colons d'Alger, ce « faubourg de Marseille », à se prononcer en faveur de la guerre, par hostilités aux « capitulards ». Imitant Paris, la capitale des anciens « transportés » suite au coup d'État de Louis Napoléon Bonaparte en 1851, se constitue en Commune les 2 et 7 novembre 1871. Les républicains d'Alger, aussi radicaux soient-ils, se désintéressent pourtant de la situation des « indigènes » et nient la rébellion. Le vice-amiral Louis de Gueydon, envoyé par Thiers pour remettre de l'ordre, met fin très vite à cette « Commune d'opérette » le 10 avril 1871[4]. La municipalité d'Alger, élue en février, était usée « par neuf mois de manifestations désordonnées[5] ».

---

1 Annie Rey-Goldzeiguer, « La France coloniale, 1830-1870 », *in* Jean Meyer, Jean Tarrade, Annie Rey-Goldzeiguer, Jacques Thobie (dir.), *Histoire de la France coloniale. Des origines à 1914*, Armand Colin, Paris, 1991, p. 550.

2 Mohamed Brahim Salhi, « L'insurrection de 1871 », *in* Abderrhamane Bouchène, Jean-Pierre Peyroulou, Ouanassa Siari Tengour, Sylvie Thénault (dir.), *Histoire de l'Algérie à la période coloniale (1830-1862)*, La Découverte, Paris, 2012, p. 107.

3 Annie Rey-Goldzeiguer, « La France coloniale, 1830-1870 », *loc. cit.*, p. 550.

4 *Ibid.*, p. 543-547.

5 Charles-André Julien, *Histoire de l'Algérie contemporaine. La conquête et les débuts de la colonisation*, Casbah, Alger, 2005, p. 472.

La République installée en France par le gouvernement de défense nationale confie à Adolphe Crémieux, ministre de la Justice, le soin de faire appliquer ses neuf décrets dont le plus connu est la « naturalisation des israélites algériens[1] ». Plus important aux yeux des Algériens, et plus dangereux, était l'établissement du régime civil qui s'accompagnait d'une offre attrayante aux colons, incités à s'installer en s'appropriant les terres des tribus arabes, au nom de la République bien décidée à « libérer les terres indigènes jusqu'alors protégées par le sénatus-consulte de 1863[2] ».

La répression des Kabyles fut d'autant plus sévère que les colons souhaitaient que la « métropole » soit intraitable. Le 5 mai 1871, Mokrani est tué d'une balle dans la tête au cours des combats[3]. Les Kabyles sont traités comme les communards parisiens et ne bénéficient pas même du titre de belligérants, tout au plus sont-ils des rebelles, le plus souvent des assassins ou des bandits. La France put ainsi, en toute « légalité », offrir des terres « confisquées » aux Alsaciens-Lorrains qui refusaient de rester en terre allemande. Le « séquestre » est appliqué à l'ensemble des terres kabyles, quels que soient le rôle et la part pris dans l'insurrection. « En fait le Conseil supérieur constata, en 1875, que le total des terres confisquées sur les tribus à titre collectif s'élevait à 324 000 hectares et, à titre individuel, à 250 000 hectares, soit au total à 574 000 hectares[4]. » Les pertes humaines furent considérables côté Kabyles, impossibles à chiffrer selon les historiens. « On a tué beaucoup d'indigènes, écrivait le docteur Vital, on en a fait fuir un plus grand nombre ; la masse entière des populations est désorientée[5]. » Les Français d'Algérie furent, à cette date, convaincus que leur terre était désormais française et englobait une population soumise à leur loi. Distincte des « Algériens », la dite population est désignée sous le vocable d'« indigènes ».

Si la défaite de la Commune « prouve la viabilité de la République », celle-ci s'installa durablement sur les pas de l'Empire par la répression

1 Annie Rey-Goldzeiguer, « La France coloniale, 1830-1870 », *loc. cit.*, p. 541. L'opinion attribue traditionnellement la révolte à ce décret de naturalisation des juifs d'Algérie. Or, par le sénatus-consulte du 14 juillet 1865, l'empereur après sa visite à Alger et sous l'influence des saint-simoniens, particulièrement celle d'Ismaïl Urbain, permettait déjà à tous ceux qui se manifestaient d'obtenir la citoyenneté française. Très peu d'Algériens ont fait la démarche, par crainte de perdre leur statut particulier et notamment l'appropriation collective des terres laissées aux tributs.

2 *Ibid.*, p. 551.

3 Rapport du colonel Cerez, 19 avril au 27 juillet 1871 (Service historique de l'armée de terre, carton 14 375, cité par Medhi Lallaoui, *Kabyles du Pacifique*, Au nom de la mémoire, Bezons, 1994).

4 Charles-André Julien, *Histoire de l'Algérie contemporaine*, *op. cit.*, p. 494.

5 *Ibid.*, p. 492.

coloniale, dont la mémoire algérienne garde les traces. Comment en serait-il autrement ? Les Kabyles ont été déportés en Nouvelle-Calédonie, avec les communards. Louise Michel les a rencontrés[1], tout comme Jean Allemane, déporté également après avoir été condamné aux travaux forcés à perpétuité[2]. La mémoire des populations algériennes, marquée du sceau des humiliations subies par des hommes et des femmes sans noms, arabes ou indigènes, au nom de la République, loin d'être effacée par les réveils successifs, en dépit d'une histoire renouvelée, ne peut que resurgir ponctuellement dans le territoire même d'une République au sein de laquelle longtemps furent légitimées les exactions coloniales en toute impunité. Le processus de remémoration fonctionne également comme moyen libérateur d'une longue histoire écrite à sens unique.

1 Le frère de Mohamed Mokrani, Ahmed Bou Mezrag, déporté, sera gracié pour sa participation à la répression de la révolte des Kanaks, au grand dam de Louise Michel, une des rares communardes à avoir soutenu la population « canaque » comme elle était nommée à cette époque.

2 Jean Allemane sera le fondateur, en 1890, du Parti ouvrier socialiste révolutionnaire (POSR). Dans leurs Mémoires respectifs, Louise Michel et Jean Allemane témoignent de leurs rencontres avec ces insurgés « orientaux ». (Je remercie Kamel Chabane de son aide bibliographique en ce domaine.)

Chapitre 14

Années 1880 et 1890 : le réveil de la liberté d'action

Après 1871, les communards n'ont plus leur place dans le discours public des représentants ouvriers. Il est vrai que le mouvement de protestation se redresse péniblement d'une répression qui, en 1875, s'est conclue par 10 000 condamnations prononcées contre les survivants. Néanmoins, la République peu à peu se consolide et s'impose avec ses valeurs, ses privilèges et ses exclusions. Le chemin de la liberté politique, au mieux, suit les traces de Léon Gambetta qui, plus radicalement que la plupart des républicains, considère la liberté publique comme un des biens les plus précieux avec l'exercice du suffrage universel. Selon l'orateur talentueux de la IIIe République naissante, la citoyenneté n'est que l'expression de la véritable liberté qui prend forme dans la propriété ; dans la droite ligne de la philosophie hégélienne, selon laquelle l'homme ne se perçoit libre que dans la stricte mesure où il a quelque chose à défendre : « Chaque propriété qui se crée, c'est un citoyen qui se forme », affirme Gambetta, un an après la Commune[1]. Et, pour ceux qui n'ont rien, le progrès social devrait pourvoir à leur protection, au rythme lent de la législation. Il est vrai que la République a été préparée dans l'opposition au Second Empire par les seuls représentants de la bourgeoisie et des couches moyennes ; elle restera entre leurs mains, d'autant plus conservatrices que le nouvel ordre est issu, non seulement de l'échec de la Commune, mais de son rejet.

1879, l'« immortel » Congrès socialiste ouvrier, un basculement

Au fur et à mesure de ses conquêtes au détriment des légitimistes, des cléricaux et autres conservateurs hostiles à ses principes, la République perd son sens d'origine en échappant progressivement aux

1 Discours de Grenoble, 26 septembre 1872, cité par Danielle TARTAKOWSKY et Michel PIGENET (dir.), *Histoire des mouvements sociaux en France, de 1814 à nos jours*, La Découverte, Paris, 2012, p. 187.

couches populaires, lesquelles tentèrent tout au long du siècle de raviver la mémoire de ses fondateurs. À chaque moment décisif, les ouvriers lettrés rappellent, avec persévérance, le contenu social d'une république qu'ils croyaient leur. Or, la république parlementaire se conçoit, en cette fin de siècle, dans une stricte séparation du politique et du social. Le travail, sous la IIIe République, est en quelque sorte détaché des prérogatives citoyennes. C'est ainsi que la « question sociale » sera traitée hors du domaine politique, au même titre que la question coloniale – toutes deux, pourtant, d'une actualité saisissante dans les années 1880. Le féminisme renaissant comprend mieux que tout autre la singularité de cette république exclusive, en cours de formation, et à laquelle adhère un socialisme négligeant le sens complet du mot liberté, tant il est soucieux de conquérir sa place au sein d'une république « opportuniste », qui a ignoré les prolétaires auxquels la militante féministe Hubertine Auclert (1848-1914) s'adresse en 1879 au congrès ouvrier de Marseille : « Ah ! Nous vivons une façon de république qui prouve que les mots les plus sublimes deviennent de vains titres qui s'étalent aux regards, quand dans les sociétés les principes qu'ils représentent ne sont pas intégralement appliqués[1]. »

C'était comme si l'« illusion communarde » avait mis un terme à la volonté populaire de faire entendre un « réel de l'utopie » qui fut jusqu'alors au cœur du mouvement de l'histoire, tant il était porté par une foi inébranlable en une possible réalisation des principes libérateurs. Désormais, volonté populaire et insurrection vont être associées dans l'esprit des tenants de l'ordre.

À distance de la période révolutionnaire, les premiers congrès ouvriers s'éloignent de l'esprit des barricades pour se consacrer à la défense des revendications ouvrières dans les limites du cadre syndical. L'association de production est écartée au profit des coopératives tandis que la grève n'est pas encore considérée comme un levier susceptible d'ouvrir la voie de l'émancipation ouvrière[2]. Il faut attendre le Congrès socialiste ouvrier de Marseille, en octobre 1879, pour que, dans l'esprit des délégués, soit renoué le lien entre social et politique. Mais sous la direction de Jules Guesde revenu d'exil en 1876, après avoir constaté l'inertie de la République en matière de réformes sociales, le congrès se prononce pour la formation d'un parti des travailleurs, distinct des partis bour-

1 Madeleine Rebérioux, Christiane Dufrancatel, Béatrice Slama, « Hubertine Auclert et la question des femmes à l'"immortel Congrès" (1879) », *Romantisme*, n° 13-14, 1976, p. 123-142.

2 Voir Laure Godineau, « Après la Commune », *in* Danielle Tartakowsky et Michel Pigenet (dir.), *Histoire des mouvements sociaux en France*, *op. cit.*, p. 197-206.

geois, qui aura pour charge d'« appliquer la totalité des résolutions du Congrès socialiste de Marseille » (l'éphémère Fédération du parti des travailleurs socialistes de France, FPTSF, est née lors de ce congrès). La vocation propagandiste du futur parti, en direction du prolétariat, est clairement énoncée. Fondé sur l'idée d'un « quatrième État, seul susceptible de lutter contre la misère », le programme est largement débattu et combattu pas des libertaires et autres coopérateurs, pendant onze jours d'échanges quelquefois confus, devant près de 1 800 personnes ; il est voté à la majorité des voix.

Ainsi, l'« appropriation collective de tous les instruments de travail et forces de production », en donnant naissance au « collectivisme » à la française, finira par triompher des partisans de l'autonomie ouvrière et des chambres syndicales, comme l'affirment les résolutions adoptées : « Considérant [...] que les sociétés coopératives de production ou de consommation ne peuvent améliorer que le sort d'un petit nombre de privilégiés dans une faible proportion, le Congrès déclare que ces sociétés ne peuvent aucunement être considérées comme des moyens assez puissants pour arriver à l'émancipation du prolétariat. [...] Néanmoins, ce genre d'associations pouvant rendre des services comme moyens de propagande pour la diffusion des idées collectivistes et révolutionnaires, dont le but est de mettre des instruments de travail entre les mains des travailleurs, il doit être accepté au même titre que les autres genres d'associations dans le but d'arriver le plus vite possible à la solution du problème social, par l'agitation révolutionnaire la plus active. » Dans le même esprit, les chambres syndicales seront le « rendez-vous des ouvriers d'une même profession pour apprendre ce qui se fait comme progrès dans le travail, ce qui se passe dans les ateliers, se renseigner sur la valeur de telle ou telle maison, sur les salaires... C'est aussi un moyen d'action pour propager, après étude, le socialisme à n'importe quelle école il appartient ». Et c'est enfin un lieu d'organisation des cours professionnels, des conférences « afin d'initier les prolétaires aux justes revendications de la classe ouvrière[1] ».

Représentant avec Paul Lafargue le courant des marxistes français, Jules Guesde est assez proche cependant de la vision « lassalienne » du mouvement ouvrier que critique violemment Karl Marx. En 1875, en effet, le théoricien du processus d'aliénation des classes ouvrières et du fétichisme de la marchandise s'oppose au programme du Parti ouvrier allemand à Gotha en Thuringe, qui avait été rédigé par Ferdinand Lassalle (1825-1864). Observation en apparence réservée aux spécialistes

1 *Congrès socialiste ouvrier de France*, Marseille, 1879, p. 801-821.

du marxisme, elle est en fait essentielle à qui veut comprendre l'évolution du mouvement ouvrier en construction après l'échec de la Ire Internationale, qui s'éteint en 1876. Entre 1875 et 1879, en Europe se joue l'oubli du principe d'une émancipation autonome des travailleurs concrètement entendue par les ouvriers eux-mêmes dans la première moitié du XIXe siècle et, d'un certain point de vue, théorisée par Marx. Mais l'idée d'une émancipation concrète dans le temps court de la vie d'un homme est encore si vivante qu'elle renaîtra en 1892, presque détachée de la pratique insurrectionnelle. Fugitive, incarnée dans le syndicalisme révolutionnaire, elle fera craindre le pire et échouera face au nationalisme des opinions publiques et des États.

La première divergence qu'exprime Karl Marx, en 1875, est relative à la conception du travail. Il retrouve ici les élans et les idées de Charles Fourier. Contestant que « le travail serait la source de toute richesse et de toute civilisation », comme le prétend Lassalle, il affirme : « Le travail n'est pas la source de toute richesse. La nature est tout autant la source des valeurs d'usage (et ce sont bien elles qui constituent de fait la richesse) et le travail n'est lui-même que l'expression d'une force naturelle, la force de travail humaine[1]. » Ce sont les conditions d'appropriation de la nature et de la force de travail qu'il importe de ne pas passer sous silence afin de comprendre comment, dans toute société, ces conditions conduisent à l'aliénation des non-propriétaires : la force de travail de ceux-ci, transformée en travail abstrait, devient alors une simple marchandise que l'on échange.

La seconde objection, déduite de la première, se rapporte à celui qui ne possède rien et qui, de ce fait, est assujetti aux autres hommes « qui se seront faits les possesseurs des conditions objectives du travail. Il ne peut travailler qu'avec leur permission et donc il ne peut vivre qu'avec leur permission[2] ». La transformation de la valeur d'usage, soit une valeur acquise en fonction de son utilité sociale, en valeur d'échange, c'est-à-dire en valeur marchande, bouleverse les priorités sociales. Non seulement la valeur humaine devient une valeur abstraite et comptabilisable, mais « le prix, l'argent, est la fin, la marchandise n'est qu'un moyen de l'obtenir, moyen dévalorisé et à la limite vide de sens, s'il ne peut réaliser son but[3] ». Marx le précise dans *Le Capital* : « On vend dès lors des marchandises non seulement pour en acheter d'autres mais aussi pour remplacer la forme marchandise par la forme argent. [...] La

---

1 Karl Marx, *Critique du programme de Gotha*, Éditions sociales/GEME, Paris, 2008, p. 49.

2 *Ibid.*, p. 50.

3 Michel Henry, *Marx, une philosophie de l'économie*, Gallimard, Paris, 1976, p. 201.

circulation devient la grande cornue sociale où tout se précipite pour en sortir transformé en cristal monnaie. Rien ne résiste à cette alchimie[1]. »

Sous-jacentes à cette polémique, se jouent la conception de l'émancipation des travailleurs et la maîtrise centralisée du circuit de la marchandise à travers l'État et son contrôle. Dans ce lien étroit entre capital et travail qui enserre les ouvriers, au point de les rendre inaptes à se libérer eux-mêmes, l'existence d'une organisation extérieure au processus d'exploitation apparaît comme la condition nécessaire à l'abolition du salariat. Implicitement s'élabore la formation d'une avant-garde, suffisamment éduquée pour prendre en main le sort d'une classe ouvrière dont les effectifs croissent en se massifiant au cours de la seconde révolution industrielle ; mais une classe ouvrière de plus en plus sous surveillance. Dans une France encore majoritairement rurale, les grands centres industriels restent des îlots, comme les mineurs du Nord-Pas-de-Calais ou les travailleurs du textile dans la région de Lille, ou encore les métallurgistes du Creusot ; l'artisanat et la petite entreprise dominent encore dans la plupart des centres urbains, où les métiers sont très diversifiés, autant que les situations dans lesquelles ils s'exercent. (La France compte 5 millions d'ouvriers en 1870 et 7,3 millions en 1906 – sur 39 millions d'habitants –, dont près de 3 millions d'ouvriers agricoles[2] et dont 28 % seulement travaillent dans des établissements de plus de cinquante salariés – ils sont 47 % en Allemagne.) Si l'influence de l'artisanat parisien est encore très forte dans les congrès ouvriers, les délégués au congrès de Marseille ont, dans leur visée, le nouveau prolétariat composé des ouvriers d'industrie, très encadré par le patronat local et les grands groupes industriels. Plus concentrée en Allemagne, il s'agit, néanmoins, d'une population ouvrière analogue que la social-démocratie en formation s'apprête à y organiser en énonçant la nécessité non plus de l'émancipation des travailleurs, mais celle de l'« émancipation du travail ».

Marx s'interroge face à cette absurdité en rappelant le préambule des statuts de l'Internationale : « L'émancipation de la classe ouvrière doit être l'œuvre des travailleurs eux-mêmes[3]. » Or, dans le programme de Gotha, il n'est question que de libérer le travail. « Mais de quoi ? » interroge Marx. Dans la vision qu'il critique, le travail et le capital apparaissent peu à peu indissociables ; si interdépendants que seul l'État

---

1 Karl Marx, *Le Capital*, Gallimard, « La Pléiade », Paris, tome 1, p. 672-674 (cité par Michel Henry, *ibid.*, p. 201).

2 Voir Danielle Tartakowsky et Michel Pigenet (dir.), *Histoire des mouvements sociaux en France, op. cit.*, p. 285.

3 Karl Marx, *Critique du programme de Gotha, op. cit.*, p. 62.

aurait le pouvoir de moduler la relation. Par le contrôle de l'un ou la protection de l'autre, son rôle irait croissant « dans le cadre national actuel », à la fois comme gouvernement et comme agent « providentiel » de ses mandants. L'espace d'intervention circonscrit, le parti allemand, « pour amorcer la solution de la question sociale[1], envisage l'établissement de coopératives de production, avec l'aide de l'État sous le contrôle démocratique du peuple travailleur[2] ». Or, dans ce contexte où les « formules journalistiques » se substituent à la critique sociale, l'idéologie nationale donne à l'État une place centrale quasi neutre. Marx s'en offusque : « En ce qui concerne les sociétés coopératives d'aujourd'hui, elles n'ont de valeur qu'autant qu'elles sont indépendantes et que ce sont des créations des travailleurs qui ne sont protégées ni par les gouvernements ni par les bourgeois[3]. »

Bien que l'idée de parti, encore très floue, soit très différente chez les socialistes français de celle de la social-démocratie allemande, le congrès de Marseille aborde de la même façon la « question sociale », afin de préparer la représentation directe du prolétariat au Parlement pour y faire valoir ses droits et, surtout, par l'intermédiaire des représentants, d'y propager la société nouvelle en lutte contre l'appropriation individuelle des richesses et des propriétés : « Le Congrès décide que le but des travailleurs doit être la nationalisation des capitaux, mines, chemins de fer, etc., mis directement ensuite entre les mains de ceux qui les font produire, c'est-à-dire des travailleurs eux-mêmes[4]. » L'appropriation centrale des moyens de production et l'organisation du travail précèdent et, de fait, supplantent désormais l'organisation des travailleurs. Ainsi conçu, le travail concret de l'ouvrier s'efface au profit de sa valeur abstraite : la force de travail est convertie en simple jalon des forces productives à l'intérieur desquelles l'homme travailleur perd son existence d'acteur et de citoyen. L'individu au travail est alors pris dans l'engrenage d'une exploitation à laquelle il est, à vie, assujetti. Seul le parti, en tant que puissance extérieure, pourra l'en délivrer.

Comment alors penser l'auto-organisation collective dans cet ensemble à caractère abstrait, où production, richesse et marchandise côtoient l'homme au travail réduit à sa valeur d'échange, en l'absence de la liberté d'agir des travailleurs ? Comment imaginer réintroduire simplement l'idée quand le mot est devenu synonyme de libéralisme,

1 Formule journalistique selon Marx (*ibid.*, p. 70).
2 *Ibid.*, p. 69.
3 *Ibid.*, p. 71.
4 *Congrès socialiste ouvrier de France*, *op. cit.*, p. 312.

dont l'idéologie a su limiter, au cours du siècle, l'intervention dans l'espace public à ceux qui avaient quelque chose à défendre ? En ce sens, la liberté concrète ne désigne plus la liberté matérielle et intellectuelle d'être au monde, mais celle d'exploiter l'autre en toute impunité. Ainsi le mot liberté, accaparé en quelque sorte par ses possesseurs libéraux et de moins en moins associé au pouvoir d'agir, va peu à peu s'effacer au profit de celui d'égalité dans les congrès ouvriers. Et du coup se pose plus fortement la question de l'État et du « meilleur » gouvernement des hommes. Face à ses composantes représentatives des seules classes privilégiées, se dessine alors l'alternative d'une représentation ouvrière. Susceptibles d'incarner la classe la plus nombreuse, ses représentants se donneraient le droit ultime de prendre le pouvoir central avant d'organiser les travailleurs. Une vision qui inverse les priorités et place au second plan les pratiques ouvrières acquises par les ouvriers eux-mêmes.

Pas plus que la grève, l'organisation des travailleurs en associations ne saurait donc améliorer durablement le sort des ouvriers, selon la majorité des délégués au congrès de Marseille : « Pour ces raisons, il ne saurait être apporté une amélioration sérieuse à la situation des prolétaires sans une transformation complète de la société, c'est-à-dire par la suppression du salariat lui-même[1]. » Position radicale selon la lettre du texte, mais qui, de fait, ôte toute initiative aux ouvriers eux-mêmes, qui doivent se conformer aux directives du futur parti.

Années 1880 : les classes ouvrières en lutte

Toutefois, la réalité résiste à ce schéma. À partir des années 1880, la crise économique sévissant, la « stricte partition entre la sphère de la citoyenneté et celle du travail[2] » est quelque peu déstabilisée par le réveil des classes ouvrières en lutte. Les grèves, d'abord défensives puis offensives, mettent la « question sociale » au centre des préoccupations des autorités républicaines, bien que celles-ci restent paradoxalement à distance de la question ouvrière proprement dite.

En 1882, le krach de la banque catholique l'Union générale – responsabilité qui sera très vite attribuée aux juifs – entraîne la Bourse dans sa chute et accentue la dépression économique, dont les premiers signes étaient visibles à l'échelle de l'Europe depuis 1873. Les faillites se succèdent et l'insécurité du travail entraîne au mieux une stagnation du

1 *Ibid.*, p. 812.

2 Danièle Tartakowsky et Michel Pigenet (dir.), *Histoire des mouvements sociaux en France*, *op. cit.*, p. 182.

niveau de vie. « Le ressentiment, la haine refoulée, l'espoir d'un monde meilleur, tout un ensemble de représentations collectives, jettent – en 1880-1890 – les ouvriers hors de l'usine, comme poussés par une force irrésistible, écrit l'historienne Michelle Perrot. La grève dépasse alors le jeu économique. Cri, fête, projet ou rêve, elle cesse d'être démarche raisonnée de producteurs, pour se muer en geste populaire, révolte globale aux significations multiples[1]. » À cet égard, la grève des mineurs de Decazeville dans l'Aveyron est exemplaire : pendant six mois, de janvier à juin 1886, les mineurs affrontent les autorités après qu'un ingénieur a été défenestré et tué ; et, en mai, une puissante manifestation de soutien est organisée à Paris pour dénoncer la répression.

En 1881, au congrès ouvrier de Reims, la question de la grève est pour la première fois mise à l'ordre du jour. Les représentants oscillent entre deux options en fonction des réalités économiques et de l'action répressive des autorités : défense quotidienne des classes laborieuses ou orientations plus radicales visant à améliorer durablement leur sort dans une société libérée des entraves du capitalisme. Les différents courants hésitent et s'organisent selon des orientations discordantes. Entre 1882 et 1884, les oppositions se font jour. Les « possibilistes », avec Paul Brousse (1844-1912) plutôt pacifiste, considèrent qu'une amélioration progressive des conditions de vie des travailleurs permettra autant d'étapes positives vers le socialisme à venir. Ils s'opposent en cela aux « guesdistes », selon lesquels la diffusion de l'idéal collectiviste doit l'emporter sur le syndicalisme de défense des revendications ouvrières. Un autre courant, plus sensible à l'action directe, revendique l'héritage des blanquistes et de l'action insurrectionnelle, avec à sa tête Édouard Vaillant, homme de la Commune, condamné à la déportation, de retour en 1881 après l'amnistie dont bénéficient les communards, et surtout Jean Allemane, ouvrier typographe, très influent dans l'univers syndical et politique du mouvement ouvrier en formation. Hostile à la défense d'une position purement électorale, il reste favorable à une action révolutionnaire.

Au cours des différents « congrès ouvriers » où les querelles entre socialistes sont largement étalées, comme l'a souligné l'historienne Madeleine Rebérioux, « s'effacent, pour de longues années, les multiples problèmes qui touchent à la vie collective quotidienne et concernent la condition ouvrière ou, plus largement, celle des exploités[2] ». Il est vrai

1 Michelle Perrot, *Les Ouvriers en grève, op. cit.*, tome 1, p. 199.
2 Madeleine Rebérioux, « Le socialisme français, de 1871 à 1914 », *in* Jacques Droz (dir.), *Histoire générale du socialisme*, PUF, Paris, 1974, tome 2, p. 148.

que la tâche est rude, car les républicains de gouvernement sont bien décidés, toutes tendances confondues, à circonscrire la lutte politique aux instances représentatives de la République, issues du suffrage universel. Sa pratique est, du point de vue de ces autorités, l'unique voie de diffusion des opinions et, éventuellement, par le droit et la loi, le moyen d'obtenir des réformes, à condition toutefois que les équilibres sociaux ne soient pas déstabilisés. C'est dans cet esprit qu'est adoptée la loi de 1884 qui autorise le droit syndical, limitant son action à la « défense des intérêts économiques, industriels, commerciaux et agricoles[1] ». Du point de vue des législateurs, tout empiétement dans le domaine politique serait inconcevable.

Il n'empêche, relate Michelle Perrot : la critique sociale « est de toutes les grèves ». À Anzin, près de Valenciennes, la chambre syndicale a par exemple entrepris en 1883 de « déloger des municipalités des représentants de la compagnie » ; à Montceau, « on assiste à un véritable mouvement iconoclaste contre les prêtres et les croix »[2]. Et, si les grévistes s'en prennent aux autorités, les ouvriers restent méfiants à l'égard des partis : le « socialiste » en particulier, « surtout s'il vient de l'extérieur, peut être adopté comme conseiller ; il peut aussi susciter la méfiance qui s'attache, dans une classe ouvrière souvent dupée, à la politique[3] ». Toute une conception du politique sépare les autorités républicaines des volontés ouvrières, hostiles aux petits arrangements entre parlementaires.

Mais en même temps, selon certains représentants à la Chambre, l'autorisation de fait du droit de grève risque d'ouvrir la voie des « possibles » en laissant espérer des réformes radicales, car le mouvement ascendant des résistances sociales fait craindre le pire aux républicains conservateurs opposés aux manifestations dans l'espace public. C'est pourquoi la loi de 1884, prétendument protectrice, laisse croire à la solution d'avenir de la question sociale par voie légale, tout en brisant, selon l'historien Alain Cottereau, les relations professionnelles directes entre patrons et ouvriers. Car le principe de délégation, déjà bien installé dans l'institution républicaine, commence à prendre forme dans la gestion du droit du travail : « Désormais, l'ouvrier français redevient une sorte de "servant", qualité que l'émancipation révolutionnaire avait rejetée avec horreur. En contrepartie des contraintes de soumission,

---

1 Danielle Tartakowsky et Michel Pigenet (dir.), *Histoire des mouvements sociaux en France*, *op. cit.*, p. 184.

2 Michelle Perrot, *Les Ouvriers en grève*, *op. cit.*, tome 1, p. 198.

3 Madeleine Rebérioux, « Le socialisme français, de 1871 à 1914 », *loc. cit.*, p. 148.

l'ouvrier devient objet de protection législative et support de représentation syndicale légale[1]. »

Dans ce temps de bouleversements et de crises, les gouvernements républicains temporisent parfois, mais usent surtout de la répression tout en favorisant dans certains secteurs une forme de protection, comme chez les mineurs[2]. Dans l'opinion et la presse, les représentants du mouvement ouvrier acquièrent toutefois peu à peu une place, certainement pas aussi respectable qu'ils l'auraient souhaitée.

Des *Misérables* à *Germinal*, l'image d'un nouveau prolétariat

Bientôt, dans la presse – dont la liberté d'expression n'est plus entravée depuis la loi de 1881 et dont l'influence auprès du public se manifeste en tout domaine –, *Les Misérables* font place aux ouvriers mineurs de *Germinal*. Publié en feuilleton dès 1884, l'ouvrage est imprimé en 1886. Réaliste, concret, Émile Zola (1840-1902) y donne à voir un prolétariat aux prises avec une compagnie des mines avide et inhumaine. Le lecteur admire la « modernité » et le savoir-faire des enquêtes minutieuses, presque scientifiques, auxquelles s'adonne Zola. Le « pays noir » du Voreux, à Montsou, se dévoile pièce à pièce dans le froid de l'hiver, avec ses habitants plongés dans la misère et guidés par un instinct que la « civilisation » n'a pas encore touché. *Germinal*, dans le jour baigné de soleil, n'est rendu possible qu'à la fin du roman, après la grève et la catastrophe qu'ont déchaînée les hommes et les femmes réduits à l'impuissance.

La misère certes, mais aussi la détermination d'une population affamée prête à se sacrifier plutôt que de subir l'humiliation permanente, constituent l'essentiel du drame d'une nature humaine délaissée. Tout y est : la mine, ses puits, ses bois mal consolidés, ses patrons petits et grands, son encadrement, ses porions, la nourriture insuffisante, la pluie, la violence quotidienne, ses femmes, si proches des femelles, le nouveau prolétariat prend vie sous la plume d'Émile Zola et se donne à voir démuni au grand nombre de lecteurs. Unis dans la fiction, les gens du pays minier, avant tout victimes du grand capital, forment ainsi le nouveau monde ouvrier dans l'imaginaire d'un réel si fréquemment

---

1 Alain Cottereau, « Sens du juste et usages du droit du travail, une évolution contrastée entre la France et la Grande-Bretagne au XIXe siècle », *Revue d'histoire du XIXe siècle*, n° 33, 2006, p. 115.

2 Les mineurs, bastion du guesdisme étroitement encadré par le patronat, obtiennent ainsi en 1890 une loi sur les délégués à la protection des mineurs ; et, en 1894, une loi est votée sur la retraite des mineurs.

exposé dans la presse. Les mineurs, illettrés pour la plupart, ne se décident à affronter le patronat que grâce à la ténacité de l'un d'entre eux, venu d'ailleurs : Étienne Lantier, le héros du roman, qui attend le salut de l'Internationale pendant la grève dont la durée s'éternise ; il ne veut pas croire aux propos défaitistes, mais non moins rationnels, de son camarade Rasseneur. « Il savait qu'à la suite des troubles de Montsou, une vive émotion s'était emparée des journaux de Paris. Toute une polémique violente entre les feuilles officieuses et les feuilles de l'opposition, des récits terrifiants que l'on exploitait surtout contre l'Internationale, dont l'Empire prenait peur après l'avoir exploité[1]. »

Le roman paraît en 1886, un an après la mort de Victor Hugo à qui la foule a fait un triomphe inégalé lors de ses funérailles. Subtilement, Zola, à peine est-ce signalé, situe son roman pendant le Second Empire – sans doute pour dédouaner la République du désintérêt que ses gouvernements successifs manifestent à l'égard d'une population tout juste née à la conscience politique. Républicain, Émile Zola ne peut donner à voir une catégorie sociale à la fois dépendante et laissée pour compte d'un régime à vocation universelle qui se prétend au service de tous. Un temps, selon l'auteur, les travailleurs ont entendu les voix de l'utopie, mais l'échec des mouvements de masse a su éclairer les plus réalistes, comme les indécis. L'« Association » (l'Internationale) est ainsi décrite par un des personnages du roman, Rasseneur : « Après avoir conquis les ouvriers du monde entier, dans un élan de propagande dont la bourgeoisie frissonnait encore, [elle] était maintenant dévorée, détruite un peu chaque jour par la bataille intérieure des vanités et des ambitions. Depuis que les anarchistes y triomphaient, chassant les évolutionnistes de la première heure, tout craquait, le but primitif, la réforme du salariat, se noyait au milieu du tiraillement des sectes[2]. » Toute idée d'insurrection comprend et entraîne des risques et des comportements irréparables, le roman « réaliste » de Zola le démontre abondamment, dans des scènes de violences « animales » dignes de certaines manifestations de nos contemporains en Syrie et ailleurs.

Émile Zola prend manifestement du plaisir à plonger dans l'univers quotidien des malheureux mineurs, dont le seul luxe est précisément la « débauche » à laquelle s'adonnent les « herscheuses » : « C'était la commune histoire des promiscuités du coron, les garçons et les filles pourrissant ensemble, se jetant à cul, comme ils disaient, sur la toiture basse et en pente du carin, dès la nuit tombée. Toutes les herscheuses

1 Émile Zola, *Germinal*, Livre de poche, Paris, 1983, p. 362, <url.ca/njt71>.

2 *Ibid.*, p. 381.

faisaient là leur premier enfant[1]. » Le modèle ainsi répandu donne à voir une classe ouvrière démunie, asservie et incapable de se libérer elle-même, bien loin des attentes d'un Pierre Leroux et de l'expérience de 1848. Une classe ouvrière renouvelée, assujettie au capital et aux intérêts financiers d'une nouvelle bourgeoisie avide que Zola cloue au pilori. Mais, en dépeignant ainsi le monde ouvrier, Zola, grand auteur populaire, contribue largement à enterrer à son tour l'aspiration à la liberté d'un mouvement ouvrier dont le sauvetage dépend si étroitement d'une organisation extérieure.

Si l'auteur de *Germinal* veut attirer l'attention sur ce nouveau prolétariat sans avenir, c'est que l'« État-providence » n'est pas encore à l'ordre du jour. Après quelques mesures prises sur l'interdiction du travail des enfants de moins de douze ans (1874) puis de treize ans (1892) et la limitation du travail des femmes[2], il faut attendre 1898 pour que soit votée une loi sur la responsabilité patronale en cas d'accident du travail. « La loi de 1898, précise toutefois Alain Cottereau, admit une indemnisation forfaitaire des victimes très inférieure à ce qu'aurait été une indemnisation en droit commun ; [...] l'employeur y était admis implicitement comme seul organisateur des risques, mais partageait l'imputation des dommages avec la fatalité du risque industriel : responsable, mais non comptable en quelque sorte[3]. »

Aux difficultés sociales, s'ajoutent les scandales. Celui de la Compagnie du canal de Panama éclate à l'automne 1892, après la faillite de la société, et contraint la presse à révéler les noms des députés et sénateurs ayant reçu des chèques en faveur d'un vote favorable à la compagnie (1892). La dénonciation de ces « chéquards » ne suffira pas cependant à rétablir la confiance envers une République aussi compromise[4].

---

1 *Ibid.*, p. 100. De fait, Zola donne à comprendre à la lettre la signification du mot prolétaire, qui n'a au sens de la civilisation romaine antique que la capacité de se reproduire (de *proles* qui signifie la lignée) et n'offre ainsi à la société que sa descendance. Le marxisme lui donnera une signification plus moderne désignant celui qui n'a, pour toute propriété, que sa force de travail à offrir.

2 Selon l'article 3 de la loi du 2 novembre 1892, « les enfants de l'un et l'autre sexes âgés de moins de seize ans ne peuvent être employés à un travail effectif de plus de dix heures par jour. Les jeunes ouvriers ou ouvrières de seize à dix-huit ans ne peuvent être employés à un travail effectif de plus de soixante heures par semaine, sans que le travail journalier puisse excéder onze heures. Les filles au-dessus de dix-huit ans et les femmes ne peuvent être employées à un travail effectif de plus de onze heures par jour. Les heures de travail ci-dessus indiquées seront coupées par un ou plusieurs repos dont la durée totale ne pourra être inférieure à une heure et pendant lesquels le travail sera interdit ».

3 Alain COTTEREAU, « Sens du juste et usages du droit du travail », *loc. cit.*, p. 115.

4 Voir Jean-Marie MAYEUR, *Les Débuts de la IIIe République, 1871-1898*, Seuil, Paris, 1973, p. 86.

Le général Georges Boulanger (1837-1891), ancien commandant des troupes en Tunisie puis ministre de la Guerre, bénéficie un temps du désaveu de l'opinion de cette République corrompue. Entre 1888 et 1890, son succès semble à portée de main, y compris auprès de socialistes sensibles à son engagement populaire, malgré la forte hostilité de Jean Allemane. Mais, très vite, la dégradation des conditions de vie radicalise les mouvements revendicatifs ; des représentants syndicaux acquièrent la certitude que le monde du travail ne devra qu'à lui-même son émancipation. La répression violente des grèves pacifistes, comme à Fourmies en 1891, où neuf jeunes gens, dont deux enfants, sont tués, provoque l'éveil d'un nouveau syndicalisme dit révolutionnaire. « Le massacre de Fourmies [...] a donné au 1er Mai ses martyrs et son auréole sanglante. La fosse où les ouvriers ont enterré, avec les victimes, leurs illusions sur la république bourgeoise, deviendra un îlot sacré, comme le Mur des fédérés[1] » au cimetière du Père-Lachaise.

La violence est partout. Elle prend différentes formes ; en Russie, en 1881, avec l'assassinat d'Alexandre II ; en Angleterre, en 1887, avec la répression d'une manifestation des sans-travail ; à Chicago, aux États-Unis, des émeutes se déroulent suite à la répression des manifestations du 1er mai 1886 ; quatre anarchistes sont exécutés... Zola ne manquera pas de faire référence au « terrorisme » individualiste, par le truchement d'un de ses personnages, Souvarine : nihiliste russe réfugié en France, profondément marqué par l'exécution de sa compagne – elle-même terroriste russe –, il sabote, avant de quitter Le Voreux, le puits de mine au fond duquel, défaits, les mineurs s'apprêtaient à redescendre.

Un temps, en France, les attentats dits anarchistes brouillent les cartes ; en menaçant la stabilité des institutions, les autorités et la presse grand public cherchent à créer la confusion dans les esprits entre militants ouvriers anarchistes, partisans de l'action directe et action terroriste individuelle. Après la « machine infernale » lancée par Auguste Vaillant à la Chambre des députés le 9 décembre 1893, l'assassinat du président Sadi Carnot le 24 juin 1894 à Lyon par l'anarchiste Sante Caserio, le gouvernement de la République se durcit en promulguant les lois dites « scélérates »[2]. La dernière de ces lois est votée le 28 juillet 1894 et interdit aux anarchistes tout type de propagande. Attentats et répression disent la fragilité des républicains, lesquels, néanmoins,

---

1 Danielle Tartakowsky et Michel Pigenet (dir.), *Histoire des mouvements sociaux en France*, *op. cit.*, p. 278.

2 Le 18 décembre 1893, contre les associations de « malfaiteurs », la loi prévoit également la délation.

persuadés de représenter les intérêts de tout un peuple, ne conçoivent pas d'être combattus.

1892, le renouveau de l'idée d'autonomie

L'année 1892 marque un tournant dans l'expression radicale du mouvement ouvrier, bien décidé à mettre un terme à l'exploitation capitaliste. La Fédération nationale des syndicats, sous influence « guesdiste » jusqu'alors, « adopte la brochure de Fernand Pelloutier et Aristide Briand : *De la révolution par la grève générale.* [...] Dans l'esprit de leurs partisans, l'action directe et la grève générale constituent une alternative au système représentatif et au suffrage universel[1] ». La même année est constituée la Fédération des Bourses du travail, dont Fernand Pelloutier devient le secrétaire général en 1895, année précisément de la fondation de la CGT.

Fernand Pelloutier (1867-1901), journaliste, socialiste libertaire à l'écoute des ouvriers européens, attaché à la limitation des heures de travail (il rappelle que la loi des dix heures a été votée en 1847 en Angleterre en déplorant qu'elle ne soit guère appliquée avant 1867), dénonce le « système social moderne tout entier » qui conduit à enrichir ceux qui ne travaillent pas. La cause d'un tel état, « c'est l'existence d'une valeur d'échange, d'un signe [...] qui se prête à l'accaparement et à la capitalisation. [...] Il devient à la fois valeur, c'est-à-dire marchandise, objet de trafic et instrument indispensable de travail » et conduit « à l'autorité et à la servitude »[2]. Tout cela est « perfectionné par la classe pauvre, condamnée ainsi à forger de ses propres mains les instruments de sa servitude, si bien garrottée aujourd'hui qu'il lui est devenu impossible de s'évader des rets sociaux autrement qu'en les brisant ». C'est pourquoi, explique-t-il, « la révolution sociale doit donc avoir pour objectif de supprimer la valeur d'échange, le capital qu'elle engendre, les institutions qu'elle crée » (p. 12). La sortie de la servitude passe ainsi par l'association des producteurs. Le mot même de société n'a pas de sens, selon Pelloutier, car rien ne ressemble dans la société actuelle à l'association. Il plaide en effet pour le travail libre, à la manière de Fourier, car un travailleur sous surveillance et sous contrainte est un « condamné au rôle d'outil » (p. 18). L'association « librement consentie » et l'union des associations seront l'œuvre des

1 Danielle Tartakowsky et Michel Pigenet (dir.), *Histoire des mouvements sociaux en France*, *op. cit.*, p. 286-287.

2 *L'Organisation corporative et l'anarchie*, plan d'une conférence prononcée par Fernand Pelloutier, brochure publiée par la Bibliothèque de l'art social, Paris, s. d., p. 6-8.

Bourses du travail. Car « nous ne pouvons imaginer la société future (société transitoire, car si vive soit notre imagination, le progrès l'est plus encore et, demain peut-être, notre idéal présent nous paraîtra bien vulgaire), que comme l'association volontaire libre des producteurs » (p. 16). Fernand Pelloutier fait preuve ici de la même lucidité critique qu'avait formulée Karl Marx à l'encontre de la social-démocratie allemande.

Respecté au sein de la CGT, Fernand Pelloutier devient le plus grand propagandiste de la grève générale et de l'indépendance du syndicalisme afin d'obtenir la véritable « émancipation des peuples », qui ne peut être que l'« œuvre du peuple lui-même ». Au sein de cette nouvelle société, « les ouvriers, après s'être crus si longtemps condamnés au rôle d'outils, veulent devenir des intelligences pour être en même temps les inventeurs et les créateurs de leurs œuvres » (p. 18).

À ce moment de l'organisation ouvrière, l'indépendance syndicale révèle un attachement particulier des représentants ouvriers à l'autonomie, plus précisément encore à un « socialisme ouvrier » opposé au socialisme parlementaire et hostile aux idées de Jules Guesde qui, en 1906, affirme : « Disons et redisons aux prolétaires qu'en dehors du parti de la classe ouvrière s'emparant de l'État, il n'y a pas de transformation possible de la société et pas d'émancipation du travail[1]. » Le syndicalisme révolutionnaire, l'« autre socialisme », écrit Madeleine Rebérioux, se définit « en réaction contre le socialisme des partis, le socialisme politique, rejeté, en raison de son insertion dans leur politique, à l'intérieur des mécanismes politiques de la société bourgeoise »[2]. La grande difficulté est précisément dans la défense et la conservation de l'indépendance et de l'autonomie des Bourses du travail et des chambres syndicales. Les syndicalistes mettent l'accent sur l'autonomie de l'organisation : « Être chez soi, avoir son immeuble à soi. Voilà le but à poursuivre. » Lorsque les Bourses « se cantonnent dans une besogne pacifique : bureaux de placement, cours professionnels », les subventions sont accordées par les municipalités, mais, dès lors que l'ordre social est menacé, les Bourses peuvent être expulsées des locaux[3]. Difficile d'être à la fois syndicaliste et révolutionnaire ! À travers ces contradictions, les adeptes de la propagande subversive cherchent le

---

1 Parti socialiste, troisième congrès tenu à Limoges en 1906 (cité *in Le Syndicalisme révolutionnaire*, textes choisis et présentés par Henri Dubief, Armand Colin, Paris, 1969, p. 120).

2 Madeleine Rebérioux, « Le socialisme français, de 1871 à 1914 », *loc. cit.*, p. 175.

3 Paul Delessalle, *Les Bourses du travail et la CGT*, M. Rivière, Paris, 1909, p. 46-52 et 54-56 (cité *in* Henri Dubief, *Le Syndicalisme révolutionnaire*, *op. cit.*, p. 131-132).

« point de contact avec les masses », comme l'exprime par exemple Errico Malatesta au congrès d'Amsterdam en août 1907[1]. L'action collective autonome devient la priorité un peu partout en Occident, le syndicalisme révolutionnaire a le vent en poupe : « Outre la CGT de cette époque, les organisations syndicalistes révolutionnaires acquirent la suprématie au Mexique dans les années 1915-1916, ainsi que, pour un temps dans l'immédiat après-guerre, en Espagne, au Portugal et en Argentine », et sa présence se fait sentir aux États-Unis[2].

En France, jusqu'à la Charte d'Amiens votée en 1906, l'indépendance du syndicalisme sera préservée et la grève générale deviendra le moyen d'obtenir, si ce n'est l'émancipation des peuples, la transformation des rapports sociaux : « La CGT groupe, en dehors de toute école politique, tous les travailleurs conscients de la lutte à mener pour la disparition du salariat et du patronat. Le Congrès considère que cette déclaration est une reconnaissance de la lutte de classe qui oppose, sur le terrain économique, les travailleurs en révolte contre toutes les formes d'exploitation et d'oppression, tant matérielles que morales, mises en œuvre par la classe capitaliste contre la classe ouvrière. Il préconise comme moyen d'action la grève générale et il considère que le syndicat, aujourd'hui groupement de résistance, sera dans l'avenir le groupement de production et de répartition, base de réorganisation sociale[3]. » On retrouve ici les accents des manifestes ouvriers de 1869 et des propos tenus par Augustin Verdure au premier banquet des associations ouvrières.

Mais les dirigeants de la Fédération des Bourses du travail, tels Victor Griffuelhes ou Fernand Pelloutier, représentent des catégories ouvrières lettrées et hautement qualifiées, où le savoir-faire l'emporte sur la rationalisation et la division du travail. Il permet de valoriser l'expérience associative des travailleurs « libres ». C'est pourquoi il est possible d'imaginer, selon Pelloutier, d'enseigner aux ouvriers la « science de leur malheur[4] » en leur révélant les mécanismes de l'exploitation fondée sur la substitution de la valeur d'échange à la valeur d'usage de la force de travail. Aussi révolutionnaires ou clairvoyants soient-ils, ces représentants conçoivent toutefois le devenir du mouvement ouvrier de l'extérieur des activités quotidiennes des travailleurs. L'attachement à l'indépendance

---

1 Henri Dubief, *Le Syndicalisme révolutionnaire, op. cit.*, p. 139.

2 Marcel van der Linden et Wayne Thorpe, « Essor et déclin du syndicalisme révolutionnaire », *Le Mouvement social*, n° 59, 1992, p. 8.

3 Extrait de la Charte d'Amiens, votée à l'issue du neuvième congrès de la CGT, 8-13 octobre 1906.

4 Cité par Danielle Tartakowsky et Michel Pigenet (dir.), *Histoire des mouvements sociaux en France, op. cit.*, p. 289.

syndicale, mise hors d'atteinte des compromis politiques, ne permet pas néanmoins de retrouver concrètement l'expérience émancipatrice des associations. À distance de cette « avant-garde », se trouvent les ouvriers d'industrie, rarement lettrés, liés encore à leurs origines paysannes et que commence à organiser la fraction « guesdiste » du mouvement ouvrier en gestation.

Des deux côtés, la question de la formation et de la propagande est une question importante. Pelloutier insiste sur la valeur de l'écriture propre aux anarchistes, qu'il préfère à la propagande « agie » des adeptes de l'action directe. De son point de vue, « l'anarchiste [a] des ressources d'énergie et une valeur prosélytique [...] inépuisables[1] ». L'idée de progrès n'est désormais plus contestée et l'esprit scientifique se répand dans tous les domaines. La croyance en l'avenir commence par l'école et la lutte contre le cléricalisme, c'est-à-dire contre l'obscurantisme.

Le ralliement socialiste à la république civilisatrice

En deçà des hostilités manifestes à son encontre, pendant ce temps, l'œuvre de la république de Jules Ferry commence à porter ses fruits. Dans l'esprit des républicains de gouvernement, il s'agit « de renouveler le monde des élites, en favorisant, grâce à un système de bourses, l'accès des enfants des milieux modestes aux grandes écoles et aux universités », écrit l'historien Gérard Noiriel[2]. À une échelle nationale, la civilisation nouvelle se construit comme autant de références et de valeurs à usage interne et à visée externe, en direction des pays colonisés notamment. Malgré son discrédit, jamais la République n'a été si sûre d'elle-même. La société future se prépare par l'apprentissage de la science sur lequel reposent les espoirs de demain. À l'instruction gratuite, laïque et obligatoire, les socialistes adhèrent car ils y voient l'origine d'une transformation possible de la société. À défaut d'une république sociale, trop entachée d'histoire conflictuelle, la république civilisatrice permet de croire à un renouvellement radical de ses représentants. Benoît Malon (1841-1893), compagnon d'André Léo, membre de la Commune, fondateur de *La Revue socialiste*, est ainsi favorable à l'unité des différents courants du socialisme. En 1892, il s'exprime clairement : « Autrefois, ce n'étaient que les partis qui se disputaient le pouvoir : ils devaient s'imposer par la surprise ou la violence ; aujourd'hui,

1 Fernand Pelloutier, *Le Congrès général du Parti socialiste français, précédé d'une « Lettre aux anarchistes »*, Paris, 1900, p. IV.

2 Gérard Noiriel, *Immigration, antisémitisme et racisme en France, XIXe-XXe siècle. Discours publics, humiliations privées*, Fayard, Paris, 2007, p. 89.

ce sont les prolétaires, la grande majorité de la population, qui réclament une plus juste organisation sociale. Étant le nombre et disposant du suffrage universel, ils peuvent modifier légalement l'organisme gouvernemental, sans recourir à l'action révolutionnaire qui fait toujours tant de victimes[1]. »

Adeptes du collectivisme, les socialistes du Parti ouvrier français, fondé en 1893, n'en sont pas moins partisans de l'utilisation du suffrage universel. La même année, l'entrée de représentants socialistes à la Chambre des députés[2] autorise Jules Guesde à proclamer la révolution en marche au lendemain des élections. Nonobstant son adhésion au collectivisme et à la « loi d'airain des salaires », Jules Guesde est comme la plupart des socialistes convaincu du bien-fondé de la stratégie parlementaire, en dépit des incertitudes qui pèsent sur le devenir de la classe ouvrière. Friedrich Engels approuve cette orientation, selon laquelle la conquête des instances représentatives « bourgeoises » est une étape nécessaire vers la victoire du prolétariat[3]. Émile Zola clôt d'ailleurs *Germinal* dans le même esprit : critique à l'égard des affameurs et des profiteurs, le romancier insiste, en note finale, sur les « récoltes futures et dont la germination allait faire bientôt éclater la terre ». Désormais tournée vers l'avenir, la classe ouvrière tirerait un trait sur un passé profondément erroné : « Ce serait le grand coup : s'enrégimenter tranquillement, se connaître, se réunir en syndicats, lorsque les lois le permettraient[4] ; puis, le matin où l'on se sentirait les coudes, où l'on se trouverait des millions de travailleurs en face de quelques milliers de fainéants, prendre le pouvoir, être les maîtres. Ah quel réveil de vérité et de justice ! Le dieu repu et accroupi en crèverait sur l'heure, l'idole monstrueuse, cachée au fond de son tabernacle, dans cet inconnu lointain où les misérables la nourrissaient de leur chair, sans l'avoir jamais vue[5]. » Les masses laborieuses, organisées, effaceraient les humiliations et les croyances trompeuses. Mais à distance de l'aspiration à la liberté des associations de producteurs, expression directe des travailleurs, dont Pelloutier avait rappelé l'action émancipatrice.

---

1 Benoît Malon, *Précis historique, théorique et pratique de socialisme*, Félix Alcan, Paris, 1892, p. 167.

2 Pour la première fois, aux élections législatives de septembre 1893, sont élus seize députés des différents courants socialistes, dont cinq guesdistes, auxquels s'ajoutent une vingtaine de socialistes indépendants.

3 Voir Friedrich Engels, préface à Karl Marx, *Les Luttes de classes en France*, *op. cit.*

4 Zola, on l'a vu, situe l'action de l'intrigue sous le Second Empire ; la loi autorisant les syndicats, votée en 1884, est contemporaine de l'écriture du roman et de sa publication en feuilleton la même année.

5 Émile Zola, *Germinal*, *op. cit.*, p. 502-503 (les deux dernières pages du roman).

Cependant la guerre sociale, en cette fin de siècle, fait rage, explique Jules Guesde : « Cette guerre de tous les instants est triple : guerre entre les prolétaires et les capitalistes, pour le partage du produit, [...] guerre entre prolétaires et prolétaires pour le partage des salaires, guerre entre capitalistes pour le partage des profits[1]. » En 1891, la décision du congrès de la nouvelle Internationale[2] de faire du 1er mai une journée révolutionnaire pour la réduction du temps de travail emporte les suffrages des représentants ouvriers ; le 22 mai 1894, une proposition de loi est déposée à la Chambre des députés par Guesde : « Il est interdit de faire travailler plus de huit heures par jour et plus de six jours par semaine dans les mines, manufactures, usines, chemins de fer, chantiers et magasins[3]. » Le 1er Mai ouvrirait une ère nouvelle. Cette fête « qui ne célèbre rien pour ne parler que du futur », selon la formule d'Eric Hobsbawm[4], esquisse une promesse qui efface tout un passé en cours de décomposition. Cette projection, fondée sur l'assurance d'un accomplissement scientifique du progrès en capacité de répandre désormais ses bienfaits sur l'humanité entière, semble en effet vouloir effacer l'histoire populaire profondément chaotique du siècle passé. La renaissance est en quelque sorte une nouvelle palingénésie qui emporte avec elle le flot des illusions passées. Utopies, expériences collectives et individuelles sont entraînées dans ce même mouvement qui tend à dénier le potentiel positif du passé révolutionnaire récent. L'avenir est décidément devant la nouvelle classe montante dont la masse ne cesse de grossir. À condition, toutefois, que celle-ci accepte d'être guidée par l'avant-garde éclairée.

Parallèlement s'affirme la volonté d'ancrer l'origine du renouveau revendicatif dans des coutumes très anciennes déliées de toute mémoire historique, « dans un passé plus lointain, des temps où nos ancêtres, celtes ou germains, célébraient la fête de l'amour ou des arbres[5] ». Ce qui revient à vouloir retrouver, hors de la mémoire des travailleurs de 1848, le véritable passé de l'avenir en conjurant l'histoire. Mais c'est aussi effacer toute la tradition ouvrière des associations en capacité de conduire à l'émancipation. De ce point de vue, le messianisme ouvrier

---

1 Jules Guesde, *Le Problème et la solution, les huit heures à la Chambre*, brochure, Lille, 1895.

2 Danielle Tartakowsky et Michel Pigenet (dir.), *Histoire des mouvements sociaux en France*, *op. cit.*, p. 27.

3 Article premier de la proposition de loi (Jules Guesde, *Le Problème et la solution*, *op. cit.*, p. 30).

4 Cité *in* Danielle Tartakowsky et Michel Pigenet (dir.), *Histoire des mouvements sociaux en France*, *op. cit.*, p. 192.

5 Émile Vandervelde, socialiste belge (*ibid.*, p. 274).

de la seconde moitié du XIXe siècle semble avoir délibérément tourné le dos à l'histoire la plus proche et la plus récente. Différemment des quarante-huitards qui cherchaient à accomplir les promesses d'un passé lointain, hors de portée des hommes, les adeptes de l'idéologie du progrès se réapproprient une nature désormais sous l'emprise des hommes et de leurs techniques.

À cette humanité future, la réalité résiste toutefois, en dépit des certitudes scientifiques qui s'évertuent à tracer la voie unique du progrès industriel, matériel, culturel et moral ; les conflits sociaux se font de plus en plus durs, tandis que la république, devenue un gouvernement, vacille sur ses bases avec les débuts de l'affaire Dreyfus en 1894. Les mouvements revendicatifs se déroulent presque à l'écart de l'Affaire tant l'institution républicaine semble incertaine, à lire l'impressionnante collection de lettres de dénonciation envoyées à la préfecture de police. La peur s'est emparée de l'opinion. Dans *À la recherche du temps perdu*, Marcel Proust évoque cette « maladie mortelle », qu'a dénoncée Bernard Lazare : l'antisémitisme se déchaîne alors, pas seulement sous la plume d'Édouard Drumont. On voudrait croire avec l'essayiste Anatole Leroy-Beaulieu qu'en France l'antisémitisme « a très peu de prise chez les ouvriers, car pour l'ouvrier le parasite ça n'est pas le juif, mais le bourgeois[1] ». Or, nombreux sont les porte-parole qui aiment à identifier le « juif » au capitalisme financier, à la manière d'un Proudhon ou d'un Toussenel. Jean Jaurès, lui-même dreyfusard, défenseur des mineurs de Carmaux en grève en 1892, qui commence alors son long combat en faveur de l'unité des partis socialistes et des forces syndicales, reste encore suspicieux à l'égard de ce « monde à scandale ». Le 11 décembre 1897, il écrit : « Les juifs compromis par les scandales financiers innombrables voudraient s'affranchir du poids de trahison que, depuis l'affaire Dreyfus, une portion de l'opinion fait peser sur eux[2]. »

Années 1900 : la résistance ouvrière écrasée au nom de la République

Le 13 janvier 1898, l'article de Zola paru dans *L'Aurore* sous le titre « J'accuse » fait basculer les hésitants et les sceptiques du côté d'Alfred Dreyfus. Zola met en cause l'armée et ses généraux responsables du déni de justice dont a été victime le capitaine. Il ajoute : « Quant aux gens que j'accuse, je ne les connais pas, je ne les ai jamais vus,

1 Cité par Gérard NOIRIEL, *Immigration, antisémitisme et racisme en France*, *op. cit.*, p. 233.

2 Cité par Michel DREYFUS, *L'Antisémitisme à gauche. Histoire d'un paradoxe, de 1830 à nos jours*, La Découverte, Paris, 2011, p. 82.

je n'ai contre eux ni rancune ni haine. Ils ne sont pour moi que des entités, des esprits de malfaisance sociale. Et l'acte que j'accomplis ici n'est qu'un moyen révolutionnaire pour hâter l'explosion de la vérité et de la justice. Je n'ai qu'une passion, celle de la lumière, au nom de l'humanité qui a tant souffert et qui a droit au bonheur. Ma protestation enflammée n'est que le cri de mon âme. Qu'on ose donc me traduire en cour d'assises et que l'enquête ait lieu au grand jour ! J'attends. »

L'unité républicaine retrouvée, les universités populaires « qui éclosent un peu partout » de 1899 à 1901 diffusent les idées nouvelles auprès d'un large public. Jean Jaurès y voit l'occasion d'y « chasser les fantômes de la nuit[1] ». L'Affaire est close, la République, plus solidement installée malgré les nombreuses affaires, peut faire face à la question sociale. Car le gouvernement républicain présente toujours les grandes grèves comme une menace. C'est ainsi qu'il fait appel aux troupes de province en 1898 pour contrer les grévistes du bâtiment à Paris. Il est vrai que les grèves sont de plus en plus massives en même temps que le syndicalisme révolutionnaire prend de l'ampleur. Les historiens comptabilisent 4,6 millions de journées de grève en 1902, particulièrement dans le secteur du bâtiment, tandis que la CGT compte plus de 122 000 membres (un quart des syndiqués). Les catastrophes comme celle de Courrières (Pas-de Calais) en 1906, où, à la suite d'un coup de grisou, meurent 1 099 ouvriers, accentuent le malaise et l'exaspération des travailleurs[2]. En juin 1908, le journal *Le Matin*, rendant compte de l'enterrement d'un ouvrier qui a tourné à l'émeute à la suite d'une fusillade de la police contre les ouvriers grévistes des sablières réunis dans une salle de Villeneuve-Saint-Georges, titre son article : « Un chapitre de *Germinal* ». La grève commencée en mai, les manifestations ne cessent qu'à la fin de juillet. Le président du Conseil Georges Clemenceau recourt à l'armée pour réprimer les grévistes, au prix de plusieurs morts, et brise effectivement la grève en affaiblissant considérablement la CGT et le syndicalisme révolutionnaire[3].

L'œuvre souterraine de l'émancipation ouvrière se déplace et se poursuit ailleurs, notamment à Saint-Pétersbourg en octobre 1905, comme le relate Léon Trotski : « Le peuple emplissait les corridors des universités », « la parole révolutionnaire était sortie des souterrains et

1 Madeleine Rebérioux, *La République radicale, 1898-1914*, Seuil, coll. « Points », Paris, 1975, p. 38.

2 Danielle Tartakowsky et Michel Pigenet (dir.), *Histoire des mouvements sociaux en France, op. cit.*, p. 284.

3 Jacques Julliard, *Clemenceau briseur de grèves. L'affaire de Draveil Villeneuve-Saint-Georges (1908)*, Julliard, Paris, 1965, p. 62-63.

retentissait dans les salles de conférences » et « la grève allait se déployer dans toute son ampleur »[1]. Dans cette courte expérience des soviets ou députés ouvriers, la militante socialiste allemande Rosa Luxemburg (1871-1919) puise sa théorie sur la grève de masse et sur la démocratie propre au mouvement ouvrier.

En France, l'avant-garde ouvrière n'a pu résister aux assauts du bras armé de la République. La grève générale n'aura pas lieu malgré les espoirs d'une Internationale de congrès sur laquelle comptaient les représentants du peuple ouvrier pour mettre fin à la montée du nationalisme et aux préparatifs de la guerre. La république sociale n'est plus qu'une fantasmagorie de l'histoire. Paradoxalement, après la guerre de 1914-1918, l'esprit de parti l'emporte sur l'idée d'organisation autonome et préalable des travailleurs. La pertinence libératrice des expériences ouvrières est abaissée sous le poids des discours du parti de l'avant-garde tournés vers l'horizon de l'homme nouveau. L'idéologie supplante si bien le réel que celui-ci est rendu invisible. D'ores et déjà, la République une et indivisible a triomphé de la résistance ouvrière. Les modérés conservateurs, persuadés de représenter tout un peuple, peuvent croire aux affirmations d'un Clemenceau, qui dès 1884 affirmait : « Non, ce n'est pas le peuple qui fera jamais la lutte de classes, parce qu'étant le dernier venu à l'affranchissement, sa gloire est de représenter non pas l'intérêt de quelques-uns, mais l'intérêt de tous, et de porter en lui le principe de l'ordre nouveau[2]. »

L'intérêt de tous, au nom du peuple ou au nom de la classe ouvrière, répété à satiété, prend progressivement le pas sur la réalité conflictuelle. Peu à peu, la délégation de pouvoir au sein du régime parlementaire, comme au cœur des organisations ouvrières, se substitue aux initiatives et à l'autonomie ouvrière, y compris chez les anarchistes pour lesquels le discours libérateur l'emporte sur l'accumulation des apprentissages, depuis les origines des combats ouvriers : « L'anarchie est le but, s'écrie ainsi Pierre Monatte au Congrès anarchiste international de 1907, la révolution anarchiste que nous voulons dépasse de beaucoup les intérêts d'une classe : elle se propose la libération complète de l'humanité, au triple point de vue économique, politique et moral[3]. »

À la veille de la Grande Guerre, tout se passe comme si les mots supplantaient définitivement les choses. Clairvoyante, Rosa Luxemburg

---

1 Léon Trotski, *1905*, Minuit, Paris, 1969, p. 81.

2 Discours de Clemenceau, 25 mai 1884 (cité par Pierre Barral, *Les Fondateurs de la IIIe République*, *op. cit.*, p. 68).

3 Cité *in* Henri Dubief, *Le Syndicalisme révolutionnaire*, *op. cit.*, p. 141.

avait pourtant dénoncé, au dernier congrès de l'Internationale ouvrière, l'illusion d'une résistance possible des classes ouvrières à la « mobilisation générale ».

Retrouver les « innombrables vérités latentes » du passé ?

De manière inattendue, ce sont les artistes qui seront les premiers à vouloir soulever le voile de l'apparence afin de toucher une réalité mouvante devenue insaisissable, à force d'être martelée par des discours libérateurs ou consensuels. Précisément, c'est dans l'élan des luttes ouvrières européennes que des artistes donnent naissance à l'abstraction d'une inventivité sans précédent. Pablo Picasso est formel : jamais, dit-il, le travail collectif n'a permis une telle constellation d'œuvres d'exception, en peinture comme en musique. Selon un de ses amis, « Picasso me dit encore bien souvent que tout ce qui a été fait dans les années 1907 à 1914 n'a pu être fait que par un travail d'équipe[1] ». Paul Klee l'écrit avec la pertinence qui le caractérise : « Autrefois, on représentait les choses qu'on pouvait voir sur terre, qu'on aimait ou aurait aimé voir. Aujourd'hui, la relativité du visible est devenue une évidence, et l'on s'accorde à n'y voir qu'un simple exemple particulier dans la totalité de l'univers qu'habitent d'innombrables vérités latentes. Les choses dévoilent un sens élargi et bien plus complexe qui souvent infirme en apparence l'ancien rationalisme[2]. »

Wassily Kandinsky, en 1910, dans un tableau en quelque sorte prémonitoire, à rebours des paysages baignés de soleil, donne à voir la ville de Murnau à travers une série de tableaux. Dans *Garden II*, bannissant toute perspective, il représente les maisons du village perchées sur une ligne oblique d'est en ouest descendant en pente douce vers un fond inconnu et qui semble couper le tableau en deux pans inégaux. Sous le ciel bleu et les toits rouges, dans une constellation de couleurs où domine le jaune, s'épanouissent et s'étalent des tournesols, la corolle tournée vers la terre, comme aspirés par le coin sombre que le peintre a placé à l'extrême gauche du tableau. À l'instar de Benjamin à propos de l'*Angelus novus* de Klee, il est possible d'interpréter cette œuvre comme une allégorie surprenante de l'histoire, puisque les fleurs ne dépendent pas du soleil en plein jour mais de la sève puisée au fond des ténèbres de la terre.

Et si nous écrivions ainsi l'histoire ? À contresens de ce qui, pour nous, n'est plus visible à force d'avoir été estompé par le sens de

---

1 Theodor W. ADORNO, « Les fameuses années vingt », *Modèles critiques*, Payot, Paris, 1984-2003, p. 55.

2 Paul KLEE, *Théorie de l'art moderne*, Gallimard, coll. « Folio », Paris, 1998, p. 39.

l'histoire dont Fukuyama a proclamé la fin : la sienne sans doute, car la nôtre reste entièrement à repenser. À condition de procéder, à la manière de Klee ou de Kandinsky, à rebours de ce que nous savons déjà, en puisant la connaissance d'hier dans le passé transformé en ténèbres. Une transformation en apparence seulement, car il nous suffit de faire exploser la continuité historique qui trop souvent nous aveugle, pour retrouver ces « innombrables vérités latentes ».

Postface

Le procès de la liberté, questions de méthode

Avant d'écrire ce livre, ma réflexion a longuement cheminé à travers les œuvres de toutes provenances, bien au-delà de l'histoire. Parallèlement à ces années d'études, dans nos séminaires avec les amis, les collègues et surtout les étudiants, nous avons débattu de la pertinence d'une écriture de l'histoire entre continuité et discontinuités. Mais toujours une double question me hantait : comment penser l'histoire ? Et comment est-elle écrite ?

La question n'est pas formelle car, à force de renouvellement, l'histoire ne semble plus en mesure de dévoiler le moindre « dessous des cartes ». Les frontières sont depuis longtemps franchies, le monde s'offre à la sagacité des chercheurs. Tout est objet d'histoire et depuis longtemps. La pratique quasi généralisée de la langue anglo-américaine conduit tout naturellement les historiens à l'adoption d'une méthodologie quelque peu uniforme. Tour à tour, dans différents pays, les objets de questionnement se multiplient, à l'identique. Chacun se glisse dans l'interrogation du moment et se laisse guider parfois par les désignations attrayantes du postmodernisme. Sur ces différents apports historiographiques, d'innombrables écrits sont à la disposition des chercheurs. Ces dernières années, nombre de travaux ont mis à mal les pensées dominantes, des *subaltern studies* à l'histoire connectée[1]. Si mon travail peut s'apparenter à une réflexion sur les catégories subalternisées, compte tenu des difficultés de faire advenir, en tant que sujet d'histoire,

1 Ranajit GUHA, *Elementary Aspects of Peasant Insurgency in Colonial India*, Oxford University Press, Delhi, 1983 ; Sanjay SUBRAHMANYAM, *Explorations in Connected History. From the Tagus to the Ganges*, Oxford University Press, Delhi, 2004 ; Sanjay SUBRAHMANYAM, « Aux origines de l'histoire globale », Collège de France, Paris, 2014, <ur1.ca/njwtx>. Sur l'histoire globale et l'histoire connectée en particulier, une synthèse en français de ces travaux a été notamment publiée par Caroline DOUKI et Philippe MINARD, « Histoire globale, histoires connectées : un changement d'échelle historiographique ? », *Revue d'histoire moderne et contemporaine*, n° 54/4bis, 2007/5 ; et plus récemment par Chloé MAUREL (dir.), « Pourquoi l'histoire globale ? », *Cahiers d'histoire. Revue d'histoire critique*, n° 121, avril-juin 2013.

l'extrême diversité des personnes que le concept est censé englober, ma réflexion se rapprocherait aujourd'hui davantage d'une critique plus globale de l'écriture de l'histoire[1].

Penser l'histoire avec Walter Benjamin

Depuis longtemps déjà, l'idée d'écrire une histoire différemment pensée me tourmente, afin de répondre à plusieurs questions fondamentales aujourd'hui. À titre d'exemple, comprendre comment, imperceptiblement, l'idée de souveraineté populaire s'est délitée[2] : en dévoiler le processus me semble un impératif. Ensuite et parallèlement, chercher à élucider, si possible, ce qui est mal nommé la « querelle des mémoires ». Attentive à la remémoration récurrente du passé, à la faveur de réminiscences à la fois déconnectées du temps et qui procèdent du présent, soucieuse de répondre aux attentes des vaincus empêchés d'accéder au passé oublié, je souhaitais redonner vie à ce passé en lui restituant son historicité. Historicité des expériences fragmentaires qui, échappant au sens de l'histoire, n'en constituent pas moins le cœur de son mouvement.

De ce point de vue, la rencontre avec l'œuvre de Walter Benjamin fut une véritable révélation pour l'historienne du XIXe siècle que je suis. Penser l'histoire dans l'horizon tracé par Benjamin m'est apparu d'autant plus nécessaire que la mémoire d'une liberté disparue, aujourd'hui résurgente, se heurte à une totale incompréhension tant le mot a perdu sa valeur émancipatrice au profit d'une quête individualiste quasiment étrangère à l'esprit des Lumières. De fait, l'histoire s'est perpétuée dans un mouvement d'impuissance à restituer les idées et les compréhensions passées dont la tradition s'est perdue, jusqu'à ne plus faire sens aux yeux des contemporains. L'oubli est si bien installé que chaque renaissance d'une idée inachevée, d'un espoir inaccompli, commence par une réinvention. En effet, les traces du passé ont été si bien recouvertes par les interprétations multiséculaires des phénomènes historiques, dans lesquelles chaque événement disposait d'un espace repérable sur une échelle temporelle parfaitement identifiée, que, hors de cette continuité,

---

1 Par exemple à la manière de Christian Jouhaud, *Richelieu et l'écriture du pouvoir. Autour de la journée des Dupes*, Gallimard, Paris, 2015.

2 D'une façon semblable aux interrogations de Wendy Brown : « Le fait que "démocratie" soit le terme dont on affuble tant de mesures de politique intérieure ou d'entreprises impérialistes antidémocratiques suggère [...] que le néolibéralisme emprunte considérablement à l'Ancien Régime à des fins de légitimation » (Wendy Brown, *Les Habits neufs de la politique mondiale. Néolibéralisme et néoconservatisme*, Les Prairies ordinaires, Paris, 2007, p. 62).

les significations, inadaptées aux différents dispositifs de régulation des sociétés, ont pu échapper à la vigilance des historiens.

Parallèlement à l'extension des objets d'histoire – toujours plus nombreux, toujours plus singuliers –, le spectre de l'héritage sans le moindre testament historique (selon le mot déjà cité de René Char) ne cesse de se déployer. Étonnamment, ce spectre se déforme sans contrôle, au hasard des quêtes du présent, jusqu'à prendre des figures inattendues voire inouïes et réveiller de vieilles croyances sans le moindre souci de vérité historique – comme celles dont certaines émissions de télévision nous abreuvent.

D'autres penseurs de l'histoire ont guidé mon travail : Foucault, bien sûr, mais aussi Deleuze, Arendt, Castoriadis, Abensour, bien d'autres encore. Mais Benjamin, si mal connu en France – où le commentateur s'attarde plus volontiers sur la part esthétique de l'œuvre irremplaçable de l'auteur de *L'Origine du drame baroque allemand* que sur la dimension critique du politique –, représente, de mon point de vue, l'exigence à laquelle tout chercheur attentif aux dérives du présent se devrait d'être attaché. Comme l'a si justement noté Adorno : « Les écrits de Benjamin tentent de rendre philosophiquement fertile – par des voies constamment renouvelées – tout ce qui n'a pas été hypothéqué par des grandes intentions. Il nous a légué pour tâche de ne pas abandonner une telle tentative aux énigmes déroutantes de la seule pensée, mais d'amener le non-intentionnel au niveau du concept : il convient donc d'avoir recours à une pensée à la fois dialectique et non dialectique[1]. » Adorno prône ici une forme de réhabilitation du contingent, du banal et des hasards de l'histoire que l'interprétation des apparences (ou du visible) a relégués au rang des accessoires.

Effectivement, le passé n'advient que préalablement pensé. Et, par voie de conséquence, tout événement non visé par l'historien est définitivement perdu. Benjamin a su mettre l'accent sur ce constat d'évidence dans ses « Thèses sur le concept d'histoire » – constat à la fois perçu et non traité par les historiens. Reste la question essentielle : comment penser l'histoire ? En fonction de quel savoir temporel ? À l'aide de quels outils ? Faudrait-il ignorer l'état présent des questionnements ? Ou encore : comment prendre ses distances avec les différentes orientations à la mode du moment ? Trop habitué à la pensée pragmatique, familier du positivisme, l'historien recherche malgré lui la preuve par les faits et répugne à utiliser l'outil conceptuel, lequel, il est vrai, devenu

1 Theodor W. Adorno, *Minima Moralia. Réflexions sur la vie mutilée*, Payot, Paris, 1991, p. 144.

propriété exclusive de l'histoire des idées, apparaît suspect aux yeux des historiens des sociétés. Inévitablement, pour chacun d'entre nous, le présent sert de matrice à la réflexion historienne, mais celui-ci n'est pas toujours questionné sous ses aspects les plus problématiques. Le présent reste pour beaucoup un donné.

Notre présent commande notre regard sur le passé. Le commandement est d'autant plus impérieux que chacun est englué dans une crise permanente d'un devenir toujours plus sombre qui engendre la nostalgie du passé et l'angoisse de l'avenir. Un présent perpétuel qui voit les liens – constitutifs de la modernité – entre passé, présent, futur se décomposer en une matière grise immatérielle. Et pourtant l'espoir est là, latent, fulgurant pendant les périodes d'insurrections, visible sur les places publiques, devenues symboles de la liberté, fragile, dans les pays du Machrek et du Maghreb ayant tenté au tournant des années 2010 de sortir d'un despotisme que l'Occident imaginait éternel. Espoir présent ici, enfoui ailleurs par le retour des militaires, il reste malgré tout prêt à resurgir, tant l'utopie participe de l'humanité[1].

Or, malgré le désir d'histoire, le recours au passé se développe sans la moindre distance critique, ou plus exactement la pertinence de ce nécessaire détour se dissout dans le foisonnement d'une instrumentalisation infinie. Paralysés par la difficulté de saisir la singularité du moment, les analystes se retournent vers l'apparente similitude des événements passés. Les « Printemps arabes » ne sont intelligibles, semble-t-il, que par identification au « Printemps des peuples » du XIXe siècle. Sous des références aux contextes « annonciateurs » dont on choisit savamment l'ordonnancement en fonction d'un devenir supposé commun, les réalités passées et présentes, réunies par le choc des révolutions, s'estompent sous le poids des interprétations linéaires aux dépens de toute historicité. Aussi, très vite, l'essentiel est oublié : l'accès à la liberté, si rarement atteinte, constamment déniée, résiste cependant à l'ordre restauré. Marque profonde du mouvement de l'histoire, l'espoir ainsi estompé se dérobe au cours ordonné de l'histoire.

En effet, aussitôt accompli, le moment singulier, éphémère, est interprété en fonction d'un parallélisme artificiel ou d'une analogie entre différents événements. Après disparition de l'empreinte de l'immédiatement visible, on reconstruit les causes à partir de conséquences advenues. La linéarité de l'ensemble est donnée à voir comme une évidence,

---

1 Voir à ce propos le très beau livre de Miguel ABENSOUR, *Utopiques II. L'homme est un animal utopique*, Sens et Tonka, Paris, 2013 (que j'ai découvert tardivement, après l'écriture de ce livre).

sans plus tenir compte des rapports de forces dont elle est issue. On valorise ce qui advient après coup, au détriment des possibles dont les traces se perdent dans le dédale des rationalités dominantes. Les historiens, ensuite, se chargeront de classer ce moment de l'histoire sur une échelle du temps qu'ils édifient selon des critères divers ; mais toujours subsiste le surplomb des avancées du progrès des civilisations, largement dépendant, comme on le sait, de l'évolution économique et des règles du marché mondial. Et, par conséquent, de la « force des choses » chère à Saint-Simon. Or, chaque historien connaît le degré d'invalidation de l'idée de progrès, si pertinemment contestée ces dernières décennies. Le paradoxe de l'historien se situe précisément dans cet entre-deux : de la nécessité de restituer le passé des sociétés au besoin d'inscrire leur devenir sur une échelle de valeurs en fonction d'événements accomplis ou advenus.

Ainsi, à l'issue d'une fabrique de l'histoire par les contemporains, la singularité du moment historique qui façonne le mouvement de l'histoire tombe très vite dans l'oubli. À ne retenir qu'une forme de rationalité, le foisonnement des idées et des pratiques conflictuelles, au centre de ce mouvement, perd son intelligibilité et échappe à l'historien. En effet, à distance d'une compréhension linéaire de l'histoire, la seule ressemblance entre deux événements marquants n'est perceptible que par le choc des images. Les événements se répondent en écho à travers les slogans, les gestes, hors de toute continuité, par fulgurances. L'inachèvement des espoirs antérieurs viendrait ainsi réveiller, ailleurs, en d'autres lieux, en d'autres temps, sur un autre territoire, une volonté commune. À nouveau, pourrait-on dire à la manière de Claude Lefort, l'espoir renaît et les peuples agissent de manière identique, comme s'ils avaient la loi pour eux : « La révolution consiste alors, dans un premier mouvement, en un soulèvement populaire. Des individus en masse, dans des lieux divers, dont la condition requérait l'obéissance à des supérieurs tenus pour légitimes, enfreignent leurs ordres et affirment leurs droits comme s'ils avaient la loi de leur côté[1]. »

L'invocation du passé n'est que le symptôme de l'incertitude de l'avenir. En quête d'explications, chacun espère découvrir dans l'histoire les voies du devenir possible des bouleversements présents. Ponctuellement, 1789, 1793, les luttes de libération nationale sont invoqués ; des cultures antérieures réapparaissent ; des civilisations oubliées sont dégagées des représentations contraintes. On fouille le passé, des procès sont intentés, des accusations sont portées aussi aisément que le

1 Claude LEFORT, *La Complication. Retour sur le communisme*, Fayard, Paris, 1999, p. 53.

permet une réalité toujours aussi vainement saisissable. Mais rarement la force d'une idée passée est restituée dans son actualité. La mobilisation du passé peut intervenir sans risque, tant les interprétations successives se sont contredites en se renouvelant. L'histoire est ainsi faite que chaque génération peut, de bon droit, à l'aide de nouvelles méthodes d'analyse, repenser le passé. En ce sens, le récit historique intervient toujours au détriment de la quête d'historicité.

L'historicité en question

Le concept d'historicité, emprunté à la réflexion critique de l'historien allemand Reinhart Koselleck (1923-2006)[1] par la plupart des historiens, s'est banalisé depuis les années 1990, jusqu'à se fondre dans le fait historique. Or, le travail de l'historicité suppose une attention particulière au langage dans ce foisonnement de sens qui permet d'accéder aux compréhensions d'un moment, à l'expérience d'un groupe ou d'un sujet. Compréhensions écartées ou perdues dans la continuité du cours du temps au profit du sens commun qui parvient à recouvrir la multiplicité des interventions et des pratiques qui toutes, à leur manière, participent du mouvement de l'histoire.

Plus étroitement, l'historicité se confond aujourd'hui avec ce que François Hartog a nommé les « régimes d'historicité », dont il faut rappeler la présentation qu'il en fit dans l'un de ses tout premiers articles sur la question, en 1995 : « J'entends par là une formulation savante de l'expérience du temps qui, en retour, modèle nos façons de dire et de vivre notre propre temps. [...] Un régime d'historicité ouvre et circonscrit un espace de travail et de pensée. [...] Il rythme l'écriture du temps, représente un ordre du temps auquel on peut souscrire ou, au contraire (et le plus souvent), vouloir échapper, en cherchant à en élaborer un autre. [...] "Quand le passé n'éclaire pas le futur, l'esprit marche dans les ténèbres"[2]. » Mais ce que travaille François Hartog, c'est moins l'historicité que l'expérience du temps. Alors que l'historicité, bien au-delà d'une aperception limitée du temps, englobe à la fois la réflexion sur le sens, le sujet qui l'énonce, sa formation, sa perception, son appropriation, sa transmission et sa transformation au cours du temps. À chaque temps de l'événement, dans l'instance de son énonciation, retrouver la singularité d'une signification permet de

1 Reinhart Koselleck, *Le Futur passé. Contribution à la sémantique des temps historiques*, Éditions de l'École des hautes études en sciences sociales, Paris, 1990.

2 François Hartog, « Temps et histoire », *Annales. Économies, sociétés, civilisations*, n° 6, novembre-décembre 1995, p. 1220-1221 (la citation est de Tocqueville).

restituer une complexité, une conflictualité avec les enjeux qu'elle révèle et dont la portée avait pu échapper. Car la signification perdue resurgit ailleurs dans un autre temps sous une forme nouvelle et nous permet ainsi de rendre intelligible, dans une actualité renouvelée, une modernité longtemps cachée sous l'ordre restauré. Le sens des interventions minoritaires, non advenues, peut être ainsi restitué dans le discontinu de l'histoire. C'est pourquoi je m'autorise à reprendre ici, en partie, ma définition de l'historicité en la complétant : penser l'historicité, c'est décrypter le processus de fabrique de l'histoire dans l'expérience conflictuelle des interprétations d'où émerge le sens commun, afin de retrouver le mouvement réel de l'histoire dans les conditions de son émergence. C'est ainsi saisir le possible, après coup occulté, dont l'idée subsiste dans le souterrain des mémoires. L'historicité est de fait appréhendée à tout moment de l'objet étudié car le sens des mots, confronté aux situations comme aux acteurs qui les énoncent, ne cesse d'être changeant[1].

Pour l'heure, l'histoire n'est plus guère menacée par les grands récits, depuis longtemps tombés en désuétude, elle l'est davantage par sa fragmentation et son éparpillement. C'est pourquoi l'histoire conceptuelle tend à se substituer à l'histoire récit des années de gloire de l'Occident. Malgré tout, les vaincus de l'histoire, dont l'héritage a été noyé dans l'immensité des dispositifs d'ordre, se retrouvent sans références historiques susceptibles d'expliciter leur mal-être et de légitimer leur existence critique en imaginant un avenir autre. Et c'est pourquoi, paradoxalement, la défaite de la pensée téléologique remet l'histoire en scène, sorte de renaissance ou d'horizon d'attente. Comme si toute l'histoire était à refaire. Ainsi, après que le bicentenaire de la Révolution française, en 1989, a marqué le pas avec la proclamation de la mort des utopies et l'annonce de la « fin de l'histoire », l'absence de perspective et d'alternative crédible redonne à nouveau vie au passé non encore récupéré par les contemporains. Un passé enfoui que d'aucuns cherchent à découvrir à travers les catégories du présent, en omettant de se débarrasser des représentations au sein desquelles ces collectifs et autres communautés sont enserrés.

Mon projet a donc consisté à penser l'historicité de moments singuliers ayant marqué de leur empreinte toute l'histoire et façonné son mouvement. Imperceptibles dans la continuité historique ainsi

1 Michèle RIOT-SARCEY, « Temps et histoire en débat. "Tout s'oublie" et "rien ne passe" », *loc. cit.* Je dois beaucoup à Henri Meschonnic et à sa réflexion critique à ce propos. (Je remercie Jean-Patrice Courtois de m'avoir mise sur le chemin de l'œuvre d'Henri Meschonnic.)

construite, ils se dérobent à la représentation linéaire du passé, que celle-ci soit conceptuelle, factuelle ou idéologique. Une permanence cependant demeure : l'*idée* que contient un mot dont le sens évolue constamment, infiniment, aurait écrit Henri Meschonnic (1932-2009). Ponctuellement l'*idée* réapparaît, différente, et mobilise d'autres gens, s'exprime sous d'autres formes, se donne à comprendre en d'autres lieux. Des mots, toujours les mêmes, que l'actualité restaure et ravive sous d'autres couleurs, se font entendre à nouveau, mais autrement. Pour être en mesure de saisir la portée de ces idées, il nous faut remonter le temps et revenir à l'origine pour retrouver l'actualité d'une pratique, d'une expérience, afin d'en découvrir la pertinence à travers une sentence ou une interprétation restées, dans le temps de leur expression, hermétiques aux contemporains. La rencontre fulgurante du passé oublié avec l'actualité repensée donne à comprendre, simultanément, la modernité de l'idée. Au-delà de toute continuité ; contre toute attente, le devenir de l'événement passé devient alors parfaitement intelligible.

L'idée d'« origine » doit être comprise dans le sens donné par Walter Benjamin : « Chaque fois que l'origine se manifeste, on voit se définir la figure dans laquelle une idée ne cesse de se confronter au monde historique, jusqu'à ce qu'elle se trouve achevée dans la totalité de son histoire. Par conséquent, l'origine n'émerge pas des faits constatés, mais elle touche à leur pré- et posthistoire. [...] On ne pourra en aucun cas estimer réussie la présentation d'une idée aussi longtemps qu'on n'aura pas parcouru virtuellement le cercle des extrêmes qu'elle peut contenir. Ce parcours ne peut être que virtuel. Car ce qui est saisi dans l'idée d'origine n'a plus pour histoire qu'un contenu, et non un déroulement d'événements qui la concernerait[1]. »

Or, malgré les innombrables ruptures méthodologiques, voire épistémologiques, qui ont jalonné l'écriture de l'histoire, malgré les extraordinaires avancées dans la compréhension des différentes temporalités – l'intérêt porté au quotidien ou à l'événement sans importance –, malgré les bouleversements introduits par la vision globale de l'histoire avec ses différentes connections entre les populations autrefois négligées, la vision continue de l'histoire perdure. Ou, plus exactement, la demande d'une compréhension globale du passé se fait de plus en plus pressante. Comme si les différentes directions offertes par le postmodernisme, avec ses objets d'histoire nouveaux et déstabilisants, auraient trop insécurisé le lecteur en quête de certitudes. C'est pourquoi la terrible perspective

1 Walter BENJAMIN, *Origine du drame baroque allemand* (1925), Flammarion, coll. « Champs », Paris, 1985, p. 44-45.

historique qu'énonçait le philosophe Victor Cousin à l'aube de notre modernité, en 1828, reste une quête persistante de nos contemporains : « On ne voit ordinairement dans le succès que le triomphe de la force et une sorte de sympathie sentimentale nous entraîne vers le vaincu ; j'espère avoir démontré que, puisqu'il faut bien qu'il y ait toujours un vaincu et que le vaincu est toujours celui qui doit l'être, accuser le vainqueur et prendre parti contre la victoire, c'est prendre parti contre l'humanité et se plaindre du progrès de la civilisation. Il faut aller plus loin, il faut prouver que le vaincu doit être vaincu et a mérité de l'être ; il faut prouver que le vainqueur non seulement sert la civilisation, mais qu'il est meilleur, plus moral, et que c'est pour cela qu'il est vainqueur[1]. »

On le sait, l'histoire s'est longtemps écrite selon cette norme. Certes, le temps de l'Occident triomphant est révolu et le moment de réhabilitation des vaincus du passé est aujourd'hui dépassé. Plus aucune trace de téléologie ne subsiste en apparence : l'objectivation a fait son œuvre et toutes les histoires s'équivalent. Les héros, toutes catégories sociales confondues, font la fortune des éditeurs amateurs de biographies. Mais le mode de penser la linéarité historique résiste. Il résiste d'autant plus qu'il est quasi impossible d'inverser les récits. L'histoire des vaincus, malgré les proclamations et les tentatives plus ou moins convaincantes, n'est pas parvenue à légitimer leur héritage. Le sujet de l'histoire ne peut se réinventer, si l'on suit le raisonnement toujours d'actualité que posait en 1821 Wilhelm von Humboldt (1767-1835), philosophe prussien fondateur en 1810 de l'Université de Berlin, qui réfléchissait déjà sur le devenir de l'histoire et sur « ses causes motrices[2] » – interrogation reprise par Henri Meschonnic : « Le monde ne devient histoire que dans l'exacte mesure où des hommes y deviennent sujets », avec son corollaire : « L'historicité d'un non-sujet se révèle irreprésentable[3]. » La difficulté d'inverser le récit est d'autant plus sensible à l'historien que celui-ci, en principe, est tenu d'expliquer les événements qu'il rapporte : en aucun cas, il ne peut se contenter de les présenter ou de

1 Victor Cousin, *Cours de philosophie. Introduction à l'histoire de la philosophie* (1828), Fayard, coll. « Corpus des œuvres de philosophie en langue française », Paris, 1991, 9e leçon, p. 242, <url.ca/njz7n>.

2 Wilhelm von Humboldt, *La Tâche de l'historien* (1821) et *Considérations sur l'histoire mondiale* (1818), repris dans Guillaume de Humboldt, *La Tâche de l'historien*, traduction et notes d'Annette Disselkamp et André Laks, Presses universitaires de Lille, Villeneuve d'Ascq, 1985.

3 Henri Meschonnic, *Politique du rythme, politique du sujet*, Verdier, Lagrasse, 1995, p. 200. L'auteur reprend à son compte les interprétations d'Élisabeth Guibert-Sledziewski, « Penser le sujet en histoire », *in* Élisabeth Guibert-Sledziewski et Jean-Louis Vieillard-Baron, *Penser le sujet aujourd'hui*, Méridiens Klinksieck, Paris, 1988, p. 217.

les répliquer. Car, selon la pratique historienne, pour rendre compte d'un événement, il faut lui donner un sens[1].

Les limites du renouveau de l'histoire sont précisément au croisement de cette double exigence : le sens de l'événement ainsi perçu se déprend difficilement du sens de l'histoire dont l'horizon est tracé en fonction de la valeur donnée aux sujets qui en élaborent la signification première, en faisant disparaître les non-sujets. La « fabrique de l'histoire » consiste ainsi à forger un sens univoque à l'événement, au moment de son avènement ; elle se pratique toujours à distance des acteurs, pour la plupart mis dans l'incapacité d'en élaborer eux-mêmes l'interprétation. Et c'est bien pourquoi il est nécessaire de penser l'histoire à contresens. Nécessité d'autant plus évidente aujourd'hui qu'une forme de civilisation moderne semble s'éteindre : l'idée d'une fin de l'histoire proclamée en 1989 par le philosophe américain libéral Francis Fukuyama a presque atteint depuis le statut de vérité, tant l'horizon du futur s'obscurcit. Si la modernité peut se définir dans une relation constante entre présent, passé et futur, aux heures sombres des crises actuelles l'absence de perspectives proches et lointaines se conjugue avec le retour des mythes du passé, revisités par l'archéologie nationale. Le monde politique en particulier puise dans ce passé, plus que de coutume, des références à l'infini interprétées selon les besoins du temps.

Il ne s'agit donc plus aujourd'hui de lire le progrès à travers la succession d'événements vers un avenir hypothétique, mais de détecter comment il esquive la majorité de la population à travers le manque, la déviance, le contournement des individus non libres dans la mise en œuvre d'une idée porteuse d'espoirs. Afin de donner à comprendre ce qui enserre les individus en les réduisant à l'impuissance, ce qui les empêche d'advenir comme sujets, il nous faut penser la modernité autrement que celle qui, en asservissant la nature, assujettit l'individu. Ou retenir la fulgurance d'une modernité éphémère, à la manière d'un Baudelaire qui célèbre 1848 au rythme de sa création poétique, seize ans après avoir salué la « beauté du peuple » révolutionnaire de Février lors du massacre de Juin : publié en 1864, son poème « Assommons les pauvres », en guise de remémoration d'un événement en passe d'être oublié par les contemporains – si prompts à effacer les dysfonctionnements de la

1 Voir Carlo GINZBURG, *Rapport de forces. Histoire, rhétorique, preuve*, Hautes Études/Gallimard/Seuil, Paris, 2003 ; et « Tactiques et pratiques de l'historien. Le problème du témoignage : preuve, vérité, histoire », *Tracés. Revue de sciences humaines*, n° 7, 2004.

République naissante –, introduit ainsi une forme de grincement dans les rouages du Second Empire[1].

La souveraineté populaire, une incise dans l'histoire

Dans ce livre, mon analyse a consisté à mettre à l'épreuve du temps le concept de liberté. À titre de complément, esquissons une réflexion sur la souveraineté et la démocratie[2]. Car ces deux concepts participent de la modernité et sont consubstantiels de la liberté. Afin d'introduire une distinction entre « le vrai et le faux » – pour reprendre une interrogation de Michel Foucault –, il faut rétablir la tension première entre ceux qui ont le pouvoir de désigner et d'interpréter en faisant voir une réalité construite par les représentations qui en émanent et les autres, rendus impuissants à dire ce qu'ils font, mais dont l'expérience et les pratiques singulières font entendre des significations différentes, bien qu'éphémères. De ce point de vue, comme l'a constaté Jacques Derrida, le XIXe siècle nous a laissé un « lourd héritage d'illusions et de méconnaissance[3] ». Un XIXe siècle que, jusqu'alors, seul l'artiste est parvenu à dévoiler. À la manière d'un Courbet, dont le sens des œuvres, ancrées dans le réel, a pourtant échappé à l'un de ses proches amis, Pierre-Joseph Proudhon – acteur déterminant, selon l'histoire des idées, d'un XIXe siècle qui croit voir émerger le socialisme à partir des doctrines et qui passe allégrement sur les pratiques populaires.

Fier de sa révolution industrielle, ce XIXe siècle parvint à fondre l'idée de modernité dans la mode ; il a eu ainsi le pouvoir de produire du vrai. Le désir de démocratie, devenu consubstantiel de l'idée de souveraineté, permet de laisser entrevoir la véritable rupture entre la souveraineté d'Ancien Régime et la souveraineté populaire à laquelle rêve alors le plus grand nombre. La rupture s'est transformée en discontinuité, au nom de la nécessité de l'ordre qui efface peu à peu l'aspiration à la souveraineté populaire au profit d'un gouvernement représentatif, où seuls les hommes libres disposent du pouvoir de gouverner les autres. Tous les autres, c'est-à-dire ceux qui ne sont pas libres, soit la plupart des individus assujettis « aux nécessités de la vie et aux ordres d'autrui », comme l'a si bien démontré Hannah Arendt[4]. Aussi, imperceptiblement, le citoyen actif a fait place au citoyen passif, lequel fut davantage attaché à obtenir des droits qu'à exercer un pouvoir souverain qui lui

1 Charles Baudelaire, « Petits poèmes en prose », *Le Spleen de Paris*, 1864, <ur1.ca/njzsr>.
2 Je remercie Igor Mineo de sa relecture critique de cette section.
3 Jacques Derrida, *La Grammatologie*, Minuit, Paris, 1967, p. 111.
4 Hannah Arendt, *Condition de l'homme moderne*, *op. cit.*, p. 41.

échappait de toute façon. Ainsi, la pratique de la souveraineté, dont l'idée est ancrée dans l'acte révolutionnaire, s'est-elle transformée au cours des deux derniers siècles en s'adaptant aux nécessités du pouvoir, aux dépens de ses bénéficiaires supposés : les déshérités de la part du peuple oubliée. Comme si l'usage courant du mot suffisait à faire entendre son contenu. Clairement explicité, le sens du souverain, réduit à son concept, a perdu la force de l'idée populaire qui le soutenait en se logeant dans une représentation à distance du réel[1]. De plus en plus à distance ! Et pourtant, élevée par la Révolution, l'idée restait intacte et n'a cessé de resurgir. Inachevée en quelque sorte. La perte de sens de la souveraineté populaire est d'autant plus visible que les partisans de sa mise en œuvre au sein d'une démocratie qui se délite s'ingénient à lui accoler un adjectif autre : démocratie concrète ou démocratie participative, ou encore cet étonnant oxymore, démocratie de marché. Rarement démocratie souveraine. La perte de sens de l'idée est précisément à l'origine de cette quête d'un langage nouveau qui fasse sens, c'est-à-dire qui parle aux gens, à leurs aspirations comme à leurs désirs. Or la langue en usage ne peut se renouveler aussi longtemps que le langage ancien n'a pas dit son dernier mot.

C'est pourquoi il importe de différencier l'idée du concept. Le concept rassemble en donnant à comprendre, mais en même temps il réduit le sens à son usage immédiat. De ce fait, sa compréhension commune l'emporte sur les possibles et le potentiel de significations autres. Dans l'idée, il y a cette capacité d'invention, au plus près des passions humaines, aurait dit Charles Fourier. Tandis que le concept rassemble, englobe le tout, « l'idée est monade », écrit Walter Benjamin : « La représentation des phénomènes y repose, préétablie, en tant qu'elle est leur interprétation objective. Plus le rang des idées est élevé, plus la représentation qui est en elle y est parfaite. Et c'est ainsi que le monde réel pourrait être l'objet d'une tâche à accomplir : il s'agirait en ce sens de pénétrer si profondément dans tout le réel qu'une interprétation objective du monde s'y découvrirait. Si l'on considère cette tâche d'immersion de la pensée, il ne paraît pas énigmatique que l'inventeur de la monadologie a été aussi celui du calcul infinitésimal. L'idée est monade – ce qui signifie en résumé : toute idée renferme l'image du monde. La tâche de la présentation de l'idée, ce n'est rien de moins que de dessiner cette image en réduction du monde[2]. » Or, comme on

1 Voir Michèle RIOT-SARCEY, « De la souveraineté », *Revue d'histoire du XIXe siècle*, n° 42, 2011, p. 7-17.

2 Walter BENJAMIN, *Origine du drame baroque allemand*, *op. cit.*, p. 46.

le sait, le peuple est rarement le maître de l'écriture et de la parole[1] ; il est le plus souvent parlé par d'autres. Retrouver l'idée qui, le faisant agir, l'initie à la révolte, ou tout simplement lui permet de vivre, nous autorise à renouer avec le mouvement de l'histoire, en abandonnant son sens téléologique à ses commentateurs d'après coup.

L'idée ainsi conçue n'est pas immédiatement intelligible à l'historien. Aussi peut-elle être comprise à partir d'un mot à la fois étonnant et détonnant dont on retrouve les traces dans l'expérience pratique de ceux qui agissent, parlent ou écrivent à la faveur d'un événement, ou d'une question pertinemment posée par un journal à laquelle répondent nombre de correspondants. Ou encore à travers l'expression artistique : les poètes romantiques en leur temps ont ouvert la voie à la compréhension d'un monde resté étranger à la plupart de leurs contemporains. Comme l'exprime si bien l'historien américain Marcus Rediker : « La poésie rapproche l'historien de l'expérience et de la conscience des populations laborieuses et lui permet d'évoquer des personnes, des lieux et des événements de façon dynamique et pluridimensionnelle[2]. » Par exemple, la « beauté du peuple » que Baudelaire salue dans son poème en février 1848 dit l'immense joie d'un monde insurgé, persuadé d'assister au couronnement des promesses de la Révolution française. Ou bien encore, par le détour vers la découverte d'une œuvre dont la postérité a retenu la révolution esthétique sans s'attarder sur son inscription dans le réel. Pas à pas, par petites touches, l'historien accède ainsi à l'idée perdue qui a mobilisé un temps des masses d'individus et dont les expériences individuelles et collectives ne parlent plus à leurs successeurs, tant les interprétations rationnelles et dominantes ont peu à peu recouvert le sens des faits sensibles à la réception d'un moment.

Pour les historiens de la IIIe République en France, par exemple, l'idée de république démocratique et sociale apparaît dépassée, voire désuète. Alors que, bien au-delà du concept même de république, elle exprime tout à la fois la liberté autant que la souveraineté populaire, dont la signification se perd semble-t-il après juin 1848. Longtemps après, loin de la Commune de Paris, l'idée resurgit ailleurs, différemment, place Tahrir. Là, ce sont les photographes qui célèbrent la beauté du peuple ; beauté éphémère aussitôt remplacée par l'incertitude puis l'inquiétude. Le rapprochement des images, sans continuité aucune, permet à l'historien non pas de donner une explication, mais de rendre compte d'une

1 Jacques Derrida, *La Grammatologie, op. cit.*

2 Yves Citton, « Entretien avec Marcus Rediker », *Revue des livres*, n° 2, novembre-décembre 2011, p. 25, <ur1.ca/nknd5>.

correspondance dont l'actualité seule restaure l'intelligibilité passée par la reviviscence des promesses d'un passé qui décidément, comme l'avait si bien décrit Balzac en son temps, ne passe pas.

Il nous faut donc prendre au sérieux des pensées considérées par les contemporains comme sans importance parce que sans avenir immédiat. Walter Benjamin le précise, « un des grands mérites de Fourier est d'avoir présenté le jeu comme paradigme du travail qui n'est plus exploité ». Prendre au sérieux la pensée de celui qui se nommait lui-même « illitéré », c'est s'arrêter sur la modernité singulière du premier XIXe siècle. L'éclat imaginatif de Fourier apparaît alors dans la plénitude de son énonciation : l'humanité aurait dû comprendre que la domination de la nature entraînait immanquablement l'exploitation de l'homme par l'homme ; idée qu'en son temps Karl Marx avait relevée dans les écrits de Fourier. De ce point de vue, c'est tout le regard posé sur le XIXe siècle qui doit changer[1] : non plus pour y lire la succession de progrès industriel et technique, mais pour tenter de récupérer les laissés-pour-compte autant que les victimes de ce que Benjamin nommait la « catastrophe ». Où l'on découvre cette évidence dont la pertinence éclate aujourd'hui auprès d'une population désenchantée : le progrès, scintillant alors de toutes ses potentialités au sortir de l'épopée napoléonienne, ne pouvait être pensé compatible avec l'exploitation de l'homme par l'homme.

C'est pourquoi penser autrement l'histoire que dans l'horizon du récit interprétatif où les événements se succèdent et s'enchaînent les uns aux autres, sans discontinuité, suppose de détacher l'objet étudié (l'expérience, la pensée, l'idée) de l'historicité du tout. Une utopie en quelque sorte. « Il importe pour le dialecticien, écrit Benjamin, de prendre le vent de l'histoire dans ses voiles. Penser signifie pour lui mettre des voiles. La façon dont elles sont mises, voilà ce qui est important. Les mots ne sont pour lui que les voiles, la façon dont ils sont mis, voilà ce qui fait d'eux un concept[2]. »

Pour la cohérence de mon propos dans ce livre, le concept y a ainsi été confronté à l'idée dans une interaction permanente qui voit miroiter des milliers de significations dissonantes qui, aujourd'hui, nous parlent. L'idée de liberté fut mon guide, dans une relecture discontinue du passé : de la Révolution française aux années 1910, une liberté constamment entravée par toutes sortes de contraintes qui, au cours

1 Travail engagé par Emmanuel FUREIX et François JARRIGE, *La Modernité désenchantée. Relire l'histoire du XIXe siècle français*, La Découverte, Paris, 2015.

2 Walter BENJAMIN, *Paris, capitale du XIXe siècle*, *op. cit.*, p. 491 (N9, 6).

de l'histoire, enserrent les individus. L'enserrement est le correspondant contraire de l'idée de liberté, laquelle inaccomplie, inachevée, est toujours en devenir.

On comprend que cette façon de penser l'histoire oblige l'historien à sortir des normes de la discipline pour travailler dans la transdisciplinarité. Ce qui suppose de rompre avec la pratique commode des emprunts à d'autres disciplines ; emprunts à la sociologie, à la philosophie, à l'anthropologie, le tout rassemblé dans ce que les historiens aiment à nommer une « boîte à outils » – selon l'expression fameuse de Lévi-Strauss – dans laquelle ils puisent au gré des nécessités de leur démonstration. Différemment, il m'importe de penser avec les théoriciens, notamment avec tous ceux qui furent d'abord des théoriciens de l'histoire. Penser et travailler *avec* veut dire tout simplement chercher, dans l'œuvre de l'auteur, la production du concept à l'aide duquel l'historien installe et oriente sa réflexion dans le parcours, à contresens de l'histoire : du présent au passé.

Mais que signifie rendre compte d'une histoire discontinue ? Comment s'approprier un passé fragmenté et largement oublié ? La pratique de la citation, sans interprétation, chère à Benjamin ne suffit pas, il nous faut aussi interroger, dans un même mouvement, le processus d'effacement dont tous ces fragments de vie, de pensée, d'action ont fait l'objet. C'est pourquoi, à la récupération des fragments, j'ai ajouté la reconstitution de l'ordre, au fur et à mesure des tentatives de déstabilisation dont il a fait l'objet. L'ensemble participant à ce que j'appelle la fabrique de l'histoire. Au plus près de l'événement-objet que récupère l'historien, j'ai tenté de rendre compte de la manière dont les interprétations s'entrechoquent, puis laissent place aux textes et aux sources qui disent ce qu'il faut penser de ce qui vient tout juste de se passer. Car les événements ne laissent aucune place au vide, lequel est aussitôt comblé par la parole interprétative qui se doit de répondre aux inquiétudes et aux incertitudes par la diffusion et la propagande de l'écrit dont le contenu peu à peu s'impose. Ainsi la rationalité dominante l'emporte en comblant l'absence de parole ou se substituant à l'« irréalisme » des pensées du possible, laissées sans espoir après l'effacement du mouvement qui les avait vues naître.

Bien avant l'intervention des historiens, l'histoire s'écrit en se fabriquant selon la mode interprétative du moment, toujours à partir de l'ordre existant. À la manière d'Adolphe Thiers, qui dit dès 1831, nous l'avons vu, ce qu'il faut penser de la révolution de 1830, laquelle, de son point de vue, n'est pas précisément une révolution ; de façon magistrale, l'homme politique distingue la révolution politique de la révolution sociale, qualification qu'il attribue à la seule Révolution de 1789. À la manière également d'un Tocqueville, qui énonce dès 1850 le sens de la révolution de 1848 en érigeant son interprétation en vérité historique. Nombre d'historiens – et non des moindres – lui emboîteront le pas. Mais il y a toujours un reste qui ne passe pas, si nous voulons bien être à l'écoute du poète ; à l'écoute de Goethe, par exemple, qui, par cette simple expression « J'y étais » (à Valmy), énonce le sens du bouleversement introduit dans l'aperception de l'événement, le sens réel, celui de son devenir, au-delà des réaménagements ordonnés qui l'enfouissent.

Changer le regard sur le passé du XIXe siècle indique, selon moi, une orientation d'un travail de pensée identique à celui qu'exprime Paul Klee dans sa théorie de l'art moderne : il ne s'agit plus de suivre le cours continu de l'histoire, mais de s'arrêter sur son devenir, car son inachèvement peut être considéré comme le matériau de l'œuvre de ses « innombrables vérités latentes ».

Faire exploser la continuité historique : le contexte en question

« Il peut se faire que la continuité de la tradition soit une apparence. Mais c'est précisément la permanence de cette apparence de permanence qui crée en elle la continuité[1]. » Si nous acceptions ce point de vue de Benjamin, nous pourrions inverser le regard sur le passé en général, et sur notre passé moderne en particulier. Travailler davantage l'incertitude du passé que les certitudes affichées généralement par les historiens qui, à la lumière des faits advenus, peuvent reconstituer la chaîne des événements sans risque d'erreurs. Or, nous ne savons pas grand-chose des réalités du passé au-delà de l'écume des représentations qui n'ont cessé de recréer des continuités apparentes. C'est pourquoi il nous importe de rompre avec les continuités historiques, toujours recomposées à l'aide notamment de la linéarité d'un signifiant autant que du sens commun. La continuité du réel n'est qu'une forme de pensée modèle qui oblitère une myriade d'événements, de visions et d'orientations dont on a oublié la pertinence.

Avec Hannah Arendt, depuis longtemps les historiens savent pourtant que « l'histoire racontée est seulement le résultat de l'action ». Et si chaque génération d'historiens n'a cessé de se tenir à distance des philosophes de l'histoire, rares sont ceux qui sont parvenus à restituer à chaque acteur le statut de sujet de sa propre histoire. « Mais si chaque

1 *Ibid.*, p. 505.

vie humaine conte son histoire et si l'Histoire, à la longue, devient le fablier de l'humanité, plein d'acteurs et d'orateurs mais sans auteurs tangibles, c'est qu'il s'agit dans les deux cas de résultats de l'action. Car la grande inconnue de l'Histoire, qui déroute la philosophie de l'Histoire aux temps modernes, ne se présente pas seulement lorsque l'on considère l'Histoire comme un tout et que l'on découvre que son sujet, l'humanité, est une abstraction qui ne saurait devenir agent actif ; la même inconnue a dérouté la philosophie politique dès ses débuts dans l'Antiquité et contribué au mépris dans lequel les philosophes depuis Platon ont tenu généralement le domaine des affaires humaines[1]. »

Malgré la vision globale du monde d'aujourd'hui, il est difficile de prétendre écrire l'histoire de l'humanité, mais la focalisation sur les ensembles représentatifs, autant que sur les catégories sociales, perpétue le primat de l'abstraction englobante à travers les représentations. La priorité donnée aux collectifs dans le domaine de l'histoire politique et sociale en général et de l'histoire culturelle en particulier, quelle que soit la méthode de questionnement des sources mise en œuvre, induit immanquablement la valorisation des représentations. De plus, la quête du sens dans la continuité historique oblige à privilégier une forme de représentation dominante, au mépris de la diversité du réel. Et, malgré la vigilance des historiens, l'interprétation prépondérante, qui émane de l'ensemble des traces mises à la disposition des chercheurs par les contemporains de l'événement, relève d'un rapport de forces dont ceux-là ont été les témoins actifs ou passifs. Le pouvoir de l'écrit à travers l'empire du signifiant peut suffire, parfois, à rendre non explicite le contenu d'une pratique.

À titre d'exemple, la république, incarnation du gouvernement des hommes – donnée abstraite –, n'a pas besoin d'être appréhendée dans son contenu, pas plus qu'il n'est nécessaire d'en expliciter la formation. La république *est*, selon la loi et les règles qui l'accompagnent et qui l'ont faite au cours du temps[2]. Raison pour laquelle, sous la IIIe République déjà, l'idée de république démocratique et sociale ne fait plus sens, tant elle appartient à un passé qui ne parle plus aux contemporains.

Rompre avec la continuité historique permet, à mon sens, d'éviter trois écueils majeurs. La pratique de l'objectivation de l'espace temporel analysé à distance du présent pourrait démontrer sa pertinence si la

---

1 Hannah Arendt, *Condition de l'homme moderne*, *op. cit.*, p. 208.

2 Voir à ce propos Claudia Moatti et Michèle Riot-Sarcey (dir.), *La République dans tous ses états*, Payot, Paris, 2009.

méthode ne se doublait pas d'une volonté de regrouper un ensemble représentatif. La catégorie sociale prise en compte, le milieu, la série d'événements, quelle que soit la méthode utilisée – prosopographique ou biographique –, présupposent la mise en commun des manifestations identitaires ou comportementales dont l'évolution historique dépend du « contexte ». Or celui-ci, recomposé en fonction de l'objet étudié, ne se distingue des autres contextes qu'au regard d'une relation conflictuelle dont le résultat prédétermine le devenir du collectif. Le contexte, isolé en apparence du sujet, est de fait un artifice, puisque chaque sujet confronté à une réalité, quels que soient son origine, son milieu social, agit et réagit singulièrement. Ce qui compte, c'est la relation du sujet au monde auquel il est confronté dans une situation donnée. La vision continue construit de fait le sens vers lequel est projeté un ensemble considéré en fonction d'un contexte qui ferait sens en lui-même. Ainsi l'analyse d'après coup l'emporte sur la nécessité de l'historicité.

Par exemple, s'interroger aujourd'hui sur les différentes manifestations d'autonomie de la société civile, à l'écart d'une mise en relation entre la crise de la représentation démocratique et l'absence d'alternative politique, manquerait d'à-propos. Pensé dans une continuité historique, le phénomène sélectionne immanquablement les causes de la crise en privilégiant une interprétation. Pour comprendre un moment d'histoire, il n'est possible de l'analyser que dans la diversité de son expression, en donnant raison à Claude Lefort selon lequel « la survie de ce fameux sens de l'histoire [est un] autre nom de la nécessité qui tient lieu de religion à ceux qui n'en ont pas[1] ». Et à la manière de Michel Foucault, pour qui « le vrai sens historique reconnaît que nous vivons sans repères, ni coordonnées originaires, dans des myriades d'événements perdus » ; ce qui suppose de « désapproprier la conscience non seulement des formes d'objectivité qui garantissent la vérité, mais des formes d'historicité dans lesquelles notre devenir est emprisonné »[2].

Le deuxième écueil tient dans la considération du temps. Temps présent et temps passé. La vision continue de l'histoire, implicitement, suppose un rapport univoque des contemporains au temps ; une référence et une reconnaissance semblables au passé, un même rapport au savoir et surtout une perception du présent commune à un ensemble de la population. Or, si nous prenons en considération l'événement de la Révolution française, par exemple, nombre d'études ont été faites sur les effets contradictoires d'instantanés perçus de mille façons par des

1 Claude Lefort, *La Complication*, *op. cit.*, p. 43.
2 Michel Foucault, *Dits et Écrits*, Gallimard, Paris, 1994, tome 2, p. 149 et 166.

individus aussi différents les uns des autres, mais dont les perceptions qui nous sont transmises se réduisent aux interprétations évolutives et divergentes des contemporains. Moteur de l'histoire de ce temps, la Révolution peut être à la fois une catastrophe et un bouleversement radical dont l'achèvement est inscrit dans le devenir même de l'événement.

Que les uns utilisent le passé pour légitimer le présent, que les autres cherchent à échapper aux conséquences d'un événement qui les dépasse en retenant du passé les erreurs et les déviations ; que d'autres encore partent en quête d'une vérité impossible à détecter dans le chaos de faits insaisissables ; que l'idéal souhaitable ne puisse dépasser l'horizon du futur antérieur : toujours le présent oriente et détermine la connaissance du passé. *A fortiori* le présent du XIXe siècle découvre le devenir humain à travers la renaissance de l'histoire, avec la sécularisation et les incertitudes qu'entraîne la défaite du sacré. L'invention de l'histoire, dont nous sommes les héritiers directs, repose sur le besoin de comprendre – afin de le surmonter – le choc des révolutions et notamment celui de la Révolution de 1789. L'histoire continue est née de la nécessité d'inscrire ce bouleversement traumatique, à la fois prévisible et inattendu, dans le temps long d'une linéarité esquissée par les interprétations du passé à partir de l'unique focale d'un présent dont on réduit le sens aux effets des événements antérieurs. Événements relus diversement mais toujours dans une perspective téléologique par les historiens de cette époque comme par leurs successeurs ; tous cherchent à détecter dans le passé le cours inévitable de l'événement qui ne doit, désormais, plus rien aux hasards de l'histoire. Que la Révolution soit entendue comme un processus inachevé ou un phénomène catastrophique, la vérité n'est révélée que par le passé immédiat ou lointain. L'absence incertaine de la puissance divine a fait place à la rationalité historique à partir de laquelle se découvrent les clés de l'avenir.

De ce point de vue, Auguste Comte érige en modèle la rationalité nouvelle. Il importe d'abord à tous les historiens de la première moitié du XIXe siècle, comme aux philosophes et penseurs du temps, de se mettre en quête des causes censées avoir été à l'origine de l'événement. Edgar Quinet est sans doute la seule exception à cette perspective, lui qui fustige la pensée de ses contemporains selon laquelle ce qui est advenu le fut pour le bien de la France : « Avec cette ferme volonté de prendre chaque fait de l'histoire de France comme un fait sacré divin qui enfante le juste, *l'Emmanuel*, ne voit-on pas que l'on tombe dans la plus singulière superstition ? On avait d'abord applaudi à l'émancipation des communes ; dès qu'elles sont écrasées par la force, elles sont condamnées par l'historien. L'horizon moral de ces communes était trop étroit, dites-vous ; elles ne pouvaient être le berceau des libertés géantes que nous voyons[1]. » Ainsi, suivant le raisonnement qui inspire toute l'histoire « canonique » des XIXe et XXe siècles, ce qui n'advient pas est soit erroné, soit prématuré. Edgar Quinet n'a guère été écouté.

« Souvent, écrit Hans Blumenberg, ce n'est qu'à partir des conséquences tirées de la sécularisation que l'on pourra reconnaître quels traits caractéristiques sont attribués au processus. Qu'advient-il lorsqu'on a constaté une sécularisation et qu'on en a pris conscience. » Il cite à ce sujet la formule du théologien allemand Friedrich Delekat (1892-1970) : « Le dévoilement et la prise de conscience du processus de sécularisation préservent la continuité entre le présent et le passé. [...] La réalité dans laquelle nous vivons effectivement est recouverte par les représentations qui induisent en erreur[2]. » Et, de ce fait, le progrès devient le symbole des déterminations de l'avenir. Ainsi l'événement passé n'est-il pas pensé dans son avènement spécifique, mais saisi comme moment précurseur du présent à partir duquel le monde s'organise. « L'idée de progrès n'est justement pas une simple forme affaiblie du tribunal ou de la révolution, écrit Hans Blumenberg, mais l'autojustification permanente du présent par l'avenir qu'il se donne face au passé avec lequel il se compare[3]. » L'histoire acquiert ainsi un droit de cité avant d'être sacrée par les historiens méthodiques ou positivistes[4] de la fin du siècle. Chacun participe à l'invention fonctionnelle de l'histoire en choisissant, parmi les éléments du passé, les faits et les arguments susceptibles d'instituer une position acquise ou de dessiner un devenir historique dont la légitimité est enracinée dans le passé advenu. Le fondement de cette nouvelle histoire repose sur l'idée de vérité dont l'efficacité va se vérifier au fur et à mesure de la construction historique.

De l'immuabilité de l'ordre

L'évidence s'impose quelques années plus tard, à l'aide des arguments qu'a développés François Guizot dès les années 1820, et s'enracine dans la perpétuation de l'événement advenu. Quand autrefois la vérité était révélée par Dieu, la vérité des temps modernes surgit après une mise à l'épreuve du temps. L'avènement victorieux d'un pouvoir,

---

1 Edgar QUINET, *Philosophie de l'histoire de France*, Paris, 1857 (rééd. Payot, Paris, 2009, p. 35-37).

2 Friedrich DELEKAT, *Über den Begriff der Säkularisation*, Heidelberg, 1958, p. 55 *sq* (cité par Hans BLUMENBERG, *La Légitimité des temps modernes*, *op. cit.*, p. 33).

3 Hans BLUMENBERG, *ibid.*, p. 41.

4 J'emploie le terme à dessein malgré la critique dont ces mêmes historiens ont fait l'objet par des positivistes plus authentiques.

par exemple, ne suffit plus, il s'agit d'asseoir ce pouvoir conquis dans la durée que le droit ensuite légitime : « Le premier caractère de la légitimité politique, c'est donc de renier la force comme source du pouvoir et de se rattacher à une idée morale, à une force morale, à l'idée de droit, de la justice, de la raison. C'est là l'élément fondamental dont le principe de la légitimité politique est sorti. Ce principe en est sorti à l'aide du temps, de la durée[1]. »

De ce fait, seul le temps est le garant de la vérité historique. C'est pourquoi le bien-fondé d'un événement ne peut être légitimé que par la longue durée de son aboutissement ; ainsi la vérité de l'histoire émerge-t-elle logiquement du processus continu des chaînons noués à l'infini entre les causes et les effets. Marx lui-même s'est laissé convaincre par cette lecture du passé, il a simplement cherché à inverser le rapport de forces qui, au cours du XIXe siècle, a vu le triomphe du libéralisme, lequel était certain de détenir les clés de l'avenir à travers la maîtrise de l'interprétation du passé. Les vainqueurs sont sans conteste ceux qui épousent les normes du temps en s'adaptant aux lois de la force des choses. Et, si les hommes se succèdent, le dispositif hiérarchique à partir duquel ils se répartissent dans le territoire reste identique. De cet observatoire, l'évolution est obligatoirement lente, très lente.

Dans cette perception de l'histoire, non seulement les discontinuités sont effacées, mais les ruptures elles-mêmes sont atténuées par la force extraordinaire des hommes capables de s'adapter aux nouvelles règles sans pour autant abandonner leurs vieilles croyances ou leurs certitudes sécurisantes. François Guizot est ainsi devenu maître de la transition entre l'Ancien Régime et la Révolution. Si l'homme politique admet que le monde moderne est le résultat de la sécularisation du christianisme, la présence et la responsabilité de Dieu attestent du devenir sacré de l'humanité. Dieu devient la référence ultime et, en dernière instance, le lien indéfectible entre l'ancien et le nouveau, il impose à l'histoire son truisme à travers la sécularisation de sa puissance : « L'homme porte en lui-même un certain nombre de notions d'ordre, de justice, de la raison, et un certain besoin de les faire prévaloir, de les introduire dans les faits, au milieu duquel il vit ; il y travaille sans cesse ; et si l'état social où il est placé dure, son travail a un certain effet. L'homme, instrument de Dieu dans cette œuvre, met de la raison, de la moralité, de la légitimité dans le monde au milieu duquel il vit[2]. » Comme plus tard chez Fernand Braudel, on reste dans la civilisation, synonyme à la fois de

---

1 François GUIZOT, *Histoire de la civilisation en Europe, op. cit.*, p. 98.
2 *Ibid.*

traditions, d'adaptation, de polissage et de grandeur dont le XIXe siècle portera haut les couleurs au-delà des mers ; une civilisation qui fait fi des soubresauts révolutionnaires, simples marques de l'événement dont les traces s'effacent sous la résistance des mœurs, des habitudes ou tout simplement de la vie quotidienne.

François Furet reprendra à son tour le flambeau de l'immuabilité de l'ordre dont il s'évertuera à vanter le bien-fondé de la restauration. À l'aide d'un argument déjà avancé par Alexis de Tocqueville, puis théorisé par Augustin Cochin, il démontre que l'événement, aussi révolutionnaire soit-il, n'est que l'expression des idéologies. « Après la chute de Robespierre, [la Révolution] n'a plus de légitimité ; elle n'a qu'une légalité (même quand elle la viole). Elle tient tout entière dans les impasses de la légalité républicaine. Ce qui veut dire que l'idéologie révolutionnaire a cessé de constituer à la fois le pouvoir politique et la société civile, et de se substituer à ces deux instances au nom de la souveraineté du peuple. [...] Car ce que provoque, tout de suite et d'évidence, la chute de Robespierre, c'est le recouvrement par la société de son indépendance, à tous les niveaux, qu'il s'agisse de la vie quotidienne, des mœurs, des habitudes, des passions et des intérêts. La liberté retrouvée en Thermidor a comme contenu essentiel une revanche du social sur l'idéologie : c'est pourquoi elle présente à l'observateur une espèce de pesanteur prosaïque, qui choque les admirateurs de l'Incorruptible. Mais c'est parce qu'elle révèle non pas une "réaction", mais une autre révolution cachée par la précédente, distincte d'elle et inséparable d'elle, puisqu'elle n'aurait pas vu le jour sans elle : la révolution des intérêts[1]. »

Nietzsche et le XXe siècle sont désormais passés, le temps a fait son œuvre : Dieu est mort dans l'esprit des hommes, mais la force des choses est bien présente tout comme le temps, « elle gagne à tous les coups, sans tricher, c'est la loi[2] ». Si la Révolution marque une rupture, la discontinuité se manifeste par la puissance révélée des intérêts des anciens et nouveaux possédants qui, à la faveur de leur triomphe, s'autorisent à donner à l'événement révolutionnaire l'interprétation qui désormais fait loi. La liberté n'est plus le seul slogan émancipateur, elle s'est transformée en pratique libérale. Ainsi le lien entre l'Ancien Régime et la Révolution est équitablement renoué. Plus tard, la même école d'histoire politique, plus sensible à l'esprit révolutionnaire, se préoccupe du

1 François FURET, *Penser la Révolution*, Gallimard, coll. « Folio », Paris, 1978, p. 123-124.

2 Emprunté au poème de Charles Baudelaire, « L'Horloge », *Les Fleurs du mal, in Œuvres complètes, op. cit.*, tome 1, p. 81.

devenir des idées sans tenir compte des pratiques plus convaincantes en étant davantage contraignantes ; école qui préfère valoriser le concept en soi, au détriment de son historicité dont la quête consisterait à le mettre à l'épreuve de significations différentes. C'est ainsi que Pierre Rosanvallon est passé à côté de l'histoire en mouvement.

Cette « histoire conceptuelle du politique », dont il est l'un des fondateurs, perpétue, sans même le vouloir, l'histoire continue au niveau du concept à la signification immuable. Une histoire des idées, en quelque sorte, enrichie d'une mise en relation des courants politiques opposés usant d'un même concept identique à lui-même. Tel est le devenir des mots qui qualifient divers systèmes de gouvernement. À propos de Proudhon, à l'opposé de Rousseau : « La seule bonne formule du politique est donc tout simplement [pour Proudhon] : "Plus de gouvernement. Ni monarchie, ni aristocratie, ni même démocratie, en tant que ce troisième terme impliquerait un gouvernement quelconque, agissant au nom du peuple et se disant peuple. Point d'autorité, point de gouvernement, même populaire : la révolution est là. [...] Direct ou indirect, simple ou composé, le gouvernement du peuple sera toujours l'escamotage du peuple"[1]. » C'est « l'administration qui doit succéder au gouvernement des hommes : Proudhon retrouve là complètement le Saint-Simon du *Catéchisme des industriels* », et Rosanvallon de conclure, à mon sens à tort : « L'absolutisation du vote trouve de la sorte son aboutissement dans l'abolition du politique. Contrairement à ce qui a été parfois soutenu, les théories du gouvernement direct anticipent ainsi moins l'avenir qu'elles ne dessinent une des figures paradoxales du retournement de la démocratie contre elle-même[2]. »

C'est oublier l'historicité du gouvernement direct des travailleurs, dont la pertinence, incomprise alors par Proudhon, prenait tout son

---

1 Pierre ROSANVALLON, *La Démocratie inachevée. Histoire de la souveraineté du peuple en France*, Gallimard, Paris, 2000, p. 179 (citant Pierre-Joseph PROUDHON, *Idée générale de la révolution au XIXe siècle*, Garnier frères, Paris, 1851, <url.ca/nlyye>, notes 1, 2 et 3).

2 *Ibid.* Pierre Rosanvallon a sans doute bien conscience qu'il manque dans ses ouvrages non seulement la parole populaire, mais aussi la pensée en acte de tous ceux qui font l'histoire mais ne l'écrivent pas. Avec *La Société des égaux* (2011), il tente de s'approcher de cet inachèvement dont il avait relevé l'absence, mais l'histoire des idées recouvre encore l'essentiel de la problématique critique des acteurs dont les interprétations sont inlassablement recomposées par ceux qui fabriquent et écrivent leur histoire et que Pierre Rosanvallon a tendance à privilégier. Avec *Le Parlement des invisibles* (2014), l'historien a cherché à faire parler ceux qui aujourd'hui généralement sont « muets dans la société ». Reste à retrouver l'expérience de l'immensité de tous ceux qui ont été contraints de se taire ou n'ont pas été entendus. À mon niveau, en écrivant l'histoire à contresens, j'ai tenté de retrouver quelques traces de ces expériences. Mais il reste beaucoup à faire.

sens après les élections d'avril 1848 et *a fortiori* après la répression de juin 1848. L'idée de gouvernement direct s'enracinait dans la déjà longue tradition des associations ouvrières. Mais l'histoire conceptuelle du politique réifie le concept de démocratie en ne retenant que la fonction triomphante de l'idée que recouvre sa formulation. Les acteurs qui en usent différemment et sont pris dans un conflit de significations, une fois l'ordre restauré, ne parviennent plus à se faire entendre car leurs propos ont perdu de leur pertinence et de fait de leur intelligibilité. François Furet fut l'historien le plus exemplaire de cette mise en modèle d'un concept figé quel que soit le régime au service duquel il prospérait. La démocratie, définie une bonne fois pour toutes par Benjamin Constant et Alexis de Tocqueville, entendue au sens civil du terme, perd l'attache souveraine qu'elle avait héritée de la Révolution française.

La puissance souveraine du citoyen, qui ne peut distinguer le domaine civil de sa dimension civique, se perd dans les sables des insurrections successives (c'est la définition philosophique des sociétés modernes selon François Furet), qui vont de ce fait à contresens de l'histoire : « Cette démocratie est triomphante sous le Second Empire, bien plus que sous aucun des précédents régimes : c'est un effet naturel du temps qui passe, c'est aussi une volonté expresse de Napoléon III, au moment même où il a privé les Français de liberté politique[1]. » Jack Goody peut, en toute justice, s'en prendre à cette vision réductrice d'un Occident dont l'autorité a depuis longtemps perdu de sa superbe : « Sous trois aspects, la politique de la tradition classique passe pour être différente de celle des autres sociétés de l'époque et avoir été transmise à l'Europe occidentale : la démocratie, la liberté, l'autorité de la loi. La démocratie serait une invention propre aux Grecs, qui s'opposerait au "despotisme" ou à la "tyrannie" de leurs voisins asiatiques. Ce présupposé est aujourd'hui invoqué par nos hommes politiques comme l'une des caractéristiques qui définissent l'Occident de longue date par opposition aux "régimes barbares" qui gouvernent d'autres parties du monde[2]. » Mais si l'histoire de la démocratie en Occident a pu être identifiée à ce récit univoque, parcellaire et fragmentaire, c'est que la conflictualité dans laquelle elle a été ponctuellement plongée fut gommée par les différents récits dont le reste du monde a pris connaissance à la faveur d'autres formes de domination.

1 François Furet, *La Révolution, 1770-1880*, Hachette, Paris, 1988, p. 451.

2 Jack Goody, *Le Vol de l'Histoire. Comment l'Europe a imposé le récit de son passé au reste du monde*, Gallimard, Paris, 2010, p. 205.

Inversement, travailler l'histoire autrement oblige à reconsidérer tous les acteurs, y compris ceux qui n'ont pu accéder au statut de sujets de leur propre histoire. Le gouvernement direct des travailleurs – dont le slogan avait été lancé en 1849 par Pauline Roland – avait le sens pratique d'une démocratie réellement conçue par ceux qui avaient su garder le souvenir de la Révolution et qui, en actualisant l'idée, renouvelaient la pratique souveraine d'un peuple dont la mémoire, dans le souterrain des politiques apparentes, avait conservé et transmis le sens d'origine. Sur ce point essentiel, la pertinence critique de la pensée de Michel Foucault mérite d'être soulignée : « À ceux qui ont été vaincus – dans le cas où il y a des vaincus –, on a retiré la parole ! Et si cependant ils parlaient, ils ne parleraient pas leur propre langue. On leur a imposé une langue étrangère. Ils ne sont pas muets. [...] Du fait qu'ils étaient dominés, une langue et des concepts leur ont été ainsi imposés. Et les idées qui leur ont été imposées sont la marque des cicatrices de l'oppression à laquelle ils étaient soumis[1]. » De fait, il ne s'agit pas de s'interroger sur qui parle et au nom de qui – Jacques Rancière, en son temps, l'a très bien dit à propos de Michelet, qui savait parler au nom du peuple en le faisant taire[2]. Il s'agit plutôt de comprendre ce qui se dit au moment clé d'un détournement possible d'un sens que l'on dit commun.

Penseur perspicace de l'histoire, Foucault n'est pas pour autant un historien. Travaillant sur les textes, aussi divers soient-ils, il ne peut retenir ces singuliers discours que les contemporains ont écartés au nom d'un consensus. Ensevelie sous l'empire d'un signifiant, l'expression de la mésentente, que chacun s'empresse d'oublier, n'a aucune place dans un récit des événements advenus.

C'est pourquoi le troisième écueil à éviter est, précisément, le déni du conflit. Non au sens factuel du terme ; le conflit est bien pris en compte mais, dépassé par le rapport de forces qui très tôt le recouvre, il ne fait plus sens dans une lecture univoque des significations dominantes. Ou encore, les différents antagonismes, très apparents dans le récit, s'estompent au profit d'une forme de monade que symbolise l'univocité d'un mot dont le pouvoir représentatif de ses valeurs ne sera plus jamais mis en cause. Ainsi en est-il de la république en France : peu à peu, les différentes significations qui, au cours de l'histoire, ont accompagné son émergence et sa mise en œuvre, perdent leur acuité. En ce sens, le langage de la continuité devient le langage

1 Michel Foucault, « La torture, c'est la raison », *Dits et Écrits*, *op. cit.*, tome 3, p. 391.
2 Jacques Rancière, *Les Mots de l'histoire. Essai de poétique du savoir*, Seuil, Paris, 1992.

du pouvoir quand la représentation du réel l'emporte sur la complexité des réalités.

Dans ce déni du conflit, si bien mis au jour par Nicole Loraux à propos de la Grèce antique, les garants de la continuité ont-ils le pouvoir de dénier « toute conaturalité du conflit avec le politique[1] » ? De fait, le politique n'appartient qu'à ceux qui en maîtrisent le langage. À l'aube de notre modernité, les hommes d'ordre n'ont cessé de rejeter hors du politique toutes les formes d'intervention critique des rapports sociaux ; des révoltes aux insurrections jusqu'aux révolutions dont les manifestations subversives risquaient de déstabiliser les structures fondamentales de la société, de la famille à la propriété. La légitimité de ce rejet qui, par ailleurs, repose sur les certitudes scientifiques du monde moderne, semble acquise définitivement avec la conquête du suffrage dit universel. La victoire de la majorité annule et annihile les effets des excès révolutionnaires, promptement relégués dans le domaine social dont le sauvetage dépend entièrement de la force des choses – matérielles et techniques –, et dont l'horizon d'attente se dessine au rythme des lois économiques qui échappent, pour l'essentiel, à la rationalité politique. Nicole Loraux s'aventure justement hors de son objet en retrouvant la pensée d'Isocrate – adversaire de Platon au ve siècle avant J.-C. – dans les mécanismes de notre histoire plus récente. La politique, selon Isocrate, est de « faire comme si de rien n'était. Comme si rien ne s'était produit. Ni le conflit, ni le meurtre, ni la rancune ». Affaire athénienne, certes, que tout cela, ajoute Nicole Loraux, qui ne peut toutefois tenir à distance les analogies avec notre monde contemporain, celui de la France libérée de 1947 à 1953 comme celui de la France de Vichy. Chacune des périodes pratique l'art de la politique à l'identique, de même que la France de l'affaire Dreyfus reproduisait les mécanismes à l'œuvre dans la France d'après 1848, en effaçant les traces du passé conflictuel[2].

Continuité historique et philosophie du progrès, un lien indestructible

La continuité historique, apparemment réduite à la dimension politique de l'évolution des sociétés, acquiert ses lettres de noblesse historiographiques en édifiant son devenir sur la philosophie du progrès. Un progrès fondé, pour l'essentiel, sur la science, au sens large du terme,

1 Nicole Loraux, *La Cité divisée. L'oubli dans la mémoire d'Athènes*, « Petite bibliothèque Payot », Paris, 2005, p. 61.

2 *Ibid.*, p. 155-156.

sans laquelle toute idée d'amélioration du sort de la classe la plus pauvre et la plus nombreuse ne pourrait être envisagée. Le développement du social dépend ainsi entièrement des progrès industriels et agricoles, matériels et techniques. Tandis que la politique s'autonomise pour ne se préoccuper que du gouvernement des hommes, ceux-ci, parvenus à des degrés de liberté contenue et différenciée, sont maintenus dans des catégories sociales à l'écart de toute idée de souveraineté. Ainsi la philosophie du progrès participe-t-elle grandement à l'autonomie des deux sphères et parvient-elle à cliver la société en deux territoires strictement étanches : d'un côté le domaine des hommes libres, de l'autre l'espace réservé au monde de la nécessité. La séparation s'impose si bien au cours du temps qu'elle parvient à construire des champs de recherches distincts. Car désormais l'intelligibilité du politique préjuge une compréhension des discours policés de ceux qui déterminent le sens des pratiques de gouvernement, dans une continuité sans failles. Au social de se débrouiller des soubresauts qu'entretient le mécontentement d'une population trop souvent insoumise, à condition que celle-ci ne franchisse pas la frontière qui lui est assignée. Le seul lien humain entre les deux sphères est établi par la philanthropie et la moralisation des classes les plus démunies qui sont, de ce fait, les laissées-pour-compte du politique.

Au XIXe siècle, particulièrement dans la seconde partie du siècle, le progrès de la science et des techniques sous-entend le progrès de l'humanité – assimilation à laquelle déjà quelques penseurs avisés du premier XIXe siècle ne pouvaient se rallier. Fourier le premier avait alerté ses contemporains sur les limites d'un progrès auquel les hommes confiaient leur destinée : en se croyant maîtres du monde, ils cherchaient alors à dominer la nature en l'exploitant sans discernement. Or, on le sait désormais, le progrès de la science n'est pas, loin s'en faut, l'équivalent du progrès de l'humanité. Ainsi commence la radicalité de la pensée de Benjamin à l'encontre du progrès dans ses aspects téléologiques et métaphysiques. Dans la pratique, la puissance productive entraîne la sacralisation de la marchandise, jusqu'au fétichisme de la matérialité des choses à laquelle, peu à peu, l'humanité s'attache jusqu'à l'aliénation. Enraciné dans le XIXe siècle, le progrès conduit à la catastrophe du XXe siècle, selon Benjamin : « Il fallait que le concept de progrès s'opposât à la théorie critique de l'histoire, dès l'instant où il ne servait plus de critère appliqué à certains changements historiques et qu'il avait pour fonction d'apprécier la tension entre un début légendaire et une fin légendaire de l'histoire. En d'autres termes, dès que le progrès devient la marque du cours de l'histoire dans sa totalité, le concept de progrès est associé à une hypostase non critique et non plus à une interrogation critique. Celle-ci se reconnaît, dans l'étude concrète de l'histoire, au fait qu'elle donne des contours aussi nets qu'à un quelconque progrès[1]. »

En effet, de ce point de vue, le progrès n'est lisible que dans la continuité du cours du temps ; continuité constamment restaurée par les tenants de l'ordre politique. Le rythme de l'histoire ne peut plus ainsi se caler sur les conflictualités et autres tensions sociales qui s'engouffrent dans les différentes failles d'une ligne virtuelle qui commande en surplomb l'analyse et la compréhension du passé. Après 1848, quand le positivisme devient l'expression de la philosophie du progrès, les penseurs du temps s'évertuent à propager *la* vérité historique nouvellement conquise par la science. En 1852, le philosophe (et lexicographe) Émile Littré (1801-1881), républicain « modéré », participe de ce mouvement : « Ainsi l'histoire témoigne qu'au fur et à mesure de la croissance des notions positives, la base intellectuelle de la société s'est modifiée. Il importe de voir si, parallèlement à cette modification, la condition sociale n'a pas aussi changé. Les choses sociologiques sont tellement compliquées, et la théorie en est si nouvelle et par conséquent si peu avancée, qu'on a toujours besoin des vérifications empiriques. À beaucoup d'esprits, il paraîtra possible que le progrès scientifique eût coïncidé avec l'asservissement de plus en plus dur, l'exploitation de plus en plus rigoureuse des classes populaires. À ces esprits, il est bon de présenter la progression réelle, la liaison inévitable, et de leur faire voir dans l'histoire du passé, l'histoire de l'avenir[2]. »

Dans cette optique, la Ville lumière a aisément masqué la misère ouvrière en servant de point de ralliement à tous ceux qui cherchaient à s'extraire de l'infini des travaux et des jours. L'historien Alain Corbin, en apparence conscient de la vanité d'une histoire d'un mouvement ouvrier raconté à partir des mémoires des élites ouvrières, s'interroge sur la perception d'un tel mouvement par un peuple d'anonymes qui, pour la plupart, ont gardé leurs secrets en restant silencieux ; ce faisant, les historiens se sont détournés de leurs chemins. Avec l'histoire de Louis-François Pinagot (1798-1876) – qu'il choisit, au hasard, parmi « les engloutis et les effacés » de l'autre histoire –, Alain Corbin parvient « à la recréer », en lui offrant « une seconde chance – assez solide dans

1 Walter Benjamin, *Paris, capitale du XIXe siècle*, *op. cit.*, p. 497 [N 13, 1].

2 Émile Littré, *Conservation, révolution et positivisme*, Paris, 1852, p. 84-85, <url.ca/nkb17>.

l'immédiat – d'entrer dans la mémoire de son siècle[1] ». Néanmoins, en recréant non pas la vie d'un anonyme, mais son entour, à travers le contexte qui l'a vu naître et vivre, l'historien, loin de lui redonner vie, assujettit le héros d'un livre aux forces de la nature, aux déterminations sociales et à l'esprit du temps qui prévaut dans ce monde, limité aux lisières d'une forêt de l'Orne. La continuité l'emporte, par-delà les chocs révolutionnaires dont les traces se contredisent ou se surimposent les unes les autres pour ne laisser « discerner qu'une fallacieuse atonie, comme lissée par les modes d'enregistrement et de conservation de la trace[2] ». Et les enjeux s'effacent à nouveau, comme si l'événement révolutionnaire était passé sans plus bouleverser l'existence de ce sabotier illettré.

À l'autre bout de la chaîne histoire, ou plutôt dans sa version à la fois parallèle et critique, du côté de Maurice Agulhon, malgré l'immense subtilité de l'historien des sociabilités politiques, l'héritage d'un Littré subsiste avant de perdurer. Loin du manichéisme de son temps, Maurice Agulhon comprend très tôt le double aspect du libéralisme qui sert de toile de fond à l'histoire politique. Mouvement libérateur et oppressif à la fois, il contient toute la force persuasive de la philosophie du progrès. Mais aux côtés de Michel Foucault dont l'objectif est d'analyser les rationalités mises en œuvre, en deçà d'un rationalisme respectable, Maurice Agulhon ne peut masquer son scepticisme face au doute introduit par Michel Foucault sur la réalité du progrès : « Sous la plume éblouissante de Michel Foucault, si colorée est l'évocation des échos baroques et populaires de l'une, si oppressante et sinistre la description de l'autre, qu'on en vient presque à douter que la voiture fût un progrès. En revanche, dans l'allusion qu'il y fait, Jacques Valette, historien classique, s'en tient à ce que nous savons tous depuis Victor Hugo : la chaîne, c'était l'horreur incomparable[3]. »

L'un, Alain Corbin, historien des représentations, toujours à distance du politique, l'autre, historien du mouvement républicain sous ses multiples facettes ; l'un négligeant les effets du progrès, l'autre en revendiquant les bienfaits, tous deux, adeptes de l'histoire continue, n'ont pas cru bon de s'arrêter sur les enjeux de l'événement dont les traces subsistent par-delà les remises en ordre dans la pratique desquelles le

1 Alain Corbin, *Le Monde retrouvé de Louis-François Pinagot, sur les traces d'un inconnu, 1798-1876*, Flammarion, Paris.

2 *Ibid.*, p. 289.

3 Maurice Agulhon, postface à Michelle Perrot (dir.), *L'Impossible Prison. Recherches sur le système pénitentiaire au XIXe siècle*, Seuil, Paris, 1980, p. 315.

XIXe siècle excelle[1]. Enjeux qui ne peuvent être saisis que dans une lecture discontinue de l'histoire dont Walter Benjamin nous a entrouvert la porte. Mais penser l'histoire avec lui engage l'historien à démontrer la pertinence de ses intuitions, à l'encontre de toute idée de progrès continu où l'apparence matérielle des bienfaits techniques recouvre la réalité vivante d'un progrès réel dont on ne devine l'influence que très tardivement. En effet, les pensées les plus grandes ne deviennent intelligibles qu'à la longue. Et comme l'a très justement noté Maurice Blanchot : « Les pensées qui bouleversent le monde viennent à pas de colombe, les paroles qui apportent la tempête sont les plus silencieuses[2]. »

Comment repenser l'événement ?

« Il y a, écrit Benjamin, à l'intérieur de chaque œuvre d'art véritable un endroit où celui qui s'y place sent sur son visage un air frais comme la brise d'une aube qui point. Il en résulte que l'art, que l'on considérait souvent comme réfractaire à toute relation avec le progrès, peut servir à déterminer la nature authentique de celui-ci. Le progrès ne se loge pas dans la continuité du cours du temps, mais dans ses interférences : là où quelque chose de véritablement nouveau se fait sentir pour la première fois avec la sobriété de l'aube[3]. » Afin d'être en mesure de retenir les paroles silencieuses, parfois bouleversantes, les fragments oubliés du passé, les espoirs infinis, les compréhensions perdues, la sobriété de la nouveauté, il nous faut repenser l'événement dans sa plénitude à la manière de Gilles Deleuze, qui de mon point de vue donne une véritable leçon aux historiens. D'autant que ceux-ci furent longtemps rétifs au retour nécessaire à l'événement dont l'histoire semble avoir été marquée profondément par la griffe d'un positivisme triomphant. « Ce que l'Histoire saisit de l'événement, écrit Deleuze, c'est son effectuation dans des états de choses ou dans le vécu, mais l'événement dans son devenir, dans sa consistance propre, dans son autoposition comme concept, échappe à l'Histoire[4]. »

---

1 L'écriture de l'histoire dans les années 1990 et 2000 a cru pouvoir répondre à ces impasses à travers l'histoire globale ou l'histoire connectée. Mais la fragmentation extrême des objets d'histoire et l'intérêt excessif pour l'historiographie, malgré l'importance accordée à juste titre à l'histoire postcoloniale, montrent que si la nécessité de sortir de la vision linéaire du progrès a été perçue, à mon sens, l'impuissance à repenser globalement l'écriture de l'histoire n'a pas été dépassée.

2 Maurice BLANCHOT, *L'Entretien infini*, Gallimard, Paris, 1969, p. 394. (Je remercie Gisèle Berkman d'avoir attiré mon attention sur cet ouvrage.)

3 Walter BENJAMIN, *Paris, capitale du XIXe siècle*, *op. cit.*, p. 492 (N9a, 7).

4 Gilles DELEUZE et Félix GUATTARI, *Qu'est-ce que la philosophie ?* (1991), Minuit, Paris, 2005, p. 106.

Repenser l'événement suppose non seulement d'appréhender le bouleversement qu'il introduit au moment même de son avènement mais, au-delà des enjeux qu'il provoque, de retenir les potentialités qu'il induit. La Révolution française, événement par excellence, voit surgir toutes sortes de conflits et une constellation de tensions. Son interprétation n'a cessé de provoquer des querelles politiques et des divergences historiographiques. Or, son devenir déborde largement le cadre dans lequel ses adeptes, comme ses interprètes, voudraient l'enfermer. L'événement révolutionnaire introduit, irrésistiblement, l'idée de liberté à laquelle tous les contemporains du XIXe siècle se réfèrent. Les uns en limitent les effets, tandis que les autres en élargissent le spectre en cherchant à accomplir la promesse révolutionnaire. En cela, la Révolution de 1789 est une rupture que ses contempteurs ne peuvent combler malgré les multiples tentatives des autorités conservatrices d'immobiliser les espoirs dans une actualité constamment renouvelée qui écarte, à chaque étape, le mouvement incessant d'un passé inachevé.

Depuis le temps (1971) où Paul Veyne définissait l'événement comme « tout ce qui ne va pas de soi[1] », l'événement a fait l'objet de nombreux travaux[2], mais son objectivation, à distance de son avènement, l'a très largement emporté sur les constellations qu'il recèle. Le plus souvent, il s'agit de l'interpréter comme anticipation d'un processus irréversible. Ou encore de le considérer en tant que « laboratoire où s'élaborent » les conditions ou « présuppositions » des errements ou des échecs des partis ou collectifs auxquels est attaché le sort des vaincus de l'histoire[3]. Plus couramment, « les événements historiques [révélant les dysfonctionnements de la société] (1806, 1830, 1848, 1851, 1871) sont analysés en tant que faits de la pensée[4] ». Plus vulgairement encore, l'événement est parfois vu comme une scène d'affrontements idéologiques. Plus subtilement, Christophe Charle, évoquant le mouvement révolutionnaire européen de 1848, est soucieux d'aborder les événements dans leur globalité géopolitique ; il analyse les engagements des intellectuels militants et combattants, particulièrement sensibles aux difficultés sociales

1 Paul Veyne, *Comment on écrit l'histoire*, Seuil, Paris, 1971, p. 18.

2 Voir tout particulièrement Pascale Goetschel et Christophe Granger (dir.), *Faire l'événement, Sociétés et Représentations*, n° 32, décembre 2011.

3 Jean-Claude Bourdin, « Marx, historien de la politique de la France moderne », *in* Christophe Bouton et Bruce Bégout (dir.), *Penser l'histoire. De Karl Marx aux siècles des catastrophes*, L'Éclat, Paris, 2011, p. 29.

4 Sabina Loriga, « L'histoire, mode de vie. Réflexions autour de Hannah Arendt et Siegfried Kracauer », *in* Christophe Bouton et Bruce Bégout (dir.), *Penser l'histoire*, *ibid.*, p. 213.

et politiques de cette première moitié du XIXe siècle[1]. L'étude de cas emblématiques lui permet de rendre compte d'une radicalisation des esprits en faveur d'une république populaire. En retraçant le parcours du républicain allemand Robert Blum - de Cologne à Vienne, jusqu'à son exécution en novembre 1848 –, ou celui du poète polonais Adam Mickiewicz (1798-1855), « prophète des peuples » et personnalité « internationalement reconnue », au cœur de ce « Printemps des peuples », Christophe Charle retient la perpétuation de l'esprit de liberté dans l'apprentissage européen de la modernité politique.

Néanmoins, dans cette évocation d'un passé aux résurgences foisonnantes, jusqu'au-delà de la guerre de Sécession américaine, les enjeux s'effacent trop souvent au profit d'un modèle et les expériences multiples des engagements passés se diluent dans une continuité d'une pensée du possible. Le sens de l'événement échappe aux lectures globalisantes, car ses potentialités ne sont accessibles que dans l'intériorité des enjeux qui le traversent. D'où la définition que j'en donnais dans *Le Réel de l'utopie* : « L'événement dans sa dimension politique est tout ce qui surprend, déstabilise le cours normal des choses : une conjoncture impensable dans les termes traditionnels au moment de son avènement, et qui est irréductible au mode de pensée commun, à la doxa[2]. » Marqué par un foisonnement de significations et d'interprétations, l'événement est de ce fait irréductible à tout sens univoque ; et, au gré des actualités qui le repensent, il sert de base à la construction des mémoires ; creuset des diverses formes de ressentiment, il est également le conservatoire des idées du possible et de l'inachèvement des promesses. Il est illusoire d'imaginer la reconstitution de l'événement, car l'historien est contraint de s'en remettre aux traces dont il dispose ; il doit faire avec autant d'interprétations des contemporains qui participent, avant toute constitution d'archives, à la fabrique de leur propre histoire. Interprétations contradictoires, exclusives ou singulières, pour la plupart remisées en deçà de ce qui fait sens après coup. C'est pourquoi il nous faut rester attentifs à l'historicité qui permet de suivre un énoncé au plus près du sujet qui le porte.

À titre d'exemple, si nous prenons l'événement 1830 (voir *supra*, chapitre 6), qu'y a-t-il de commun entre le point de vue d'Armand Carrel – rédacteur en chef du *National* –, celui d'Adolphe Thiers et celui de Balzac ? Et que dire de l'opinion de l'ouvrier des faubourgs qui ne laisse aucune trace écrite ? Tandis que le vainqueur effectif est devenu

1 Christophe CHARLE, *Discordance des temps*, *op. cit.*, p. 118-137.

2 Michèle RIOT-SARCEY, *Le Réel de l'utopie*, *op. cit.*, p. 29.

indifférent à Thiers, qui attribue à Charles X – acteur supposé unique de l'événement, auteur du coup d'État – l'entière responsabilité des journées de Juillet, Carrel y voit l'entrée dans l'histoire d'un peuple « infatigable, agissant, innombrable[1] »... En ce sens, l'événement autorise ce même peuple à prétendre au statut de sujet de sa propre histoire. Car « c'est lui qui a vaincu » et c'est « pour lui que devront être tous les résultats de la lutte »[2]. « Une révolution, écrit-il, peut bien être la dernière des révolutions arrivées, mais elle n'est jamais la dernière des révolutions possibles[3]. » Et, pendant que les uns vivent encore dans la fascination du soleil de Juillet, Balzac, qui n'a pas encore endossé ses habits d'aristocrate réaliste, considère l'événement effectif comme un retour à la « Restauration restaurée »[4]. Chacun à sa manière participe ainsi au mouvement de l'histoire dans le temps court du dysfonctionnement de l'ordre. Mais l'interprétation dominante concomitante de sa restauration écarte peu à peu du chemin de l'histoire l'ensemble foisonnant de l'« infini présent ». « L'intensif, ou l'intempestif, dont débattent Guattari et Deleuze, non pas un instant, mais un devenir[5] », n'est accessible, à mon sens, qu'à partir d'un travail sur l'historicité, hors de toute continuité historique.

Penser l'histoire discontinue, entre linéarité du visible et continuités souterraines

Parmi les historiens de la pensée, nombreux sont ceux qui ont cherché à décrypter le devenir humain en termes de discontinuités, de Georges Canguilhem à Maurice Blanchot. Au sein de cet ensemble critique, deux théoriciens ont particulièrement et pertinemment abordé la question : Walter Benjamin et Michel Foucault. L'un et l'autre, s'arrêtant sur les premières décennies de la modernité, déplacent le regard vers les marges du XIXe siècle et le rythme discontinu du mouvement historique.

En cherchant à récupérer les expériences oubliées de la classe opprimée – la « classe combattante », aurait dit Benjamin –, l'adepte du matérialisme historique autant que le passeur du messianisme décalent l'objet de la connaissance du côté des vaincus. Considérant que le progrès de la science n'est pas immédiatement le progrès de l'humanité, il détourne

1 Armand Carrel, *Le National*, 18 février 1830.

2 Armand Carrel, *Le National*, 30 juillet 1830.

3 Armand Carrel, *Le National*, 30 septembre 1830.

4 Voir Michèle Riot-Sarcey, « "Tout s'oublie" ou comment penser l'histoire avec Balzac », *in* Nicole Mozet et Paule Petitier (dir.), *Balzac dans l'histoire. Actes du colloque de Tours, 7-8 octobre 1999*, SEDES, Paris, 2001, p. 199-208.

5 Gilles Deleuze et Félix Guattari, *Qu'est-ce que la philosophie ?*, *op. cit.*, p. 107.

le regard porté traditionnellement sur les progrès de la civilisation vers l'immensité de ses déchets. Il ne s'agit plus de suivre l'évolution des forces productives en relevant l'attraction irrésistible de la marchandise, mais de faire apparaître, comme le dit Benjamin dans *Paris, capitale du* XIX*e siècle*, la « barbarie cachée dans le concept de culture[1] ». En d'autres termes, il s'agit de dévoiler la puissance attractive et aliénante du XIXe siècle. De son point de vue, « il faut fonder le concept de progrès sur l'idée de catastrophe. Elle ne réside pas dans ce qui va arriver, mais dans ce qui, dans chaque situation, est donné » (p. 191).

Ce qui intéresse Benjamin est avant tout le présent : le présent de l'historien exigeant, mais aussi le sien, celui des années 1920 et 1930. Sa perception de l'époque – de ses enjeux, des obstacles qui obscurcissent la connaissance – l'oblige à se départir des habitudes de pensée et de l'apparence des choses. L'actualisation du passé est en quelque sorte sa ligne directrice. La quête du petit moment singulier ou du « cristal de l'événement total » le conduit à rompre radicalement avec le *continuum* historique. La compréhension historique est, de son point de vue, une forme de survie : survie des œuvres, des pensées et des actes qui, dans leur temps, sont restés inintelligibles mais qui, rapportés à la réalité du moment, révèlent leur modernité en même temps que leur fulgurance critique. Le passé est vu comme une constellation d'images qui, actualisées dans le *maintenant*, autorisent l'historien à comprendre et à dépasser l'aveuglement dans lequel auraient été plongés ses contemporains : « La marque historique des images n'indique pas seulement qu'elles appartiennent à une époque déterminée, elle indique surtout qu'elles ne parviennent à la lisibilité qu'à une époque déterminée » (p. 480).

Dynamiter l'élément épique de l'histoire, c'est selon Benjamin arracher le XIXe siècle à la continuité réifiée de l'histoire en faisant exploser l'homogénéité de l'époque (p. 492). C'est ainsi que le penseur de l'histoire fait appel au concept de « remémoration », qu'il emprunte aussi bien à Proust qu'à Freud : il identifie l'historien à l'écrivain qui, se frottant les yeux, cherche à s'éveiller de l'illusion du rêve. La phase du réveil plonge en quelque sorte l'historien dans la lumière du présent, qui arrache le XIXe siècle au « fétichisme de la marchandise ». Sachant que le présent polarise l'événement en histoire antérieure et histoire postérieure, pour juger de la portée d'un fragment d'un passé oublié, il faut d'abord l'extraire de son contexte en le reliant à l'actualité d'un présent qu'il éclaire. Le *maintenant* redonne vie à la puissance critique

1 Walter Benjamin, *Paris, capitale du* XIX*e siècle*, *op. cit.*, p. 485.

puisée dans l'*autrefois* d'un élément du passé qui dans l'actualité devient intelligible : « De même que Proust commence l'histoire de sa vie par le réveil, chaque présentation de l'histoire doit commencer par le réveil, elle ne doit même traiter de rien d'autre. Celle-ci traite du réveil qui arrache au XIXe siècle » (p. 491).

Benjamin est alors parti en quête des origines de la catastrophe qu'il pressentait imminente, afin de récupérer les déchets de la civilisation du progrès tant vantée par les promoteurs des Expositions universelles. En rassemblant une multitude de citations dans ce qui est devenu *Paris, capitale du XIXe siècle. Le livre des passages,* Benjamin ouvre une voie inaccoutumée à l'historien qui, dans ce dédale de citations, livrées sans la moindre orientation de lecture, découvre un XIXe siècle inédit pour l'essentiel. *De Saint-Simon* à *Karl Marx*, de *Fourier* au *Mouvement social*, pour reprendre les intitulés de chacun des chapitres de l'ouvrage, entre petits faits du quotidien et poésie romantique, entre Baudelaire et Victor Hugo, du vieux Paris au Paris haussmannien, toute une nouvelle architecture du XIXe siècle se reconstruit sous nos yeux. Une tout autre modernité se présente alors au cœur de cet ouvrage inachevé. Les sources, puisées dans les fonds de la Bibliothèque nationale à Paris, se répartissent inégalement entre ouvrages français et références contemporaines allemandes. Parallèlement à ses recherches sur les origines de la révolution industrielle, Benjamin relève ici et là des fragments de petits événements singuliers, qu'il espérait sans doute rassembler en autant d'images susceptibles de ranimer la vigilance critique de ses contemporains.

Plus récemment, l'idée de discontinuité a été associée à l'œuvre de Michel Foucault. Après Bachelard et Canguilhem, l'historien de la pensée – comme il se nomme lui-même – s'est évertué à distinguer sa réflexion historique de l'histoire des idées et de l'histoire des mentalités. Il a cherché, tout comme Benjamin, à rompre avec la vision linéaire de l'histoire des représentations, où « le faux ne peut se séparer du vrai », tant le discours de vérité, scientifique ou politique, s'est imposé à l'opinion au point de faire croire à sa réalité : « Par pensée, j'entends ce qui instaure, dans diverses formes possibles, le jeu du vrai et du faux et qui, par conséquent, constitue l'être humain comme sujet de connaissance ; ce qui fonde l'acceptation ou le refus de la règle et constitue l'être humain comme sujet social et juridique ; ce qui instaure le rapport avec soi-même et avec les autres et constitue l'être humain comme sujet éthique[1]. »

1 Michel FOUCAULT, *Dits et Écrits, op. cit.*, tome 4, p. 579.

C'est ainsi qu'il cherche à penser l'« historicité même des formes de l'expérience ». Mais pour accéder aux « événements de pensée » (p. 580), encore faut-il pouvoir dégager la vérité des choses et la singularité des expériences humaines des discours qui les enferment et les surplombent. C'est pourquoi, selon Foucault, « l'histoire ne sera effective que dans la mesure où elle introduira le discontinu dans notre être même » : « L'histoire "effective" se distingue de celle des historiens en ce qu'elle ne s'appuie sur aucune constance : rien dans l'homme – pas même son corps – n'est assez fixe pour comprendre les autres hommes et se reconnaître en eux. Tout ce à quoi on s'adosse pour se retourner vers l'histoire et la saisir dans sa totalité, tout ce qui permet de la retracer comme un patient mouvement continu, tout cela, il s'agit systématiquement de le briser. Il faut mettre en morceaux ce qui permettrait le jeu consolant des reconnaissances. Savoir, même dans l'ordre historique, ne signifie pas "retrouver", et surtout pas "nous retrouver"[1]. »

Attaché depuis *Les Mots et les Choses* à traquer les spécificités d'une époque à travers chaque *épistémè*, Michel Foucault s'intéresse moins à la rupture historique qu'aux césures entre périodes, afin d'en traquer les différences pour y dévoiler les processus de pensée propres à chacune d'elles. Le XIXe siècle a particulièrement attiré son attention à cet égard. Et, plutôt que de suivre la formation des discours dominants, il s'attarde sur les dispositifs et les règles qui enserrent les individus, dans cette interaction permanente entre sujet assujetti et mouvement de subjectivation, entre formes de domination et expériences de résistance, comme le relève la philosophe Judith Revel : « Alors que pour Foucault l'histoire des idées s'intéresse à l'analyse des systèmes de représentation qui sous-tendent à la fois les discours et les comportements, et que l'histoire des mentalités s'intéresse à l'analyse des schémas de comportement, l'histoire de la pensée s'intéresse, elle, à la manière dont se constituent des problèmes pour la pensée, et quelles stratégies sont développées pour y répondre[2]. » En ce sens, l'événement, aussi déstabilisateur soit-il, n'intéresse pas Foucault. C'est plutôt le décrochage d'une période par rapport à une autre qui lui permet de découvrir les conditions spécifiques d'un nouveau mode de pensée, d'un nouvel ordre de savoir allié au nouveau pouvoir en exercice : il entend ainsi mettre au jour des dispositifs généraux qui contraignent

1 *Ibid.*, tome 2, p. 147.

2 Judith REVEL, « Michel Foucault : discontinuité de la pensée ou pensée du discontinu ? », *Le Portique. Revue de philosophie et de sciences humaines*, n° 13-14, 2004, <url.ca/nkf5i>.

les individus à se comporter conformément aux règles qui les assignent à des rôles spécifiques.

Les historiens ne se soucient guère généralement de l'histoire de la pensée. Mais, à ne retenir du passé que la visibilité des comportements individuels ou collectifs, nous manquons l'essentiel de la connaissance des conditions de production de l'histoire elle-même, dans ce qui la fonde, à travers les individus qui agissent et sont agis à la fois. « Plutôt que d'orienter la recherche du côté de l'édifice juridique de la souveraineté, du côté des appareils d'État, du côté des idéologies qui l'accompagnent, je crois qu'il faut orienter l'analyse du côté de la domination et non pas de la souveraineté, du côté des opérateurs matériels, des formes d'assujettissement, du côté des connexions et utilisations des systèmes locaux de cet assujettissement, du côté, enfin, des systèmes de savoir[1]. » Cette importante problématisation de Foucault a été trop souvent amputée de sa dimension politique, particulièrement par les historiens.

C'est pourquoi les deux théoriciens dont je viens de présenter brièvement l'approche critique aident à penser autrement l'histoire du XIXe siècle. Il ne peut être question de reproduire leurs idées, encore moins de les imiter, mais de travailler avec leur mode de penser le passé pour comprendre différemment le siècle dont nous sommes les héritiers. Je m'efforce en particulier de sortir de l'« empire des signifiants » – expression empruntée à Foucault – à partir desquels des continuités de façade ont été établies. Car négliger d'interroger le sens des mots, évolutifs, contradictoires, c'est manquer la compréhension du mouvement de l'histoire avec ses conflictualités et ses enjeux qui en façonnent les contours. De l'idée de liberté à la quête du sujet souverain, combien d'expériences historiques ont été négligées et rejetées hors de l'événement qui les vit naître !

Je reprendrai donc à mon compte le point de vue de Rolf Tiedmann qui, dans son introduction au *Livre des passages*, explicite la démarche de Benjamin : « Il cherchait à présenter l'histoire non pas dans une construction abstraite mais comme commentaire d'une réalité[2] », en appréhendant le XIXe siècle comme « un rêve dont il faut s'éveiller ; un cauchemar qui pèsera sur le présent tant que son charme ne sera pas rompu[3] ». En ce sens, le siècle des révolutions n'est plus – à l'exception de la révolution industrielle, la seule qui ait triomphé –, il se présente

1 Michel Foucault, *Dits et Écrits*, *op. cit.*, tome 3, p. 184.

2 Introduction à Walter Benjamin, *Paris, capitale du XIXe siècle*, *op. cit.*, p. 13.

3 *Ibid.*, p. 17.

plutôt comme un vainqueur des résistances ; le siècle qui a contraint les individus à s'adapter au système marchand. « Ainsi, précise Miguel Abensour, au sein de cette modernité conflictuelle, peut-on analyser les révolutions comme autant de tentatives d'adapter la structure économique et sociale de l'humanité au développement des forces productives libérées par la seconde technique[1]. »

Si nous acceptons donc de lire le XIXe siècle à contresens de la vision ordinaire donnée à comprendre par la philosophie du progrès, il nous faut écarter toute idée de marche progressive de l'histoire, et privilégier les formes conflictuelles de son mouvement. Autrement dit, s'arrêter sur ce que disent et font les individus et les collectifs dans le temps de l'événement en prenant en compte les significations et les idées qu'ils s'approprient, propagent ou transmettent.

Retrouver les traces des continuités invisibles

Je retiendrai dans cette perspective trois formes d'aperception des temps historiques, en conflit les unes avec les autres : la première est une rupture, rare en histoire ; la deuxième, beaucoup plus fréquente, peut être qualifiée de discontinuité visible ; la troisième enfin, difficilement atteignable, serait assimilée à une continuité souterraine. Dans cette vision du passé, l'histoire continue apparaît comme une invention qui force la compréhension d'un récit historique. Or, dans le réel, ces enjeux sont perçus diversement par les contemporains, selon les nécessités, les espoirs et les intérêts du moment. Néanmoins, entre rupture et discontinuités, la frontière est ténue ; elle n'est lisible que d'un seul point de vue. Les uns la perçoivent irrémédiable, les autres en contestent la réalité et s'évertuent à en effacer les traces en retissant les liens entre le passé et le présent.

La seule rupture marquante du XIXe siècle est, à mon sens, intervenue en 1848, en Europe en particulier. Elle fut précédée par la grande rupture de 1789. Tandis que la rupture de 1848 mettait fin aux espoirs d'une minorité en bloquant le devenir d'une modernité dont on a oublié la trace, celle de 1789, revendiquée par tous, a vu son interprétation confisquée par ceux qui voulaient en limiter les effets.

Indiscutablement, la rupture de 1789 n'a pu être contestée par les autorités, toutes tendances confondues. En ouvrant la voie à l'esprit de liberté, la Révolution a fait entendre des promesses dont les pouvoirs successifs ne sont pas parvenus à entraver l'écho jusqu'au terme du

---

1 Miguel ABENSOUR, *L'Utopie. De Thomas More à Walter Benjamin*, Sens et Tonka, Paris, 2000, p. 97.

XIXe siècle. Celui-ci est né dans l'ombre d'un XVIIIe siècle « destructeur », selon les termes des hommes du XIXe siècle ; il se devait de tout reconstruire, comme l'ont formulé à maintes reprises les moralistes du temps, de Lamartine à Guizot. Or, malgré la volonté affichée des chefs d'État au Congrès de Vienne en 1815, malgré l'intelligence d'un Edmund Burke, malgré les arguments écoutés d'un Joseph de Maistre, au vu des vaines tentatives des monarques de la Restauration, les gouvernements ne sont pas parvenus à imposer le retour à l'Ancien Régime. Et pourtant, on l'a vu, nombre d'historiens ont cherché à retisser les fils entre l'Ancien Régime et la Restauration, comme si l'élément résistant au retour de la souveraineté éclairée du XVIIIe siècle ne pouvait avoir sa place dans l'histoire. De ce point de vue, l'analyse d'un Alexis de Tocqueville s'est imposée.

En distinguant deux phases de la Révolution, l'auteur de *L'Ancien Régime et la Révolution* fait entrer la seconde dans l'histoire en écartant la première ; l'une intempestive, l'autre raisonnable. « La première pendant laquelle les Français semblent vouloir tout abolir du passé ; la seconde où ils vont y prendre une partie de ce qu'ils avaient laissé, [...] comme certains fleuves s'enfoncent dans la terre, pour reparaître un peu plus loin, faisant voir les mêmes eaux à de nouveaux rivages[1]. » L'excellence de la métaphore évoque la résurgence des fondements de la société d'avant. La première phase fait l'événement tandis que son devenir échappe à l'histoire, la seconde l'instrumentalise en devenant le sujet unique de son histoire. Le reste, c'est-à-dire l'ensemble chaotique des déchets, relégués au second rôle après avoir été la force agissante de l'événement, resurgit ponctuellement sous des formes différentes en actualisant les promesses d'autrefois, dans le maintenant d'une expérience qui, malgré la reconnaissance fulgurante dont il est l'objet, dans le temps très court des discontinuités, demeure en retrait de l'histoire. En identifiant ce reste à l'ensemble d'une catégorie sociale, l'interprétation d'Alexis de Tocqueville est devenue réalité : « Et ce peuple enfin, qui semble seul avoir tiré profit des fautes et des erreurs de tous ses maîtres, s'il a échappé à leur emprise, il n'a pu se soustraire au joug des idées fausses, des habitudes vicieuses, des mauvais penchants qu'ils lui avaient donnés ou laissé prendre. On l'a vu parfois transporter les goûts d'un esclave jusque dans l'usage même de sa liberté, aussi incapable de se conduire lui-même qu'il s'était montré dur pour ses précepteurs[2]. »

1 Alexis DE TOCQUEVILLE, *L'Ancien Régime et la Révolution*, *op. cit.*, p. 47.

2 *Ibid.*, p. 225.

Idée de conjoncture, qu'influence la révolution de 1848, certes, mais point de vue partagé par toutes les autorités du moment. Sa force énonciative repose sur la légitimité du fait advenu. La Révolution a triomphé, mais son interprétation fut confisquée par tous ceux qui ont voulu confondre l'idée de liberté avec le concept de libéral. Le peuple de Tocqueville n'a pas conquis sa liberté au XIXe siècle. Sa mise sous tutelle, son assujettissement le rendent triplement dépendant de ceux qui le commandent, l'observent et donnent sens à ses faits et gestes. C'est ainsi que la rupture révolutionnaire fut, peu à peu, transformée en discontinuité. Cette force légitime du conservatisme, force à la fois d'inertie et d'invention, a permis d'écarter du chemin de l'histoire les expériences novatrices, singulières, inventives, voire inouïes, qui ne parviennent pas à la lisibilité dans le temps de l'histoire continue, mais sont autant de pratiques utopiques, d'idées perdues ou oubliées qui contribuent à faire advenir l'histoire dans ses contradictions.

Les discontinuités sont autant de scansions qui rythment le XIXe siècle. Un dysfonctionnement surgit dans un moment où les valeurs anciennes n'ont plus cours. Un événement, ou tout simplement un mode nouveau de connaissance, déplace les certitudes tout en engendrant des résistances. Tout un monde se détache, lisible, accessible, où des pratiques dissidentes se font jour, des significations inédites apparaissent. La mort de Dieu par exemple, au début du siècle, ou plutôt l'immense crise de l'encadrement des Églises. Le saint-simonisme est né de ce trouble des consciences dans les années 1830. Tout alors semble possible. Mais l'ordre veille et trace de nouvelles rives à l'intérieur desquelles le monde ancien restauré retrouve sa place, après avoir éliminé les excès et autres utopies. Les polytechniciens disciples de Saint-Simon, jeunes gens brillants, propagateurs de la femme libre, fondateurs d'un nouveau christianisme, intègrent la nouvelle ère industrielle en devenant ses principaux promoteurs. Oubliant le sens global de l'événement saint-simonien, l'histoire ne retiendra que la marche vers la conquête des pouvoirs économiques et financiers ; le reste sera classé parmi les illusions du passé. En ce sens, nous dit Abensour, « l'utopie apparaît comme le masque dont se couvre une pensée nouvelle de nature à ébranler l'orthodoxie, à porter atteinte aux croyances et aux institutions sur lesquelles repose la société de son temps[1] » ; « une pensée de la différence par rapport à ce qui existe[2] ».

1 Miguel ABENSOUR, *L'Utopie*, *op. cit.*, p. 36.
2 *Ibid.*, p. 57.

S'attarder sur les discontinuités aux multiples formes, c'est tout simplement se donner les moyens de retrouver, avant que l'ordre ne s'installe et ne recouvre l'ouverture des possibles, ces « innombrables vérités latentes » (Paul Klee) mises au jour à la faveur de la déstabilisation des normes. Quand les représentations assurent la cohérence des échanges sociaux et parviennent à masquer le réel conflictuel, accéder même partiellement à celui-ci, c'est retrouver le sens de la liberté revendiquée par les canuts en 1831, sous forme de remémoration de la liberté de 1792, c'est entrevoir l'immensité des petits arrangements avec le temps, enfouis sous la masse des impensés qu'a masquée la victoire des républicains dreyfusards, par exemple. C'est rendre son actualité à la lucidité critique d'un Bernard Lazare[1].

Plus encore, isoler les discontinuités flagrantes rythmant le XIXe siècle – 1830, 1849-1851, 1880, 1910-1920 – de leur contexte nous permet de comprendre comment l'ordre se perpétue dans le temps de la fabrique de l'histoire. Cela suppose de décrypter la manière dont les autorités contemporaines transforment l'événement déstabilisateur en facteur d'ordre, d'Adolphe Thiers en 1831 à Jules Ferry en 1880. C'est travailler en amont de la formation des mentalités en retenant les diverses interprétations de la révolution de 1830, par exemple, qui à peine l'événement clos subissent l'assaut des idéologies qui transforment peu à peu les journées de Juillet en non-événement. C'est débusquer la fabrique de l'histoire, avant même la constitution des archives. Les privilégiés de l'écrit s'empressent de commenter le ou les événements. En cherchant à les interpréter, ils leur donnent une signification qui, au service de l'ordre restauré, inlassablement retissée, peu à peu se répand et participe ainsi à façonner une histoire, telle qu'ils veulent qu'elle se pense.

Enfin travailler sur les discontinuités historiques, c'est aussi retrouver les traces des continuités invisibles. À travers les écarts ou les fragments de résistances à peine entrevues, la mémoire des expériences du passé resurgit. Expériences qui s'expriment avec les mêmes mots, en fonction d'idées renouvelées, comme si le potentiel contenu dans les mots de « liberté » ou de « république » n'avait pu s'exprimer jusqu'à son terme. Combien de malentendus ont été développés dans les innombrables commentaires relatifs à la Commune de Paris, par exemple. Les relations conflictuelles entre la Commune et la République ne sont dues qu'aux exégèses d'après coup, incapables

1 Voir à ce propos la préface de Michael LÖWY et Eleni VARIKAS à Zalkind HOURWITZ, *Apologie des juifs (1789). Liberté, égalité, pluralité*, Syllepse, Paris, 2001.

de comprendre le sens donné à la République de 1871 par la plupart des « communeux ».

Trop souvent les dissidences ou les décalages, au regard des normes en vigueur, et surtout à partir de valeurs tardivement imposées, sont analysés en fonction de ce qui advient ensuite. Or, à mon sens, la plupart des formes de résistances, des fragments d'insurrections ou de révoltes interviennent en fonction d'une conscience d'un manque. C'est davantage vers le passé que se tournent les individus critiques ou les collectifs agissants, que vers l'avenir. Il s'agit, pour la plupart des acteurs, de récupérer un passé oublié, une mémoire enfouie, une expérience perdue. En rendant visibles les détails d'une réalité englobante, en mettant au jour la réalité des inégalités flagrantes, les acteurs devenus sujets de leur propre cause, retrouvent la constellation des expériences passées, comme l'a bien montré Alain Cottereau dans ses études minutieuses des associations mutuelles ouvrières. À la manière d'un Picasso qui définissait dans les années 1910 son propre travail comme une somme de destructions du visible pour être en mesure de rendre visible précisément l'invisible des représentations du réel. Ainsi dégagée de la mode, y compris anglo-américaine, nous retrouverons, je l'espère, une histoire « de la résistance transnationale » qui a été « cachée dans les cryptes funéraires de l'économie, de la nation et de l'ethnicité »[1].

Libérer la « modernité créatrice » de la « modernité dévastatrice »

« Le mouvement propre de la philosophie est d'opérer un passage de l'opinion qui a cours dans la cité et qui vise à reproduire la cité telle qu'elle est, à la connaissance de toutes choses, connaissance susceptible de bouleverser l'ordre politique en le soumettant à des questions qui ne sont plus celles de l'opinion ; bref, le travail de la philosophie est de remplacer l'opinion par la connaissance. » Tel est le but de Raphaël Hythlodée, le narrateur d'*Utopia* de Thomas More (1478-1535), d'après la lecture pertinente qu'en donne Miguel Abensour[2]. Je pourrais revendiquer la même exigence pour la relecture de l'histoire du XIXe siècle, facilitée il est vrai par le passage du temps. Les illusions du progrès au service de tous sont en effet tombées et la

1 Yves CITTON, « Entretien avec Marcus Rediker », *loc. cit.*

2 Miguel ABENSOUR, *L'Utopie, op. cit.*, p. 29. *Utopia* a été publié en 1516, sous le règne autoritaire d'Henry VIII ; s'intéressant à l'art d'écrire « oblique » de Thomas More, Abensour se réfère à Léo Strauss afin de comprendre comment il a pu « conserver une pensée libre sans encourir de persécution ».

grandeur occidentale de l'époque coloniale s'est défaite. Du XIXe siècle triomphant, il ne reste que les effets dévastateurs des pays déchirés par des guerres incessantes, au Moyen-Orient, en Afrique et ailleurs. Les Lumières elles-mêmes sont aujourd'hui malmenées avec le retour des émeutes raciales aux États-Unis et les résurgences de l'esclavage dit moderne, partout dans le monde : « Les symboles du XIXe siècle, nous dit Abensour, ne s'imposent plus dans leur massivité, ni dans leur pseudo-positivité, mais ne survivent qu'en fragments, à l'état de résidus, permettant le libre jeu de l'interprétation[1]. » Il est donc aujourd'hui loisible de s'écarter du sens commun de l'opinion afin d'accéder à la connaissance d'une multiplicité d'idées et d'actions qui sont restées dans l'ombre parce qu'à l'état d'inachèvement. Afin de libérer la « modernité créatrice » de la « modernité dévastatrice »[2], il nous suffit d'isoler les éléments de rêve des temps passés dont l'actualité prend sens au présent dans la quête d'un avenir meilleur, mais un devenir autre qu'une simple « accélération technique du changement social[3] ».

Une large part de la construction créatrice du XIXe siècle n'était tout simplement pas visible en restant très longtemps cachée derrière les apparences matérielles de la marche du progrès industriel. À nous de lui redonner vie. Cette relecture du XIXe siècle est d'autant plus nécessaire que malgré les résurgences ponctuelles des hauts faits nationaux, malgré la volonté de faire renaître les grands récits, malgré le positivisme récurrent, un seuil critique a été franchi. Il n'est plus possible de revendiquer l'esprit des Lumières pour faire croire au nouvel eldorado de la révolution technologique. Nous sommes suffisamment mûrs, à mon sens, pour ne plus nous satisfaire des apparences en confondant l'« horizon des possibilités[4] » avec l'horizon des possibles. Tandis que les possibles se construisent sur un renouveau de la liberté individuelle et collective en société, les possibilités se limitent au dispositif disponible qui assujettit l'humain aux choses.

Néanmoins, malgré une lucidité sans égale du XXIe siècle débutant, l'horizon des possibles s'éloigne au fur et à mesure des catastrophes

---

1 *Ibid.*, p. 86. Miguel Abensour évoque là le travail analytique de Walter Benjamin sur le XIXe siècle qui a contribué « à désintriquer les éléments de rêve de la terreur mythique qu'ils portaient en eux ».

2 Expression empruntée à Yannick Llored, qui oppose « modernité créatrice » à « image dévastatrice » dans sa biographie de l'écrivain espagnol Juan Goytisolo : *Juan Goytisolo. Le soi, le monde et la création littéraire*, Presses universitaires du Septentrion, Villeneuve d'Ascq, 2009, p. 34.

3 Hartmut Rosa, *Accélération. Une critique sociale du temps*, La Découverte, Paris, 2010, p. 187.

4 *Ibid.*, p. 8.

qui s'accumulent. Des immigrés en Méditerranée entassés dans des embarcations de fortune n'en finissent pas de mourir. Le terrorisme fascisant dont la violence est sans limite fascine des jeunes en quête d'une autre vie – chez eux la pulsion de mort l'emporte sur la volonté de changer le monde. Le capitalisme financier n'a plus aucun adversaire à sa mesure ; sa suprématie réduit les États à l'impuissance et conduit à la « décollectivisation de l'action », comme le notent très justement Pierre Dardot et Christian Laval[1]. Le pouvoir d'agir des individus s'est depuis longtemps converti en compétition permanente où la liberté de l'un passe par la suprématie sur l'autre.

Et pourtant, les expériences de résistance ne cessent de s'étendre et cherchent à « déjouer la domination[2] » ; les collectifs à la marge de la mondialisation culturelle et matérielle, à l'écart de l'État-providence ou défiant les systèmes totalitaires sont de plus en plus nombreux. Malgré cette constellation de manifestations du refus des normes et des pratiques de domination, l'alternative au système libéral reste toutefois à l'état de rêve. La tâche est immense et ne peut être mise en œuvre en l'absence de réflexion collective à l'échelle de cinq continents désormais. Le travail intellectuel y contribue mais, en dernière instance, celui-ci ne peut s'élaborer dans l'espace solitaire dans lequel sont aujourd'hui confinés les chercheurs. Certains en sont conscients ; des tentatives ont été réalisées ou sont en cours de réalisation[3], mais avant d'imaginer une écriture solidaire et fraternelle au sens où l'entendaient les communistes des années 1840, pour l'heure chacun apporte sa contribution. La mienne se rapporte à la redécouverte du mouvement de l'histoire du XIXe siècle, plus précisément à la recherche de l'historicité des moments singuliers dont on a négligé l'apport novateur et dont on ne connaît au mieux que le « désordre créateur ».

Afin d'en dépasser les limites pour aboutir à la formation d'un collectif créateur, parallèlement aux travaux d'autres chercheurs, j'ai essayé de penser l'histoire du XIXe siècle sous l'angle des événements non advenus. À cela la redécouverte des grands textes ne suffit pas car, pour restituer la signification créatrice et souvent subversive des idées, il faut les saisir dans le moment de la pratique dont elles sont issues. Chacun le sait ou devrait s'en préoccuper, la signification des

---

1 Pierre DARDOT et Chritian LAVAL, *Commun. Essai sur la révolution du XXIe siècle*, La Découverte, Paris, 2014, p. 15.

2 James SCOTT, « La domination du point de vue de ceux qui la déjouent », *Critique*, n° 810, novembre 2014, p. 905-920.

3 À titre d'exemple, citons COLLECTIF MAUVAISE TROUPE, *Constellations. Trajectoires révolutionnaires du jeune XXIe siècle*, L'Éclat, Paris, 2014, <url.ca/nko7x>.

mots les plus libérateurs a été déformée jusqu'à leur faire signifier le contraire de ce qu'ils disaient. En rétablir l'élaboration du sens et de sa réception m'a semblé la démarche indispensable et préalable à toute tentative d'en utiliser l'idée susceptible de « réenchanter » l'avenir. En d'autres termes, retrouver le possible dont ils étaient porteurs afin d'en actualiser le « principe espérance » – selon l'expression d'Ernst Bloch.

Retrouver le sens des mots à l'origine du mouvement émancipateur est d'autant plus nécessaire que le contenu des idées les plus libératrices a été à ce point édulcoré qu'il n'en reste qu'un concept devenu instrument de contraintes et d'aliénation. Tel a été le destin, par exemple, des mots liberté, modernité, démocratie ou encore communisme. Le mot réforme lui-même a perdu son sens au cours du XIXe siècle en désignant le « contraire d'une avancée vers la justice sociale[1] ». Alors qu'à l'origine la réforme était synonyme d'utopie puisqu'elle se donnait pour objectif le bouleversement des rapports sociaux, comme en témoigne la démarche des deux grands « réformateurs » qui se nommaient ainsi en récusant le qualificatif d'utopistes, Robert Owen et Charles Fourier. L'un imaginait le travail comme attractif tandis que l'autre fustigeait la religion, tenue pour responsable de l'irresponsabilité des individus.

À la manière des insurgés ou des ouvriers du XIXe siècle, ceux de 1848 ou ceux de 1871, dont le regard était tourné vers le passé inachevé, incomplet ou incompris et dont l'objectif n'était pas de prendre le pouvoir d'État ou de le gérer autrement mais de construire une « collectivité autonome[2] », j'ai le souci de retrouver les traces des significations passées. En effet, comment serait-il possible de repenser la démocratie de demain sans avoir préalablement récupéré les éléments qui l'ont constituée afin de les rassembler et de parfaire leur mise en œuvre ? Comment imaginer demain avant d'avoir mis en commun les expériences, les actions ou tout simplement les projets élaborés et transmis de tradition en tradition souterraine sans jamais avoir pu être, jusqu'alors, concrétisés ? Comment sortir de la mal nommée postmodernité sans avoir rapproché la modernité créatrice de l'utopie projective ?

Invoquer l'« altermodernité avec ses nouvelles valeurs, ses nouvelles connaissances et ses nouvelles pratiques », comme le préconisent Michael Hardt et Antonio Negri[3], me semble insuffisant si auparavant nous n'avons pu redonner vie à la modernité, au sein de laquelle la liberté individuelle n'était créatrice que par son inscription dans un

---

1 Pierre DARDOT et Christian LAVAL, *Commun, op. cit.*, p. 570.

2 Kristin ROSS, *L'Imaginaire de la Commune*, La Fabrique, Paris, 2015, p. 17.

3 Michael HARDT et Antonio NEGRI, *Commonwealth*, Stock, Paris, 2012, p. 162.

cadre collectif. Comment retrouver cette liberté sans lui restituer sa portée émancipatrice ? Comment réinventer le communisme sans l'avoir débarrassé de sa gangue totalitaire ?

Pour comprendre et se réapproprier la définition qu'en donnait par exemple Constantin Pecqueur – selon lequel « le communisme est compatible avec la responsabilité personnelle et par conséquent avec la liberté individuelle. S'il ne l'était pas, il serait souverainement immoral et n'aurait d'ailleurs aucun attrait pour personne[1] » –, cela suppose, il est vrai, un sérieux retour critique sur le rôle des avant-gardes passées, sur la priorité donnée si longtemps, comme préalable à l'émancipation, à la prise du pouvoir d'État. Et surtout, cela implique de comprendre enfin que la liberté ne s'accorde pas ou ne se transmet pas de l'extérieur, mais se conquiert par soi-même. La fondation de la démocratie, ou plutôt son accomplissement imaginé par les partisans de la république démocratique et sociale, est à ce prix. Rosa Luxemburg, en 1905, l'avait compris : « Terre-neuve. Mille problèmes. Seule l'expérience permet les corrections et l'ouverture de nouvelles voies. Seule une vie bouillonnante, sans entrave, se diffracte en mille formes nouvelles, en mille improvisations, illumine la puissance créatrice, corrige elle-même toutes ses erreurs. Si la vie publique des États à liberté limitée est si terne, si misérable, si schématique, si inféconde, c'est justement parce qu'en excluant la démocratie, elle tarit les sources vivantes de toute richesse et de tout progrès intellectuel. [...] La masse doit participer dans son ensemble. Sinon, le socialisme est décrété, octroyé par une douzaine d'intellectuels réunis autour d'un tapis vert[2]. »

Michel Foucault liait étroitement résistance et pouvoir, liaison si étroite que l'idée d'émancipation lui était étrangère, même s'il était sensible à l'émergence de nouvelles subjectivités. Aujourd'hui, celles-ci subissent l'« annexion incessante des zones[3] » dans lesquelles elles émergent. C'est pourquoi il est si difficile de les conserver intactes en les détachant de l'emprise aspirante du système libéral qui les digère et les transforme. C'est tout un apprentissage du collectif qu'il importe de se réapproprier, mais hors d'atteinte de ceux qui le déforment et le détruisent à leur profit. Car je ne suis pas certaine que le philosophe Pierre Macherey ait raison lorsqu'il affirme que « la vie

1 Constantin Pecqueur, *Le Salut du peuple*, 1849, *op. cit.*, p. 14.

2 Rosa Luxemburg, *La Révolution russe* (1918), *Œuvres*, tome 2, p. 84 (cité par Martine Leibovici, « Révolution et démocratie », *Revue française de science politique*, vol. 41, n° 1, 1991, p. 64). (Je remercie Éric Aunoble d'avoir attiré mon attention sur ce texte.)

3 James Scott, « La domination du point de vue de ceux qui la déjouent », *loc. cit.*, p. 914.

commune déborde tout système ou tout ordre établi, auxquels elle est obligatoirement rebelle[1] ». Pour être en mesure de sortir de tout système récupérateur, il faut pouvoir se dégager des normes actuelles en récupérant le sens passé et jusqu'alors caché : le dépassement du présent est au prix d'une rédemption du passé, aurait dit Benjamin[2], mais la rédemption du passé entraîne obligatoirement une lucidité sans failles à l'égard des croyances et des pratiques totalitaires dont le XXe siècle a été le théâtre. En d'autres termes, le détour critique par un passé qui a fait l'opinion est la condition d'une réinvention de la pensée alternative. L'histoire en est le moyen.

---

1 Pierre MACHEREY, présentation de l'ouvrage de Michael HARDT et Antonio NEGRI, *Multitude. Guerre et démocratie à l'âge de l'empire* (La Découverte, Paris, 2004), Citéphilo, Palais des Beaux-Arts, Lille, 19 novembre 2004, <url.ca/nkom0>.

2 Walter BENJAMIN, « Thèses sur le concept d'histoire », *loc. cit.*, thèse 2, p. 339.

Index

Table

CPI
BUSSIÈRE

Composition Facompo, Lisieux.
Impression réalisée par CPI Bussière
à Saint-Amand-Montrond (Cher)
en décembre 2015.
Dépôt légal : janvier 2016.
Numéro d'imprimeur : 2020203.
Imprimé en France